L'EMPEREUR AUX MILLE CONQUÊTES

DU MÊME AUTEUR

Les Sentiers de la liberté
Planeta/Seix Barral

Le Pied de Jaipur
Albin Michel

L'Opéra sauvage
Reader's Digest

Les Montagnes de Bouddha
NiL éditions

Une passion indienne
Robert Laffont

Le Sari rose
Robert Laffont

En collaboration avec Dominique Lapierre :

Il était minuit cinq à Bhopal
Robert Laffont

JAVIER MORO

L'EMPEREUR AUX MILLE CONQUÊTES

roman

traduit de l'espagnol par Marianne Millon

ROBERT LAFFONT

Ce roman a obtenu le prix Planeta 2011,
décerné par un jury composé
d'Alberto Blecua, Ángeles Caso, Juan Eslava Galán, Pere Gimferrer,
Carmen Posadas, Carlos Pujol et Rosa Regàs.

Titre original : EL IMPERIO ERES TÚ

Portrait de l'archiduchesse Léopoldine d'Autriche, épouse de dom Pedro Ier empereur du Brésil par Josef Kreutzinger, Schloss Schonbrunn, Vienne, Autriche © The Bridgeman Art Library
Portrait de l'empereur du Brésil dom Pedro Ier par Jean-Baptiste Debret, c.1816, collection privée Photo © Christie's Images/ The Bridgeman Art Library

ISBN : 978-2-221-13332-3
(édition originale : ISBN 978-84-08-10482-7, Editorial Planeta, Diagonal, Barcelone)

À ma mère

Il suffit d'un instant pour faire un héros,
mais il faut une vie entière pour faire un homme.

Romain ROLLAND

Leur vie marqua l'histoire de deux continents.

Introduction

22 avril 1500

Ce fut le hasard qui mena l'amiral portugais Pedro Alvares Cabral sur la côte américaine. Les vents capricieux de l'Atlantique l'avaient détourné de sa route, celle de son prédécesseur Vasco de Gama, qui passait par le cap de Bonne Espérance pour s'achever en Inde. La traversée de Cabral fut dramatique car, au large de l'Afrique, un de ses bateaux disparut en mer avec cent cinquante marins dont on ne retrouva jamais la trace. L'inquiétant, dans ce naufrage, c'était que le navire avait coulé sans raison apparente, en l'absence de tempête. Ensuite, à la recherche de vents favorables pour gagner le cap de Bonne Espérance, le navigateur dériva vers l'ouest. L'équipage ne tarda pas à trouver à la surface de la mer des masses d'algues longues et filandreuses et à voir voler, dans le ciel, des oiseaux dodus. Au cours de l'après-midi, ils aperçurent la terre. Après avoir jeté l'ancre dans une splendide baie tropicale, Cabral envoya un officier explorer la plage et le fleuve. Dès qu'il eut foulé le sol, le Portugais se trouva nez à nez avec un groupe d'Indiens tupi qui lui jetaient des regards étonnés et plutôt méfiants. Il essaya de leur parler à distance, mais le bruit des vagues couvrait sa voix. L'homme eut alors l'idée de leur lancer une première casquette rouge, puis une seconde de lin qu'il portait, et enfin un chapeau noir. La réaction des Indiens se fit attendre pendant quelques secondes qui parurent éternelles. Quelques secondes d'une attente interminable avant la rencontre de deux groupes d'hommes, mais aussi de deux peuples, de deux continents, huit ans après l'arrivée des Espagnols en Amérique. Soudain, un premier indigène lança à l'attention de l'officier un collier de plumes de toucan, rouge et orange. Un second apparut derrière le rideau végétal pour lui offrir une branche couverte d'une verroterie blanche qui ressemblait à des perles de verre. L'officier s'extasiait devant l'aspect de ces hommes : à demi nus, le corps barbouillé de teintures rouge et noire, la tête coiffée de huppes multicolores et les cheveux coupés à hauteur de la frange au-dessus des oreilles. Les femmes le fascinaient, même s'il était gêné par le spectacle cru qu'offraient « leurs parties génitales ».

À la tombée de la nuit, Cabral reçut deux indigènes au château d'arrière de son bateau. La lumière des torches rehaussait l'éclat de son collier doré, l'élégance de son uniforme et sa prestance. Assis dans un fauteuil volumineux et profond, un tapis sous les pieds, il fut très déçu que les Indiens ne lui accordent pas la moindre attention. Ils n'avaient manifestement pas de chef, ni même de hiérarchie. Les marins leur montrèrent une chèvre, mais ils restèrent indifférents. Puis on leur apporta une poule qui leur fit si peur qu'ils refusèrent de la prendre dans leurs mains. On leur présenta du pain, du poisson bouilli, des pâtisseries, du miel, des figues séchées... mais ils n'y touchèrent pas, ou au mieux, recrachèrent ce qu'ils avaient goûté.

Sur le bateau, seuls les objets d'or et d'argent impressionnèrent finalement les Indiens. Le lendemain, ils désignèrent la terre de la main pour indiquer qu'il y avait là-bas aussi de l'or et de l'argent. Ce message ne tomba pas dans l'oreille d'un sourd : Cabral décida sur-le-champ de débarquer deux prisonniers qu'il avait à bord, condamnés à mort à Lisbonne, pour apprendre la langue et les coutumes des autochtones. Ce fut un moment tragique dans l'histoire de la découverte, car les Indiens ne voulaient pas de ces deux intrus, et les prisonniers ne souhaitaient pas davantage rester parmi eux, à la merci de l'inconnu. Mais l'amiral se montra inflexible. La flotte qu'il commandait repartit pour l'Inde, laissant les deux malheureux en pleurs sur la plage. Il prenait ainsi possession de cette terre pour le Portugal, et plantait le germe d'un nouveau pays-continent. En fait, le premier à le découvrir avait été l'Espagnol Vicente Yánez Pinzón, qui, un mois et demi avant l'arrivée de Cabral, fut le premier Européen à gagner la côte de Pernambouc et à explorer l'embouchure de l'Amazone. Cependant, en vertu du traité de Tordesillas de 1494 qui partageait ce territoire entre l'Espagne et le Portugal, Pinzón ne pouvait le réclamer au nom de la couronne espagnole. Le nom de Brésil viendrait plus tard, au XVe siècle, quand les premiers colons se mirent à exporter un arbre utilisé par les indigènes pour concocter leurs teintures et peindre leur corps de la façon qui avait tant fasciné l'officier portugais, et qu'ils appelèrent pau-brasil[1], car il s'en dégage une couleur rougeâtre quand on le fait bouillir, évoquant des flammes ou les braises du charbon incandescent. « Terra do pau-brasil » deviendrait par la suite « Brésil ».

1. « Bois de braise ». Toutes les notes sont de la traductrice, sauf mention contraire.

Première partie

Ceux qui courent par les mers ne changent que le ciel au-dessus de leur tête ; ils ne changent pas d'âme.

Horace

1.

Rio de Janeiro, 1816

Pedro de Bragance et Bourbon venait d'avoir dix-huit ans et il était amoureux. Mince, le jeune homme aux grands yeux noirs et brillants offrait un regard languide. Ses boucles châtain encadraient un visage hâlé par la vie au grand air, éclairé par un immuable sourire. C'était un adolescent impulsif, doué pour l'exercice physique. Sans être très imposant, il paraissait plus grand que sa taille. La cour conventionnelle et féodale du Brésil le considérait comme un prince excentrique, car il se baignait nu sur la plage, comptait pour amis les menuisiers du palais, et aimait travailler de ses mains alors que de tels travaux étaient réservés aux esclaves. Il savait entraver les poulains et ferrer les chevaux mieux que quiconque. Il aimait chasser avec son frère Miguel, son cadet de quatre ans, tirer sur les caïmans qui se risquaient à faire la sieste dans un bras du fleuve, ou traquer jaguars et cerfs jusqu'à la forêt vierge dense et opaque qui s'étendait aux abords de Rio de Janeiro. Plus petit et robuste, Miguel avait les yeux légèrement globuleux – leur lien de parenté n'apparaissait en rien évident.

Les courtisans, qui avaient toujours été la cible préférée de leurs mauvais tours, ne lésinaient sur aucun qualificatif pour les décrire : « canailles, « fainéants », « fripouilles », « coquins », « sacripants », etc. Un jour, l'amiral de l'escadre britannique leur offrit deux canons de bronze miniatures montés sur leurs affûts. Des heures durant, les garçons tirèrent dans les jambes de toute personne du palais qui empruntait le couloir devant leur chambre. Plus d'un courtisan fut victime de brûlures aux mollets. Jamais, ni les domestiques ni leurs propres parents ne découvrirent d'où ils tenaient la poudre. Autant Pedro assumait ses responsabilités, autant Miguel se montrait fuyant et menteur. Il se cachait toujours derrière son grand frère, pour qui il éprouvait un mélange d'admiration et de jalousie. Non content d'être l'aîné, Pedro réussissait tout ce qu'il entreprenait. Sans le moindre espoir d'accéder au trône puisqu'il venait bien après lui dans l'ordre de succession, Miguel ne réfrénait aucun de ses élans malicieux : il entraînait des chiens à attaquer les visiteurs et il se révélait rancunier, orgueilleux et tyrannique avec les serviteurs.

Tous deux aimaient les jeux violents. Adolescents, ils terrorisaient le voisinage par leurs courses d'attelages sur les nouvelles routes du royaume. Au risque de perdre l'équilibre et d'être éjectés, ils allaient comme des fous, faisant même s'entrechoquer leurs roues pour se renverser l'un l'autre, piquant les chevaux sans prendre garde aux passants, écrasant les étals de fruits, couvrant les gens de boue et épuisant leur monture. Ils sortirent miraculeusement indemnes de plusieurs accidents. La frayeur passée, ils recommençaient, car le frisson du risque était leur oxygène. Pedro remportait invariablement la victoire, ce qui provoquait la colère de Miguel.

— C'est normal que ce soit moi qui gagne, lui disait-il pour le consoler. Tu es plus jeune. Attends un peu et tu verras, un jour, tu me battras.

Mais Miguel détestait se l'entendre rappeler. Son vœu le plus cher, qui deviendrait une obsession à l'âge adulte, était de battre Pedro.

Dans l'enfance, dès qu'ils parvenaient à déjouer la vigilance des précepteurs et des domestiques, ils partaient se perdre dans l'immense parc du palais de Saint-Christophe, siège de la monarchie portugaise transférée au Brésil, à cinq kilomètres du centre de Rio de Janeiro. Ils jouaient à cache-cache, grimpaient aux palmiers et cueillaient des noix de coco fraîches qu'ils fracassaient ensuite à coups de pierre pour en boire le lait. Parfois, ils croisaient un chasseur qui apportait un léopard vivant ou des singes au pelage surprenant et aux yeux exorbités, qu'ils allaient admirer à travers les barreaux de leurs cages. Mais ce qu'ils préféraient, c'était jouer à la guerre, sans se douter qu'ils devraient un jour s'en livrer une pour de vrai. Dans la forêt environnante, chacun commandait sa propre armée d'enfants-esclaves. Ils s'affrontaient lors de batailles impitoyables avec des couteaux, des bâtons, des cailloux, des lance-pierres et des frondes. L'acharnement dont ils faisaient preuve était hallucinant au regard de l'âge des combattants, et le nombre de blessés, très élevé. Après des corps-à-corps féroces, les uns écopaient d'une plaie à la tête, le sang ruisselait sur les peaux noires, les autres de fractures au bras ou de plaies à l'abdomen. Certains perdaient connaissance suite à des coups sur le crâne, tandis que Pedro et Miguel, dans leur rôle de généraux, donnaient les ordres, déployaient leurs troupes, haranguaient leurs petits soldats et les galvanisaient quand ils les voyaient faiblir. Les armées de Pedro remportaient toujours la victoire, au grand découragement du jeune Miguel, lequel n'hésitait pas à punir durement ses soldats-esclaves, qu'il rendait toujours responsables de la défaite. Ce jeu cruel prit fin le jour où Miguel blessa grièvement l'un d'entre eux. Les précepteurs royaux intervinrent et s'employèrent à dissoudre ces armées enfantines.

Les deux frères avaient grandi livrés à eux-mêmes, dans un environnement familial qui n'accordait qu'une importance relative au savoir et à la culture, où c'était la chose la plus naturelle du monde que le fils d'un Blanc ou d'un créole ait sa propre esclave sexuelle, où l'on voyait d'un bon œil que les jeunes gens frayent tôt avec des femmes, qu'ils déflorent les jeunes filles et qu'ils usent de gestes et de paroles obscènes pour ne pas être traités d'efféminés. Cela valait pour toute la pyramide sociale, du peuple à la Cour.

Avant d'arriver au Brésil, quand ils vivaient encore au palais où ils étaient nés, à Queluz, près de Lisbonne, les domestiques brésiliennes, avec leur peau couleur cannelle et leur impudeur, avaient amplement contribué à l'éveil de leurs sens. Les servantes qui, dans son enfance, lavaient le linge de Pedro, l'habillaient et le paraient de ses plus beaux atours les jours de fête avaient été victimes de sa sexualité précoce. Rosa, la naine brésilienne qui était devenue la mascotte de sa grand-mère, la reine María, lui laissait passer la main entre ses cuisses quand il n'y avait personne aux alentours.

Ils avaient beau se dérober, autant que possible, aux obligations liées à leur condition de princes, ils devaient toutefois assister aux cérémonies officielles. Ils s'y ennuyaient tous les deux, même si Pedro les supportait mieux. Il imitait son père et tendait la main pour recevoir les baisers des adultes révérencieux, mais malheur au gamin qui s'approchait, car il la levait alors brusquement et lui en assenait un coup sec sur le menton. Puis il riait sous cape, voyant les parents emmener leur rejeton stupéfait afin d'éviter un esclandre.

On l'appelait dom Pedro depuis qu'il avait atteint l'âge de raison. En sa qualité de cadet, il n'avait pas vocation à devenir l'héritier, rôle qui incombait à son frère aîné, Antonio. Un jour, dans son extrême jeunesse, Pedro fut témoin d'une grande agitation : il vit pleurer sa mère, et son père invoquer, le poing levé vers le ciel, la malédiction des Bragance, une légende qui datait de plusieurs siècles, lorsque le roi du Portugal avait renvoyé à coups de pied un moine franciscain qui lui demandait l'aumône. En guise de représailles, le moine jura que jamais un premier-né des Bragance ne vivrait assez longtemps pour monter sur le trône. Et la malédiction frappait chaque génération, l'une après l'autre, avec une précision terrifiante. À travers une baie vitrée du palais de Queluz, le jeune Pedro vit s'éloigner sur l'allée bordée de cyprès un cortège de gens vêtus de noir, mené par des courtisans qui portaient sur leurs épaules un petit cercueil blanc. On lui expliqua que dans cette boîte, son frère aîné partait droit au ciel. Il était mort des fièvres à l'âge de six ans. Au palais, on n'entendait que le hurlement désespéré de sa grand-mère, la reine María, sénile. Plus tard, au retour des membres du cortège, une fois le calme revenu, des bras puissants le soulevèrent de terre. C'était sa nourrice, la tête recouverte d'une mantille noire et les yeux rougis ; elle le regarda droit dans les yeux, lui qui ressemblait tant à son frère disparu, et lui dit : « Pedro, maintenant c'est toi qui, un jour, seras roi. »

Et sa vie changea. Son père n'avait pas cherché à lui offrir une instruction plus importante qu'il n'en avait reçu lui-même en tant que second dans la lignée. Autant dire limitée. Selon le raisonnement de l'époque, à quoi bon doter un enfant de notions d'histoire, de géographie ou de l'art de gouverner, s'il ne devait pas régner ?

Trente ans plus tôt, dom João n'avait pas reçu lui non plus une instruction très soignée, car le pouvoir devait revenir à son frère José, jeune homme fringant, intelligent, au caractère décidé et indépendant – lequel José ne put échapper à la malédiction et mourut à vingt-cinq ans. Accompagné de son épouse Carlota Joaquina, dom João se vit catapulté en première ligne, celle de prince et futur héritier du trône. Elle était heureuse car elle avait de l'ambition, mais pas lui. Plus tard, dom João, dit «le Clément», exerça la régence quand la reine María fut déclarée inapte à gouverner pour aliénation mentale, mais il s'exécuta à contrecœur. Confronté à des responsabilités qu'il ne s'était jamais senti prêt à assumer et qu'il n'avait jamais souhaitées, il fut pris de panique. C'était un homme indécis, timide, indolent, peureux. Il n'avait jamais témoigné d'intérêt particulier pour les lettres ou les sciences, pas davantage pour le pouvoir. Il écrivait mal, faisait des fautes d'orthographe et de syntaxe. Il avait toujours vécu en compagnie de moines et, dans le fond, il leur ressemblait. Amateur de musique sacrée, il avait pour principal vice la gloutonnerie, et s'il aimait la chasse dans sa jeunesse, c'était uniquement pour se gaver à loisir de viande de cerf.

À la mort de son fils aîné, dom João voulut rattraper le temps perdu avec Pedro et lui désigna un précepteur qui eut beaucoup de mal à capter l'attention de cet enfant fort peu accoutumé à l'étude. Au Brésil, il continua à donner à son fils de bons maîtres, des hommes tels que Fray Antonio de Arrábida, confesseur et précepteur de religion, homme cultivé et pieux, qui sut inculquer à Pedro un certain respect des humanités. Ou João Rademaker, diplomate d'origine hollandaise qui parlait presque toutes les langues européennes et qui lui avait enseigné des rudiments de mathématiques, logique, histoire, géographie et économie politique. Mais aucun des deux n'eut de réel ascendant sur son esprit insoumis, aucun ne déposa en lui son empreinte. Comment auraient-ils pu, avec jamais plus de deux heures de travail par jour ? L'effort de concentration épuisait mentalement l'enfant. Quand une leçon l'ennuyait, il laissait son professeur planté là. Tout simplement. Il se rendait aux écuries royales pour y dompter ses poulains et faisait claquer son gros fouet de charretier en donnant des ordres aux esclaves. La fréquentation des gens du peuple lui permit très vite de dépasser son sentiment d'être quelqu'un d'exceptionnel. Ouvert et alerte, il se délectait des plaisanteries salaces qu'il entendait dans les écuries, dans les rues et sur les places, et aimait se rendre dans les tavernes que fréquentaient peu les Européens. Sous une cape et un chapeau à large bord, il se faisait passer pour un *Pauliste*[1] afin de boire, jouer,

1. Habitant de São Paulo.

chanter, pincer le *berimbao*[1] ou jouer du *marimba*[2]. Dans les bouges, on se divertissait en dansant le *lundu* angolais, précurseur impudique de la samba, que l'Église avait interdit car il commençait par une « invitation à la danse » au cours de laquelle l'homme et la femme frottaient leur nombril l'un contre l'autre. Et puis il se baignait nu. Un jour, surpris par un groupe de dames de la Cour, il éclata d'un rire sonore mais, loin de se couvrir, il se campa devant elles d'un air provocateur et leur exhiba sa virilité avec une insolence teintée d'orgueil.

Comme son père le grondait rarement, il resta indiscipliné. Le roi agissait non seulement par faiblesse, ou parce qu'il était accaparé par les affaires de l'État, mais aussi parce qu'il savait que Pedro souffrait d'un mal qu'il avait hérité du côté espagnol de sa mère. Ce mal ne s'était manifesté qu'une fois, d'une façon bénigne, un jour où son père l'avait réprimandé pour s'être mal tenu à la messe. L'enfant garda quelques secondes les yeux révulsés, en proie à des convulsions, un filet de salive coulant à la commissure des lèvres. Dom João n'eut pas besoin de médecin pour deviner la nature de ce mal : l'épilepsie était une vieille amie de la famille. La crise avait été sans gravité, mais on savait qu'il s'agissait d'une maladie incurable, et qu'elle reviendrait, tôt ou tard. Le roi João pensait qu'il n'était pas bon de contredire l'enfant, de s'opposer à lui ou de l'énerver. Il avait appris qu'on évitait de punir Napoléon dans son enfance depuis le jour où, obligé de manger à genoux, il avait été pris d'une crise d'épilepsie. L'entourage de dom Pedro savait que ce n'était pas grave et que l'on pouvait vivre avec ce mal. Ne disait-on pas que Socrate, lui-même, en était atteint ? Que Napoléon avait des crises les jours de grande tension ? Toujours est-il que Pedro jouissait pour cette raison d'une liberté inhabituelle.

Il avait hérité de son père une intelligence subtile, une bonté naturelle, un certain sens de la survie, de l'économie et le goût de la musique. Il jouait de la clarinette, de la flûte, du clavecin et un peu de violon. Il tenait de sa mère espagnole, Carlota Joaquina, fille de Charles IV, la passion des chevaux, un esprit très indépendant, un caractère bouillonnant et un appétit insatiable pour les aventures

1. Arc musical à corde.
2. Instrument à percussion.

amoureuses : domestiques noires ou filles des hauts fonctionnaires de la Cour, toutes étaient exposées à ses audaces quand il rentrait de la chasse. Toutefois, il les laissait tranquilles ces derniers temps, car il se rendait régulièrement à la ville pour y voir la jeune fille qui lui ôtait le sommeil. Il n'aurait jamais imaginé que son cœur battrait ainsi avant que son regard se pose, pour la première fois, sur cette ballerine française qui dansait avec tant de grâce au Théâtre royal de Rio de Janeiro. Du haut de son jeune âge, il se croyait aguerri en matière de femmes – sans avoir jamais connu la blessure de l'amour.

2.

Un soir, à la taverne La Corneta de la rue Violas, il rencontra celui qui allait devenir, pour la vie, son meilleur ami. Vêtu à la manière des habitants de São Paulo – les Paulistes réputés pour leur esprit d'indépendance –, et accompagné de deux garçons d'écurie du palais, il écoutait le duo à la guitare de deux *cariocas* natifs de Rio de Janeiro. Les musiciens se disputaient les applaudissements du public, improvisant des vers sur la mélodie. L'un, un Noir dégingandé, reconnut sans doute le prince, car il lui chanta des vers irrévérencieux qui déclenchèrent les rires de la salle mais la colère de Pedro.

— Je suis le prince héritier, lança-t-il en ôtant sa cape avant d'ordonner à son compagnon : Sus après lui ! Donne à ce Noir ce qu'il mérite !

Mais le guitariste fuyait déjà avec la plupart des hommes, tandis que les femmes se cachaient sous les tables pour éviter d'être écrasées dans le mouvement de foule.

L'un de ceux qui avaient raillé le prince adolescent resta sur place, l'air crâne. C'était un Portugais âgé d'environ vingt-cinq ans, avec sur le crâne une sorte de bonnet. Le garçon d'écurie de Pedro se jeta sur lui en brandissant son bâton, mais en une esquive, l'autre l'empoigna au collet et le jeta à terre. Puis il le saisit par le col et le pantalon tel un pantin, le souleva et le porta jusqu'à l'arrière de l'établissement avant de le balancer dans la cour. Puis, s'adressant au prince en fureur, l'homme retira son bonnet et exécuta une profonde révérence, décrivant un arc avec son couvre-chef et dit avec l'esquisse d'un sourire : « Francisco Gomes da Silva, pour servir Votre Altesse. » Surpris par ce comportement, Pedro éclata de rire :

— Quel drôle de type !

Ainsi ce fut cette nuit-là que le prince rencontra son fidèle compagnon, et qu'il le baptisa : « Chalaza, l'homme à tout faire ». Don Quichotte avait rencontré son Sancho Panza, avec cette nuance toutefois que Chalaza était grand et bel homme. Connu pour ses talents de conteur, il savait se montrer spirituel et farceur, mais aussi chanteur de ballades, danseur expérimenté de *lundu*, coureur de jupons, buveur et querelleur – en soi, toutes les qualités requises pour distraire un prince. Ensemble, ils vécurent de nombreuses aventures, toujours de nuit et dans des lieux peu recommandables. De huit ans son aîné, Chalaza devint pour Pedro une sorte de maître de mauvaise vie et de la rue. Leurs incartades leur attirèrent de sérieux problèmes et, plus d'une fois, le prince dut venir à la rescousse de son ami pour le tirer des ennuis que lui valait régulièrement son penchant pour la liqueur de canne à sucre. Chalaza pouvait toujours compter sur l'extrême sobriété de Pedro.

Les parents de la classe aisée, qu'ils soient brésiliens ou portugais, surveillaient étroitement leurs filles quand le prince était dans les parages. Un jour, un commerçant fortuné le jeta hors de sa maison, las de le voir convoiter sa progéniture. Avant de s'éprendre de la Française, Pedro s'approchait à cheval des palanquins portés par des esclaves.

— Regarde bien ceux dont on a tiré les rideaux, il y a sûrement une femme à l'intérieur, lui disait Chalaza...

Du haut de sa monture, il ouvrait le rideau et, si la passagère lui plaisait, il la courtisait.

À présent qu'il était amoureux de la ballerine, il ne se comportait plus ainsi, même si ce n'était pas la première fois qu'une femme issue du monde du spectacle lui dérobait le cœur. Il y avait eu l'actrice Ludovina Soares, beauté brune et accorte venue en tournée. Le Théâtre royal, construit par son père pour donner à Rio de Janeiro l'allure cosmopolite qui lui faisait défaut, agissait comme un aimant pour les artistes du monde entier. Inspiré de l'Opéra comique de Paris, avec cent douze baignoires et une capacité de mille spectateurs, il jouissait d'une acoustique impeccable, digne de satisfaire la passion très ancienne des Bragance pour la musique. Leur ancêtre José Ier ne disposait-il pas d'une salle d'opéra dans chacun de ses palais, à Lisbonne, Salvaterra et Queluz ? Quand ils vivaient au Portugal, les musiciens et les chanteurs de la chapelle de la reine María étaient réputés pour leur excellence dans toute l'Europe. Le goût de dom João pour la musique était tel qu'il n'hésitait pas à faire venir à grands frais les plus célèbres *castratti* d'Italie. Vêtus de velours pourpre, le visage adipeux couvert d'une épaisse couche de maquillage, ils chantaient le *Miserere* de Pergolèse et les oratorios d'Haendel avec une grâce éthérée qui, d'après les spécialistes, rivalisait avec celle du chœur de la Chapelle Sixtine. Dom João n'avait pas honte de pleurer en public au son de ces notes aiguës qui le remuaient jusqu'au tréfonds de l'âme.

Depuis son inauguration deux ans plus tôt, le théâtre était devenu le centre de toutes les manifestations politiques et sociales, le cœur de la vie publique – sans oublier, pour autant, sa vocation de salle de spectacles, présentant toute l'année un répertoire d'opéras, de symphonies, de ballets, de tragédies et de comédies, avec des musiciens et des compagnies de théâtre comme celle qui avait conduit en ces lieux Ludovina Soares.

Après avoir insisté vivement, puis utilisé toutes les arguties et l'entremise habile de Chalaza, dom Pedro finit par obtenir de l'actrice un rendez-vous à son auberge. Quand il arriva à l'heure convenue, Ludovina lui ouvrit lentement la porte et le pria de la suivre le long d'un couloir sombre. Pedro se voyait déjà passer les heures suivantes dans ses bras et entre ses cuisses lorsque soudain, à sa grande surprise, il se retrouva au milieu d'une pièce emplie de gens : c'étaient les acteurs de la compagnie, chacun tenait une torche, et tous attendaient l'honneur de saluer Son Altesse royale. Ludovina désigna à son attention l'homme qui se tenait à ses côtés :

— Je te présente mon mari.

Pedro devint livide, les yeux ronds comme des soucoupes. Mais, comprenant qu'il avait été victime d'une plaisanterie, digne des meilleures de Chalaza, il ravala son orgueil et rit avec eux... Que pouvait-il faire d'autre ? Son sens de l'humour vint le sauver à point nommé du ridicule.

3.

La danseuse française ne lui infligerait pas ce genre de mésaventure, pour la simple raison qu'elle l'aimait. Pedro vivait pour la première fois un amour réciproque. La Française n'était pas l'une de ses nombreuses conquêtes, une de plus à s'être offerte à lui sans conditions. Cette fois, c'était différent. Au début, Noémie lui avait résisté. « Dites à ce prince d'opérette de ne plus m'envoyer de messages », avait-t-elle rétorqué à Chalaza, qui lui apportait après la représentation un billet du jeune homme sollicitant un rendez-vous. Cette attitude inhabituelle ne fit qu'aiguillonner le désir du prince. Il devina que l'indifférence de la jeune fille n'était qu'une façade et il insista. Comme les missives demeuraient sans réponse, il se présenta un soir devant sa loge, une fleur à la main.

— Acceptez-la, je vous en prie, comme preuve d'admiration pour votre talent, lui dit-il d'une voix entrecoupée par l'émotion.

Noémie, encore en tutu gris-rose, se sentit flattée. Elle lui adressa un regard doux, avec une pointe d'ironie : les grands yeux noirs de Pedro, ses cheveux bouclés qui lui donnaient un air romantique et cet air de chien fidèle qu'il savait si bien prendre lorsqu'il cherchait à séduire, lui plaisaient. « Merci », lui dit-elle en acceptant la fleur. Mais quand Pedro lui proposa un rendez-vous, elle déclina d'un doux mouvement de tête.

Durant toute la durée des représentations, le prince vint ainsi la courtiser chaque soir. Il se sentait très attiré par cette femme, si différente des autres. Impossible de chasser de son esprit ses traits fins, son nez parfait, ses yeux couleur miel, son teint de porcelaine et ses cheveux blonds, détail exotique dans un pays de femmes métisses et noires. Le dernier soir, quand on frappa à la porte de la loge, la danseuse vint ouvrir et se retrouva face à un gigantesque bouquet de fleurs, si volumineux qu'il dissimulait presque l'esclave qui le portait. « De la part du prince héritier... Mon maître vous fait dire qu'il voudrait venir vous présenter ses hommages. » Elle sourit et resta songeuse un instant. L'homme posa le bouquet à terre et la regarda fixement, dans l'attente d'une réponse.

— Dites-lui de m'attendre, j'arrive tout de suite, répondit-elle dans un portugais mâtiné d'accent français.

Dehors, Pedro comprit que la victoire était enfin à sa portée – il était prêt à l'attendre. Le spectacle qu'offrait la place avait tout d'une foire. Dans la chaleur tropicale, le prince respirait la fumée des feux de camp, de la terre humide et du fumier. Il y avait au moins mille chevaux, mules, ânes et bœufs, avec plusieurs centaines d'esclaves occupés à courir derrière les bêtes pour les harnacher à leurs attelages respectifs. Les plus riches hommes de la cour possédaient des carrosses rutilants, qu'ils exhibaient à la sortie du théâtre pour signifier à tous leur rang élevé dans la société. Le tapage redoublait quand ces messieurs ne trouvaient pas leur calèche prête ou qu'ils découvraient leurs domestiques trop ivres pour les reconduire à leurs résidences, situées en général à une lieue ou deux. Rio de Janeiro n'était pas une grande ville, à peine cinquante rues à angle droit qui convergeaient vers la place du Rocío où se dressait la cathédrale, face à la spectaculaire baie de Guanábara. Mais de nombreux riches préféraient vivre au sommet des collines environnantes, dans de belles demeures accolées à des monastères, des églises, un fort et un poste d'observation de l'armée.

La place s'était peu à peu vidée et la ballerine n'arrivait toujours pas. Une symphonie de crapauds, de grillons et de cigales qui rappelait la proche forêt vierge, remplaça le brouhaha. Don Pedro, peu enclin à la patience, était à présent nerveux. Il entra dans le bâtiment et, avant d'arriver à la loge de sa bien-aimée, il croisa une autre actrice, plus âgée, qui ressemblait curieusement à la jeune fille, et qui lui dit :

— Il est trop tard, maintenant, pour venir voir Noémie, *monsieur*...

— Elle m'a demandé de l'attendre, je suis le prince héritier, dom Pedro...

— Et moi Mme Thierry, la mère de Noémie, le coupa la femme.

Elle ne lui offrit pas le loisir d'insister. Vaincu, il échoua dans une taverne avec Chalaza et ses amis. Ceux-ci lui suggérèrent de trancher dans le vif : suborner la mère afin de jouir du privilège exclusif de rendre visite à la fille. « Si tu trouves de l'argent, on parlera à la mère, tu n'auras même pas à te présenter... » Cette femme oserait-elle refuser l'argent d'un membre de la famille royale ? À l'exception de Pedro, tous rejetèrent cette éventualité. La corruption et la subornation faisaient partie du quotidien. Cela ne scandalisait personne. Habitué à obtenir ce qu'il voulait, le prince se laissa convaincre et remit quelques jours plus tard à ses amis des *contos de reis*. Le résultat, qu'ils lui rapportèrent en détails, se révéla décevant : « Pour qui nous prenez-vous ? Pour des prostituées ? » les avait tancés une Mme Thierry furibonde, avant de les jeter dehors.

4.

La présence de la mère et de la fille en ville, comme celle de nombreux étrangers, était consécutive à une mesure prise par dom João en tant que prince régent à son arrivée en 1808 au Brésil. Il avait décrété le commerce, jusqu'alors monopole du Portugal dans la colonie, ouvert désormais à tous les pays du monde. Pendant trois cents ans, le Brésil avait été un territoire interdit aux étrangers, d'où son aura mystérieuse.

Les premiers à débarquer, suite à la décision de dom João, furent des commerçants britanniques. Ils apportaient tissus, cordes, outils, machines agricoles, céramique, verre, encre, résine, bière en baril et même des cercueils. Les cariocas, habitués à la pénurie et à la mauvaise qualité des produits habituels, étaient émerveillés par la quantité d'objets bon marché que rendaient accessibles les techniques développées en Grande-Bretagne par la révolution industrielle. Toutes sortes d'objets arrivaient, y compris des marchandises inutiles au Brésil telles que des couvertures de laine ou des patins à glace. On finit par utiliser les couvertures comme filtre pour trier l'or et les patins à glace comme pommeaux dans les galeries des maisons.

Avec la chute de Napoléon, des Européens d'autres nationalités firent leur apparition, essentiellement des Français, et aussi des Françaises qui accompagnaient leurs maris avides de faire fortune. Ce n'étaient pas d'habiles commerçants comme les Anglais, mais des cuisiniers, boulangers, pâtissiers, orfèvres, modistes, coiffeurs, serruriers et peintres, de même que des pharmaciens et des médecins qui s'appelaient Roche, Fèvre ou Saisset. Les modistes s'installèrent dans la rue la plus passante de la ville, l'étroite rua do Ouvidor, ainsi que les coiffeurs qui toisaient les barbiers locaux car ils officiaient également en qualité de chirurgiens et de dentistes dans les rues, provoquant de terribles hémorragies chez leurs patients. « À Rio de Janeiro, on pense que les Français sont tous des coiffeurs, et les Françaises, des prostituées », écrivit un naturaliste français. D'où le zèle de Mme Thierry, qui ne voulait pas que l'on prît sa fille pour ce qu'elle n'était pas. Toutes deux étaient actrices et, de surcroît, travaillaient dans le studio du maître de ballet Louis Lacombe qui était responsable des spectacles de danse du Théâtre royal et leur avait cédé les pièces situées à l'étage. Elles donnaient des cours de chant et de danse à ceux qui souhaitaient briller dans les salons. Elles appartenaient au monde du spectacle, mais on les considérait comme des personnes respectables.

Incapable de réfréner sa passion, Pedro insista de nouveau, s'efforçant d'éviter la mère. Il passait par le studio de danse, organisait des « rencontres fortuites » dans la rue, envoyait des billets à Noémie, qui, savourant une telle ardeur amoureuse, finit par mentir à sa mère pour le voir en cachette. Leurs rencontres étaient furtives, le soir, dans une rue déserte, toujours à l'abri des regards indiscrets. Pleines d'émotion retenue. Mme Thierry ne tarda pas à l'apprendre :

— Ce garçon n'est pas pour toi, et je ne veux pas que tu le voies.

— Qu'est-ce qui te fait dire ça ?

— Parce qu'il n'est pas de ta condition. Il va t'utiliser et, quand il se sera lassé, il te jettera comme un vieux mégot, tu verras. C'est ce qu'il fait avec toutes... Il a une de ces réputations !

— Il m'aime, *maman*...

— Ingénue... !

La mère levait les yeux au ciel en signe d'exaspération. La naïveté de sa fille la faisait sortir de ses gonds. Pis : elle se rendait compte qu'elle échappait à son contrôle. Noémie avait trouvé son prince charmant, elle était décidée à vivre avec lui, et jusqu'au bout, son propre conte de fées... Qu'y pouvait une mère ?

Au début, les amoureux se montrèrent discrets. Ils allaient se promener aux abords de la ville, et s'arrêtaient sur l'une des nombreuses plages environnantes. Sur le sable blanc et chaud, ils se retrouvèrent nus pour la première fois, entourés de la beauté renversante et sauvage de la baie aux eaux turquoise, de ses petites îles volcaniques qui surgissaient de la mer comme par enchantement, certaines rocheuses, d'autres bordées de palmiers. Jusqu'alors, une fois apaisée la fougue des premiers rendez-vous, Pedro délaissait ses conquêtes. Mais là, c'était l'inverse. Plus il connaissait Noémie, plus ils partageaient une intimité, plus ils conversaient, plus il était captivé. Son odeur, ses yeux humides de plaisir, ses gémissements et ses mots d'amour en français le faisaient frissonner. Non seulement sa beauté mais aussi sa personnalité se révélaient très différentes de celles des jeunes filles qu'il avait toujours fréquentées. Noémie était cultivée, ce qui constituait une exception dans le paysage social de Rio.

La plupart des femmes ne savaient ni lire, ni écrire, ni compter, et se consacraient exclusivement aux travaux d'aiguille. D'ailleurs, elles semblaient fières de leur manque d'instruction alors que c'étaient leurs maris qui favorisaient cette ignorance par jalousie, pour les empêcher d'entretenir une liaison amoureuse. Noémie aimait lire, et quand ils étaient seuls dans le modeste appartement qu'elle partageait avec sa mère, avec en fond sonore le piano du studio du dessous, elle déclamait des vers de poètes français, des pages entières de Corneille et Racine, devant son prince émerveillé. Elle lui apprenait des rudiments de français, lui jouait des morceaux qu'il n'avait jamais entendus, lui parlait d'auteurs dont il ignorait jusqu'au nom tel le marquis de Sade, des coutumes de la vie en France, et corrigeait sa correspondance, car Pedro ne sut jamais écrire sans fautes, pas même dans sa langue maternelle. En définitive, elle l'éduquait à sa façon, et il se laissait emporter par cette rivière d'amour qui lui apportait tout à la fois la connaissance et un bonheur sans limites. Oui, la femme de sa vie. Il en était persuadé au point de la présenter ainsi : « Ma femme. » Innocent dom Pedro, qui croyait être un homme libre...

Comme l'amour, à l'instar de l'eau, se fraye toujours un chemin entre les doigts, ni le sens de l'honneur de Mme Thierry ni les réticences de certains courtisans – y compris le prince régent et sa femme – ne parvinrent à entraver cette relation. Pedro ne pouvait rester une journée sans voir Noémie, et elle non plus. Elle s'en ouvrit à sa mère, qui supportait la situation à contrecœur :

— Tu es une innocente, il te quittera le jour où tu t'y attendras le moins..., lui rétorqua-t-elle.

— Non, il ne le fera pas, lui répondait sa fille, au bord des larmes.

— Si, car c'est le prince héritier. Et toi, juste une artiste, et une étrangère, qui plus est... Tu es bien sotte, de te laisser manipuler...

— Il ne me manipule pas, il m'aime !

— Tout ce que je demande à Dieu, c'est que tu ne tombes pas enceinte...

Mais Noémie ne l'écoutait plus. Elle courait vers Pedro, qui l'attendait sur sa monture. Elle prenait place derrière lui, en amazone, et ils parcouraient ensemble les cinq kilomètres qui séparaient la ville du palais royal, édifice d'inspiration mauresque peint en jaune, avec des moulures blanches.

Saint-Christophe se trouvait sur une colline, au cœur d'une propriété située en contrebas, dans une plaine. D'un côté, la baie, splendide ; de l'autre, le Corcovado, un pic haut de mille mètres qui permettait de s'orienter car visible de chaque point de cette géographie faite d'anses, de collines, de plages, de montagnes et de forêts. La propriété avait été offerte par un riche trafiquant d'esclaves à dom João à son arrivée à Rio, dix ans plus tôt. Dès qu'il s'assit sur le porche du palais, face à ce paysage de palmiers et de jardins plantés de jacarandas, bananiers, orangers, caféiers, mimosas et d'une incroyable variété de fleurs, dom João se sentit chez lui. Ce qu'il voyait depuis la véranda était très différent de l'ordre classique qui régnait dans les jardins de ses palais au Portugal, mais il était sensible à cette beauté exubérante et primitive. Au-delà de la propriété bouillonnait la forêt tropicale au feuillage dense dont se détachaient les orchidées, fougères et lianes qui grimpaient le long des collines.

Depuis que le prince régent s'y était installé, le palais avait subi diverses rénovations destinées à l'embellir et à l'agrandir. On avait par ailleurs construit des serres, des poulaillers, des ateliers, des écuries, des appentis pour y remiser le matériel de labour, des dépendances et des maisons pour la domesticité. Avec la complicité d'un ébéniste du palais, un esclave affranchi en raison de son habileté à manier la scie et le ciseau à bois, Pedro se fit aménager une chambre au fond d'un atelier où il installa son nid d'amour. Il y passait la plupart de son temps en compagnie de Noémie. La contempler nue dans le lit qu'il avait lui-même fabriqué avec l'aide de son ami artisan faisait de lui le plus heureux des hommes.

Il jouait de l'aérophone à languette, sorte de clarinette simple, et elle s'asseyait, jambes croisées, semblable à un cobra hypnotisé par la flûte d'un charmeur de serpents. Pedro lui lisait également des vers de l'*Énéide* de Virgile, qu'il avait appris avec son maître, fray de Arrábida, au cours de la traversée depuis le Portugal – un texte qui l'avait marqué car il pouvait faire un rapprochement entre les Troyens, contraints de fuir l'invasion d'une armée qui avait mis le feu à leur ville, et les Portugais qui avaient fui devant l'avancée des troupes de Napoléon. Il lui récitait des vers de sa composition, et, même si ces derniers lui écorchaient les oreilles, elle le félicitait... Sous l'écorce rude et les manières sauvages de Pedro, la Française découvrait peu à peu une facette sensible et vibrante.

Bien qu'il eût conscience de son rang, il savait faire preuve de délicatesse. Parmi les rares courtisans qui témoignaient une sympathie particulière au prince héritier, figurait le comte d'Arcos, à qui Pedro envoyait des notes signées « Votre seigneur et ami, l'homme, non pas le prince ». Le comte lui assurait que certains membres de la Cour étaient favorables à son histoire d'amour avec la Française. En réalité, ceux qui le côtoyaient ainsi que certains courtisans voyaient dans cette relation une aventure susceptible de le « civiliser », de l'éloigner de sa vie dissolue de séducteur. La jeune ballerine ne pouvait se douter qu'une partie de la Cour avait les yeux rivés sur elle, espérant qu'elle parviendrait à éloigner le prince héritier de ses amitiés dangereuses avec des individus pour la plupart issus des classes inférieures dont la moralité était douteuse, tel Chalaza. Cependant, dom João et ses ministres considéraient la danseuse comme une conquête éphémère du turbulent héritier, un caprice de plus, la fleur d'un jour. Ils visaient plus loin pour lui que ce nid d'amour au fond de l'atelier de menuiserie.

5.

À la mort de sa grand-mère, la reine María, dom Pedro comprit qu'il n'était pas maître de son destin. Ce jour-là, il dut assister à l'enterrement. Bouleversé, il suivit le cortège au son lugubre des tambours recouverts de crêpe noir. Suivant une coutume ancienne, en symbole d'humilité chrétienne, les frères pauvres de la Miséricorde du couvent des Carmélites, où avait vécu la reine, portèrent le cercueil sur leurs épaules jusqu'aux portes de la cathédrale où ils le remirent aux grands du royaume. À l'intérieur, entre des colonnes sculptées décorées à la feuille d'or, auprès des figures d'anges qui soutenaient des têtes de mort, recueillie derrière de grands rideaux de velours noir, la famille royale veilla le corps de celle qui n'était plus depuis vingt ans qu'une ombre parmi les vivants. Don Pedro se rappelait le moment où il l'avait vue déraisonner pour la première fois, dans un couloir du palais de Queluz, vêtue d'un peignoir, hirsute, mouillant le sol avec un arrosoir : «Je ne veux pas que ces si jolies fleurs se fanent», disait-elle en aspergeant le tapis parsemé de roses brodées. La reine n'avait pu supporter les changements qui menaçaient son monde, un monde où les monarchies étaient fondées sur le pouvoir absolu. Quand elle avait appris à Lisbonne que le roi Louis XVI avait été guillotiné, elle devina que rien ne serait plus jamais pareil pour les familles régnantes, que cette mort marquait un avant et un après dans l'histoire qui liait les rois à leur peuple. Cette nuit-là, elle eut une crise de démence.

Pedro, qui était tout jeune, vit son père courir vers l'alcôve de sa grand-mère, dont les hurlements étaient terrifiants. Allongée dans son lit, l'air apeuré, elle murmurait entre deux sanglots : « Aïe, Jésus, aïe, Jésus ! Ils viennent nous chercher, João ! Ils vont nous conduire à la guillotine, je le sais, je le sais ! Mais ces flammes m'empêchent de sortir, nous sommes perdus... Aïe, Jésus ! » L'enfant s'émut de voir son père, qui avait l'âme sensible, s'agenouiller et pleurer, implorant sa mère de se calmer. Il se rappelait aussi que, du jardin, on entendait le bruit des castagnettes et la voix rauque de sa mère, qui reprochait à son mari de ne pas se hâter d'entrer en guerre contre la France et ses révolutionnaires... L'affection de Pedro penchait plutôt vers son père qui l'aimait à sa façon d'homme tiède et apathique, mais sincère. La guérilla conjugale que se livraient ses géniteurs le plongeait dans le désarroi. Mais il plaignait dom João, faible et toujours victime des railleries de sa mère, laquelle ne laissait jamais passer une occasion de lui témoigner son mépris, même devant leurs enfants.

La reine María vécut ses dernières années terrorisée par la présence du diable qui lui apparaissait à toute heure du jour et de la nuit, et dont elle avait une peur bleue. Elle adopta un comportement étrange, mangeant des huîtres et de l'orge tous les vendredis et samedis ou tenant des propos salaces émaillés de jurons, ce qui mettait le puritain dom João hors de lui. Dans sa folie, elle connut toutefois des moments de lucidité, comme lorsqu'elle conseilla son fils qui, devant l'invasion de Napoléon, hésitait à envoyer Pedro en éclaireur au Brésil. « Soit nous partons tous, soit personne ne part », dit-elle alors. Et ils se rangèrent à son avis. Ou quand elle traversa la ville pour se rendre au port, le jour de leur départ, les troupes françaises déjà aux portes de Lisbonne, passa sa tête hirsute par la fenêtre du carrosse et cria : « Ne va pas si vite, cocher ! Ils vont croire que nous prenons la fuite ! »

Dom João avait toujours agi en fils exemplaire. Il allait la voir tous les jours, sans exception. Les derniers temps, il resta à son chevet et ne voulut pas laisser sa mère passer dans l'autre monde sans qu'elle le sache à ses côtés. Il n'était pas pressé de quitter son statut de prince régent pour devenir João VI, souverain du Royaume Uni du Portugal, du Brésil et des Algarves. Seul le titre changeait, car il gouvernait en roi depuis longtemps.

Carlota était décomposée car elle ne pouvait plus rentrer en Espagne. Elle avait eu tant de mal à convaincre son mari de la laisser partir après toutes ces années de souffrance et de frustrations à

Rio ! Dom João avait accepté à contrecœur, passant outre l'avis de ses conseillers :

— Le comportement de son altesse est erratique et imprévisible, lui avait-on rappelé. Seule en Europe, elle sera incontrôlable. Elle peut tenter d'exercer des pressions sur vous, Majesté, ou orchestrer un coup d'État, comme il y a quelques années...

Mais dom João ne les avait pas écoutés. Accablé par l'agonie de sa mère, il avait tellement envie de se débarrasser de sa femme qu'il lui avait permis d'accompagner en Espagne leurs deux filles aînées qui allaient épouser leurs oncles... Carlota avait embarqué malles et valises sur le *Sebastião*, et elle dînait à bord, rêvant qu'elle sillonnait déjà les mers. Or la mort de sa belle-mère avait ruiné ses projets. La succession officielle faisait d'elle la reine et dom João s'empara de l'occasion pour reculer.

— Dorénavant, ta présence à Rio est indispensable, lui dit-il. Tu ne peux pas accompagner les petites, tu es la reine et tu te dois de rester.

D'aucuns crurent que les larmes versées par Carlota pendant les funérailles étaient dues au chagrin que lui causait le décès de sa belle-mère. Seul son entourage proche connaissait la vérité.

6.

À la sortie de la messe des funérailles, un ministre de dom João s'approcha de Pedro : « Apprenez que les démarches visant à vous doter d'une épouse sont en bonne voie, lui dit-il. Sa Majesté ne ménage pas ses efforts pour vous dénicher une belle princesse européenne. »

Le ministre, qui pensait lui faire plaisir en lui annonçant cette nouvelle, se trouva fort déçu de la réaction offusquée du prince, qui tourna les talons et le laissa planté là. Prendre conscience que la monarchie portugaise l'utilisait comme un pion, un atout politique, n'avait rien de satisfaisant. Certes, il savait que son mariage était une affaire d'État, non de sentiments. Il savait qu'il était destiné à consolider l'empire, et que c'était là le destin du prince héritier. Son destin. Il savait qu'il n'y avait pas de place pour l'amour sur l'échiquier du pouvoir mondial. Il savait tout cela, mais il ne l'acceptait pas. Une pulsion intérieure se rebellait contre cet état de fait. Il ne voulait pas de princesse, de trône, de gouvernement, de privilèges, de richesses. Il voulait simplement être avec Noémie, entendre ses soupirs amoureux et le galop assourdissant de son cœur quand il la caressait.

Quelques mois plus tôt et à son insu, la machine diplomatique s'était mise en marche pour lui trouver une épouse. Son père rêvait de s'allier à un empire capable de faire contrepoids vis-à-vis des Espagnols, mais aussi vis-à-vis des Anglais – précieux alliés en temps de guerre, embarrassants en temps de paix. Il avait l'intention de forger une alliance avec l'Autriche, la puissance la plus influente du vieux continent, centre de la Sainte-Alliance de monarques européens. L'empereur François II avait trois filles en âge de prendre mari. Dom João, dont la couronne représentait l'empire le plus riche de la terre – du moins virtuellement –, était disposé à miser gros pour obtenir la main d'une d'entre elles. Hormis les raisons stratégiques et politiques, il avait des raisons personnelles :

— Je préfère n'importe laquelle des trois filles de l'empereur à toutes les autres, confia-t-il au marquis de Marialva, diplomate chargé de négocier le mariage de Pedro. D'abord en raison du caractère insigne de François, ensuite de la bonne éducation de ces princesses. Une Habsbourg saura apporter un large éventail de langues, de connaissances des arts et des sciences qui font si cruellement défaut à mon fils...

La difficulté était que l'une de ces filles devait épouser un prince italien, l'informa le marquis, un homme de haute taille, distingué, impeccablement vêtu, qui parlait avec l'assurance que lui conféraient son rang, son expérience de diplomate et sa fortune personnelle. Une autre, la plus jeune, devait être écartée car elle n'avait pas encore atteint l'âge de la puberté. Restait la troisième archiduchesse, promise à un prince allemand de petite lignée, un neveu du roi de Saxe. Elle s'appelait Leopoldine.

— Eh bien, allons la rencontrer...

Il fut donc décidé que le marquis partirait en Autriche, l'un des pays les plus raffinés de l'époque, où un dénommé Beethoven composait de grandes symphonies, afin de convaincre l'empereur François que le Royaume Uni de Portugal et Brésil dépassait en richesse, pouvoir et importance stratégique le royaume de Saxe. En cas de réussite, il devait ensuite négocier un contrat de mariage avec l'archiduchesse.

— Il faudra tout mettre en œuvre, précisa le marquis.

— Ne lésinez pas sur les moyens pour produire une bonne impression.

La recommandation ne laissait pas de surprendre de la part de dom João, monarque qui portait des vêtements reprisés, connu pour être économe dans ses dépenses personnelles.

— Faites connaître les richesses du Brésil. Mettez à profit cette occasion pour convaincre l'Europe que le Portugal est ressuscité au Nouveau Monde.

Dom João voulait faire se pâmer l'Europe entière devant le vaste territoire où, dix ans auparavant, il s'était réfugié quand il avait dû fuir devant l'avancée des forces de Napoléon, alors alliées à celles du roi d'Espagne. Exilé de Lisbonne, sa propre capitale, vers des terres lointaines, opprimé par des voisins plus puissants, il voulait aujourd'hui effacer cette image de vaincu. S'il fallait pour cela vider les coffres, il y était disposé. Il autorisa momentanément le marquis à puiser dans le Trésor les sommes nécessaires à la réussite de l'entreprise, y compris dans les réserves de diamants et de lingots d'or. Il comptait également sur les listes de dons volontaires que les riches créoles s'apprêtaient à faire en échange de faveurs, privilèges et honneurs.

L'arrivée officielle du marquis de Marialva à Vienne avec un « cortège digne d'un sultan et de la pompe du Saint-Père » fut semblable à la visite d'un prince des Mille et Une Nuits. Les Viennois qui virent passer la majestueuse procession s'en souviendraient pendant des générations. L'empereur et l'impératrice d'Autriche, accompagnés d'autres membres de la famille impériale, se déplacèrent jusqu'à la résidence d'un comte située à proximité de la porte de Carinthie pour ne pas en perdre une miette. Sur les quarante et un carrosses, vingt-quatre avaient été spécialement construits pour l'occasion à la demande de Marialva. Un groupe de hallebardiers à cheval ouvraient le cortège, suivis des carrosses des ministres, conseillers d'État, nobles du palais, chaque véhicule tiré par six chevaux tenus par des cochers revêtus d'un uniforme rouge et argent. Le marquis de Marialva, ambassadeur accompagné d'un éblouissant déploiement de domestiques et de pages, palefreniers, messagers de la Cour, employés de la garde-robe et fonctionnaires de la Maison royale, certains sur des montures portant le blason brodé au fil d'or des armes de la maison de Bragance, fermait la marche. « Vienne n'a jamais reçu aussi somptueuse ambassade », écrivit-il le soir même dans un rapport à dom João, persuadé que l'immense faste déployé par la monarchie portugaise finirait par porter ses fruits.

7.

Cette visite à Vienne était le clou d'une activité diplomatique frénétique amorcée deux mois plus tôt. Un diplomate portugais qui jouissait de la confiance du marquis avait préparé le terrain auprès du puissant ministre Metternich, le persuadant du bien-fondé de remplacer, auprès de Leopoldine, le prince de Saxe par dom Pedro. Le pragmatique Metternich ne fut pas difficile à convaincre. Comme l'empereur répétait que ce devait être à sa fille de décider du choix de son époux, le marquis, lors de sa première visite à Vienne, devait convaincre Leopoldine de l'intérêt d'un mariage avec Pedro. Afin de créer un climat susceptible de favoriser ses desseins, Marialva avait fait distribuer aux fonctionnaires de la cour d'Autriche, du plus insignifiant au plus important, des colliers d'or, des blagues à tabac incrustées de pierres précieuses, des boucles d'oreilles de diamant pour leurs épouses, des médaillons d'argent finement sculptés, des montres. Aux personnalités distinguées qui préféraient des cadeaux moins ostentatoires, il offrit, purement et simplement, des lingots de métal précieux. Ces preuves le dispensaient de vanter les richesses du Brésil et de sa monarchie.

Puis vint l'épreuve du feu : l'archiduchesse Leopoldine. Le marquis se retrouva face à une jeune fille blonde âgée de dix-neuf ans, aux yeux bleus, au teint très pâle, de forte constitution sans être grosse, les lèvres charnues, les joues roses et le cou assez épais. Il ne la trouva ni jolie ni laide. Elle semblait bien élevée et cultivée. Elle était entourée de cartes du Brésil, d'une édition des *Voyages d'Alexandre de Humboldt* concernant son expédition en Amazonie et d'ouvrages traitant de l'histoire du Portugal – ce qui constituait un excellent présage. Elle transpirait d'émotion mais parvint peu à peu à vaincre sa timidité. Elle fit part au marquis de son amour de la nature et, pour appuyer ses dires, lui montra avec enthousiasme ses collections de plantes, de fleurs, de minéraux et de coquillages.

— La collection est une manie que j'ai héritée de mon père, dit-elle comme pour s'excuser.

Le marquis préparait habilement le terrain.

— Mademoiselle l'archiduchesse, si vous aimez la nature, comme vous me l'avez dit, vous devez savoir que Rio de Janeiro et le Brésil tout entier sont un paradis où abonde tout ce que la vie animale présente de délicat et de sauvage, du colibri au jaguar. Il y a des fleuves qui ressemblent à des lacs, des lacs qui ressemblent à des mers, des cascades rugissantes et une éblouissante lumière tropicale...

— Je l'ai entendu dire et je l'ai lu, monsieur, et je dois vous avouer que j'éprouve depuis toujours le désir ardent de voir le continent américain. C'est un rêve que je caresse depuis l'enfance.

Les mots « Amérique » et « Brésil » rayonnaient à l'époque d'un charme étrange pour les Européens. À plus forte raison pour une personne telle que Leopoldine, passionnée par les sciences naturelles et par la lecture des récits de voyage. Le marquis lui remit un portrait au fusain de dom Pedro, en disant :

— Son Altesse est un homme courageux, un cavalier émérite, un musicien accompli, un homme généreux et juste, de fière allure, comme vous pouvez le voir...

L'archiduchesse contemplait le portrait, charmée, avec un sourire candide. Elle le trouva si charmant ! « Un tel physique ne pouvait être que le reflet d'une âme plus belle encore », songea la jeune fille.

— Votre Seigneurie pense-t-elle que mon apparence physique plaira à Son Altesse sérénissime ?

— J'en suis convaincu, Madame l'archiduchesse. Au Brésil, toutes les dames sont brunes. Le contraste avec votre apparence sera fort intéressant.

Leopoldine eut un léger sourire, elle avait apprécié la réponse du marquis. Elle changea immédiatement de sujet :

— Quelles sont les sujets d'étude préférés de Son Altesse sérénissime, le prince dom Pedro ? se risqua-t-elle à demander, sans quitter le portrait des yeux.

Un peu gêné, le marquis toussa puis croisa les jambes. Si délicate fut-elle, cette question ne l'empêcha pas de profiter de la naïveté de la princesse :

— Son Altesse royale est un étudiant très appliqué dans toutes les disciplines qu'un prince doit maîtriser, y compris les langues... Il ne parle pas le français aussi bien que vous, mais il se défend, ajouta-t-il, imperturbable, avant de mentir plus effrontément encore. J'ai grand plaisir à vous annoncer qu'il éprouve, de même que votre Sérénissime archiduchesse, un fort penchant pour les sciences, y compris la minéralogie et la botanique...

« Ce discours lui a beaucoup plu, et elle m'a dit qu'elle comptait offrir à son altesse une très jolie collection de minéraux européens... », disait le marquis dans son rapport. Dans le même document qu'il envoya à Rio de Janeiro, avec un portrait à l'huile à remettre à dom Pedro, le marquis de Marialva vanta les qualités intellectuelles et scientifiques de l'archiduchesse, ses réussites artistiques, sa bonté naturelle, son affabilité et sa distinction, mais il mentionna à peine ses attraits physiques. Il précisa simplement qu'elle avait « une présence agréable, un teint admirable, une grande fraîcheur, tous les signes d'une santé prospère ». Lors de sa seconde visite à l'archiduchesse, une semaine plus tard, le sibyllin marquis entendit enfin les mots qu'il souhaitait tant entendre :

— Ma conduite relevant de la volonté de mon père, Monsieur, j'ai la conviction profonde que le ciel me protégera et m'apportera le bonheur dans cette union.

Ces paroles avaient toutes les vertus d'un baume aux oreilles de Marialva. La fortune qu'il avait dépensée, bien supérieure aux possibilités réelles de la monarchie portugaise, allait s'avérer être un investissement profitable. Pour la première fois dans l'histoire des peuples, une princesse européenne se décidait à traverser l'océan Atlantique pour résider dans le Nouveau Monde, qui se trouvait à l'époque à quatre-vingts, voire quatre-vingt-dix jours de voyage. Le dernier obstacle à contourner était la crainte de l'empereur en personne d'envoyer sa fille dans un pays si lointain et inconnu, où elle serait menacée par le climat tropical et des maladies mystérieuses. Or dom João et Marialva avaient prévu cette objection et, dans les instructions données à leurs diplomates, ils spécifiaient que la princesse « regagnerait l'Europe dès que la couronne serait parvenue à préserver le royaume du Brésil de l'esprit révolutionnaire contagieux qui ravageait les colonies espagnoles». Ils fixèrent arbitrairement un délai de deux ans. Une fois ce temps écoulé, Leopoldine rentrerait en Europe. C'était un subterfuge plausible, simplement destiné à rassurer la famille de l'archiduchesse, mais sans aucun fondement véritable. Quand la nouvelle des fiançailles fut annoncée à Vienne, tous plaignirent le sort de la jeune princesse, condamnée à quitter sa famille et sa patrie pour des raisons d'État. Mais elle était ravie de partir en Amérique, et elle lutta avec acharnement contre les forces occultes qui s'apprêtaient à saboter cette union.

8.

Leopoldine avait été élevée dans l'idée que le rôle des princesses consistait à servir de pions sur l'échiquier de la politique internationale. Elle avait toujours su que son destin était d'obéir à un idéal supérieur, à la cause de la monarchie. L'exemple de sa sœur Marie-Louise, contrainte d'épouser Napoléon, le grand ennemi de sa famille et de l'Empire autrichien, avait porté à son paroxysme la symbolique des noces royales. Quelques années plus tôt, Napoléon, qui avait divorcé de Joséphine car il voulait un héritier, avait contraint un François II vaincu et acculé à lui donner l'une de ses filles. L'Autrichien avait dû céder. Cette humiliation avait marqué Leopoldine. Elle vécut comme une tragédie de songer que sa sœur chérie devait vivre avec l'homme qu'elles avaient appris à détester depuis l'enfance. Elles restèrent très unies jusqu'à la fin de la guerre, lorsque Marie-Louise quitta enfin Napoléon.

Leopoldine considérait son mariage comme utile et important, car il représentait l'union entre l'Europe et le Nouveau Monde. Et parce qu'il n'était pas imposé comme celui de sa sœur : on lui avait laissé la possibilité de refuser. Cependant, une fois qu'elle eut pris sa décision – et bien que ce mariage fût un acte politique –, l'archiduchesse se laissa emporter par le rêve. Elle trouvait du sens à cette occasion que lui fournissait la vie, car elle avait toujours voulu connaître l'Amérique et il y avait également du sens à ce qu'une personne passionnée par les sciences naturelles se retrouvât dans le Brésil sylvestre et agreste. Profondément croyante, elle vit là la main du Tout-Puissant : «Je suis convaincue que la Providence a des desseins particuliers en ce qui nous concerne, nous les princesses, et que se soumettre à la volonté de nos parents, c'est obéir à Sa Volonté », écrivit-elle à sa tante Marie-Amélie d'Orléans.

Tandis que les diplomates préparaient l'accord et les clauses du contrat nuptial, la jeune archiduchesse acquit des rudiments de portugais, dont la prononciation lui semblait très difficile, et cultiva ses dons musicaux, car elle savait que cela plairait à sa belle-famille. Son instruction ne se limitait pas à des questions intellectuelles, elle avait aussi été élevée en vue de son nouvel état de « femme mariée ». Elle lisait des ouvrages sur l'éducation des enfants, consultait sa sœur et ses amies sur les doutes qui l'assaillaient, faisait des efforts pour devenir « plus aimable et ouverte, car à l'avenir je ne pourrai plus vivre en ermite et le torrent du monde m'emportera ». Elles lui recommandaient toujours d'essayer de satisfaire en tous points les désirs de son mari, y compris les plus infimes, et de gagner la confiance de João VI, son beau-père. Son futur mari... Elle ne le connaissait pas, et elle rêvait déjà de lui. Elle ne l'avait jamais vu, et elle voulait déjà être dans ses bras. Elle ne savait pas qui il était, et elle l'idéalisait déjà. Jeune et innocente, elle était amoureuse de l'amour.

Le lendemain de l'entrée triomphale du marquis de Marialva à Vienne eut lieu la cérémonie officielle de la demande en mariage au palais impérial. Entre de longues rangées de gardes impériaux, le diplomate gravit le perron qui conduisait aux salons. En haut, il fut reçu par un groupe d'aristocrates hongrois et autrichiens. Tous les ministres et conseillers d'État, les hauts fonctionnaires de la Couronne, les princes et une grande partie de la noblesse passèrent dans la salle réservée aux messieurs, où un aide-de-camp accompagna l'ambassadeur jusqu'à la salle du trône. Là, sous un dais, attendait François II, en uniforme de maréchal de camp. Après les saluts protocolaires, Marialva lut un discours auquel l'empereur répondit en louant cette union entre deux continents, deux empires, deux personnes aux « grandes qualités ». À la fin, Leopoldine, vêtue de blanc, les cheveux retenus en un chignon, portant un merveilleux collier de perles et une tiare de diamants, fit son apparition. On aurait dit une poupée de porcelaine, si fragile, si nerveuse, si candide. Ses mains tremblaient et elle se troubla légèrement avant de confirmer de vive voix le consentement donné par son père. Comme ce jour-là coïncidait avec l'anniversaire de l'empereur,

Marialva profita de l'occasion pour remettre les décorations et les insignes d'ordres militaires dont l'avait chargé dom João.

Cependant, le cadeau le plus apprécié fut celui que reçut la jeune fille, son cadeau de fiançailles, un portrait de dom Pedro dans un médaillon serti de brillants volumineux d'une très grande valeur. « Seules les chroniques orientales font état d'un objet qui lui serait comparable », remarque Metternich lui-même. « On n'a jamais vu de pierres de cette taille par ici », dit la cameriste de la princesse.

Leopoldine apprécia bien davantage le portrait de son fiancé que les diamants et le médaillon, et elle le pressa contre sa poitrine : « Je viens de recevoir le portrait de mon bien-aimé Pedro. Il n'est pas d'une beauté extraordinaire, comme je te l'ai dit, mais il a des yeux magnifiques et un joli nez... Sa physionomie reflète une grande bonté et de la personnalité ; tous affirment que c'est une bonne personne, aimée du peuple et très studieuse... », écrivit-elle à Marie-Louise, sa sœur. Leopoldine avait décidé de tomber amoureuse ; le processus était inexorable et l'engloutissait comme des sables mouvants. Quelques jours plus tard, l'amour émoussait déjà l'intégralité de son sens critique : « Le médaillon du prince qui contient son portrait va me rendre folle, je ne me lasse pas de le contempler de toute la journée. Il est beau comme Adonis. Je l'aime, je t'assure. » Sa sœur tenta de tempérer une telle ardeur : « Je ne peux qu'approuver ta démarche ; le plus apaisant est d'agir dans un sens qui peut servir ton père et le bien de l'État, mais je t'en prie, au nom de notre amour fraternel, n'imagine pas un trop bel avenir... » Vain conseil. L'imagination romantique de Leopoldine s'était déchaînée, nourrie de tout ce que lui avaient raconté les diplomates portugais sur le Brésil et la famille royale, et du faste qu'ils avaient déployé, précisément pour lui donner une idée favorable de son avenir.

Mais soudain, le château de cartes fut secoué par des révélations qui faillirent le renverser. Peu avant la date fixée pour la noce par procuration, un médecin prussien auprès de qui l'empereur François II s'était enquis des qualités et de l'état de santé du prétendant, revint de son voyage au Brésil avec des nouvelles décourageantes. Il arriva en disant que le prince était épileptique et amoral : « La seule chose qui l'intéresse vraiment est l'acte naturel du sexe », déclara-t-il. Une bombe à la cour de Vienne n'aurait pas fait plus de bruit. Les ciments de l'opération matrimoniale se fendillèrent, et plus d'un pensa que le mariage ne se ferait pas. La capitale autrichienne vit se déchaîner les rumeurs.

L'empereur convoqua ses conseillers pour envisager d'abroger une union aussi inopportune, une union qui pourrait signifier le sacrifice d'une princesse. Pour les diplomates portugais et pour Metternich lui-même, la situation était fort embarrassante si l'on songeait que les négociations étaient bien engagées et la date de la noce fixée. Marialva intervint pour admettre que le prince avait fait une crise d'épilepsie, quoique très légère et fugitive, si anodine qu'il était inutile de la mentionner. Mais il repoussa avec véhémence les accusations d'amoralité. D'après lui, le seul défaut du prince était sa jeunesse, ce qui expliquait sa fougue. Méritait-il d'être condamné pour autant ? En toute honnêteté, il trouvait cela injuste. Cette accusation d'immoralité ne pouvait que provenir des ennemis du Portugal, des Bourbons en particulier, lesquels comptaient faire échouer le mariage. Celle qui défendit le plus ardemment dom Pedro fut Leopoldine, qui n'était pas disposée à se laisser arracher le bonheur qu'elle sentait à portée de main. Elle veilla à démentir toutes les insinuations « perfides et insidieuses » visant à empêcher les noces. Elle écrivit à son père, affirmant qu'elle n'avait entendu que des « compliments et des éloges » sur l'« excellent caractère » de dom Pedro par l'intermédiaire de sa tante Marie-Amélie, qui tenait à son tour ces informations du duc du Luxembourg, alors ambassadeur de France à Rio de Janeiro. L'empereur mettait-il en doute les paroles de l'ambassadeur ? Vienne était envahie de tant de médisances qu'il était impossible de les examiner toutes. Fallait-il croire également que dom Pedro était négroïde, de petite taille et bossu, comme l'assurait une rumeur ? Elle persuada peu à peu son père de ne pas céder devant les conspirations des messagers britanniques et des ministres de la maison de Bourbon. L'empereur reconsidéra sa décision, aidé en cela par Metternich qui songeait surtout à l'intérêt de l'État et considérait ces commérages comme des bagatelles en comparaison avec ce qui était en jeu. L'intérêt de la dynastie et de l'empire ne pouvaient être sacrifiés sur la foi des paroles d'un médecin prussien peut-être manipulé par des intérêts ennemis... Comment savoir ?

En fin de compte, on découvrit qu'une partie des rumeurs provenait de Rio de Janeiro, et avait pour origine la mère de Pedro en personne, Carlota Joaquina, qui, après avoir échoué dans sa première tentative de quitter le Brésil, était revenue à la charge. «Tente de gagner la confiance du roi et d'éviter ta belle-mère», recommanda l'empereur à sa fille, fier de constater que, à dix-neuf ans, elle avait répondu avec courage et fermeté à toutes les intrigues.

Carlota Joaquina avait écrit à son frère Ferdinand VII, en Espagne, en lui demandant d'intervenir auprès de François II afin qu'il ne donnât pas son consentement au mariage avant le retour de la famille royale portugaise à Lisbonne. Elle l'en priait de par sa double qualité de sœur et de belle-mère, car sa fille Isabel de Bragance allait l'épouser. Elle était sûre de son stratagème, convaincue que l'empereur d'Autriche préférerait envoyer sa fille à Lisbonne plutôt qu'à Rio de Janeiro. Mais la ruse de Carlota se retourna contre elle car son frère n'intercéda en rien et elle finit ainsi de convaincre ceux qui estimaient les rumeurs comme le fruit de ses manipulations.

C'était une maladresse de femme désespérée. Le jour du départ de ses deux filles aînées pour l'Espagne, Carlota tint à les accompagner et resta à bord du *Sebastião* aussi longtemps qu'elle put, jusqu'au moment où il dépassa le Pain de Sucre. Accrochée au bastingage, elle ferma les yeux : l'espace d'un moment, elle se trouvait là où elle avait toujours voulu être depuis son arrivée à Rio, sur le pont d'un bateau qui la ramenait en Europe. Mais, déjà, une brigantine abordait le vaisseau : on venait la chercher. Carlota quitta sa fille Isabel, celle qui allait épouser Ferdinand, son frère, et devenir ce que Carlota avait toujours voulu être, reine d'Espagne. Son autre fille, Maria-Teresa, se marierait avec son cousin, Gabriel de Bourbon. Le cœur brisé, Carlota débarqua à Praia Vermelha et resta assise un long moment sur le sable, voyant le bateau disparaître à l'horizon, emportant ses plus beaux rêves et la laissant un peu plus seule.

9.

Pendant ce temps, à Vienne, le jour du mariage par procuration approchait. La cérémonie religieuse, précédée du renoncement de Leopoldine à la nationalité autrichienne, fut fixée au 13 mai, jour de l'anniversaire de dom João. L'archiduchesse, superstitieuse, considéra que c'était un choix funeste et proposa à Marialva de la reporter. Sa mère était morte un treize et, un autre treize, l'Autriche avait perdu une grande bataille... Ce ne fut peut-être pas la superstition qui poussa Leopoldine à demander le choix d'une autre date, mais un pressentiment inexplicable : « Vous ne sauriez imaginer le nombre d'idées et de sentiments qui me traversent l'esprit, partagée entre la joie de mon mariage si heureux et la douleur de quitter tout ce que j'aime. » Elle se débattait, en proie à un conflit émotionnel : « Je suis très angoissée, mais pas découragée, car je fais confiance à la Divine Providence, qui me laissera sans doute être heureuse, sans quoi ce destin ne me serait pas échu. » Marialva ne put accéder à sa demande, et le 13 mai 1817 eut lieu dans la Chapelle impériale du palais de Vienne le mariage par procuration de l'archiduchesse Leopoldine et dom Pedro, prince héritier du Royaume Uni du Portugal, du Brésil et des Algarves, représenté par l'archiduc Charles, frère de l'empereur et premier vainqueur militaire de Napoléon. Pour Leopoldine, le voyage de sa vie commençait.

S'obstinant à célébrer la noce avec plus de pompe et de splendeur que jamais, Marialva avait fait construire dans la propriété impériale d'Augarten un palais d'été qui pouvait accueillir deux mille personnes. Les quarante plats du banquet furent servis dans la vaisselle la plus fine. À la table d'honneur, excepté le cristal de

Bohême, tout était en or massif : couteaux, fourchettes et assiettes. Marialva observait triomphalement l'étonnement de ses invités. Il était parvenu à égaler en splendeur les réceptions des empereurs mogols de l'Inde dont il avait connaissance d'après les chroniques des premiers voyageurs portugais. Le fier marquis était bouffi d'orgueil : il s'était magnifiquement acquitté de la tâche que le roi lui avait confiée.

Leopoldine se montrait heureuse, elle dissimulait ses doutes et ses craintes : « Ne vous inquiétez pas pour le long voyage, disait-elle à ses amis. Pour moi, il n'est de plus grand plaisir au monde que d'aller en Amérique. »

« Oui, j'ai du courage, car il serait inutile d'avoir peur. Le voyage ne m'effraie pas, je crois qu'il est prédestiné », écrivit-elle à sa sœur. Grâce à sa profonde foi en Dieu, la jeune fille ne craignait pas d'affronter les dangers d'un tel périple vers une colonie qui, en comparaison avec l'Europe de son époque, apparaissait étrange et sauvage. Elle abandonnait derrière elle tout ce qu'elle connaissait et aimait, ses parents, ses amis, son confort, ses habitudes, son univers. Leopoldine était profondément pieuse, mais elle ne faisait part de ses véritables sentiments religieux qu'à ses amies les plus intimes et à ses sœurs. Au cours de ses fiançailles, elle avait tenu dans un petit carnet doublé de soie verte une sorte de journal religieux intitulé « Mes résolutions – Vienne 1817 ». Dans le premier chapitre, elle s'engageait à se lever et à se coucher « toujours à la même heure, en évitant l'excès de sensualité pendant le repos ». Les vendredi et samedi, elle promettait de s'imposer de légères mortifications, comme de « s'empêcher de manger d'un plat à déjeuner, ou se priver d'une activité amusante, mais tout cela sans que personne s'en aperçoive ». Plus loin, elle s'engageait à distribuer le plus d'aumônes possible, « en évitant les dépenses futiles afin de pouvoir aider un plus grand nombre de malheureux ». Son éducation et son caractère faisaient d'elle l'exact opposé de son mari : « Mon cœur sera éternellement fermé à l'esprit pervers du monde. Je tiendrai également à l'écart le luxe nocif, les ornements indécents, les frivolités et les toilettes voyantes... Je resterai scrupuleusement fidèle à mon mari et j'éviterai toute familiarité envers les personnes de l'autre sexe. »

Telle était l'épouse qui s'embarqua le 15 août 1817 à bord du *Dom João VI*, un vaisseau de soixante-quatorze canons auquel on en avait ôté soixante pour dégager de la place et y loger une suite nourrie composée de dames de compagnie, d'un majordome, de six aristocrates hongrois, six gardes autrichiens, un bibliothécaire, un conseiller religieux et un aumônier. Leurs éminences furent reçues par l'équipage disposé en rang ; les marins avaient revêtu leur uniforme de gala en velours rouge et lançaient des vivats à la fille de l'empereur. Chargé de la distraire au cours de la traversée, un orchestre de seize musiciens répétait sur le pont tandis que l'on entassait dans la soute quarante-deux caisses, chacune de la hauteur d'un homme, qui contenaient, en sus de son trousseau, sa bibliothèque, ses collections et des cadeaux pour sa belle-famille. Pour une jeune fille qui n'avait connu d'autre environnement que sa famille, les adieux furent difficiles. À ce moment, son enthousiasme romantique pour le Nouveau Monde et l'amour qu'elle éprouvait pour son mari inconnu furent remplacés par la séparation déchirante avec ses parents, ses amis, des paysages de châteaux, de vertes prairies et de montagnes enneigées qui l'accompagnaient depuis sa tendre enfance. À son arrivée de nuit à Livourne, elle vit la mer pour la première fois. Puis elle découvrit les navires illuminés, tels deux colosses resplendissants, se reflétant dans les eaux tranquilles de la baie. Elle se mit à trembler d'émotion.

Toutefois, elle n'était pas seule ; sur un autre bateau, *L'Autriche*, voyageait un groupe de savants, membres de ce qui deviendrait la plus célèbre expédition scientifique de l'époque, dirigée par le botaniste bavarois de vingt-trois ans Von Martius, son collègue Von Spix, expert en minéralogie, un zoologue, un entomologiste, et plusieurs artistes au nombre desquels le peintre Thomas Ender. Le mariage de Leopoldine servit de prétexte pour amorcer l'une des plus grandes aventures scientifiques du XIXe siècle, dont les participants allaient parcourir plus de dix mille kilomètres à travers le Brésil, découvrant des tribus, cataloguant des espèces inconnues d'animaux et de plantes, traçant des cartes et décrivant des minéraux. Dom João pouvait être content : la fiancée qu'il avait voulue pour son fils apportait non seulement le prestige de sa dynastie, mais aussi la culture de l'Europe au cœur même de l'Amérique du Sud.

Quand le vent se leva et qu'arriva le moment d'appareiller, l'ancre restait prise dans les fonds, et les marins durent procéder à des manœuvres complexes pour la hisser, avec une mer de plus en plus agitée. En la remontant, ils constatèrent qu'elle était accrochée à une ancre de pierre datant des Étrusques. Comme ils étaient superstitieux, ils interprétèrent cet incident comme un mauvais présage.

10.

« Quelle saleté de fils de sa mère ! » s'exclama Carlota Joaquina au sujet de dom Pedro tout en se préparant à se rendre à Saint-Christophe. Elle habitait loin, à une vingtaine de kilomètres, dans un lieu très différent de la propriété de son mari, doté d'un autre charme. C'était une maison tropicale au bord de la plage de Botafogo. Carlota aimait entendre les vagues depuis sa chambre ; elle disait que la proximité de la mer lui était salutaire. Elle vivait là avec ses trois jeunes filles et une partie du temps avec Miguel, son fils, le plus grand voyou du royaume qui, même s'il résidait officiellement avec son père et son frère à Saint-Christophe, effectuait de longs séjours chez elle. « Il est très attaché à sa mère », disaient les domestiques.

Elle se maquilla afin de dissimuler son nez en permanence rougi. Elle avait les cheveux frisés et clairsemés, un visage allongé, et la peau marquée par la variole. Elle n'avait jamais envie de voir son mari, mais cette fois, le problème était grave. Elle venait d'apprendre par l'une de ses coiffeuses que Pedro avait engrossé la danseuse française, « cette putain », ainsi qu'elle l'appelait. Forte en gueule, elle était également dure et obstinée. Bien qu'elle n'ait pas réussi à utiliser la noce comme prétexte pour forcer le retour de la famille au Portugal, elle ne s'était pas opposée à ce mariage. Au contraire, elle savait que cette union constituait une très bonne affaire, et n'avait pas l'intention de renoncer à voir son fils devenir le gendre de l'empereur François II à un moment où, l'empire napoléonien vaincu, la Sainte-Alliance devenait une grande puissance. Cette noce représentait non seulement une occasion d'enrichir son fils, mais elle espérait que l'influence autrichienne le calmerait. Et puis cette union apporterait un peu de civilisation au Brésil et rapprocherait le pays de cette Europe qui lui manquait tant. Même si elle avait toujours méprisé le Portugal, ce petit pays attardé qui, sous la houlette de son mari, n'avait pas réussi à s'unir à l'Espagne, elle le préférait mille fois au Brésil, pays selon elle « de nègres et de poux ».

— Dites au cocher d'aller à Saint-Christophe ! cria-t-elle à son domestique tandis qu'elle montait par un escabeau spécial imposé par sa petite taille.

Elle ne comprenait pas pourquoi son fils se rebellait contre la noce annoncée : « Qu'il garde cette putain française pour maîtresse, mais qu'il épouse l'Autrichienne, bon sang, l'un n'empêche pas l'autre, disait-elle à son secrétaire. Ne m'a-t-on pas mariée quand je n'étais encore qu'une enfant ? Mon mariage devait servir à resserrer les liens entre des pays voisins et, regarde-moi, enfermée au Brésil, le Portugal sous la botte des Français, et l'Empire espagnol qui se désarticule ! »

À l'époque où la noce de l'infante Carlota fut décidée, les Bourbons et les Bragance cherchaient à consolider la péninsule Ibérique, menacée par les rivalités entre les puissances de l'époque, la France et la Grande-Bretagne. Son mariage était l'œuvre de son grand-père, le roi d'Espagne Charles III, et de María Ire du Portugal, la reine folle qui venait de mourir. Carlota conservait de la rancœur envers son père et sa mère, qui ne semblaient guère affectés d'avoir perdu leur fille si tôt. Elle eut du mal à comprendre qu'ainsi en allait la vie : les enfants royaux avaient rarement des parents aimants. Les princesses se mariaient par devoir, point. Cependant, l'indifférence qu'ils opposèrent à ses sentiments de petite fille lui laissa une plaie à l'âme.

« Jamais... n'oublie jamais que tu es une Bourbon », lui avait recommandé son grand-père en lui faisant ses adieux sous le porche du palais d'Aranjuez, ce jour ensoleillé de printemps où Carlota Joaquina était partie au Portugal pour y rencontrer un mari qu'elle ne connaissait pas. Elle venait d'avoir dix ans. Le monarque l'avait regardée droit dans les yeux, comme s'il avait voulu souligner l'importance de son dernier conseil, et l'avait serrée étroitement contre lui. La jeune fille ne reviendrait pas, elle ne reverrait plus cette figure sérieuse et austère qui incarnait la grandeur d'un empire déclinant, et la nostalgie allait lui dévorer le cœur. Elle n'oublierait jamais les paroles de son grand-père, qu'elle adorait. Elle leur resta fidèle toute sa vie, même si elle dut pour cela conspirer contre son mari, sa belle-famille, son pays d'adoption. Elle tenta même d'usurper le trône de son époux afin que les Bourbons règnent sur toute la péninsule. Quand Napoléon plaça son frère Ferdinand sur le trône, elle posa les yeux sur celui d'Espagne. Puis elle voulut être vice-reine de La Plata. Elle continuait à échafauder des plans grandioses afin de trouver sa place dans un monde qui s'effondrait.

— Ceux-là ! criait-elle depuis la calèche à ses gardes du corps, qui l'escortaient à cheval et allaient toujours sabre au clair. Ils me manquent de respect !

Sur son passage, tous devaient descendre de leur monture et, chapeau à la main, s'agenouiller avec respect. Ceux qui refusaient étaient menacés du sabre ou du fouet par l'escorte de la reine. Au cours de ses promenades quotidiennes, elle obligeait même les diplomates étrangers et les commandants des navires de guerre à descendre de leurs attelages, ce qui provoquait des incidents désagréables. En 1814, lord Strangford en personne, l'ambassadeur de Grande-Bretagne, avait reçu des coups de fouet pour avoir désapprouvé ce protocole qu'il estimait servile et démodé. Mais Carlota ne put vaincre la résistance de l'ambassadeur des États-Unis, Thomas Sumter, qui avait un jour été insulté par un membre de son escorte pour ne pas s'être agenouillé. Il s'était contenté d'ôter son chapeau. L'Américain, fils d'un héros de la révolution contre la Grande-Bretagne, résista et lui envoya dire qu'il se défendrait désormais le pistolet à la main, et, en effet, il obligea par deux fois les sbires de Carlota à reculer. Peu après, l'épouse de Sumter fut grièvement blessée au visage par un jet de pierre ; on n'en retrouva jamais l'auteur, mais tout Rio soupçonnait doña Carlota d'être l'instigatrice de l'attentat. Oui, elle était vindicative et dangereuse.

Sans son orgueil démesuré, elle aurait pu attirer la sympathie. Son physique ingrat contrastait avec sa morgue impériale. Haute d'un mètre cinquante à peine, elle avait une très haute opinion d'elle-même : en fin de compte, hormis son ascendance espagnole, elle était l'arrière-arrière-arrière-arrière-petite-fille de Louis XIV, le Roi Soleil, et l'arrière-arrière-petite-fille de Louis XV, les rois les plus charismatiques de toute l'Histoire de France. Ce sang bleu qui coulait dans ses veines lui faisait mépriser les idées progressistes qui se répandaient en Europe et tout ce qui pouvait avoir un rapport avec le petit pays où, depuis son mariage, il lui était échu de vivre. Qu'étaient les Bragance en comparaison des Bourbons ? Des pièces rapportées, des nobliaux de province, à ses yeux.

11.

Dom João surveillait la construction d'une volière dans son petit Versailles tropical quand on lui annonça l'arrivée de son épouse. Ce n'était pas une bonne nouvelle. Que pouvait-elle être en train de comploter ? Carlota s'était toujours mue aisément dans le labyrinthe de la Cour. Elle maîtrisait l'art de l'intrigue, qu'elle utilisait à ses propres fins politiques. Dom João s'était résigné à l'idée qu'elle ne changerait jamais. Enfant, elle avait le don, déjà, de manipuler les adultes et de leur imposer ses quatre volontés.

Le roi savait sa femme capable de tout pour rentrer au Portugal. Elle ne supportait pas le climat tropical, qui, à l'en croire, la tuait. Il savait que la reine se joignait au chœur qui, depuis le Portugal, réclamait le retour de la famille royale. Depuis la défaite de Napoléon, les Portugais ne comprenaient pas pourquoi leur pays devait jouer le rôle humiliant de colonie de son ancienne colonie américaine. De sorte qu'il parvenait à Rio des messages et des pétitions qui réclamaient le retour de dom João et de sa famille, rendant ainsi à l'Empire lusitanien son centre de gravité, Lisbonne, l'ancienne capitale.

En réalité, dom João se trouvait très bien au Brésil et refusait de façon péremptoire de rentrer, ce qui désespérait Carlota. Ici, il était aimé et respecté, il n'avait pas de frontières à défendre et était le chef indiscutable d'un monde nouveau. Le Portugal lui rappelait les années noires où il avait vécu traqué par Napoléon, nié et attaqué par son beau-père Charles IV et son beau-frère le prince des Asturies (le futur Ferdinand VII), humilié par les exigences des Anglais puis par les trahisons de sa femme et affligé par l'inexorable déclin des facultés de sa mère. Des années de tourment et d'angoisse.

Il était toutefois plus intelligent qu'il n'en avait l'air, déroutant son entourage, toujours enclin à juger de ses capacités mentales d'après son apparence déplorable. Y compris sa femme. Il avait finalement obtenu gain de cause en prenant la décision la plus difficile de sa vie, celle de se rendre au Brésil avec toute sa cour. Pour la première fois dans l'Histoire, un monarque européen était allé s'installer dans ses colonies, embarquant avec lui l'élite du pays, un dixième de la population. Réticent devant les décisions, il prit cette fois la bonne, la seule importante de sa vie, songea-t-il. Pourtant, à l'époque, il pensa être indigne de la confiance qu'avaient déposée en lui le destin et sa naissance, un roi incapable d'être à la hauteur de ses responsabilités ou de se défendre, un roi qui allait être balayé par le vent de l'Histoire. Bien que son départ fût un habile repli stratégique dans les circonstances d'alors, il était difficile de ne pas y voir une fuite et une désertion : la réaction du peuple qui ne comprenait pas pourquoi son roi l'abandonnait le fit souffrir et hésiter. Quand Charles IV et son beau-frère Ferdinand VII, qui le méprisaient, décidèrent que la nation espagnole devait poursuivre sa résistance en Amérique, ils voulurent s'enfuir au Mexique, mais il était trop tard. Ils tombèrent entre les griffes du tyran français. Pas dom João. Il avait momentanément perdu son pays, mais sauvé son empire. Napoléon aurait eu ces mots qui passèrent à la postérité : « C'est le seul à m'avoir trompé. »

Maintenant, son pays le réclamait mais il restait ferme. Il disait qu'il ne reviendrait que lorsque les circonstances le lui permettraient. Il était devenu expert dans l'art de l'éclipse, disant une chose et son contraire de manière à différer éternellement le moment de prendre sa décision.

Les époux s'inspiraient une peur réciproque, sur fond de haine profonde et viscérale. Ils ne vivaient plus ensemble depuis longtemps, depuis que Carlota Joaquina avait profité d'une dépression de son mari pour fomenter un coup d'État lui assurant la régence du Portugal. Ce fut la goutte d'eau qui fit déborder le vase, même si dom João, qui n'était pas d'un naturel rancunier, réagit avec indulgence. La possibilité d'un divorce, impensable dans la très catholique famille des Bragance, ne fut même pas envisagée : les intérêts et la stabilité de l'État valaient bien les mauvais tours de sa femme. De sorte qu'il l'exempta de toute responsabilité, mais l'incident marqua le point de rupture définitif dans leurs relations conjugales. Ils vécurent désormais aussi loin que possible l'un de l'autre, tout en préservant les apparences, *noblesse oblige*. À Rio, Carlota sortait très tôt le matin pour aller entendre la messe à la chapelle Saint-Christophe ; dans les cérémonies officielles, elle occupait le trône à la gauche du roi, mais assistait rarement au dîner qui réunissait à la même table son mari et ses enfants. Curieusement, ils conservaient les formes dans la correspondance qu'ils échangeaient, émaillée de termes affectueux. Carlota s'adressait à son mari par un « Chéri de mon cœur » qui ne trompait personne, et elle prenait congé par un « Ton épouse qui t'aime ». Dom João, de son côté, lui écrivait « Ton mari qui t'aime beaucoup, João ».

Mais les faits parlaient d'eux-mêmes et cette relation à distance faisait jaser dans la société coloniale, très conservatrice, qui se demandait comment un couple aussi mal assorti pouvait avoir autant d'enfants, six filles et trois garçons. La réponse était simple : ils n'étaient pas tous de dom João. Cela sautait aux yeux – la femme du général Junot, ambassadeur de France à Lisbonne, n'avait-elle pas remarqué que « dans cette famille, ce qui est amusant, c'est qu'aucun enfant ne ressemble aux autres » ? Il était de notoriété publique que Miguel, le plus jeune frère de Pedro, était le fils de Carlota et d'après certains... du marquis de Marialva, d'autres du jardinier en chef de Queluz. Miguel grandit avec le poids de ce qualificatif : « Le bâtard. » D'où sa jalousie envers son frère et le complexe d'infériorité qui le rongeait. Dans le fond, il avait toujours su que, quoi qu'il fasse, Pedro aurait toujours l'avantage sur lui dans la vie, excepté dans l'amour de sa mère, auquel il s'accrochait comme à une véritable planche de salut, car dans cette relation privilégiée, il dépassait son frère. Sur ce plan seulement. Dom João était sûr que ce n'était pas son fils, car à sa naissance, il n'avait plus de rapports avec sa femme depuis deux ans. Mais il le traita toujours comme l'un de ses enfants.

À travers le grillage de la volière, dom João la vit descendre de l'attelage et porta une main à l'oreille, comme à chaque fois qu'il la voyait. C'était un réflexe ancien, depuis le jour où il l'avait connue, à son arrivée au Portugal. Il avait dix-huit ans. Pusillanime, triste et laid, ce fils d'une nièce et de son oncle n'avait pas les attributs qu'admiraient les femmes – et particulièrement la sienne. Il était faible, craintif, ventripotent, les jambes courtes et épaisses comme de nombreux Bragance. Pas de beauté virile, de courage, d'autorité, d'esprit de décision. Comme il savait que la fillette avait reçu une éducation soignée, qu'elle avait un caractère vif, intelligent et des dons artistiques et musicaux car elle jouait de la harpe, de la guitare en plus de pratiquer les danses andalouses, il était très impatient de la connaître. « Madame l'infante est grande, avec un corps bien proportionné, ses traits sont parfaits, elle a des dents très blanches, et comme elle a eu la variole récemment, il lui reste quelques cicatrices sur le visage, mais elles sont heureusement en train de disparaître... » Tels étaient les termes de la lettre que lui avait envoyée le diplomate chargé de négocier son mariage, et qui avait éveillé son intérêt.

Mais quelle déception lorsqu'il la rencontra ! Il en conçut de l'irritation envers l'ambassadeur, « ce menteur, en bon diplomate qu'il est », comme Leopoldine pourrait à son tour ressentir de l'aversion envers le marquis de Marialva quand elle connaîtrait son fils Pedro. L'histoire se répétait : les familles étaient différentes mais les tromperies identiques. Il se retrouva devant l'une des plus vilaines petites filles qu'il eût jamais vues. Elle boitait légèrement car elle avait gardé une épaule plus haute que l'autre suite à un accident d'équitation, et elle était osseuse, anguleuse. Les yeux noirs et enfoncés, les lèvres fines et violacées et une rangée de dents « aussi inégales qu'une flûte de Pan », complétaient l'infortuné portrait. Muet de stupeur, il eut du mal à en croire ses yeux. La petite, très perspicace, dut sentir la déception de son conjoint. Après avoir surmonté un premier mouvement de retrait, dom João s'approcha d'elle pour l'embrasser et quand elle vit ce visage aux yeux saillants, grassouillet et souligné d'un double menton, dont l'épaisse lèvre inférieure brillait de salive, au lieu de lui tendre la joue, elle choisit de le mordre. João poussa un cri et porta la main à son oreille. Les yeux écarquillés, le visage contracté en une grimace douloureuse, il la fixa, déconcerté, effrayé, se demandant comment un rêve si longtemps caressé avait pu se muer en un si violent cauchemar. Le chirurgien en chef du royaume dut l'opérer, car la blessure ne cessait de saigner. Cet incident ne pouvait présager un mariage heureux, disaient les domestiques. Depuis, en souvenir de cette terreur ancienne, il se touchait l'oreille quand il la savait à l'approche.

Avec le temps, ni l'apparence ni le caractère de Carlota ne s'étaient bonifiés. Pis, ses traits s'étaient durcis, sa claudication accentuée, et elle avait la peau plus marquée que jamais. Seuls les yeux, petits et enfoncés, avaient conservé leur vivacité. Quant à son caractère, il était demeuré explosif, tapageur, porté à la colère et d'un orgueil démesuré. Elle trouva son mari entouré de flamants, hérons, aras et perroquets multicolores.

— João, je suis venue te parler de Pedro.

Le monarque essuya ses doigts potelés sur le revers râpé de sa veste. Il tenait à la main un *galeto*, un de ces nombreux coquelets grillés qu'il engloutissait chaque jour et qui présentait l'avantage de tenir dans la poche de sa veste. Il suçait les os et les recrachait tandis qu'il écoutait, bâillant d'un air passif, l'histoire de cette «putain française» qui avait dérobé le cœur de son fils. Carlota le fixait avec un mélange de dégoût et de mépris. «Il n'a pas changé», pensa-t-elle. Dom João détestait les habits neufs et usait les siens jusqu'à la corde. Il ne se souciait pas d'avoir l'air d'un pauvre, car il savait qu'il n'aurait jamais ne fût-ce que l'apparence d'un de ces flamboyants rois d'Espagne ou de France, comme les affectionnait sa femme. Quand les trous aux genoux devenaient trop voyants, les serviteurs mettaient à profit ses heures de sommeil pour repriser directement sur lui, veillant à ne pas le piquer avec les aiguilles.

Il détestait prendre des décisions, y compris celle de se montrer sévère avec l'un de ses enfants. Dans sa jeunesse, les décisions avaient été prises par d'autres. Il n'avait même pas eu à s'habiller seul depuis qu'il était né, ni à se laver à l'âge adulte : quand il sortait se promener et ressentait un tiraillement dans le ventre, un domestique déployait un W.-C. portatif, un autre le déboutonnait et lui baissait son caleçon, l'aidait à s'asseoir, tandis qu'un troisième attendait, cuvette à la main, un signe de Sa Majesté indiquant la fin de l'opération. On avait même choisi pour lui la femme qui était en train de lui parler. En règle générale, il préférait l'ignorer, car il savait qu'ils n'avaient pas les mêmes critères de loyauté. Ces différences s'appliquaient également aux enfants. Carlota avait une préférence pour Miguel, dont elle se sentait doublement la protectrice, sans doute parce qu'il n'était pas le fils de son mari. João se méfiait donc de tout ce qui venait de sa femme.

Cette fois, il dut reconnaître que l'affaire était sérieuse. Le roi fronça les sourcils en apprenant que son fils avait engrossé la

Française. Leopoldine arrivait. La situation était donc potentiellement très dangereuse.

— Tu es le roi, João. Tu dois renvoyer cette putain française dans son pays. Maintenant.

Après toutes ces années, elle continuait à lui donner des ordres – ce qui l'incitait précisément à faire le contraire. Il ne se mit donc pas en colère contre son fils, comme l'espérait Carlota, et n'envisagea pas non plus de prendre une décision drastique.

— Ton fils, en tant qu'héritier, doit t'obéir et se plier aux obligations liées à sa charge. Ce n'est plus un enfant, poursuivit-elle.

Le roi la regarda. L'histoire de la petite Française enceinte lui rappelait sa jeunesse. Lui aussi, il avait été amoureux. Lui aussi avait abandonné sa maîtresse enceinte. Mais il ne pouvait partager cela avec Carlota.

— Sa Majesté va d'abord parler à dom Pedro, puis nous verrons ce que nous ferons, lui répondit-il, s'exprimant comme toujours à la troisième personne, ce qui avait le don d'exaspérer son épouse.

12.

Dom João comprenait parfaitement son fils. Quelques secondes avant la mort de sa mère, il avait appris que l'amour de sa vie, le seul qu'il eût connu, était malade, à Porto Alegre, une ville située au sud du Brésil. C'était l'unique secret dans l'existence de dom João, un secret qu'il préservait depuis de nombreuses années, depuis qu'il l'avait connue à Queluz, après la naissance de Miguel, sachant alors son mariage voué à l'échec. Il était tombé amoureux d'une dame de compagnie de sa femme, Eugenia de Meneses. Célibataire, le regard doux et la beauté discrète, elle avait été le témoin privilégié de la mésentente du couple royal.

Grâce à l'aide précieuse d'un prêtre de la Cour et d'un médecin de l'armée, ils se retrouvaient, toujours la nuit, dans une chambre isolée d'une aile du palais. Enveloppé dans la douceur de ses caresses, João se laissa bercer par un bien-être qu'il n'avait jamais connu. Avec cette femme, il se sentait un homme véritable, tandis que Carlota ne cessait de l'humilier. Ce fut par la bouche d'Eugenia que dom João entendit parler pour la première fois des qualités du Brésil, le pays où elle était née. Jusqu'alors il avait considéré la colonie comme un pays arriéré, comme un problème – en raison des troubles et des rébellions visant à la sécession d'avec la métropole –, davantage que comme un lieu où la vie pouvait être agréable et aimable.

Son sentiment de culpabilité avait beau être atténué par la quasi-certitude que Carlota se trouvait elle aussi en compagnie d'un de ses amants, cette relation le torturait car elle allait à l'encontre de sa foi catholique. Pour surmonter sa mauvaise conscience, il se rendait à la chapelle. Agenouillé dans son oratoire, en larmes, il en appelait à la miséricorde du Dieu Tout-Puissant, et l'implorait de pardonner la fragilité humaine et les tentations de la chair qui le tourmentaient tant.

Un soir, Eugenia lui avoua qu'elle était enceinte. Contrairement à son fils Pedro, beaucoup plus jeune et surtout dégagé de la responsabilité du gouvernement, dom João fut pris de panique. La venue au monde d'enfants avait depuis longtemps cessé d'être une source de joie pour lui. Il songea immédiatement aux conséquences, au scandale que la nouvelle pourrait provoquer si elle était rendue publique, et il redouta les conséquences désastreuses pour lui et pour la monarchie tout entière. Eugenia devina que le fruit de leurs nuits d'amour venait de mettre fin à leur romance. Ils savaient tous deux leur relation condamnée à court terme, mais ils avaient préféré l'ignorer jusqu'à ce que la nature vînt le leur rappeler avec brutalité.

Toute sa vie, João se rappellerait la nuit où il l'avait vue partir. Des années plus tard, il sentait encore la douleur qui lui avait étreint la poitrine, le déchirement de son cœur. Il ne l'avait pas revue. À l'époque, il sombra dans une profonde dépression que les médecins de Lisbonne qualifièrent d'« aliénation de l'esprit » et qui faillit l'emporter. Jamais il ne l'oublia. Il prit tous ses frais en charge, depuis le jour où elle quitta le Portugal pour entrer au couvent de la Très-Sainte-Conception de Cadix et y donner le jour à sa fille en secret, jusqu'à sa maladie récente à Porto Alegre. Ces mandats réguliers étaient un secret partagé entre cette femme, sa fille, le grand comptable du royaume et Sa Majesté... Ils constituaient la preuve de sa loyauté envers cet amour interdit. Avec ce poids sur les épaules, comment n'aurait-il pas compris son fils ?

Don Pedro arriva à midi, escorté par deux gardes qui avaient reçu l'ordre de l'emmener déjeuner à la salle à manger du palais. Comme tous les matins, un violent orage tropical avait éclaté. Le roi ne courait plus se cacher dans les souterrains du palais dès les premiers coups de tonnerre, comme lors de son installation au Brésil. Dom João avait appris à apprécier ces averses qui humidifiaient l'atmosphère et apportaient la fraîcheur de la forêt dans le palais. Pedro avait les cheveux ébouriffés, les vêtements sales et collés au corps car il arrivait de la montagne, où il était allé voir un personnage singulier, le général hollandais Dirk van Hogendorp, qui vivait seul dans sa petite plantation aux pieds du Corcovado. Hogendorp, gouverneur de Hollande à Java pendant des années, devenu un valeureux général de Napoléon, était un peu le grand-père que Pedro n'avait pas eu. Ils jouaient à des jeux de stratégie militaire tandis qu'il lui parlait des idées libérales qui avaient traversé la Révolution française et qui se diffusaient inexorablement de par le monde. Des idées qu'il mettait en pratique, comme lorsqu'il avait acheté un esclave pour le libérer sur-le-champ et en faire un employé, geste chargé de sens qui marqua la mentalité coloniale du jeune Pedro. Oui, les hommes étaient tous égaux et la liberté représentait le bien le plus précieux, lui enseignait le Hollandais. Le prince n'oublierait jamais la leçon. Pour lui, Hogendorp était une fenêtre ouverte sur le monde.

Il croyait que son père l'avait convoqué pour lui répéter combien sa visite au Hollandais l'avait contrarié. Le roi lui avait dit à plusieurs reprises qu'il ne voulait pas le voir devenir un prince libéral. Il se méfiait tant des idées « subversives » de Pedro qu'il l'avait écarté des affaires du gouvernement, même les plus insignifiantes. Il aimait son fils, mais ni lui ni son cercle de courtisans ne lui faisaient confiance. Le jeune homme se heurtait donc à l'élite inculte, semi-analphabète, dissipée, s'accrochant à ses privilèges, plus portée sur le fado et la corrida que sur la lecture ou l'étude.

Le déjeuner au palais était un véritable événement. Assistants du roi, visiteurs, fonctionnaires royaux et médecins se rassemblaient dans le couloir conduisant à une table ovale recouverte d'une nappe qui rasait le sol. Le protocole stipulait que tous devaient rester debout quand ils rendaient visite à dom João ou aux princes à l'heure du déjeuner. Lorsque la fatigue devenait insupportable, l'étiquette permettait aux nobles de la Cour, certains distingués par leurs services, d'autres d'un âge avancé, de se mettre à genoux pour changer de posture.

Cette fois, dom João mangea seul avec son fils, tandis que les courtisans se tenaient à l'écart et murmuraient entre eux. Le roi saisit le premier des trois pigeons qu'il comptait engloutir. Il mangeait avec les doigts et poussait les aliments avec un peu de pain. Son fils touchait à peine aux plats.

— Pedro, Sa Majesté sait que ton comportement...

— Mais je n'ai vu que le général Hogendorp ; il m'a montré ses cartes d'état-major, raconté ses batailles... Il n'y a rien de mal à cela.

— Ce n'est pas de ceci que je veux parler, mon fils, même si tu sais que je ne partage pas les idées d'Hogendorp... mais de ton comportement extravagant de ces derniers temps ; même l'Europe en a eu vent, et cela n'aide en rien notre gouvernement...

— Majesté..., l'interrompit Pedro, puis il se tut, comme s'il regrettait à l'avance ce qu'il allait dire.

— Tu es le prince héritier, tu ne peux pas te comporter comme un garçon des rues.

— Je sais, Majesté...

Pedro baissa la tête et ajouta :

— Mais je... je me suis marié...

Le roi s'étrangla avec une cuisse de poulet, et un domestique lui donna des tapes dans le dos jusqu'à ce qu'il eût retrouvé son souffle. Il était écarlate et les veines de ses tempes avaient gonflé.

— Que dis-tu ?

Pedro lui raconta qu'il s'était marié à la Cour du Congo, selon un rituel africain, sur la plage, entouré d'individus si sympathiques et amusants qu'ils semblaient sortir d'un conte fantastique. À Rio, dom João n'était pas le seul monarque, ni sa Cour unique. Depuis des années, il existait une Cour carnavalesque, africaine, tolérée par les autorités coloniales, avec un roi noir, choisi par des Africains émancipés et esclaves, et qui utilisait tout l'attirail de la royauté européenne : toges, couronnes, trône et sceptre. Il n'y avait pas de festival ou d'événement public où le roi noir ne fût invité. Devant son désespoir, les amis de dom Pedro, Chalaza en tête, lui avaient organisé cette « noce » à la légitimité de laquelle il s'accrochait maintenant, dans son ingénuité. Le roi se détendit et sourit.

— Tu peux te permettre tous les mariages de ce genre que tu voudras... Ce qui est grave, c'est le reste...

— Quel reste ?

— La grossesse.

Il y eut un silence. Le souverain aurait aimé dire à son fils qu'il le comprenait, qu'il savait ce qu'il vivait, mais il ne pouvait pas. Un roi est roi avant d'être père.

— Oui, c'est ce qui est grave, et qui oblige Sa Majesté à s'en mêler, poursuivit le monarque. Tu dois être conscient de ce que tu es, mon fils, de l'énorme responsabilité qui pèse sur tes épaules.

— Mais c'est Votre Majesté, qui ne me laisse rien faire.

— Tu es encore trop jeune et impétueux pour t'occuper d'affaires publiques, mon fils. Le jour viendra.

— Et si je ne veux plus ?...

Son père l'interrompit et prit un air grave :

— Peu importe. Dieu en a décidé ainsi. Sa Volonté prime sur la tienne, ou celle de quiconque d'entre nous, mortels, y compris Sa Majesté. Et tu le sais. Sa Majesté s'est consacrée corps et âme à maintenir la cohésion de l'empire afin de sauver notre peuple, notre essence. Il n'est pas facile d'être le plus petit parmi les grands, de survivre à la cupidité des plus puissants quand on ne peut pas les affronter tant on est faible. Mais nous sommes en train d'y parvenir, mon cher fils...

Il ne put réprimer une éructation. Il essuya la commissure de ses lèvres avec la serviette brodée avant de poursuivre :

— Regarde autour de toi, regarde la patrie de ta mère : le Venezuela s'est séparé de l'Espagne en 1711, l'Argentine en 1716, ce sera bientôt le tour du vice-royaume du Pérou... Une véritable hécatombe, mon fils. Pour ne pas connaître ce destin, nous devons rester unis... C'est pour cela que ton mariage est si important, car il consolidera ce que nous avons gagné, pour que tu poursuives cette tâche sacrée. C'est ce que Dieu attend de toi. C'est ce qu'attend Sa Majesté. Ne les déçois pas.

Dom João utilisait un langage affectueux, mais ferme. Pedro baissa la tête pour éviter le regard fixe de son père.

— Pedro, l'Empire, c'est nous. Il sera à toi un jour, dit lentement le monarque, insistant sur chaque mot.

Le jeune homme l'écoutait d'un air grave, baissant la tête.

— Si tu es né dans cette famille, c'est parce que le Tout-Puissant t'a offert ce destin. Ne le gâche pas. Il y a un seul Dieu, tu as un seul père. Il y a beaucoup de femmes de par le monde. Je suis sûr que celle que nous t'avons choisie, à grands frais et avec beaucoup d'efforts, te plaira beaucoup. Elle te rendra meilleur, elle renforcera l'Empire.

— Et mon fils ? se risqua à demander timidement Pedro.

— Sa Majesté mettra en œuvre tous les moyens nécessaires pour qu'il ne manque de rien, ni lui, ni « ta femme », comme tu l'appelles. J'en parlerai à ta mère. Nous lui proposerons une belle somme d'argent pour élever son enfant loin d'ici.

— Non ! cria Pedro.

Un silence s'imposa. Le monarque poussa un profond soupir. Il observait son fils avec compassion :

— Parce que tu es l'héritier, mon cher fils, et en tant que tel, tu dois te soumettre aux intérêts du trône et des peuples que tu gouverneras plus tard. Tu me comprends, n'est-ce pas ?

— Mais...

Son père l'interrompit à nouveau, et sous l'intensité de son regard, Pedro baissa encore la tête.

— Tu peux aimer comme un homme, mon fils, lui dit-il presque à voix basse. Mais tu dois te marier comme un prince.

Dom João s'essuya la bouche avec une serviette. Il avait englouti ses pigeons et se leva pour laver ses royales mains. Fidèle au rituel, Pedro lui présenta un bassinet d'argent tandis qu'un assistant, à défaut de son frère Miguel, lui versait de l'eau sur les mains.

— À moins, mon fils..., ajouta dom João d'une voix grave. À moins que tu ne veuilles tout perdre. Il te faut choisir entre l'élan de l'amour et le devoir. Les Bragance ont toujours choisi le devoir. Sa Majesté attend la même chose de toi. Pour que tu puisses maintenir l'unité d'un grand empire. Rappelle-toi, mon cher fils : l'unité de la patrie. C'est à cela que servent les rois.

Bien malgré lui, dom João avait laissé tomber la menace voilée de le déshériter. D'autres se chargeraient de détailler au prince ce qu'il risquait de perdre : rang, prébendes, argent, privilèges... En résumé, son identité. Mais dom João espérait que son fils allait se reprendre sans tarder et que cela n'irait pas plus loin.

Lorsque Pedro regagna la petite pièce située à l'arrière de la menuiserie, il était très affecté. Son père n'avait pas l'habitude de lui parler ainsi, ni de lui consacrer autant de temps, même si ses paroles, qu'il avait parfaitement comprises, l'avaient convaincu. Il se laissait guider par son instinct, qui l'entraînait irrémédiablement vers les bras de Noémie, avec une force irrésistible.

Il la trouva allongée sur le lit, en pleurs. Terrifiée. En l'absence de Pedro, des gardes royaux étaient venus lui dire de quitter l'atelier, sur ordre de la reine.

— Ne m'abandonne pas maintenant, je t'en prie..., le supplia la jeune fille, entre deux sanglots.

— Je n'en ferai rien, je te le jure, lui répondit-il.

— Ne m'abandonne jamais...

— Jamais.

Il la prit dans ses bras, caressa la courbe de son ventre puis s'approcha pour l'embrasser sur le nombril. Il resta un long moment le visage appuyé tout contre, réfléchissant au discours de son père, et songeant à cet enfant dont il sentait déjà les mouvements. Il se réjouissait d'être père. Devoir, Empire, unité, volonté divine... Pour lui, ces mots étaient dépourvus de sens. Quel était leur poids face au sentiment de plénitude que lui procuraient sa relation avec Noémie et sa paternité proche ? Bien léger. Il s'insurgeait contre l'idée de ne pas avoir le droit de connaître l'amour, comme le commun des mortels. Lui qui avait grandi sans la chaleur de l'amour parental, il n'avait pas non plus le droit de le remplacer par celui d'une femme ? Cela lui semblait injuste. Jusqu'alors, il s'était considéré comme un grand privilégié ; maintenant, il commençait à en douter. Dehors, il tombait des cordes, le bruit finit par couvrir les sanglots de la ballerine.

13.

Le refus obstiné de rompre des amants créa une ambiance étouffante à la Cour. Pedro était devenu une gêne, un obstacle inattendu et tenace car il ne semblait pas vouloir lâcher prise. « Que pouvait-on attendre d'un garçon aussi mal élevé ? », disaient les mauvaises langues. Le jeune homme mesura l'antipathie qu'il inspirait aux membres du gouvernement lors de la messe des funérailles de sa grand-mère. À la sortie, personne ne s'approcha de lui. On lui jetait des regards en coin, comme pour l'accuser de ne pas jouer son rôle. L'ostracisme de la Cour lui déplaisait. Le regard qu'il échangea avec son père ne laissait guère de doutes sur l'état d'esprit de Sa Majesté. Cela l'affectait car il l'aimait. Quand il regagna Saint-Christophe, l'atelier d'ébénisterie était fermé et de grandes planches de bois étaient clouées sur la porte et les fenêtres. Il n'y avait aucune trace de Noémie.

— Les gardes du roi sont venus, Monsieur, ils ont emporté tout ce qu'il y avait et ont emmené votre femme..., lui expliqua son ami le menuisier.

Pedro devint rouge de colère. Il hurla des choses terribles, traitant sa mère de salope. L'homme fut stupéfait. Il ne l'avait jamais vu dans cet état de désespoir et d'excitation.

— Où l'ont-ils emmenée ?

— Ils ne me l'ont pas dit, Monsieur... Ils sont partis à la ville.

Ils avaient laissé Noémie chez sa mère, dans l'appartement situé au-dessus du studio de danse. Vaincue et humiliée, enceinte de cinq mois et l'avenir incertain, elle tremblait de peur en gravissant l'escalier. Elle se rappelait les avertissements de sa mère et redoutait de rentrer chez elle. Mais Mme Thierry lui ouvrit la porte et, à sa grande surprise, la serra dans ses bras. Cet accueil lui sembla trop expansif. Elle s'attendait à de sévères reproches, voire à des coups, mais pas à être reçue comme si elle revenait d'une tournée. Sa mère lui assura qu'elle l'avait pardonnée.

Il ne lui fallut pas longtemps pour apprendre la vérité. Sa mère avait reçu à plusieurs reprises la visite de Carlota Joaquina. Que la reine se fût déplacée jusqu'à sa modeste demeure avait fait forte impression à l'actrice.

— Elle nous a offert des richesses supérieures à tout ce que nous aurions pu désirer, racontait-elle à sa fille sans dissimuler son excitation. Elle a apporté les bijoux les plus précieux que tu puisses imaginer : des colliers avec des diamants qui semblaient posséder leur lumière propre – si seulement tu avais pu les voir. Elle m'a demandé de la discrétion, alors je t'en prie, n'en parle pas. Pas même à Pedro, *d'accord* ?

Noémie fit un signe de tête affirmatif.

— J'imagine qu'elle y a mis une condition, n'est-ce pas ?

— Oui, que tu le quittes.

Noémie baissa la tête et fixa le sol. Sa mère poursuivit :

— Personne ne donne rien pour rien, ma fille, tu devrais le savoir. La condition est que nous jouissions de toutes ces richesses... mais en Europe. Nous pourrions ainsi retrouver ta sœur, au lieu de la faire venir.

— Je n'ai pas l'intention d'accepter. Je suis amoureuse de Pedro, et lui de moi.

— Tu persistes ? Tu ne comprends pas que vous êtes très jeunes, et qu'on ne le laissera jamais rester avec toi ? Il vaut mieux tirer parti de la situation, tu vas en avoir besoin, lui dit-elle en désignant son ventre.

— Je ne veux rien savoir de tout ce qu'ils peuvent m'offrir, *maman.* D'ici peu, Pedro viendra me chercher et nous partirons...

— Où irez-vous ? Et cet enfant, comment vas-tu l'élever avec tout le royaume à dos ?

— Nous partirons loin.

— Tu rêves, Noémie. Tu es jeune et amoureuse, c'est normal. Mais je vais t'en dire plus : la reine s'est engagée à te trouver un bon mari qui s'occupera de toi et de l'enfant, un homme de condition élevée dont la conduite et le caractère seront l'assurance de ton bonheur futur.

— Arrête, je t'en prie, je ne veux pas en entendre plus !

Un long silence s'établit. Mme Thierry, vaincue, agitait la tête de dépit.

— Tu cours après ton malheur, ma fille, si ce n'est déjà fait. Tu refuses les bijoux, la richesse, un avenir, tu refuses tout par amour... Que cherches-tu, à prouver ton abnégation ?

— Je veux simplement être avec lui.

— Quelle égoïste tu fais, *chérie*. Je me suis sacrifiée pour toi, et maintenant que tu peux faire quelque chose pour ta mère, quelque chose qui nous tirerait de la misère, tu dis *merde*. Tu finiras par le payer cher ; la vie est dure. La chance ne passe qu'une fois... Enfin, tu verras.

Elle n'espérait pas la convaincre, connaissant son obstination, mais elle songea que ses paroles laisseraient un écho. Et peut-être, un jour très lointain, retrouverait-elle la raison.

La pression exercée sur les amants ne donnait aucun résultat. Pedro refusait de se séparer de « sa femme », et il le criait haut et fort aux nombreux courtisans et fonctionnaires qui le lui suggéraient, à présent sans la moindre hésitation. Malgré les ordres, des menaces d'être déshérité qu'il recevait de son impérieuse mère, de la Cour et du gouvernement, il campa sur ses positions et n'en fit qu'à sa tête. Il passa chercher Noémie chez sa mère et ils partirent vivre sur les flancs du Corcovado, dans une petite maison de campagne rudimentaire prêtée par un ami créole. Ils engagèrent un esclave pour apporter de l'eau et les aider dans les tâches domestiques. Ils jouissaient d'une vue spectaculaire, unique au monde, sur ces promontoires et îles qui surgissaient au milieu d'une mer dont la couleur épousait toute la gamme des bleus et des verts, selon les variations du temps. Au loin, s'étendaient la ville et le port, au-delà de Saint-Christophe, à leurs pieds les plages de Botafogo et Catete, le Pain de Sucre à la forme voluptueuse. Ils pouvaient prédire les tempêtes d'après la forme des nuages, voir l'arrivée des vaisseaux dans la baie de Guanábara, compter les bateaux à l'ancre, suivre les volées d'oiseaux qui passaient à leur hauteur. Ils se crurent libres et passèrent les premiers jours dans un état d'euphorie. Aucun des deux ne songea à l'audace de leur comportement. Puis, peu à peu, ils se mirent à craindre d'être découverts par des piquets de la garde royale. L'euphorie se transforma en une sourde préoccupation qu'ils choisirent d'ignorer, mais qui planait sur leurs vies comme un rapace.

14.

Là-haut, la température était plus fraîche, à tel point que le soir, il fallait se couvrir. Cela, pour la partie la plus agréable. Quant à l'autre... c'était un peu comme vivre dans la jungle. Noémie était réveillée en sursaut par les cris des animaux sauvages qui rôdaient, et Pedro sautait du lit avec son fusil de chasse, prêt à tirer. Le manque d'un minimum de confort affectait leur état d'esprit. L'accès aux lieux était escarpé et difficile, les pluies inondaient régulièrement la maison, impossible d'échapper à l'humidité et aux insectes. La ville, les amis, la famille, la vie des hommes étaient très loin.

Le plus dur pour Noémie, c'était de rester seule lorsque Pedro devait se rendre au palais ou assister à une cérémonie officielle. Malgré la présence de l'esclave, la nuit tombée, elle était la proie des peurs les plus violentes. Et s'ils ne le laissent pas repartir ? Et si je me fais piquer par un serpent ? Et si j'ai une hémorragie ? Comment l'accouchement va-t-il se passer ? Qui va m'aider ? L'enfant sera-t-il normal ? Elle observait son ventre et se demandait comment ils allaient vivre dans cette cabane, après la naissance du bébé. La solitude exacerbait sa terreur. De la même façon que la garde royale les avait expulsés de l'atelier, elle pouvait arriver à tout moment pour les chasser d'ici. Et s'ils recommençaient quand elle se trouvait seule, comme la dernière fois ? Pire... Et s'ils décidaient de l'éliminer ? Le pouvoir de ces gens était effrayant. Soudain, les paroles de sa mère lui revenaient en mémoire et elle sentait ses certitudes amoureuses se fissurer. Elle se doutait vaguement qu'elle devrait payer un jour pour avoir osé franchir l'abîme qui la séparait de Pedro. Elle, la bâtarde, fruit d'un amour de passage, avait dérobé le cœur du prince héritier d'un empire. Un crime impardonnable.

Envisager de renoncer à l'amour de Pedro lui était trop douloureux. Si son absence la plongeait en enfer, sa présence lui faisait atteindre l'extase. Quand elle le voyait revenir à cheval sur le flanc de la montagne, puis, trempé de sueur et de rosée, se précipiter vers elle et respirer ses baisers, la jeune femme oubliait toutes ses angoisses. La vie redevenait belle et le resterait jusqu'à la prochaine visite d'un policier ou l'inspection d'un jaguar, jusqu'à la prochaine nuit d'insomnie.

Un matin où elle était restée seule avec l'esclave qui travaillait dans le petit jardin, Noémie entendit un cheval arriver. Elle pensa qu'il s'agissait de Pedro, qui rentrait plus tôt que prévu. Il s'était rendu à l'enterrement de son maître, le diplomate hollandais João Rademaker, empoisonné par son esclave, forfait qui avait propagé l'inquiétude dans la ville. Les riches Brésiliens étaient très sensibles à toute tentative de rébellion des esclaves, et une telle nouvelle, qui transgressait l'ordre social régnant, causa une profonde panique. Tous avaient en mémoire le récent et sanglant soulèvement des esclaves de l'île de Saint-Domingue, dans les Caraïbes. Impensable au Brésil, pays dont l'économie dépendait entièrement de la main-d'œuvre esclave. Pedro, qui vénérait ce précepteur à qui il devait ses rares connaissances sur le monde, fut plongé dans un état de profonde consternation.

Noémie sortit donc pour l'accueillir. Elle avait passé une mauvaise nuit, prise de nausées qui l'avaient faite vomir à plusieurs reprises. Lasse et endolorie, elle allait lui demander de l'emmener à la pharmacie, voire de consulter un médecin en ville.

Stupéfaite, elle vit arriver sur le sentier une femme, à califourchon, vêtue d'un pantalon, d'une veste, d'un chapeau, un fusil de chasse dans le dos. C'était Carlota Joaquina chevauchant sa belle jument grise. Noémie sentit un frisson la parcourir, comme si toutes les terreurs de ses nuits de veille s'étaient soudain confirmées. La réputation de la reine n'augurait rien de bon. Ses colères étaient célèbres. Et Pedro non plus ne lui avait jamais dit le moindre bien d'elle. Pourtant, Noémie se trouva devant une femme affable et sympathique :

— Veuillez excuser cette visite impromptue, Mademoiselle Thierry...

— Entrez, Madame...

Carlota pénétra dans la cabane, dissimulant sa surprise devant la pauvreté dans laquelle vivaient son fils et sa bien-aimée. « Ils doivent beaucoup s'aimer pour supporter cette indigence », songea-t-elle. Des poules picoraient des grains de maïs entre les interstices du plancher. Le mobilier était spartiate. Discrètement, elle regardait le ventre de la Française, maintenant proéminent. Ce ventre qui provoquait une crise insolite dans le gouvernement de l'empire. Cette fois, Carlota n'utilisa pas la menace, bien consciente qu'elle serait sans effet sur la jeune fille et qu'elle exaspérerait son fils. Elle n'essaya pas de la suborner. Elle savait qu'elle parlait à une femme amoureuse, et décida de jouer la carte du cœur. Elle la complimenta sur l'intensité de son amour, la pureté de ses intentions, la noblesse de son comportement. Elle l'appela « l'ange protecteur de mon fils », ce qui déconcerta Noémie, qui s'attendait à des insultes :

— J'ai un grand service à vous demander, et je ne le ferais pas si je n'étais pas convaincue que vous êtes une femme de cœur, honnête... Vous permettez ?

— Bien sûr, Madame, répondit Noémie, dissimulant sa gêne d'être traitée avec autant de déférence par la reine en personne.

— Je vous prie de garder le secret sur cette visite. Que personne ne sache que je vous ai parlé.

— Je vous le promets, Madame.

Un silence se fit. On entendait un aboiement au loin et la respiration essoufflée de la jument, à l'extérieur, qui tentait de se remettre de la montée. Doña Carlota fronça les sourcils, comme pour se préparer à prononcer des paroles importantes.

— Je voudrais vous dire quelque chose que vous savez certainement : l'arrivée de l'archiduchesse Leopoldine est imminente...

Les yeux de Noémie se remplirent de larmes. Elle éprouva une immense tristesse, un abattement semblable à celui des animaux que l'on mène à l'abattoir. Carlota sortit de son sac un mouchoir en lin brodé aux initiales de la Maison royale et le lui tendit avant de poursuivre :

— Il ne fait aucun doute que vous l'aimez beaucoup...

Noémie confirma d'un signe de tête.

— Laissez-moi vous parler comme une mère qui cherche à aider son fils... Si vous l'aimez vraiment, vous devez vouloir qu'il soit heureux, n'est-ce pas ?

— Bien sûr, répondit la jeune fille, essuyant avec le mouchoir les grosses larmes qui coulaient sur ses joues.

— Sur ce point, nous sommes d'accord toutes les deux. Aussi, je vous en prie, aidez-le. Je ne le dis pas pour moi, ni pour vous, Mademoiselle Thierry, mais pour lui. Je vous parle à cœur ouvert. Le cœur d'une mère. Vous n'allez pas tarder à savoir ce que cela veut dire...

Noémie sanglotait. Tout s'effondrait autour d'elle. Elle se savait dans une impasse.

— Ne laissez pas Sa Majesté le déshériter, poursuivit Carlota. Je sais qu'Elle y songe. Aussi suis-je venue vous voir, car vous êtes la seule à pouvoir aider Pedro. Vous seule pouvez le sauver.

Ces paroles s'adressaient à un esprit naïf et las à la fois. Le fait que la reine lui parle sur ce ton, qu'elle s'abaisse en la priant de garder un secret pour le bonheur de son fils bouleversa la jeune fille. Carlota fut très habile à lui peindre un scénario qui envisageait deux possibilités : le bonheur de Pedro ou leur malheur à tous les deux s'ils restaient ensemble. Il était sous-entendu qu'en tombant enceinte, elle avait perdu le droit au bonheur. Carlota saupoudra son sermon de mots tels que « pauvreté », « persécution », « abandon », insistant toujours sur le glorieux avenir du prince au détriment de l'intérêt de la jeune fille. Noémie était en larmes. Elle comprit qu'ils ne pouvaient continuer ainsi, qu'ils ne seraient jamais acceptés comme mari et femme, que leur amour causait un préjudice à son bien-aimé, que cette belle histoire était un rêve dont elle devait se réveiller. Pour le bien de Pedro.

Elle consentit à le quitter, à la condition de ne pas être envoyée en France. L'accouchement approchait et un voyage aussi long l'effrayait. Elle préférait rester au Brésil, elle y serait plus près de Pedro. Si elle ne pouvait le voir, du moins entendrait-elle parler de lui. Carlota la remercia avec effusion, en son nom et en celui de Sa Majesté le Roi, l'assurant qu'elle mettrait à sa disposition toutes facilités pour que son transfert de Rio de Janeiro à Pernambouc, au nord du Brésil, se déroule dans les meilleures conditions possibles.

Le désespoir du jeune prince quand il regagna sa cabane du Corcovado et y trouva une lettre de Noémie adressée « À mon adoré », lui expliquant qu'elle avait cédé pour son bien, lui tira un cri dont l'écho par-delà les collines et leurs flancs ressemblait à une lamentation. Elle lui demandait de ne pas chercher à la retrouver, d'accepter avec une dignité de prince le renoncement à l'amour qui lui était interdit. Effrayés, des oiseaux s'envolèrent dans un battement d'ailes frénétique, on entendit le hennissement d'un cheval et les cris rauques des aras. Puis le silence se fit, seulement interrompu par le vent qui agitait les palmiers et les sanglots de Pedro. Lui qui avait toujours méprisé son père pour sa faiblesse, était maintenant en larmes. Lui qui n'avait pas eu à respecter de limites lors de son éducation, se trouvait pour la première fois devant un mur infranchissable. Lui, prince héritier, n'était pas le maître de son cœur. À cet instant, il maudit le jour où il était né.

Deuxième partie

J'aimerais danser une valse de temps en temps.

Doña Leopoldine

15.

Le gouvernement de Sa Majesté João VI avait pris toutes les dispositions afin de rendre la traversée de l'Atlantique la plus confortable possible pour l'archiduchesse Leopoldine. Ses cabines se composaient d'une chambre avec un lit suspendu pour accompagner les mouvements du bateau, d'une salle de bains pourvue d'une baignoire, d'une garde-robe, d'un séjour décoré à la feuille d'or où trônaient un fauteuil tapissé en peau de tigre fabriqué au Bengale, et un magnifique piano sous le portrait de dom Pedro dans un cadre doré. Elle avait à portée de main un lavabo en or, avec son broc d'eau, doré lui aussi. Tout ce luxe contrastait avec le reste du bateau, une véritable arche de Noé que les Autrichiens, indignés, jugeaient surpeuplée et sale. En effet, pour les besoins alimentaires des passagers, nombre de vaches, veaux, porcs, moutons, quatre mille poules, des centaines de canards et, pour la distraction des voyageurs, une douzaine de canaris, voyageaient à bord. La puanteur animale qui montait des cales était insupportable. «... J'ai réussi à garder ma bonne humeur, que les autres ont perdue, étant donné qu'ils ne voyagent pas pour l'amour de leur époux», écrivit Leopoldine à sa sœur depuis l'escale de Madère.

La traversée fut troublée par quelques tempêtes au cours desquelles les chaises valsaient, les plats se répandaient sur le sol et les serveurs s'approchaient à genoux pour ne pas tomber, s'excusant comme s'ils étaient responsables du mauvais temps. Une fois franchi l'équateur pourtant, ils furent envahis par une sorte de chaleur singulière, imprégnée d'humidité, un changement qui leur rendit courage, car il les rapprochait de la fin du voyage. Un matin, ils perçurent un changement dans l'atmosphère. La mer semblait différente, les vagues étaient plus petites. Des dauphins dessinaient des arabesques dans l'eau. « Ça sent la terre », dit un marin. Des effluves d'herbe et une odeur de forêt leur parvinrent peu à peu. Dans sa cabine, Leopoldine attendait avec impatience le moment où elle apercevrait la côte du Brésil. Elle vit d'abord surgir au lointain une bande de terre, fine et floue, et sentit un pincement au cœur. Oui, c'était le Nouveau Monde dont elle avait tant rêvé. Depuis son fauteuil, elle continua à scruter l'horizon, qui se transforma au fil des heures en un paysage, dominé par des falaises de basalte noir couronnées d'un feuillage tropical vert.

Quatre-vingt-cinq jours après son départ, le *Dom João VI* s'approchait enfin de la côte de Rio de Janeiro, reconnaissable à l'horizon que dessinaient ses montagnes, évoquant « un géant renversé, le profil inversé d'une tête humaine ». Doucement, les courants et les alizés entraînèrent la petite flotte vers la baie de Guanábara, un passage de moins de deux milles de large, se caractérisant par la présence du Pain de Sucre, un rocher en forme de cône de quatre cents mètres de hauteur surmonté d'une étroite bande de terre végétale. Devant sa masse imposante, les bateaux de la flottille ressemblaient à des jouets. Elle était flanquée d'un autre promontoire, deux fois plus haut et recouvert d'une forêt épaisse, le Corcovado. En janvier 1502, le navigateur Gonzalo Coelho avait sillonné ces mêmes eaux sur une caravelle. L'un de ses officiers, Américo Vespuccio, prit l'entrée de la baie pour l'estuaire d'un fleuve, d'où le nom, Rio de Janeiro, « fleuve de janvier ». La ville à proprement parler fut fondée le 1er mars 1565 sous le nom de Saint-Sébastien de Rio de Janeiro, en l'honneur du saint patron du roi du Portugal.

Sur le pont, Leopoldine contemplait, muette de stupeur, ces rochers escarpés aux formes fantastiques, bordés de plages de sable blanc éblouissant et de files de palmiers majestueux qui se découpaient sur un ciel azur. On entendait les vagues se briser contre les rochers escarpés. Cela sentait la mer, la végétation, et aussi la poudre des salves tirées depuis différentes forteresses qui saluaient le passage du pavillon royal. Baignés par un soleil intense, les autres passagers partageaient sa fascination pour ce spectacle magnifique. Ils passèrent entre une anse semi-circulaire soulignée par une plage et, du côté de la terre, une rangée de maisons anciennes «qui évoquaient le bonheur et le repos», comme l'écrivit Leopoldine, ignorant que l'une d'elles appartenait à sa belle-mère. Dans leur avancée vers la ville, surgissaient d'autres maisons blanchies à la chaux, des couvents et des ermitages au sommet des collines, puis l'église de Gloria et plus loin un essaim de toits hérissés de clochers. Une foule de gens saluaient depuis la rive. On devinait une ambiance turbulente et joyeuse dans la ville.

Le fracas des salves accompagna l'arrivée et le mouillage des vaisseaux, qui déployaient des drapeaux et des oriflammes multicolores. Sur leurs esquifs, de jeunes Africains s'approchèrent pour offrir leurs fruits à grand renfort de cris. Sur le quai, on hissa les drapeaux de l'Autriche et du Royaume Uni du Brésil, du Portugal et des Algarves, et les cloches de toutes les églises se mirent à sonner jusqu'au soir. Puis éclatèrent des feux d'artifice dont le reflet sur les eaux tranquilles de la baie laissa tout le monde, visiteurs et cariocas, muet d'étonnement. À la fin du spectacle, arriva une barcasse dorée, mue par cent rameurs, coiffés de casques argentés et portant des vestes de velours grenat. À son bord, Sa Majesté le roi et ses fils, qui venaient directement de Saint-Christophe. L'embarcation s'arrêta d'abord sur le quai pour y prendre la reine et ses filles, donnant ainsi au cortège autrichien et au peuple la fausse image d'une parfaite harmonie familiale. Ensemble, ils allèrent accueillir l'archiduchesse. Comme dom João avait une blessure infectée à la jambe, suite à une piqure de tique, et qu'il ne pouvait se rendre sur le *Dom João VI*, ce fut à Leopoldine de s'approcher pour les saluer.

En montant sur la barcasse, elle reconnut immédiatement Pedro et la comtesse de Kunburg, sa dame de compagnie, remarqua un éclat dans les yeux de la jeune femme, qui dissimulait à grand-peine sa satisfaction de découvrir le mari qu'on lui avait trouvé. Grand, distingué, il portait un uniforme de général. Des pattes longues et épaisses encadraient son visage de jeune premier, rehaussé par un long col rouge, brodé de fil d'or, la poitrine couverte de croix et de médailles. Il lui sembla beaucoup plus beau que sur le portrait offert par Marialva. Émue, elle surprit tout le monde en se jetant aux pieds de Leurs Majestés, qui n'attendaient pas tant d'effusions de la part d'une Teutonne. Elles l'aidèrent à se relever et l'étreignirent.

— Tout est prêt pour le débarquement officiel, qui aura lieu demain matin, lui dit dom João. Permettez-moi de vous présenter ma fille, Maria-Teresa...

Les deux belles-sœurs se lancèrent dans une conversation sur les plantes, tandis que Pedro restait à distance, les observant. Leopoldine le déconcertait. Cette jeune fille était particulière, avec des yeux si bleus qu'ils en étaient presque violets, et des cheveux si blonds qu'ils lui donnaient une allure très différente de ce à quoi il était habitué. Quant à la beauté et à la grâce, elle ne pouvait supporter la comparaison avec sa petite Française exilée de force à Pernambouc. Sa lèvre inférieure était épaisse, et elle avait un *pescoço robusto*[1], défauts imperceptibles car ils étaient masqués par sa jeunesse et sa toilette, mais qui n'échappaient pas à Pedro, très averti en la matière. Il apprécia sa peau, qui ressemblait à une pomme rose, son sourire doux et le fait que toute sa personne fût pulpeuse.

Le jeune homme fut le dernier à s'approcher. L'air sérieux, il osait à peine regarder son visage, intimidé. Il avait devant lui l'ex-belle-sœur de Napoléon... Comme il ne parlait pas allemand et elle fort peu le portugais, ils échangèrent les premiers compliments en français, cette langue qu'il avait appris à bredouiller avec l'amour de sa vie.

— Voici mon cadeau de bienvenue, lui dit Pedro en lui remettant une petite bourse.

L'archiduchesse l'ouvrit et en retira des diamants montés en forme de grappe, de nœuds de ruban, de huppe, de héron... En dernier lieu figurait un oiseau de paradis incrusté de brillants et avec une couronne de lauriers dans le bec.

— Ce sont des fruits de cette terre, dit le roi. Son Altesse est arrivée au pays des pierres précieuses.

Lors de cette entrevue, cordiale et agréable, Pedro et Leopoldine échangèrent des regards furtifs. Le jeune homme fut agréablement surpris par la simplicité et la spontanéité de son épouse, auxquelles il ne s'attendait pas de la part d'une femme élevée à la cour d'Autriche. Mais lorsque, entamant une discussion sur les minéraux, elle commença à déployer son érudition, il la vit comme un animal plus rare encore que les insectes de la collection de lépidoptères

1. Cou épais.

qu'elle portait sous le bras. À cet instant, si on lui avait dit que sa femme venait d'une autre planète, il l'aurait cru. Leopoldine, toutefois, aveuglée par l'amour qu'elle vouait par avance à son époux, ne tint jamais rigueur au marquis de Marialva de lui avoir menti sur l'intérêt de son mari pour les minéraux.

16.

Pedro s'était difficilement remis de la perte de son premier véritable amour. Ses proches avaient beau lui assurer qu'il en connaîtrait d'autres, cela ne lui procurait qu'une maigre consolation. Sa souffrance s'était accrue à l'annonce de la grossesse de Noémie. Quand il avait compris que la partie était perdue, il avait fini par accepter son destin à contrecœur. L'exemple de son père l'avait aidé à passer ce mauvais moment : en dépit de son apparence négligée et de son indécision chronique, dom João avait toujours été un homme d'habitudes, pieux, travailleur et surtout voué corps et âme à son devoir. Il avait transmis à son fils certaines de ces valeurs. Chalaza tenta aussi de l'aider à oublier Noémie. Pedro n'y parvint jamais, mais il s'épancha auprès de prostituées et d'amies, auprès des métisses excitantes qui rivalisaient en perversions amoureuses pour lui remonter le moral. Il les quittait parfois sans même les avoir déshabillées, comme si la certitude de pouvoir les posséder lui avait suffi. Noémie lui manquait tellement que, lorsqu'il en avait le loisir, il passait par la rue où habitait sa mère et regardait à l'étage supérieur de l'immeuble, comme si sa bien-aimée allait apparaître au balcon. Un jour, cette nostalgie lui joua un mauvais tour. Il se rendait à cheval dans le centre quand son cœur bondit en apercevant une jeune fille qui sortait du studio de danse de Louis Lacombe, où vivait Mme Thierry. Elle ressemblait à Noémie, en plus âgée, moins séduisante. Il découvrit que c'était sa sœur, venue travailler et vivre à Rio. Pedro fut incapable de se retenir et il commit une erreur qui allait entacher sa réputation : il tenta de la séduire, en pleine rue, car ce faisant, il avait l'impression de parler à Noémie. Dans son esprit affligé, il confondait les deux femmes, sans s'apercevoir qu'il commettait une transgression inacceptable. Il se heurta à un refus clair et net qui plongea le prince dans le plus grand désarroi.

— Effronté ! lui lança Mme Thierry du haut du balcon.

L'anecdote se répandit en ville comme une traînée de poudre.

— Quel voyou ! Ce garçon ne vaut rien ! répétaient les dames dans les salons et chez le coiffeur. Il ne lui a pas suffi de ruiner la vie de l'une, il faut qu'il s'en prenne à l'autre...

Ce faux pas lui coûta cher car il alimenta les rumeurs sur son caractère séducteur, léger, irresponsable, et indigne de confiance. Une image que les membres du gouvernement et de la Cour craignaient de voir traverser l'océan.

Pedro regretta Noémie pendant longtemps. Il apprit que, sous les auspices du roi, elle avait été envoyée à Recife, loin au nord-est du pays, où le gouverneur de Pernambouc la confia aux bons soins d'un couple, un officier de l'armée et sa femme, généreusement indemnisé par dom João. Noémie, de son côté, avait reçu une somme conséquente pour la corbeille du bébé. Même sa mère eut droit à un bijou de la part de Carlota Joaquina. Pas davantage, car Mme Thierry avait décidé de rester en ville et de faire venir son autre fille au lieu de partir pour la France.

L'épilogue de cette histoire se révéla pour Pedro un cruel coup du destin : il apprit que son fils était mort quelques jours après sa naissance. Fou de chagrin, torturé par le sentiment de culpabilité, honteux de la bévue qu'il avait commise avec la sœur, il songea à s'échapper pour aller retrouver Noémie. Mais ce fut impossible. Rio tout entier se préparait à l'arrivée de Leopoldine, dom João avait fait des travaux à Saint-Christophe, et les membres de la mission artistique française pavoisaient la ville aux frais du Trésor public. Pedro était devenu le centre d'attention de la vie sociale. Partout où il allait, ceux qui le critiquaient dans son dos à cause de son comportement d'homme à femmes le félicitaient pour son mariage. Ils le remerciaient même du bonheur que ce mariage apporterait au peuple. Prisonnier d'un filet invisible, mais solide, qui l'enfermait dans son rôle d'héritier, il ne put fuir.

Il écrivit au gouverneur de Pernambouc, le priant de veiller sur la santé de Noémie, de faire en sorte qu'elle ne manquât de rien. À la fin de sa lettre, il lui demanda un service qui montrait, plus que tout, l'intensité de son déchirement : il voulait faire embaumer le corps de son fils et le garder au palais. Le gouverneur lui répondit qu'il avait organisé de somptueuses funérailles et qu'il lui enverrait le corps momifié. Pedro reçut un petit cercueil blanc, qu'il fit installer dans ses appartements de Saint-Christophe comme sa relique la plus précieuse.

17.

Le lendemain de son arrivée, le 6 novembre 1817 à midi, la famille royale embarqua sur le *Dom João VI* pour y déjeuner avec doña Leopoldine. Fidèle à sa nature rebelle, Pedro transforma en galanterie la timidité de la veille. À l'érudition de sa femme, il comptait répondre par ses meilleures armes de séducteur. Il se plaça au bout de la file afin de la saluer et lorsqu'elle lui tendit la main, il la saisit et ne la lâcha qu'après l'avoir conduite à la table de la salle à manger, où il lui approcha une chaise : «À un moment donné, pendant le déjeuner, Pedro m'a fait un clin d'œil, et, sous la table, j'ai senti sa jambe se poser sur la mienne. Il est allé plus loin dans l'audace; quand j'ai eu terminé mon discours, il m'a murmuré : "Quel dommage que nous n'ayons pas la permission de danser avant demain"», écrivit Leopoldine à sa sœur.

Après le déjeuner, les passagers s'installèrent sur la barcasse, entourée d'une multitude d'embarcations plus modestes occupées par des membres de la noblesse qui escortaient le cortège royal, afin d'accompagner l'entrée triomphale de Leopoldine à Rio de Janeiro. Ils débarquèrent sur une rampe recouverte d'un tapis rouge, et ils passèrent sous l'un des nombreux arcs construits par les artistes français Debret et Montigny, un trompe-l'œil de faux marbre, où figuraient des angelots, des allégories de Vienne et de Rome et des allusions aux possessions impériales du Portugal. L'idée de recréer l'ambiance d'une ville européenne de fantaisie revenait à dom João. Ils saluèrent les soldats et les dignitaires tout en se dirigeant vers les attelages qui les attendaient à l'entrée de la rue Direita, la plus large de la ville, bordée de palmiers récemment plantés pour l'occasion. Partout, les pavés avaient été recouverts de sable pour amortir les cahots.

La famille royale et les jeunes mariés prirent place dans un carrosse doré et tendu de velours grenat, tiré par huit chevaux blancs recouverts de caparaçons de velours assorti. Derrière, don Miguel et ses sœurs suivaient dans deux équipages de six chevaux chacun. La procession comportait au total quatre-vingt-treize attelages pourvus de laquais debout sur les marchepieds. Une compagnie de gardes à cheval et une de hallebardiers servaient d'escorte. Drapeaux, tapisseries de damas carmin et étendards flamboyaient sur les façades blanchies à la chaux, et la rue débordait de citoyens radieux qui faisaient la révérence sur le passage des voitures. Depuis les balcons, des dames à la peau olivâtre et aux cheveux noirs, en tenue d'apparat, lançaient des guirlandes de fleurs vers le carrosse royal, imitées par les enfants qui, grimpés au sommet des arcs de triomphe, jetaient des poignées de pétales.

Sous les applaudissements du peuple, les accords de la musique militaire et le son des cloches, la procession s'acheva à la chapelle royale, située juste à côté de l'ancien palais de São Bento, un bâtiment carré et austère qui avait été la résidence des Bragance aux premiers temps de leur séjour au Brésil. Le grand orchestre commença à jouer au moment ou doña Leopoldine entra dans la chapelle en tenant la main de son époux, entourée de courtisans et accompagnée par les évêques d'Angola, du Pernambouc, de São Tomé et du Mozambique. Les jeunes mariés s'agenouillèrent devant l'évêque de la Cour qui prononça la bénédiction nuptiale, suivie d'une messe avec un *Te Deum* chanté et d'une musique composée par le plus célèbre des compositeurs de l'époque, Marcos Portugal. Pour dom João et son fils, les messes étaient l'occasion de s'abandonner au plaisir d'écouter de la musique.

Ce fut une scène digne de la pompe européenne la plus étincelante, sauf pour la chaleur et les moustiques. Les dames de compagnie autrichiennes, qui portaient des décolletés profonds, s'étaient tellement fait piquer qu'elles semblaient avoir été griffées. Les hommes bondissaient comme des sauterelles pour chasser les moustiques qui cherchaient à s'infiltrer sous leurs bas.

Par la suite, les augustes invités se rendirent dans le palais adjacent pour le baisemain, habitude parfaitement inconnue à la cour de Vienne, et les dames autrichiennes s'étonnèrent de devoir baiser les mains du roi et des princes. Puis l'on servit un interminable dîner d'État. Afin de répondre aux vivats de la foule concentrée sur la place, les jeunes époux durent se lever de table à plusieurs reprises pour se montrer au balcon. La foule qui semblait les adorer était si nombreuse qu'ils en furent touchés. Pedro surtout, qui s'aperçut que son mariage était en train d'effacer sa mauvaise réputation. Il respira profondément : des arômes de bois de manguier, du sable qui recouvrait les rues, de pétales de fleurs, d'encens et de cannelle, flottaient dans l'air.

Le bal mit la touche finale à une journée épuisante, particulièrement pour dom João, dont la plaie à la jambe était fort douloureuse. En l'honneur de Leopoldine, l'orchestre joua une valse, rythme qu'on entendait rarement au Brésil. Pedro prit le bras de son épouse, dont les yeux étaient humides d'émotion au souvenir de sa Vienne natale. Un, deux, trois... Il se laissait conduire par l'habileté de la jeune femme et ils ouvrirent le bal. La scène semblait digne de la plus raffinée des cours européennes. Mais pas pour les Autrichiens. Au Brésil, les gens transpiraient abondamment, et l'odeur se mêlait à celle de poisson pourri caractéristique de la colle utilisée pour assembler l'armature en fer servant de support à la coiffure des dames qui fondait sous la chaleur. Non, Rio n'était pas Vienne.

La soirée était fort avancée lorsque la famille royale regagna Saint-Christophe par la mer afin d'éviter au roi les soubresauts de la voiture. Au rythme chaloupé des rames, la barcasse traversa lentement la baie où scintillaient les lumières des bateaux et où l'écho renvoyait le chant des Noirs qui avançaient en pirogue entre les îles. Puis le palais de Saint-Christophe surgit sur la rive. Quelle déception ! Les membres autrichiens du cortège s'attendaient à autre chose, surtout après la profusion de la noce. Il s'agissait d'une grande résidence aménagée en palais, sans aucun rapport avec Schönbrunn, à Vienne, où la volonté du monarque s'était transformée en pierre. « Le moindre noble allemand possède une plus jolie maison », commenta dans une lettre un membre de la délégation autrichienne.

Leopoldine était trop joyeuse pour émettre un jugement sur le palais de son beau-père. Le roi l'accompagna à sa nouvelle résidence, située à moins d'un kilomètre de la demeure principale, dans une maison indépendante à deux étages récemment construite pour le jeune couple, sorte de château médiéval avec un mât sur le toit. Sa Majesté s'excusa que les meubles qu'elle avait commandés à Paris ne soient pas encore arrivés. En entrant dans le vestibule, la première chose que vit la jeune fille fut un buste de son père, et elle ne put retenir ses larmes.

— Oh, Majesté...

— Ma chère fille, le bonheur de Pedro est assuré, de même que celui de mes peuples, car ils auront un jour une bonne reine..., lui dit dom João, avant d'ajouter, après un silence :

— ... Qui ne peut qu'être une bonne mère.

À la délicate attention du buste s'ajoutait un album dans lequel figuraient tous les portraits des membres de sa famille, commandé à Vienne par dom João avec la statue de François II.

Mais la journée n'était pas encore terminée pour la famille royale. Leopoldine, impatiente de jouir d'une certaine intimité avec son mari, dut se plier à une autre curieuse tradition de cette Cour : la préparation de la nuit de noces. Les hommes de la famille, c'est-à-dire le roi et Miguel, devaient apprêter Pedro, tandis que les femmes devaient en faire de même avec elle. De sorte que l'Autrichienne se vit entourée de Carlota Joaquina et de ses belles-sœurs qui, avec douceur et un peu de malice, se disposèrent à lui faire *la toilette* de rigueur. Elles la baignèrent, la coiffèrent et la parfumèrent. Leopoldine allait s'habiller quand elles lui dirent :

— Non, non, pas pour l'instant. Tu dois attendre ton mari au lit, nue, c'est la tradition...

— Nue ? intervint une comtesse Kunburg indignée. Ce n'est pas possible, martela-t-elle de son fort accent germanique.

Leopoldine tentait de masquer son embarras.

— Il est temps de les laisser seuls, ajouta la comtesse.

Mais elle croisa les regards d'incompréhension des belles-sœurs et surtout les sourcils froncés de la reine. Leopoldine fit un signe à sa dame de compagnie :

— Laissez, comtesse, la pria-t-elle avant d'ajouter en allemand : Ne discutez pas, je vous en prie. Finissons-en au plus vite.

En cet instant, tout ce que souhaitait la jeune fille était la compagnie de son mari, elle se soumit donc au rituel avec obéissance. Elle s'allongea pour attendre, tandis que ses belles-sœurs et sa belle-mère bavardaient avec animation autour d'elle. Pedro arriva sans tarder. Il ne put dissimuler un sourire coquin devant la vision de son épouse, ses seins volumineux retombant de chaque côté, les mamelons incarnats et enfantins, la peau si pâle et transparente qu'elle laissait apparaître les veines bleues et la main placée entre les jambes, masquant le pubis avec pudeur. «J'ai été obligée d'attendre que le prince fût allongé à côté d'elle. Et on ne m'a autorisée à partir qu'à ce moment, par compassion...», écrivit la comtesse.

18.

Carlota et ses filles décidèrent de rentrer en carrosse à Botafogo. La reine avait hâte de regagner sa maison sur la plage et de goûter les attentions de son nouvel amant, Fernando Brás, un colonel de cavalerie de belle allure et vigoureux, qui lui ôtait le sommeil.

Dom João regagna le palais et monta l'escalier, claudiquant. Il était pleinement satisfait car il avait accompli son devoir. Son royaume aurait bientôt une descendance. Quel dommage que sa mère, au ciel, n'ait pu partager le bonheur d'une journée aussi grandiose.

Tandis qu'un domestique le dévêtait pour lui passer sa chemise, qu'un autre lui tenait un urinoir, un troisième ouvrait son lit et un quatrième lui préparait la moustiquaire, dom João se souvint de sa toute première nuit avec Carlota. Il avait vingt-trois ans et elle quinze. Il patientait depuis cinq ans, depuis le mariage... Et comme il la désirait en cet instant, malgré sa laideur ! La condition, dans le contrat nuptial, qui leur imposait d'attendre qu'elle fût nubile pour avoir des rapports intimes semblait ne jamais devoir se réaliser. Ses premières règles tardèrent à venir, et quand ce fut le cas, elles furent vécues comme un grand événement. Aussitôt, la reine María, émue, écrivit à la mère de Carlota, Marie-Louise de Bourbon-Parme : « Ma chère cousine : c'est avec un grand plaisir et sans plus attendre, que j'annonce à Votre Majesté que notre chère Carlota est désormais une vraie femme, sans le moindre doute et sans aucun dommage, béni soit Dieu. Je demande à Votre Majesté de bien vouloir transmettre cette bonne nouvelle au roi votre cher époux... » Ce fut ainsi que Charles IV apprit que sa fille aînée était devenue pubère.

Parce qu'ils allaient passer leur première nuit ensemble et, avec une attention toute particulière envers son épouse espagnole, la mère de dom João, la reine María, leur avait offert la chambre appelée « Don Quichotte » au palais de Queluz, une chambre ronde, décorée de miroirs et de huit tableaux au cadre doré reproduisant des scènes de vie du célèbre hidalgo peintes par un artiste talentueux, Manuel da Costa.

Il avait refusé la « préparation » pour la nuit nuptiale. Très négligé de sa personne, il détestait faire sa toilette, à l'inverse de son fils Pedro, acquis aux habitudes d'hygiène brésilienne. Mais il avait finalement dû céder devant la pression des moines qui officiaient comme valets de chambre et s'inquiétaient de la mauvaise impression que cela pourrait produire lors de cette nuit si cruciale. Personne n'échappait au poids de la tradition, encore moins un prince. Contrairement à son fils, dom João était timide et maladroit avec les femmes. Quand il entra dans la chambre, il n'osa pas regarder Carlota, qui l'attendait, nue et allongée sur le lit. Très puritain, il portait une chemise de nuit pourvue précisément d'un orifice à l'endroit stratégique. Après tant d'années d'abstinence forcée, il était si troublé qu'il en oublia d'éteindre les bougies de cire. S'approchant enfin de la jeune épousée, il éprouva une sorte de crainte, comme l'écho ancien de la morsure à l'oreille. Dans l'immensité du lit royal, elle semblait plus petite encore qu'elle ne l'était en réalité. Dom João n'oublierait jamais le regard de sa femme, étincelant de malice, quand elle se jeta sur lui. Ainsi, parmi les ombres chancelantes où l'on pouvait distinguer les moulins à vent, les charges de Rossinante, les roueries de Sancho Panza et une Dulcinée idéalisée, ils se donnèrent l'un à l'autre avec toute l'intensité de leur passion juvénile. Mais sans amour.

Neuf mois plus tard naissait Antonio, Dieu ait son âme. Puis, en 1797, vint la princesse Isabel de Bragance, une enfant chétive qui respirait tout d'abord avec difficulté, mais qui survécut à ses premiers mois de vie. Et le 12 octobre 1798, après quatre jours de violentes douleurs, naquit Pedro d'Alcántara José Gonzaga Pascoal Cipriano Serafim de Bragance et Bourbon. Les cloches de chaque église du Portugal annoncèrent la grande nouvelle au peuple, et à Lisbonne, les tours de guet et les bateaux de guerre qui mouillaient dans le Tage lancèrent des salves à midi et à minuit. Le prince fut baptisé à Queluz, comme son frère, mais au cours d'une cérémonie modeste puisqu'il n'était pas l'héritier. C'était un bébé rond et joufflu, une exception miraculeuse au sein de cette famille marquée par la consanguinité. Une nourrice lui fut assignée, mais comme Pedro était très vorace, on jugea bon de lui en adjoindre deux autres. Au total, l'enfant disposa de six seins pour affronter la vie.

Lorsqu'il ouvrit les yeux, quelques jours après sa naissance, les reproductions de l'hidalgo de la Manche furent ce qu'il vit en premier. Enfant, il ne cesserait de demander à ses nourrices, pour la plupart espagnoles, de lui raconter les aventures de don Quichotte et Sancho Panza, en boucle. Il ne se lassait pas de les entendre, de se les représenter, de jouer à attaquer des ennemis imaginaires et à défendre des victimes démunies. Ces anecdotes laissèrent en lui une trace qui, peu à peu, constitua sa personnalité.

Rio de Janeiro vécut les deux jours qui suivirent les noces de Pedro et Leopoldine dans une ambiance festive, ses rues couvertes de fruits et de fleurs, de drapeaux et d'oriflammes ondoyant aux fenêtres et contre les murs. L'éclairage nocturne laissait bouche bée les cariocas, qui n'avaient jamais autant profité de leur ville. Il y eut des réceptions, des bals, des discours, un opéra puis, grâce à la générosité d'un impresario local qui en assuma les frais, un ballet... au Théâtre royal. Le destin jetait une poignée de sel sur la blessure sanglante de Pedro. Écrasé par les souvenirs, il se montra sérieux avant et après la représentation, voire taciturne et même désagréable. Sa mère, devinant sans doute la raison de ce comportement, le rappelait constamment à l'ordre pour qu'il ne négligeât pas son épouse. Concentrée sur le spectacle, Leopoldine ne semblait s'apercevoir de rien, enfermée qu'elle était dans sa bulle de bonheur.

Puis tout redevint comme avant et la ville sortit de ce rêve de grandeur pour reprendre son habituelle apparence de cité paisible et sale.

19.

Entre les Autrichiens qui avaient accompagné Leopoldine – ou ceux qui débarquèrent de bateaux remplis de matériel scientifique – et les Portugais qui avaient décoré leur ville avec des motifs romains de carton-pâte, la différence de mentalité était abyssale. Si les premiers pouvaient se targuer d'une image d'intellectuels sérieux et travailleurs, les seconds étaient considérés comme archaïques, superstitieux et fainéants. De la même façon, la famille à laquelle s'était unie Leopoldine ne pouvait être plus dissemblable de la sienne. La reine avait des amants et vivait ses aventures au grand jour. La haine que les monarques se portaient mutuellement était de notoriété publique. Pis, l'acceptation tacite des infidélités de la reine valait à dom João encore plus d'opprobre à la Cour – si tant est que ce fût possible. Les garçons, peu instruits, et les filles, plus ou moins analphabètes hormis Maria-Teresa, présentaient un contraste intense avec les Habsbourg, réputés pour leur niveau d'éducation, leur discipline personnelle et leur irréprochable moralité.

Depuis qu'elle s'était installée sous les tropiques dix ans plus tôt, la cour portugaise avait suivi une évolution différente de celle des cours européennes. Peut-être en raison de ses colonies prédominantes, Goa en Inde et Macao en Chine – dont l'influence se reflétait dans bien des aspects de la vie, de l'architecture des bâtiments à l'habitude de se déplacer en palanquin ou, lors de récitals, de s'asseoir en tailleur sur des coussins, d'utiliser des épices asiatiques en assaisonnement ou de disposer d'une réserve inépuisable de main-d'œuvre gratuite grâce au commerce d'esclaves –, c'était une cour exotique.

Lorsqu'ils avaient embarqué sur le *Dom João VI*, les Autrichiens avaient été surpris par le nombre incroyable de courtisans qui faisaient partie du voyage, courtisans eux-mêmes accompagnés d'assistants, d'aides, de domestiques, caméristes et esclaves. « Pourquoi leur faut-il tant de gens ? » s'interrogeaient-ils. La réponse était simple : les Portugais s'étaient habitués à vivre de la richesse de leurs colonies et du commerce des esclaves... sans travailler.

Ils se posaient maintenant la même question au palais, envahi par des centaines de domestiques et assistants incapables d'offrir un service convenable. Il ne fallut pas longtemps aux Autrichiens pour comprendre que l'ambassade de Marialva, éblouissante, n'avait été qu'un appât destiné à produire une bonne impression sur les cours européennes. Elle recouvrait une réalité bien différente, réalité que l'on percevait dans ce palais de Saint-Christophe vulgaire, fétide et malpropre. « Pourquoi laissent-ils ce tas de fumier dans le jardin, puisqu'il attire des nuées d'insectes ? » se demandaient les invités, stupéfaits, tout en se bouchant le nez. Ce fut pire quand ils découvrirent, horrifiés, des pots de chambre à moitié vidés dans leurs appartements. Les récipients nauséabonds en disaient long sur cette cour, mélange de pompe et de négligence, de prétention et de crasse, de ladrerie et de gaspillage. Quand on connaissait le roi et son aversion pour l'hygiène, cela n'avait rien de surprenant. La mentalité qui portait à considérer la propreté comme étant l'affaire du peuple, de ceux qui travaillaient de leurs mains, perdurait. Les riches, les nobles, les courtisans ne se lavaient jamais et combattaient les odeurs corporelles par des parfums. L'incurie générale, ajoutée aux cérémonies interminables, aux sempiternelles messes, le rite nuptial auquel ils avaient soumis doña Leopoldine... tout se liguait afin de donner l'impression que la dévotion religieuse et l'ostentation des rituels dissimulaient un état d'esprit rance et grossier.

Les efforts de modernisation de dom João restaient vains dans la société locale. Certes, il avait apporté du Portugal la première imprimerie du Brésil et on publiait depuis lors diverses gazettes. Il avait fait bâtir l'Opéra, créé la Bibliothèque royale avec les fonds venus de la métropole... Conscient de l'importance de la connaissance scientifique, capitale pour exploiter et accroître les richesses du pays, il avait inauguré dix ans auparavant un superbe jardin botanique derrière une lagune, près du centre de la ville. Afin de rivaliser avec les riches plantations de thé du Sud-Est asiatique, il avait fait venir de Canton deux cents familles pour le cultiver.

Avant le début de l'expédition des naturalistes Spix et Martius, dom João voulut leur montrer son œuvre. Spix et Martius découvrirent que le jardin botanique était une immense plantation de thé traversée par des avenues bordées de gigantesques palmiers, d'arbres à pain, d'itós[1] en fleur, de mangues et de papayes, et qu'il possédait des parcelles plantées d'une grande variété de spécimens botaniques. Dom João s'inquiétait de la faible production de feuilles de thé. Le sol ne supportait qu'une essence ordinaire qui ne se vendait pas bien sur les marchés. Spix l'encouragea à poursuivre la culture naissante d'une autre plante qui, d'après ses vérifications, avait plus de chances de prospérer dans un tel milieu. C'est ainsi que l'échec d'une culture aboutit au succès spectaculaire d'une autre : le café. Bientôt, Spix et Martius s'aventurèrent dans les vastes terres intérieures du Brésil jusqu'en Amazonie. De là, ils descendraient le fleuve jusqu'à Belém, à l'embouchure, lors d'un voyage d'exploration qui allait durer quatre ans.

De son côté, la suite de la cour d'Autriche regagna progressivement l'Europe, abandonnant la princesse dans ce monde insolite, seule avec ses dames de compagnie, son médecin et ses domestiques. Tous s'habituèrent peu à peu à vivre avec le bruit de fond des bagarres et des coups qu'infligeaient, au moindre prétexte, les domestiques blancs aux esclaves noirs.

1. Arbres tropicaux.

20.

Pedro ne partageait pas la passion de Leopoldine pour les minéraux, et Leopoldine ne se prêtait pas à la coquetterie des courtisanes auxquelles Pedro était habitué. Fidèle à ses convictions, elle se maquillait peu et s'habillait avec discrétion, ce qui était en soi choquant dans une société où les femmes de familles aisées, parfaitement oisives, portaient de très hautes perruques maintenues par une structure métallique pouvant peser trois à quatre kilos, à laquelle étaient suspendus de petits objets tels que des ciseaux, des couteaux, des plumes, des rubans, voire des fruits et des légumes. Ces dames, qui suivaient la mode européenne avec plusieurs années de retard, se montraient rarement dans la rue, seulement à la messe ou dans des réceptions officielles. Elles vivaient en recluses. «Mon Dieu! Comment me faire une amie ici?» se demandait Leopoldine.

Dans le fond, personne ne n'était soucié de savoir si Pedro et Leopoldine, sacrifiés sur l'autel des convenances dynastiques et du jeu diplomatique, avaient des préférences, des goûts et des penchants communs. Le seul critère avait été leur origine royale et leur aptitude à élever une lignée de petits princes qui seraient fiers, à leur tour, de leurs origines. Or, bien que tout semblât les séparer, ils trouvèrent deux domaines auxquels se raccrocher : la musique et l'équitation. Leopoldine était une cavalière confirmée – elle montait à califourchon comme sa belle-mère –, et les promenades à cheval qu'elle fit en compagnie de Pedro offrirent l'occasion de leurs premières marques d'affection.

Ils se rendaient plusieurs fois par semaine au jardin botanique. Ou ils allaient à la chasse, explorant les forêts de Tijuca jusqu'à la magnifique cascade où, entre mimosas et palmiers, l'eau chutait d'une hauteur de huit cents mètres. Ils chevauchaient à travers les broussailles du matin jusqu'à la tombée du jour, dans le seul but de chasser les papillons. De leurs vagabondages au cœur de la forêt, traversée çà et là par de gigantesques papillons bleus, de cette forêt où criaient les perruches et des singes issus d'espèces rares – certains pourvus de larges moustaches, d'autres de la taille d'un poing fermé, ou à la peau rouge carmin –, Leopoldine revenait avec des brassées de fleurs, des aristoloches violettes, des bégonias roses, des orchidées noires ainsi que des pierres aux formes curieuses ou des morceaux de quartz qu'elle donnait à classer à son bibliothécaire. Ils s'aventurèrent également sur les pentes du Corcovado, et s'arrêtèrent chez le général Hogendorp. Leopoldine l'avait connu à Vienne dans sa prime jeunesse, et leurs retrouvailles dans cet endroit lointain les remplirent tous deux de joie. L'homme qui avait fait découvrir à Pedro les idées de l'époque avait beaucoup vieilli, mais il avait toujours la même lumière dans le regard quand il évoquait sa vie à Java, sa stratégie militaire et Napoléon. Et il s'exprimait en français et en allemand, ce qui faisait oublier pendant quelques instants à Leopoldine son sentiment croissant de nostalgie et de déracinement.

Ces promenades avec son mari étaient chose fort peu commune, d'aucuns y voyaient une extravagance, un mauvais exemple, d'autres une audace scandaleuse. Les seules femmes qui allaient dans les rues étaient pour la plupart noires ou métisses et portaient des chemisiers de lin presque transparents mais fermés par un lien au cou et d'amples jupes de couleur. Elles lui souriaient et lui faisaient des clins d'œil avec une hardiesse à laquelle elle n'était pas habituée : « Notre petite princesse blonde », disaient-elles affectueusement. Certaines portaient des paniers sur la tête, d'autres des plateaux avec des friandises et des fruits, ou bien des cruches pleines d'eau.

— Ici, on voit d'un mauvais œil les femmes qui se montrent en dehors de leur foyer. Seules les prostituées le font, lui expliqua Pedro.

— Et ta mère, qui part chasser seule à cheval ?

— On l'a beaucoup critiquée pour cela. Elle est l'exception... Et maintenant, il y a toi.

Lors de ces sorties dans la ville et les environs, la princesse observait son nouveau monde avec un intérêt teinté de crainte. Elle sentait que sa position de femme, qui plus est étrangère, était précaire aux yeux de la société. Elle vivait désormais dans un pays où un homme pouvait envoyer son épouse dans un couvent pour un simple soupçon d'infidélité, par pure méfiance, voire sans raison. Elle l'avait lu dans le récit d'un voyageur allemand : « De nombreux Brésiliens font enfermer leur femme, sans raison valable, pendant des années dans un cloître, simplement afin de vivre plus tranquillement avec leur maîtresse. Et la loi est toujours du côté du mari. » Le sien ne s'abaisserait jamais à de telles pratiques, elle en était convaincue – ce qui ne la rassurait pas pour autant.

21.

Ce qui impressionna le plus Leopoldine fut la quantité d'esclaves en ville. À l'époque, deux habitants sur trois étaient d'origine africaine à Rio, un tiers de la population composé d'esclaves. Presque nus, un pagne autour de la taille, ils parlaient diverses langues. « Ils ont l'air pareils, mais ils ne sont pas de la même race, lui expliquait Pedro. Il y a des Cafres, des Kilwas, des Malès, des Monjolos... Certains viennent du Mozambique, d'autres de Guinée ou d'Angola. » Tous les Africains avaient été amenés de force pour des travaux que ni les indigènes ni les Européens ne voulaient exécuter. Rio était, de loin, le plus grand marché aux esclaves d'Amérique. Leopoldine les observait : ils jouaient à se battre en attendant leur tour à la fontaine afin de remplir leurs seaux d'eau, jusqu'à ce que le violent coup de fouet d'un contremaître vînt rétablir l'ordre. Alors la princesse éperonnait son cheval tandis que les esclaves se dispersaient, leurs corps humides brillant comme le jais.

D'autres étaient vêtus comme des messieurs, gantés de blanc, avec des tuniques brodées et des perruques frisées : c'étaient des porteurs de palanquins. Par contraste avec cet étalage d'élégance, ils étaient pieds nus car leurs maîtres avaient renoncé à leur imposer l'usage de chaussures. Leurs pieds nus étaient le seul espace de liberté qui leur restait, et ils s'y accrochaient avec acharnement. Même dom João, qui se déplaçait en ville dans un palanquin soutenu par douze esclaves en livrée, ne parvint pas à leur faire porter de souliers.

— Pedro, regarde ! Qu'est-ce que c'est ? Mon Dieu ! demanda Leopoldine un jour où ils traversaient un faubourg, en voyant un groupe d'Africains à la peau striée de blanc.

— Des tigres, répondit-il.

C'étaient là les esclaves tout en bas de l'échelle. Parmi eux des fugitifs qui avaient été repris et qui se trouvaient contraints par leurs propriétaires aux besognes les plus ingrates en guise de punition... Les *tigres* étaient chargés de porter de lourds tonneaux d'excréments ramassés dans les maisons la nuit, pour les jeter à la mer au matin. Quand la charge débordait, elle s'écoulait à flots, brûlant la peau par l'ammoniaque et l'urée contenus dans l'urine ou les matières fécales, laissant des stries blanchâtres sur tout le corps qui suggéraient les rayures d'un félin. En âme charitable, Leopoldine voulut donner une aumône aux *tigres* qu'elle venait de découvrir mais, aussitôt, il s'entassa autour de son cheval une telle quantité d'esclaves que Pedro dut intervenir en faisant claquer son fouet :

— Partez ! Hors d'ici ! Laissez-la tranquille !

Malgré les cris de sa femme, il n'hésita pas à fouetter un *tigre* récalcitrant.

— Laisse, Pedro ! S'il te plaît, ne le frappe pas !

— Ils font peur à ton cheval ! Hors d'ici ! leur répétait-il.

L'autorité du prince les dispersa rapidement. Pedro rejoignit Leopoldine :

— Donne-moi quelques pièces, s'il te plaît, lui demanda-t-il, avant de rappeler l'esclave qu'il avait dû frapper.

— Eh, toi !

Pedro galopa vers l'homme, effrayé, qui protégea son visage de ses bras, attendant la morsure brûlante du fouet.

— Tiens, lui dit Pedro en lui tendant l'argent. Et je te fais mes excuses.

L'homme le regarda, incrédule, soupira, prit timidement les pièces et murmura un « Merci, Monsieur », la tête basse.

Les esclaves travaillaient non seulement au palais ou dans les maisons aisées de la ville, comme avait pu le constater Leopoldine, mais aussi partout ailleurs. En dehors du transport de marchandises et de personnes, ils effectuaient toute sorte de tâches manuelles : ils étaient coiffeurs, cordonniers, coursiers, fabricants de paniers, vendeurs de fourrage, de rafraîchissements, de confiseries, d'eau, de café... Leur présence à chaque carrefour, dans chaque rue, faisait pleinement partie du paysage. Ceux que Leopoldine voyait travailler dans les jardins du palais étaient le cadeau d'un riche propriétaire à dom João lors de son débarquement à Rio... Le roi lui-même avait recours à des esclaves musiciens pour agrémenter ses soirées. Elle découvrait un monde où même les colons pauvres en possédaient : les charpentiers les utilisaient pour transporter les outils et les poutres, les officiers pour leurs armes, les maîtresses de maison pour leur manucure. Ils les faisaient même prier en leur nom. On les voyait murmurer des *ave maria* mécaniquement devant des oratoires consacrés à la Vierge Marie et encastrés dans les murs.

— Les créoles disent que les esclaves sont le ciment du Brésil, lui disait Pedro.

Avec sa logique teutonne, elle demandait pourtant :

— Quand on se considère comme un bon chrétien, comme ton père, comment peut-on permettre qu'il y ait tant de mendiants, de Noirs, les pauvres, la peau couverte de blessures ?

Certains enfants étaient squelettiques, notamment ceux étendus au sol du marché de Valongo, un lieu macabre où, dans une chaleur étouffante, on confinait les esclaves qui venaient d'arriver. À distance, l'Autrichienne vit les trafiquants faire défiler nus des hommes et des femmes, et les acheteurs examiner leurs dents, toucher leurs parties intimes, les faire courir et les frapper afin de vérifier leurs réflexes. Les acheteurs n'étaient pas tous des hommes ; il y avait aussi des femmes qui sortaient le matin à la recherche d'une nourrice ou d'une bonne. Leopoldine dut se couvrir le visage d'un mouchoir pour supporter la puanteur qui émanait du cimetière de ceux qu'on appelait les « nouveaux Noirs », derrière le marché, où l'on enterrait en rangs ceux qui avaient péri pendant le voyage ou avant d'être vendus, tête-bêche afin de gagner de l'espace.

— C'est difficile à croire, mais la situation s'est nettement améliorée depuis notre arrivée..., expliquait Pedro, honteux de ce que Leopoldine pourrait penser.

Elle était à la fois scandalisée et profondément émue. « Comme la vie dans les palais de Schönbrunn ou de Laxenburg était loin ! » pensait-elle.

— Mon père a tenté de changer les choses, mais ce n'est pas facile. Par exemple, il a fait interdire qu'on marque les Noirs au fer rouge, poursuivit Pedro.

— Mais ils sont tous marqués..., dit Leopoldine.

— Tu sais pourquoi ?

L'Autrichienne fit non de la tête.

— Parce que l'autre solution, c'est-à-dire les colliers et les menottes métalliques, était encore plus douloureuse. Alors on est revenu au fer.

Leopoldine se débattait entre la peine et le dégoût, l'horreur et la compassion. Dans un pays d'abondance où il y avait des fruits sur tous les arbres, tous ne mangeaient pas à leur faim. Dans un pays religieux, il n'y avait personne pour protéger ces créatures à demi mortes qui tendaient leur main pour demander la charité. Les curés eux-mêmes menaient une vie dépravée, et d'après ce que lui contait son mari, ils n'avaient pas honte d'aller en plein jour dans des maisons de rendez-vous.

— Bon nombre d'entre eux vivent en concubinage et négocient tout, esclaves, or... L'ordre de saint Benoît possède plus de mille esclaves.

« Mon Dieu ! Où suis-je tombée ? » se demandait Leopoldine. Elle ne trouvait de consolation que dans la présence réconfortante de son mari, qui continua à lui raconter que son père, afin de diminuer la mortalité au cours des voyages depuis l'Afrique, avait imposé une limite au nombre de Noirs par tonnage que pouvaient transporter les bateaux, et la présence d'un médecin à bord.

— Il y a quelques années, un navire venu d'Angola a mouillé dans la baie, tous les esclaves étaient morts dans la cale. Quand mon père l'a appris, il a promulgué une loi spéciale...

Cette loi obligeait les négriers à inciter financièrement les capitaines à maintenir la mortalité à bord en dessous de trois pour cent.

— Mais ils la respectent rarement. De nombreux esclaves succombent pendant le voyage. Et l'on n'assiste plus aux châtiments sur les *pelourinhos*, ces poteaux que tu vois sur les places. Les contremaîtres y attachaient les esclaves pour leur administrer le fouet en public.

Les châtiments étaient désormais exécutés dans la cour de la prison par des fonctionnaires que l'on rétribuait à cet effet. La Couronne n'avait pu restreindre l'esclavage, du moins avait-elle tenté de le contrôler par la bureaucratie. Les créoles avaient accepté ces changements afin de maintenir le décorum. Ils avaient cédé devant les arguments des fonctionnaires du roi : il n'était pas convenable de fouetter les gens en place publique, car cette coutume dégageait les relents sauvages et cruels des cours antiques. Maintenant que dom João s'était installé à Rio, il fallait donner à la ville un air moins barbare, plus digne d'une capitale d'empire, siège d'une vieille monarchie chrétienne, désireuse de s'ouvrir au monde. De sorte que les créoles acceptèrent des mesures qui ne modifièrent en rien son essence de ville coloniale esclavagiste, mais contribuèrent, en partie, à la dissimuler.

22.

En découvrant la ville et cette société tropicale, impitoyable et extravagante, Leopoldine découvrait aussi son mari, un homme fougueux et autoritaire, capable tout à la fois d'humilier et de châtier mais aussi de se repentir et de demander pardon. Il pouvait être blessant en paroles, voire méchant, comme le jour où son cheval perdit un fer en regagnant le bois de Tijuca. Impatient devant l'arrivée d'une tempête, sachant que Leopoldine redoutait la violence des éclairs et des coups de tonnerre, comme le maréchal-ferrant ne parvenait pas à clouer le fer à cheval sur le sabot de l'animal, Pedro l'écarta d'un geste brusque :

— Laisse-moi faire, lourdaud ! s'exclama-t-il, exaspéré.

Et, s'emparant des outils, il acheva le travail. Ce n'était pas un hasard si le bruit courait à Rio que Pedro était le meilleur maréchal-ferrant de la ville.

Leopoldine apprit à ne pas s'étonner outre mesure du caractère vif de son mari, où elle voyait un reflet de la dureté du monde qui l'entourait, et du climat de mésentente familiale dans lequel il avait grandi. Elle déplorait que dom João, barricadé derrière une cohorte de flatteurs, ne laissât pas son fils participer aux affaires publiques. Il le tenait à l'écart, sauf pour satisfaire aux exigences du protocole. Très méfiant et prévoyant, le roi s'attendait toujours à une trahison, et les idées libérales que professait son fils pouvaient déjà être considérées comme un manque de loyauté. Et puis, le caractère volubile et impulsif de Pedro lui rappelait celui de Carlota, et, précisément parce qu'il était l'héritier, il le tenait à distance. En conséquence, le prince vivait dans une oisiveté imposée qui l'exaspérait. En dehors des promenades avec sa femme, il passait son temps à dompter des poulains, à conduire des attelages ou à répéter avec un orchestre africain... Actif comme il l'était, il brûlait du désir d'échapper à la tutelle paternelle et de jouer un rôle éminent dans la vie publique. La lecture d'ouvrages de Voltaire et de Benjamin Constant arrivés dans les malles de Leopoldine avait renforcé ses convictions les plus libérales, ce qui augmentait la méfiance du roi, trouvant toujours de nouveaux arguments pour l'écarter du pouvoir : il était jeune, instable, contaminé par des idées révolutionnaires...

— Il est jeune, donc il se rebelle, lui disait le précepteur de Pedro.

Leopoldine, qui incarnait l'esprit traditionnel de la Sainte-Alliance, n'était pas d'accord non plus avec les idées libérales de son mari, mais elle était tolérante. À tel point qu'elle avait emporté ces livres par simple curiosité, non parce qu'elle adhérait à leurs idées. «Mon époux possède un tempérament exalté, mais il est ouvert à toutes les innovations, il aime tout ce qui a trait à la liberté», écrivit-elle à sa sœur.

Les idées progressistes constituaient pour le jeune homme une façon de s'insurger contre l'autorité de son père. Ceux qui l'entouraient – cette «racaille de lécheurs», comme il les définissait lui-même – le soupçonnaient d'être en contact avec les loges maçonniques, qui étaient à l'époque l'avant-garde des ennemis de la monarchie absolue : ils défendaient l'égalité entre les hommes, prétendaient abolir tous les privilèges et, sur le plan politique, réclamaient une constitution et un parlement. Pedro n'était pas encore entré en contact avec les francs-maçons, mais il ne dissimulait pas ses penchants pour leurs idées.

— Les jours de la monarchie telle que nous la connaissons aujourd'hui sont comptés..., l'entendit-on dire lorsque dom João prohiba par décret les loges maçonniques au début de 1818.

Cela engendra une aigre discussion après la cérémonie du baise-main, en présence de toute la famille et d'une partie de la Cour. Pedro critiqua la mesure prise par son père, et la compara à l'abolition de la Constitution de Cadix qu'avait décrétée Ferdinand VII en Espagne. Il acheva son commentaire sur une phrase lapidaire :

— De toute façon, que pouvait-on attendre de ce roi qui s'est vendu à Napoléon ?

À ce moment, Carlota s'approcha de lui en boitant, les traits crispés, la mâchoire serrée, et elle le fixa du regard.

— Je ne te permets pas de parler ainsi du roi d'Espagne...

— Mais c'est vrai... Même les Espagnols l'appellent le roi félon ! C'est un traî...

Sa mère leva la main et le gifla de toutes ses forces. Pedro resta impassible, muet d'humiliation, sans ébaucher un geste de protestation.

— Je ne te permets pas de parler ainsi de mon frère, du mari de ta sœur, ni d'aucun membre de ta famille... Ingrat !

Et elle traversa la salle en clopinant, les laissant tous bouche bée, particulièrement Leopoldine qui n'en croyait pas ses yeux. Un mouchoir à la main, elle s'approcha pour essuyer quelques gouttelettes de sang qui brillaient sur la joue de Pedro, résultat d'une légère éraflure provoquée par les diamants que la reine portait aux doigts. « Si Monseigneur savait à quel point il est douloureux, après avoir connu un tel bonheur dans ma famille où nous étions si unis, de me retrouver ici, où tous s'entendent si mal, où tout le monde intrigue... », écrivit Leopoldine à son père après l'incident. Mais elle devrait bientôt descendre bien des marches encore dans la sombre grotte où la vie l'avait placée.

La même nuit, elle eut une peur bleue lorsque, à l'aube, Pedro se réveilla en tremblant, incapable de contrôler ses mouvements. Les tremblements laissèrent la place à de violentes convulsions et il finit par se tordre sur le sol, l'écume à la bouche. Terrifiée, Leopoldine se rappela ce qu'avait dit ce médecin allemand à son père avant la noce. Était-il vrai que son mari, qui gisait sur le sol les yeux révulsés, était épileptique ? Elle eut la présence d'esprit de lui placer un mouchoir dans la bouche afin de lui éviter de se mordre la langue. La crise dura à peine une minute, mais elle lui sembla éternelle. La jeune femme le prit dans ses bras pour tenter d'apaiser ses convulsions. « J'ai eu une peur terrible car j'étais la seule à pouvoir l'aider. Je pense que les dissensions familiales et le climat du Brésil contribuent largement à cette indisposition. C'est la raison pour laquelle je souhaite repartir un jour avec lui dans sa patrie... », écrivit-elle à sa sœur d'une main encore tremblante.

Pedro se remit, quoique le seul souvenir de l'humiliation à laquelle sa mère l'avait soumis suffît à le faire tressaillir, à tel point que sa femme redoutait qu'il ne fût pris d'une nouvelle crise.

Ce n'était pas la première fois que Carlota le souffletait en public, même si cela remontait à son enfance. Il était de notoriété publique que sa mère poursuivait Miguel, son frère, une chaussure à la main pour le frapper, mais il n'aurait jamais cru qu'elle le giflerait, lui, à son âge, à présent qu'il était jeune marié. Leopoldine l'étreignait et tentait de minimiser les faits.

— Fais très attention à ce que tu dis, la prévint Pedro. Tu ne devrais pas parler ouvertement d'aller au Portugal, cela peut t'attirer des ennuis.

Il lui expliqua que c'était la grande brèche ouverte dans sa famille, car sa mère souhaitait rentrer aussi ardemment que son père s'y refusait. Ceux qui souhaitaient le retour du roi à Lisbonne prétextaient qu'un changement de climat pourrait être bénéfique au prince. Le terme « épilepsie » était tabou dans les cercles proches du roi. On parlait de « crise de nerfs, simples convulsions provoquées par le soleil brûlant ». À son insu, Leopoldine entrait dans la sarabande d'intrigues de la Cour.

— Tu as envie de rentrer ? lui demanda Leopoldine.

— Oui... Pourvu que je sois loin de...

Il n'acheva pas sa phrase et adopta un ton moins confidentiel, plus solennel, pour se justifier :

— On ne peut pas abandonner le Portugal à son sort, comme le fait mon père.

Persuadée que son mari était de son avis sur ce point, Leopoldine tenta d'influencer son beau-père par l'entremise du diplomate allemand von Eltz. Mais quand ce dernier avait évoqué l'éventualité d'un retour en Europe de Pedro et Leopoldine, dom João lui avait répondu dans son style laconique :

— Je comprends, Monseigneur, mais cela n'est pas possible.

23.

Quelques semaines plus tard se produisit une seconde crise qui déclencha chez Pedro de forts vomissements. Et cette fois, sa mère ne l'avait pas disputé. « Il a eu une attaque très violente le 7. J'étais seule avec lui, et j'ai eu les plus grandes difficultés à dégrafer la cravate qui menaçait de l'asphyxier. On parle d'une nouvelle crise de nerfs, mais il me semble malheureusement que c'est de l'épilepsie », écrivait Leopoldine à sa sœur. Cet informateur allemand qui assurait que l'autre gros défaut de Pedro était son vagabondage sexuel avait-il raison ? Leopoldine balaya cette pensée funeste car elle plaignait son mari et était aveuglée par l'amour. « Je peux vous garantir, très cher père, que grâce à Dieu, j'ai un mari au caractère bon, juste, franc et direct, et qui possède un grand cœur », écrivit-elle à l'empereur d'Autriche. Dans une autre lettre, elle priait son père de ne pas croire les histoires scandaleuses qui circulaient sur le prince. Elle l'assurait que Pedro passait ses journées avec elle, qu'il ne fréquentait plus les tavernes et qu'il ne voyait pas d'autres femmes. C'était vrai.

Pedro était sensible à l'amour que lui témoignait sa femme, à sa bonne humeur, à sa douceur et à son dévouement. Hormis ses changements d'humeur et ses crises d'épilepsie, la plupart du temps, il se montrait en pleine forme. La comtesse de Kunburg le confirmait dans une lettre : « Le prince est ravi de son épouse, et réciproquement. Ils se promènent tous les jours, toujours seuls, comme deux amoureux. »

À la maison également, la vie domestique se déroulait dans une ambiance de bonheur paisible, qui surprenait l'entourage de

Pedro. Le prince semblait transformé, même si personne n'aurait parié que ce changement serait durable, et encore moins Chalaza, qui fréquentait désormais son frère, Miguel. « Depuis son mariage, Pedro est devenu plutôt sérieux », écrivit un diplomate allemand.

Il était entré dans un univers nouveau avec une bonne compagne, une femme qui élargissait son horizon, qui lui parlait de la cour de Vienne, de Napoléon, de politique et d'histoire européennes, des rois du Vieux Monde, qui lui avait fait découvrir Voltaire et Benjamin Constant... Et elle était courageuse quand il s'agissait de partager des chevauchées de plusieurs jours dans des lieux reculés et sauvages. Elle possédait une sensualité particulière, avec une réserve qui la rendait différente des autres femmes. Le secret de sa séduction était un mélange de passivité et de distinction. On aurait dit qu'elle cachait en elle une mystérieuse qualité qui la tenait comme à l'écart, sans se départir de son sourire tranquille, quand elle se livrait au désir fébrile de son époux. Il aimait ce regard lointain, ces yeux clairs qui souriaient, et cette façon si particulière de s'abandonner à elle-même.

Hormis l'équitation, ils étaient unis par la passion de la musique. Assise au piano, Leopoldine accompagnait son prince, toujours disposé à jouer de la flûte, du violon ou du trombone. La musique l'apaisait, révélait le fond tendre et songeur de son tempérament si souvent crispé par la colère et les dépressions passagères. Leopoldine reconnut le talent de son mari et l'encouragea à étudier la composition auprès du pianiste autrichien Sigismund von Neukomm, disciple de Haydn, qui s'était installé au Brésil quelques années plus tôt.

En réalité, le penchant de Leopoldine pour la vie intellectuelle, davantage qu'un obstacle, fut un stimulant pour l'harmonie de leur relation. Pedro, qui avait l'intelligence de reconnaître ses innombrables lacunes, vit dans son épouse la possibilité de les combler. Il éprouvait une sincère admiration pour sa culture et son talent. Musicienne et scientifique, Leopoldine peignait des portraits et des paysages remarquables. Comme au temps de sa relation avec la ballerine française, Pedro jouissait à nouveau d'un contact intime et durable avec quelqu'un dont les connaissances étaient bien supérieures aux siennes. Conscient de cet état de fait, il ne voulait pas gâcher l'occasion que lui offrait la vie – à plus forte raison quand il venait d'apprendre que Noémie avait accepté d'épouser un marin français qui l'avait ramenée en Europe. Il éprouvait un sentiment de peine pour ce qui aurait pu être et n'avait pas été, une vague sensation de nostalgie, et toujours un élancement douloureux causé par la perte de cet enfant. Mais il était en train de tourner la page.

« Lorsque Pedro est à mes côtés, je me sens protégée et rassurée », avait écrit Leopoldine à sa sœur. Son époux se montrait généreux de son temps et des efforts qu'il consacrait à son entourage, et particulièrement à sa femme. Il organisa quatre jours de fête pour les vingt et un ans de Leopoldine, le vingt-deux février 1818. Le roi avait fait construire des arènes provisoires devant le palais et Pedro, accompagné de Miguel, sélectionna minutieusement les bêtes qui participèrent au spectacle de tauromachie à cheval qui eut lieu l'après-midi de l'anniversaire. Tous les *rejoneadors*[1] étaient portugais, les Brésiliens n'ayant jamais porté d'intérêt pour les taureaux. L'enthousiasme que l'Autrichienne éprouvait devant la beauté du ballet des cavaliers dans l'arène fut soudain refroidi lorsqu'un rejoneador tomba à terre et reçut des coups de corne qui le vidèrent de son sang. L'homme mourut sous les cris du public. Le lendemain après-midi, ce fut le tour d'un autre *toureiro*. « Quelle horreur », pensa la princesse, scandalisée que son anniversaire eût mis un terme à la vie de deux hommes. Elle aurait mille fois préféré le fêter par un grand bal comme ceux de Vienne : « J'aimerais sincèrement danser une valse de temps en temps », avoua-t-elle à sa sœur dans une lettre après lui avoir raconté tout ce qui était arrivé. Les Portugais de la Cour réagirent à l'inverse. Ils exultaient devant le succès des corridas, et ils demandèrent au roi de construire des arènes permanentes à Rio. Dom João, comme toujours, eut une réponse évasive.

Son esprit était occupé par la célébration d'un autre grand événement, qui eut lieu deux semaines plus tard : la cérémonie de son intronisation en tant que roi, reportée depuis deux ans car le clergé tardait à déclarer que la défunte reine María avait officiellement quitté le purgatoire.

Il vint des gens de tous les coins du Brésil pour assister à la première intronisation d'un souverain dans le Nouveau Monde. Lors d'un gala fastueux, João VI accéda à la demande de plusieurs délégations de gouvernements locaux du Portugal et du Brésil, afin de

1. Piqueur.

régner sur eux. Il prêta serment une main sur la Bible, le sceptre dans l'autre, assis sur le trône, une couronne placée sur une petite table près de lui. Coiffé d'un chapeau à plumes, c'était la première fois qu'il portait son manteau royal devant ses vassaux brésiliens. « Ainsi vêtu, il ressemblait presque à un vrai roi », pensa Carlota. Ses enfants, Pedro et Miguel, s'approchèrent, firent la révérence et lui jurèrent fidélité. Ministres et favoris de dom João les regardaient avec un mélange de mépris et d'appréhension. Derrière se tenait Leopoldine, portant une coiffure faite de grandes plumes blanches, auprès des autres princesses vêtues de rouge.

Carlota, à droite de son mari, assistait, impassible, au spectacle de la consécration de cette monarchie sous les tropiques. Ce qui aurait dû être une anomalie semblait devenir une présence permanente. Elle espérait simplement que les pressions croissantes qui s'exerçaient sur son mari pour lui faire regagner le Portugal depuis la mort de la reine María donneraient des résultats dans les plus brefs délais. Dans cette famille, tous avaient des raisons de rentrer, quoique chacune différente.

Toutefois, dom João passa la journée à distribuer des titres de noblesse pour contrecarrer ces pressions. Les premiers heureux élus furent les Portugais, afin de les convaincre de rester définitivement au Brésil ; il y eut aussi des titres pour les Brésiliens, afin de leur donner l'assurance que la présence ici de la monarchie n'était pas un mirage, qu'elle était là pour durer. Dom João voulait les contenter tous et, à l'exception de son épouse, il y parvenait. N'y avait-il pas une pancarte sur la façade d'une maison ancienne : « Au père du peuple ; au meilleur des rois » ? Ce jour-là, dans un désir de satisfaire sa belle-fille, il nomma son médecin autrichien, le docteur Kammerlacher, chevalier de l'ordre de Notre-Dame-de-la-Conception. Sous son règne, la noblesse se développa considérablement. Les gens disaient qu'au Portugal, il fallait cinq cents ans à une famille pour produire un comte. Au Brésil, il suffisait de cinq cents *contos de reis*.

24.

Cette farandole de célébrations populaires, avec ses mascarades et la participation active de toutes les classes sociales, fut à l'origine de ce qui deviendrait le fameux carnaval de Rio. Leopoldine se lassa de toutes ces fêtes. Comme toujours, elle vivait au rythme de cette cour étrange, entre le faste des cérémonies et la parcimonie de sa vie domestique. Issue de la cour la plus luxueuse d'Europe, elle souffrait du manque d'espace dans sa nouvelle demeure. Elle n'eut jamais le loisir de déballer entièrement sa bibliothèque, ni ses collections ni une partie du trousseau provenant de Vienne. À défaut de leur trouver une place, toiles fines, vêtements à usage domestique et robes peu adaptées au climat restèrent dans les malles. Mais on ne l'entendit jamais se plaindre. Peu importait, elle était heureuse de son sort : « Il manque de culture et de sophistication, mais peu m'importe, j'apprécie son âme noble détestant le mensonge et l'intrigue », reconnut-elle dans une lettre à son père où elle parlait de Pedro.

Une âme noble ? Leur premier désaccord fut lié à l'argent. Son mari gardait un contrôle strict sur les dépenses. Leopoldine distribuait allégrement des aumônes, déboursant sans compter pour secourir les familles nécessiteuses, aider des domestiques. Elle dépensait beaucoup pour les autres et très peu pour elle. Elle agissait par générosité, par devoir de charité chrétienne, jusqu'au jour où elle découvrit que la mensualité stipulée dans son contrat de mariage ne lui était pas versée avec la régularité convenue. Elle se retrouva soudain endettée et dut faire appel à son père : « Il est extrêmement pénible pour mes sentiments d'Allemande et d'Autrichienne d'avoir recours à vous, Monseigneur, mon cher père, pour des raisons financières... » – Et elle ajoutait – : « Quand je reçois ma mensualité, mon mari la retient car il en a besoin... » Les mauvaises langues disaient que Pedro lui extorquait de l'argent ; en fait, l'argent ne rentrait pas et ils devaient se partager le peu qu'on leur versait. La couronne devait payer le coût du mensonge d'ambassade et la tromperie qu'avait supposée l'entremise de Marialva, en plus de tous les frais occasionnés par la noce, ceux des funérailles de la grand-mère, l'intronisation, etc. L'État était, pour ainsi dire, en faillite. Que pouvait faire l'empereur d'Autriche, là-bas, à Vienne, pour remédier à la situation ? Fort peu de chose, essentiellement parce que le courrier mettait six mois à arriver à bon port.

Aux problèmes matériels qu'elle n'aurait jamais cru devoir affronter, s'ajouta la séparation d'avec ses dames de compagnie et de ses domestiques autrichiens. Prévu dans les négociations du mariage à Vienne, leur retour en Europe n'en était pas moins douloureux. L'idée de se séparer de sa vieille bonne, Annony, lui brisait le cœur. Mais ce qui la rendit littéralement malade fut de ne pas pouvoir verser la pension à laquelle elle s'était engagée, ni à Annony ni aux autres domestiques. Pedro s'y opposa fermement.

— Il n'y a pas d'argent, lui dit-il avant d'ajouter ce qui révélait le côté rustre qu'elle commençait à redouter : l'argent portugais doit profiter aux Portugais.

— Mais je m'étais engagée... Ils s'occupent de moi depuis toujours, je ne peux pas leur faire ça.

La différence de mentalité entre eux se présentait comme un écueil incontournable. Pedro ne comprenait pas tous ces égards envers la domesticité, dans un pays où le travail des esclaves était considéré comme acquis. Il ne céda pas. De toute façon, il ne savait où prendre l'argent.

Pour la première fois, Leopoldine se plaignit amèrement de l'attitude de son mari dans une lettre à son père : « Je suis bien triste, je me trouve dans une situation très pénible pour mon cœur, car je ne peux payer certaines pensions que je dois à des domestiques que j'aime beaucoup. Bien sûr, c'est la volonté de mon mari, et je suis obligée d'obéir. » Elle aimait Pedro un peu comme une enfant qui reconnaissait en lui une autorité supérieure, bien qu'elle fût plus cultivée, voire plus intelligente que lui. Dans le fond, il était jaloux.

Il se méfiait des Autrichiens qu'il ne contrôlait pas et qui entouraient sa femme. Il ne fit rien pour tenter de les retenir ni pour les dédommager par une pension.

La lettre s'achevait sur une requête de Leopoldine à son père : « Mon bon père, je recommande mes si chères domestiques à votre grâce et à vos bons soins. » Ce furent des adieux amers. « Leur départ me laisse vraiment mélancolique car je suis complètement abandonnée par les miens dans cette Amérique chaude et déserte. Tous mes amis sont en Europe. Cela découragerait quiconque. » Déchirée par la nostalgie de sa terre natale, Leopoldine arriva un soir à la maison où vivaient ses dames de compagnie, au centre de la ville, sur sa magnifique monture.

— Dites à la comtesse Kunburg de ne pas venir me voir demain, ordonna-t-elle au majordome qui avait ouvert la porte. Il m'est trop douloureux de lui faire mes adieux.

Et le cheval repartit au petit trot. C'était la réaction d'une femme habituée à contrôler ses sentiments. Seule une Allemande pouvait réagir ainsi.

Ses dames de compagnie et ses domestiques furent remplacés par une cohorte de Portugais inconnus aux noms pompeux, comme la comtesse de Linares, sa nouvelle gouvernante, sa camériste, Mlle Inés da Cunha, ou le nouveau majordome, le comte de Lousa. Pouvait-elle leur faire confiance ? Leopoldine en doutait. Avec le temps, elle découvrit que l'une d'entre elles seulement, la marquise d'Itaguai, « une personne très laide mais aux excellentes qualités », en était digne, les autres se révélant des intrigantes. Elle se sentait prise dans une toile d'araignée.

Elle se retrouvait très seule, sans personne avec qui pratiquer sa langue maternelle. De toute façon, elle ne parlait plus à tort et à raison. Perdue dans cette société esclavagiste, amorale, où un mot prononcé ingénument constituait un danger, vivant dans une famille dont les membres s'épiaient comme des ennemis, effrayée et isolée, elle commença à prendre conscience de tout ce qu'elle avait laissé derrière elle, de tout ce qu'elle avait perdu. Elle fut envahie par une nostalgie si intense qu'elle rêvait de la neige et du vent froid des Alpes.

Elle se réveillait ruisselante de sueur, asphyxiée par l'air chargé d'humidité, la peau chaude, les mains poisseuses et les vêtements mouillés. Pour vaincre le cafard, elle s'accrochait à sa foi en Dieu et à la correspondance avec son père et sa sœur, cordon ombilical qui donnait du sens à sa vie. L'une de ses promenades préférées consistait à marcher au bord de l'eau afin de voir passer des bateaux dont elle savait qu'ils apportaient le courrier en provenance de l'Europe. « La correspondance est ma seule consolation dans cette longue et douloureuse distance », écrivit-elle à sa sœur.

Pedro ne l'abandonna pas en cet instant. Il la voyait si malheureuse qu'il l'emmenait se promener dans la montagne. Plus ils montaient haut, mieux cela lui convenait, puisque plus il faisait froid, moins elle semblait abattue. Ils allaient régulièrement voir le général Hogendorp, qui les recevait les bras grands ouverts avec sa liqueur d'orange, et le simple fait de pouvoir parler sa langue, partager ses impressions, rendait à Leopoldine une certaine sérénité. Mais Hogendorp vivait à l'écart de la société, exclu volontaire, et il ne pouvait comprendre les forces auxquelles elle était soumise. La consolation qu'elle tirait de ces visites était donc limitée.

25.

Peu à peu elle s'adapta à sa nouvelle vie, parce qu'elle était docile et surtout qu'elle n'avait pas le choix. Son état d'esprit s'améliora radicalement quand elle comprit que ses rêves allaient bientôt se réaliser : « J'ai ressenti les premières nausées, c'est bon signe... », écrivit-elle à sa famille. Tomber enceinte était sa raison d'être. Elle se sentait disposée à tout endurer : un entourage fruste, la solitude liée à l'absence d'amies de son milieu, le manque de culture et de civilité, le climat étouffant... tout, à condition d'avoir des enfants, de mettre au monde des héritiers, de perpétuer la dynastie. C'était le but de sa vie, et elle éprouvait une telle euphorie qu'elle déclara à sa tante Marie-Amélie : « L'heureux événement aura lieu en mars, mais je peux déjà apprécier, sans l'avoir connue, la joie d'être mère. » Elle était convaincue d'attendre un garçon. À six mois de grossesse, son médecin lui défendit de monter à cheval, de sorte qu'elle ne pouvait plus accompagner Pedro ni rendre visite à Hogendorp. Elle se contentait de se promener à pied ou en attelage aux premières heures de la matinée. Ensuite, quand la chaleur se faisait plus oppressante, elle restait à la maison à dessiner, lire, jouer ou composer de la musique.

Pedro, condamné à l'abstinence, se sentait frustré. Sa sexualité débridée ne s'accommodait guère de cette attente tranquille. Il ne pouvait pas vivre sans sexe. Une pulsion irrépressible le poussait à rechercher n'importe quelle forme de soulagement. L'épouse devait rester vertueuse mais l'homme avait toute licence, comme le stipulait la morale de l'époque. Le plaisir sexuel était une chose, et la vertu de l'épouse, une autre. Cette complaisance vis-à-vis des hommes, ajoutée au fait que tout ce qui avait trait aux plaisirs de la chair avait toujours été facile pour Pedro, qu'il vivait dans un pays chaud à la nature exubérante, aux mœurs légères, le poussa de nouveau à fréquenter Chalaza.

— Aide-moi, mon frère, mais que personne ne le sache.

Pedro ne voulait pas compromettre le bonheur de son mariage, de sorte que Chalaza lui organisa des escapades au célèbre bordel d'une Française, une professionnelle qui assurait la discrétion la plus absolue. Là, il s'épancha auprès d'oiseaux de passage : une métisse au corps sculptural, une petite bonne, une Polonaise de quinze ans... Du sexe sans amour, des péchés commis en cachette, avec toutes les précautions possibles pour qu'ils ne s'ébruitent pas.

En public, il continuait à jouer son rôle de bon mari. Il faisait en sorte que Leopoldine ne souffrît pas trop de la solitude de sa vie au Brésil. Concentrée sur sa grossesse, elle avait oublié la contrariété de n'avoir pu payer ses domestiques allemandes. Elle se sentait satisfaite et heureuse d'avoir, à ses côtés, un mari « attentif et compréhensif », l'aidant à lutter contre la peur de l'avenir. Ce fut à cette époque que Pedro modifia leurs habitudes nocturnes. Lors du coucher, il faisait fermer les appartements de sa femme jusqu'au lendemain et donnait l'ordre de les surveiller. Elle s'endormait, tranquille et confiante, pensant qu'il agissait ainsi par jalousie, c'est-à-dire par amour. Pauvre innocente... Quand les lumières s'éteignaient, Pedro partait à la ville fréquenter les taudis que régentait Chalaza ou le bordel de cette Française. À son retour, il passait en revue les gardes du palais pour s'assurer qu'il ne s'était rien passé.

Leopoldine accusait déjà un ventre proéminent quand leur parvint d'Espagne une nouvelle qui la saisit d'effroi. Isabel de Bragance, épouse de Ferdinand VII, fugace reine d'Espagne, sœur aînée de Pedro, venait de mourir à Aranjuez à l'âge de vingt et un ans. Cependant, ce qui l'affecta particulièrement fut le récit des détails de sa mort. Vers la fin de la grossesse, sa belle-sœur avait fait une crise d'épilepsie et sombré dans le coma. Les médecins de la Cour, croyant qu'elle avait succombé à une attaque cérébrale, tentèrent avec acharnement de sauver le bébé, héritier du trône d'Espagne. On pratiqua une césarienne à la mère de façon si précipitée qu'on lui entailla des artères et des organes vitaux. Effort inutile, car l'enfant s'avéra être une fillette mort-née. À la surprise des médecins, la mère revint à la vie, mais pour quelques brefs instants seulement, assez pour comprendre la boucherie dont elle avait été victime. Elle trépassa peu après, dans une atroce agonie. À écouter le récit détaillé de la fin de sa belle-sœur, Leopoldine se toucha le ventre d'un air terrifié. Pedro aurait préféré lui épargner tous ces détails, mais cette histoire était si scabreuse que tout le monde en faisait des gorges chaudes. Sa tentative de la passer sous silence se révéla d'autant plus vaine qu'elle ne fit qu'accentuer la panique de sa femme.

Dom João resta enfermé plusieurs jours dans la chapelle royale à prier pour l'âme de sa fille défunte. Le régime de son beau-frère Ferdinand avait à nouveau montré son iniquité et son incompétence. Un autre trait d'union avec sa femme venait de se briser irrémédiablement ; Dieu défaisait ce que les hommes avaient créé.

Carlota, très affectée, revoyait sa fille sur le pont du *Sebastião*, si jeune et si impatiente d'aller à la rencontre de son oncle et mari, à la rencontre du pays de sa mère qu'elle brûlait de connaître... Comment aurait-elle pensé que c'était la dernière fois qu'elle la voyait ! À la douleur de la disparition de sa fille s'ajoutait pour Carlota le sentiment de pourrir dans l'exil. Sa relation avec le jeune officier Fernando Brás était menacée par la détermination de l'épouse de celui-ci, qui semblait prête à tout, voire à se battre avec la reine, pour garder son mari. Plongée dans la dépression, Carlota écrivit de nouveau à son frère Ferdinand pour lui demander de faire son possible pour la tirer de là. Elle avait quarante ans, et depuis que son frère avait accédé au trône d'Espagne, elle ne pouvait plus guère qu'aspirer à devenir reine de Guinée ou de tout autre territoire qui n'aurait pas déclaré son indépendance.

26.

Accoucher sous les tropiques n'avait rien de facile. Leopoldine ne put compter sur le soutien de sa belle-mère, qui ne vint pas une seule fois la voir au cours de sa grossesse. Les médecins locaux lui faisaient peur. « Ce sont de véritables barbares ; je remercie Dieu et Votre Majesté, cher papa, de pouvoir compter sur Kammerlacher », écrivait Leopoldine à son père, suite au récit de la boucherie à laquelle s'étaient livrés les médecins espagnols sur sa belle-sœur. Pour elle, Espagnols ou Portugais, c'était pareil : des gens en retard sur les Autrichiens. À mesure que la date approchait, elle ne pouvait s'empêcher de songer au sort d'Isabel. Elles avaient toutes deux le même âge, étaient toutes deux primipares.

Un jour, trois mois avant l'accouchement, on lui annonça une nouvelle qui la plongea dans la plus profonde angoisse. Affecté d'une maladie pulmonaire, son médecin allait être rapatrié. Leopoldine en eut une crampe de panique.

— Pedro, s'il te plaît, aide-moi, ne laisse pas Kammerlacher s'en aller avant mon accouchement.

— Ne t'inquiète pas... Je vais aux nouvelles.

Pedro trouva des médecins portugais très offusqués et décidés à expulser leur collègue autrichien. Ils insistaient sur le fait que le docteur Kammerlacher avait un problème pulmonaire – probablement un début de phtisie, d'après eux – et que, dans ces circonstances, s'occuper de la princesse constituait un risque. Pedro tenta de les convaincre du contraire, mais ils restèrent sur leurs positions. Ils brandissaient des arguments de poids qui touchaient à la fibre patriotique. Pedro comprit que Kammerlacher était victime d'une conspiration des médecins locaux. Il raconta tout avec franchise à sa femme :

— Tes commentaires constants sur l'incompétence des médecins d'ici les ont irrités au point qu'ils se sont servis de sa maladie comme d'un prétexte pour s'en débarrasser. Tu aurais dû te taire.

— Mais tu peux faire quelque chose pour l'empêcher. Je t'en prie...

— Je ne peux pas, ma chérie... La racaille qui rôde autour du trône me surveille, ils ne me laissent même pas approcher mon père.

Leopoldine exhibait un ventre rond et elle était au bord des larmes. Pedro lui passa le bras autour des épaules.

— Tu dois le comprendre toi aussi, poursuivit-il. Nous sommes au Royaume Uni du Portugal et du Brésil, pas en Autriche ou en France. L'héritier du trône va naître, et pour cela, il faut des médecins portugais, pas un étranger.

Leopoldine pensa alors que Pedro n'était pas son allié et se mit à sangloter.

— Imagine qu'il arrive quelque chose à l'enfant si l'accoucheur est Kammerlacher ; on ne te le pardonnerait jamais, poursuivit-il.

Leopoldine ne put ni ne voulut continuer à discuter. Comment Pedro pouvait-il saisir la différence entre les médecins alors qu'il ne connaissait pas ceux de là-bas ? Il était incapable de se mettre à sa place. Elle vit qu'il avait réagi en Portugais ignorant, non en mari dévoué. Et cela l'affecta grandement.

Plus tard, Leopoldine apprit que Kammerlacher était réellement malade, mais ni lui ni elle n'étaient dupes. L'affection dont souffrait le médecin n'était pas grave au point de l'écarter de son poste ; ce n'était pas la phtisie, comme l'avaient laissé entendre ses collègues, envieux. Leopoldine s'était heurtée à un mélange de jalousie et de ressentiment de la part des médecins locaux, au patriotisme borné, et le plus douloureux était que Pedro n'ait pas combattu davantage. Son mari était plus influençable qu'elle ne l'aurait cru, pensait-elle. Fidèle à lui-même, il se montra toujours délicat avec sa femme, mais le mal était fait.

Leopoldine ne put faire autrement que de se résigner. Elle avait appris que, dans la société coloniale, la femme était obligée de se soumettre aux caprices de son mari. Et elle ne se sentait pas la force de changer le monde qui l'entourait. « Mon Père, je vous en prie, puisque Kammerlacher rentre en Autriche, acceptez-le auprès de Votre Grâce, car, pour des raisons qu'il vous expliquera, je ne peux l'appuyer ni rester avec lui. Il s'agit d'un excellent médecin et en même temps d'un homme noble et bon. Malheureusement, ici on méprise et persécute les hommes bons et ceux qui ont du talent », écrivit-elle à Vienne. Elle acheva la lettre sur un ton différent des précédentes, destiné à rassurer son père : « Je vais bien, je suis heureuse, avec beaucoup de patience et de prudence, tout va... » Ce que François II ne devina pas, c'était que l'écriture floue, qui gênait la lecture, était due aux larmes que sa fille avait versées en la rédigeant.

À ce moment où elle se sentait extrêmement fragile, elle comprit qu'elle était plus seule qu'elle ne l'aurait cru. Elle était déprimée de ne pouvoir contrôler sa propre vie, et plus encore dans la situation où elle se trouvait. « Ma chère sœur : vous supposez que le Brésil est un trône d'or, mais c'est un joug de fer », écrivait Leopoldine fin 1818. En quelques mois, depuis qu'elle avait découvert les complots qui se tramaient à la Cour et subi dans sa chair le mal que pouvaient causer les intrigants, elle s'habitua à mesurer chacune de ses paroles. « Je ne confie mes pensées à personne. Je n'ai pas trouvé au Brésil de gens bons et honnêtes qui n'aient été corrompus. Je serais très heureuse de ne pas devoir lutter en permanence contre des intrigues et autres contrariétés », lui confiait-elle. Ces courtisans peureux et hypocrites la dégoûtaient. Elle méprisait cette vie oisive, une vie qui manquait d'après elle d'objectifs élevés sur le plan intellectuel, moral et religieux. Mais, en se tenant à bonne distance d'eux, elle s'enfermait dans une solitude encore plus grande.

À mesure que se profilait la date de l'accouchement, elle aspirait simplement à ce que sa sœur et son père reconnaissent qu'elle était fidèle aux principes de la maison d'Autriche. Sans l'appui de son mari en ce qui concernait Kammerlacher, elle avait besoin de savoir qu'elle n'avait été ni oubliée ni abandonnée par sa famille. Elle avait un besoin désespéré de trouver un sens à l'ennui qui la cernait dans ses moments de faiblesse, où elle oscillait comme un pendule entre la joie d'être mère et l'angoisse de l'accouchement. Cependant, les réponses à ses lettres tardaient parfois six mois à lui parvenir, quand toutefois c'était le cas. De l'autre côté de la mer, sa famille ne pouvait comprendre l'importance du courrier pour son état d'esprit.

27.

Le moment tant attendu finit par arriver. Au lieu de l'héritier qu'elle espérait, le 4 avril 1819, Leopoldine donna le jour, sans complications, à une fillette que l'on baptisa du nom de Maria da Glória. Un mois plus tôt, la Chambre du Sénat avait fait publier un arrêté qui stipulait que, la nuit après la naissance ainsi que les deux suivantes, les cariocas éclaireraient leurs maisons. Des feux d'artifice annoncèrent publiquement la nouvelle, puis la ville tout entière s'illumina comme une crèche de Noël. Le chemin qui menait au palais de Saint-Christophe se recouvrit d'attelages appartenant aux membres du corps diplomatique – hauts fonctionnaires, autorités civiles et militaires – qui faisaient la queue pour féliciter la famille royale et baiser la main de la nouvelle petite princesse. Dom João était euphorique car il comprit que la justice divine avait agi. Il était convaincu que Dieu lui rendait un peu de ce qu'il venait de lui ôter. *Te Deum*, cérémonies d'actions de grâces, défilés militaires, baisemains... la roue des festivités se remit à tourner avec son rythme obstiné. Leopoldine était épuisée : « Bien que l'accouchement n'ait duré que six heures, j'ai mal depuis quinze jours, car la tête de mon bébé était très grosse et le siège sur lequel je lui ai donné le jour si incommode que mes mains sont encore couvertes des plaies dues à l'effort... », écrivit-elle à son père. Mais elle était heureuse, et, comme toutes les mères, elle fit de sa fille son sujet de conversation préféré.

Pedro, qui se souvenait du fils qu'il avait perdu, était ému jusqu'au tréfonds de son âme par son rejeton. Il avait lui aussi été ébranlé par la nouvelle de l'horrible mort de sa sœur et par les discussions concernant le médecin autrichien. Maintenant, l'heureux dénouement dissipait toute cette tension et le comblait de joie.

Mais si l'affection d'un père pour ses enfants peut être considérée comme naturelle, dans le cas de Pedro, elle était exagérée. Il vécut les premières années de sa fille sur un nuage de bonheur intense. C'était une sensation qu'il n'avait jamais connue, une joie contagieuse et persistante. Toujours parcimonieux avec l'argent que son père lui versait au compte-gouttes, il devint le plus généreux des amphitryons. Il aurait invité le monde entier à fêter la venue au monde de sa fille avec le champagne français de contrebande que Chalaza lui procurait. À chaque fois qu'il le pouvait, il la prenait dans ses bras, lui prodiguait mille caresses et l'emmenait se promener dans le parc du palais. « C'est le meilleur des pères, toujours soucieux du bien-être de la petite », écrivit Leopoldine, réconciliée avec lui. C'était vrai. Pedro jouissait maintenant de ce qu'il n'avait pas pu faire avec l'autre bébé, dont il avait conservé le cercueil au palais. Il voyait en cette enfant, qui était son héritière, un attribut de sa masculinité, une récompense de la nature à sa sexualité contrariée. Il avait fort probablement semé une ribambelle d'enfants au fil de ses nombreuses aventures, mais c'était le premier rejeton dont il pouvait confirmer publiquement la paternité. Ce faisant, il découvrait avec surprise la force irrésistible du sentiment paternel, qui serait l'un des traits les plus marquants de sa vie affective. Dans son entourage proche, personne n'aurait attendu un tel comportement de cet homme de vingt et un ans qui traînait un passé si lourd et que son tempérament rendait si peu enclin à mener une vie de famille. Et personne ne voyait rien à y redire. Au dire de tous, c'était un père, un époux et un fils modèle.

Quant à Leopoldine, elle était parvenue à la conclusion que dans ce monde si différent du sien, le meilleur chemin à suivre consistait à fonder sa vie sur la confiance envers le mari que Dieu lui avait donné ; c'était un mari difficile, certes, mais elle éprouvait pour lui un amour véritable et la religion la reliait elle aussi à lui. Compte tenu du tempérament de Pedro, c'était un chemin risqué, mais quelle alternative lui restait-il ? Les princes et les princesses n'étaient pas libres. Ils devaient se conformer à ce que Dieu et la dynastie leur présentaient sur un plateau.

Pour dépasser le sentiment de nostalgie qui la paralysait parfois, elle caressait l'espoir que la famille royale rentrerait bientôt au Portugal, où elle ne serait plus qu'à deux mille kilomètres des siens. Elle demanda pour cela l'aide de son père : « Que Monseigneur veuille bien nous faire la grâce d'obtenir, par son ascendant sur Sa Majesté le roi, que nous rentrions au Portugal. C'est absolument nécessaire, c'est l'unique désir de mon époux, et donc aussi le mien. » Elle voyait là une occasion de tirer son mari de l'environnement dans lequel il avait été élevé et où il n'exerçait aucune tâche utile. Elle était convaincue qu'en Europe, Pedro allait s'épanouir, donner la pleine mesure de ses capacités et que leurs enfants recevraient une meilleure éducation.

TROISIÈME PARTIE

Si tu marches en tête des idées de ton siècle,
ces idées te suivront et te soutiendront.
Si tu marches derrière elles, elles t'entraîneront avec elles.
Si tu marches contre elles, elles te renverseront.

NAPOLÉON III, *Fragments historiques*

28.

Dom João lançait des poignées de grains de maïs aux paons dans le jardin quand on lui annonça l'arrivée de l'amiral William Carr Beresford, l'homme qui administrait le Portugal depuis l'expulsion des Français, selon un accord passé avec la monarchie portugaise. La veille, il avait vu arriver la flottille britannique depuis la plage de Cajú, la plus proche du palais où, sur indication de ses médecins, il allait chaque jour faire tremper dans la mer la blessure de sa jambe infectée par une vieille piqûre de tique.

Le roi traversa la véranda, entra dans sa chambre et se dirigea vers la pièce contiguë, aménagée en salle de réunion. Là, il était attendu par l'amiral, un individu de haute taille aux cheveux gris, qui parlait un portugais convenable. Après les saluts protocolaires, le Britannique entra dans le vif du sujet.

— Il n'y a pas de temps à perdre, Majesté. J'ai quitté le Portugal à deux doigts d'une rébellion sanglante. Notre situation est si délicate que j'ai décidé d'effectuer ce voyage pour vous en informer...

À ce moment, un domestique qui portait un récipient recouvert d'un tissu de velours rouge passa. Comme cette pièce était le seul accès à la chambre à coucher du roi, les serviteurs devaient l'emprunter pour aller vider les pots de chambre que le monarque avait utilisés pendant la nuit. Le sillage nauséabond que le domestique avait laissé sur son passage suscita une grimace de dégoût sur le visage du maréchal. Dom João ne se troubla pas.

— Je comprends, je comprends..., fit-il en se grattant sous ses vêtements. Et que peut faire Sa Majesté ?

Le Britannique semblait mal à l'aise – il ne savait pas si c'était à cause de l'odeur ou parce qu'il ne voyait pas comment exprimer ce qu'il pensait...

— Euh... Je ne crois pas que nous puissions continuer à gouverner avec une Cour... comment dire, errante..., finit-il par répondre.

Un valet repassa avec un autre récipient recouvert de velours, propre, cette fois.

— Je vois..., dit dom João en écrasant d'une tape un moustique sur son menton.

L'écho de la révolution libérale, amorcée à Cadix le jour de l'an 1820 par le général Rafael de Riego, avait précipité le voyage de l'amiral Beresford. Des putschs avaient lieu dans toute l'Espagne contre le roi Ferdinand VII, dans une protestation généralisée contre la dévastation à laquelle il avait, pendant sept ans, soumis le pays et le Trésor public. Le général Riego tenta de forcer le roi à prêter serment sur la Constitution de 1812, en vain. Mais la foule enhardie qui finit par encercler le palais royal de Madrid y parvint. Le roi, en accord avec « la volonté générale du peuple », publia à contrecœur un manifeste dans lequel il affirmait son appui à la Constitution : « Empruntons franchement, moi le premier, la voie constitutionnelle », proclamait-il.

Curieusement, dom João souriait en écoutant le récit du Britannique.

— Pauvre Ferdinand, même s'il l'a cherché..., dit-il posément. La nouvelle ne va pas plaire à ma femme.

— Le problème, c'est que le Portugal a été gagné par cette effervescence. Comme Sa Majesté s'en souviendra, en 1817, un groupe de militaires qui avaient tissé des liens avec les francs-maçons a tenté de se soulever contre nous...

— Je m'en souviens parfaitement. Je n'ai jamais compris pourquoi vous n'avez pas permis aux condamnés de faire appel à la grâce royale selon la coutume...

— Le processus aurait été très long, car Sa Majesté était ici, à cinq mille miles de distance...

— Moi, je les aurais graciés, amiral.

Le Britannique toussa à plusieurs reprises, agacé par le commentaire de dom João. Dans une tentative pour rétablir l'ordre à tout prix, il avait donné l'ordre de juger les détenus en secret et d'exécuter les douze condamnés. Cependant, le pire fut atteint avec le chef des insurgés, le général Freire, un franc-maçon, puni si cruellement qu'au moment de l'écarteler, selon les ordres, l'un de ses bourreaux tomba évanoui. Et cet affreux détail s'ancra profondément dans l'imaginaire de la population du Portugal, excédée.

— J'avais besoin de donner un signal fort, intervint le Britannique. Si Sa Majesté avait été à Lisbonne, il n'aurait peut-être pas été nécessaire de dissoudre l'insurrection de façon si violente.

L'amiral lui renvoyait le coup. Dom João n'aimait pas ces Anglais hautains, ces loups déguisés en moutons qui s'obstinaient à lui dicter sa conduite. Depuis toujours, la dépendance vis-à-vis des Anglais était le prix que les Portugais devaient payer pour être indépendants de l'Espagne. Il les considérait comme un mal nécessaire.

— Il n'est pas bon de créer des martyrs..., fit dom João. Ils reviennent de l'autre côté, parfois en rêve, parfois en vrai...

— J'ai laissé derrière moi un pays au bord de la rébellion, secoué par des idées absurdes de révolution, poursuivit l'amiral. Seule votre royale présence permettra de contenir la marée.

Dom João ne répondit pas.

— Avant les martyrs, ce serait à Sa Majesté de rentrer au Portugal..., insista l'amiral.

Dom João resta silencieux un moment encore. Puis, comme pour minimiser la gravité de l'affaire, il nettoya la crasse sous ses ongles avant de demander à l'amiral, sans même lui adresser un regard :

— La révolution qui a éclaté en Espagne n'annonce pas nécessairement celle du Portugal. Grâce à Dieu, les Portugais n'ont pas eu un roi tel que Ferdinand.

— Votre Majesté, au Portugal, tous attendent le retour de la Cour à Lisbonne, car le peuple méprise l'idée de devenir la colonie d'une colonie, intervint l'Amiral avant d'adopter un ton plus grave. Seule Sa Majesté peut sauver la monarchie. Je vous en prie, rentrez le plus vite possible au Portugal. Je n'ai fait cette traversée que pour vous en supplier.

Dom João exaspérait l'amiral car il ne semblait pas partager la même urgence. Les allées et venues continuelles de domestiques portant des récipients au contenu douteux rendaient la conversation d'autant plus tendue.

— Il ne nous reste guère de temps, Majesté..., ajouta le Britannique en serrant les poings.

— J'attends l'arrivée de Londres du comte de Palmela, qui vient prendre le portefeuille de ministre des Affaires étrangères. Je ne déciderai rien avant d'en avoir délibéré avec lui.

Exaspéré, l'amiral lui fit une dernière proposition :

— Si vous permettez, je suggère à Votre Majesté, si elle ne peut pas, d'envoyer au moins le prince héritier...

— Vous voulez parler de dom Pedro ? Il est encore très jeune et n'a guère l'habitude de s'occuper des affaires de l'État.

— Sa présence suffira à calmer les esprits.

— J'y penserai, amiral.

Avant de le quitter, le Britannique lui remit un paquet ficelé par une cordelette :

— Votre Majesté, je vous ai apporté plusieurs numéros du *Correio Brasiliense*, revue qui, comme Votre Majesté le sait, est publiée à Londres.

— ... Oui, par une bande de révolutionnaires.

— Tous ceux qui écrivent dedans ne sont pas des républicains... En fait, je vous les ai apportés car ils contiennent des lettres ouvertes adressées à votre royale personne. Lisez-les, je vous en prie.

— Merci, amiral, je n'y manquerai pas, dit-il en soupirant. Des nouvelles d'Europe !... Ne vous inquiétez pas, je vais les dévorer.

Le lendemain, dom João emporta les revues dans sa salle d'eau privée, située sur la plage et montée dans une structure de bois, sorte de plateforme de bain mobile équipée d'un système d'axes et de poulies. La raison de cette construction était que dom João avait peur de se baigner dans la mer. Terrifié par les crabes, il éprouvait la plus grande aversion pour l'eau. On l'allongeait dans une baignoire fixée par des cordes et trouée dans la partie basse afin de laisser passer l'eau, et ses domestiques le faisaient descendre jusqu'à ce que la mer recouvre la blessure. Juste ce qu'il fallait, car il s'agissait de se mouiller le moins possible.

Il dénoua la liasse de revues que lui avait remise l'Anglais et se mit à lire : « Au Portugal, le bruit court que S. M. les a abandonnés et a transféré toute la richesse du pays au Brésil. Les gens ne pensent pas que la résidence de S. M. au Brésil serve à garantir l'indépendance du Portugal. Ce qu'ils voient, c'est un vide, et leur transformation de métropolitains en sujets coloniaux », disait une « Lettre ouverte à S. M. le roi du Portugal ». Ces nouvelles le plongèrent dans un état de profonde perplexité, auquel s'ajoutait un sentiment de culpabilité. Il était conscient que la mesure qu'il avait prise pour la libéralisation du commerce, si elle avait permis la prospérité de la colonie, avait par ailleurs ruiné les commerçants portugais et précipité la ruine de la métropole. Depuis l'ouverture des ports, les exportations portugaises vers le Brésil avaient chuté de quatre-vingt-dix pour cent au bénéfice des britanniques et des françaises. Si l'on ajoutait à cela les années d'occupation française et maintenant la domination britannique, le résultat en était que sa patrie se trouvait plongée dans la plus grande misère morale et matérielle de son histoire. Un sixième de la population du Portugal avait disparu, en raison de la faim, de la guerre ou de l'exode. Une hécatombe. Mais serait-il possible de revenir au système précédent, c'est-à-dire de protéger abusivement le commerce et de rendre le monopole au Portugal ? Dom João savait que l'Histoire ne faisait pas marche arrière. Sinon, les Anglais étaient là pour le lui rappeler.

Il poursuivit sa lecture : « Des bandes de vagabonds, spectres faméliques et pauvres en haillons, rôdent dans les rues... Pâles, déformés et défigurés, aussi moribonds que leur propre patrie », disait l'auteur d'une seconde lettre ouverte publiée dans un autre numéro de la même revue. Ces descriptions cadraient parfaitement avec l'air angoissé des Lisboètes qu'il avait vus la nuit de son départ, il y avait douze ans déjà, et qui était resté gravé dans sa mémoire.

Comment les oublier ? Il allait dans un attelage discret depuis le palais d'Ajuda, sur les hauteurs de Lisbonne, jusqu'au quai ; son cocher ne portait pas d'uniforme afin d'éviter d'être reconnu, et seul un domestique l'accompagnait. Il pleuvait des cordes et les rues étaient boueuses. On entendait au loin les coups de canon de l'armée de Napoléon. Entre les rideaux de la fenêtre, il voyait les gens pleurer ou lancer des imprécations contre leur roi qui prenait la fuite. Il avait fait coller des affiches dans les rues pour expliquer que les troupes d'invasion marchaient tout particulièrement sur sa personne royale et que « ses loyaux vassaux seraient moins inquiétés s'il s'absentait du royaume ». Il voulait montrer clairement qu'il partait par amour pour son peuple, afin de lui éviter des souffrances inutiles. Mais les gens, avec un air de rage silencieuse, ne l'entendaient pas ainsi. Ils percevaient l'embarquement de tant de richesses et de biens comme un saccage préalable à celui des Français. Et puis il ne partait pas seul : il était suivi par les hidalgos, les privilégiés, ceux qui étaient liés à la Cour, les plus riches, ceux qui ne cherchaient même pas à dissimuler qu'ils fuyaient car ils enchérissaient à pleins poumons pour obtenir un billet sur un bateau.

Ce fut un dernier voyage dans les rues de Lisbonne sans pompe ni décorum, sans foule pour le saluer sur son passage, sans le protocole ni le cérémonial propre à son rang. Une expérience pénible pour un souverain habitué à un fastueux étalage de dévotion. En bas, au port, il n'y avait rien pour honorer un monarque qui partait en voyage : ni dais de soie, ni estrade d'où s'adresser à la plèbe, ni chemins bordés de fleurs. Seul un bourbier impraticable où il fallut placer des planches pour accéder à la passerelle d'une galère. Quelle confusion sur les quais du Tage ! Tous voulaient partir, à n'importe quel prix, et les caisses, malles, valises et des milliers d'autres choses s'entassaient, bon nombre d'entre elles restant à quai tandis que leurs propriétaires parvenaient à monter à bord, d'autres embarquées sans leurs propriétaires.

Dom João, allongé dans sa baignoire sur la plage, se rappelait maintenant qu'à la dernière minute, sa mère la reine María avait soudain refusé de descendre de l'attelage et d'embarquer. « Je ne pars pas ! Je ne pars pas ! » répétait-elle, offusquée. À la fin, voyant que le temps pressait, le grand patron des galères royales prit la reine dans ses bras et traversa la passerelle, tandis qu'elle gigotait et le traitait de chien galeux. Mon Dieu, quelle honte lui causa-t-elle ! En passant devant son fils, avec ce mélange si singulier de folie et de bon sens, les yeux injectés de sang, l'air égaré, elle lui lança : « Quelle bataille avons-nous perdue pour partir tous au Brésil, dis-moi ? » Que répondre ? Qu'ils étaient trop faibles pour lutter contre Napoléon ? Fuir sans se battre était un concept que sa mère ne comprendrait jamais. Mais lui qui avait grandi et, plus tard, gouverné avec la faiblesse la plus absolue, l'avait bien assimilé. Son fils Pedro, âgé de neuf ans, observait la scène avec des yeux exorbités. Puis, en traversant la passerelle, ils entendirent un cri provenant de la foule, un « Traître ! » lointain et diffus. Dom João s'arrêta et tourna la tête en scrutant l'horizon, comme s'il cherchait à découvrir d'où venait l'insulte. Et soudain, au-delà de la foule qui s'agitait sur les quais, il vit cette ville comme pour la première fois. Oubliant le cri, il observa Lisbonne sous un ciel de plomb, le cœur gros. Comme il trouvait belles, soudain, les collines de l'Alfama et du Chiado, les maisons blanches qui descendaient en cascade jusqu'au fleuve, les ruines du château de San Jorge, les balustrades de marbre des terrasses du palais d'Ajuda, les toits des églises... Comme cet ancien siège de l'empire, renfermant tout le poids de l'histoire et de la tradition qui l'avaient modelé depuis l'enfance, lui parut beau ! Et quelle douleur d'être le témoin d'une décadence aussi déshonorante ! Quel genre de roi était-il, abandonnant son peuple, dépouillant la nation de ses symboles ? Soudain, il éclata en sanglots. Pedro n'avait jamais vu son père pleurer de la sorte. En public, les courtisans l'avaient vu verser des larmes d'émotion lors d'un concert. Mais ce n'étaient pas des larmes à présent, c'étaient des pleurs profonds, les sanglots entrecoupés d'un homme désespéré, un homme qui se voyait lui-même comme un échec. Pedro s'approcha de lui, timidement, et lui dit presque à voix basse, en désignant la ville : « Père... allons-nous nous battre ? » Et il fit mine de dégainer une épée. « Nous pouvons les vaincre, père... », poursuivit-il, car c'était la seule façon que l'enfant avait trouvée de le consoler. Dom João tourna la tête, le regarda, ébaucha un sourire fragile et plaça la main sur l'épaule de son fils. Ce fut ainsi qu'ils montèrent à bord de la galère. Et ils partirent au Brésil.

L'insulte avait résonné dans sa tête pendant toutes ces années et continuerait ainsi jusqu'à la fin de ses jours car il n'avait jamais estimé être un traître, au contraire. Il considéra toujours son départ du Portugal comme un sacrifice. Il aurait pu se satisfaire d'une paix de pacotille comme son beau-père et son beau-frère en Espagne, mais il opta pour se réfugier dans sa lointaine colonie, avec tout ce que cela impliquait. Maintenant que cet empire commençait à aller de l'avant, que Rio de Janeiro prenait des allures de grande cité, que tant d'institutions promues par sa personne royale se développaient, que la prospérité de la colonie était assurée, l'idée de rentrer lui était insupportable. Depuis son arrivée, il avait considérablement encouragé la construction de maisons, de ponts et de routes. Il avait fait bâtir avec des fonds publics l'aqueduc de Maracaná, assécher des marais pour y créer des garnisons, fait édifier la Chambre de Commerce et celle du Trésor, et, afin de préserver les soixante mille volumes qu'il avait rapportés de Lisbonne, il avait financé une Bibliothèque nationale qui n'avait rien à envier aux autres grandes bibliothèques du monde. Sa volonté de promouvoir l'éducation et la recherche scientifique au Brésil avait permis d'inaugurer la première université médicale à Salvador de Bahia, suivie d'une autre à Rio. N'avait-il pas également parrainé les expéditions scientifiques, qui permettaient d'adapter des animaux et des plantes utiles à l'environnement tropical ? Ces projets avaient échoué, comme l'introduction de chameaux d'Arabie ou la culture du thé de Chine, mais le café donnait des résultats spectaculaires. Les missions artistiques, favorisées par sa royale personne, avaient créé une école et insufflé un air cosmopolite à Rio. Il lui restait encore beaucoup à faire, y compris son projet favori : la conquête de la frange orientale afin de s'assurer une frontière avec le Rio de la Plata. Tout cela ne rejaillirait-il pas sur la grandeur même du Portugal ?

— Les Bragance ont toujours choisi le devoir...

La phrase qu'il aimait répéter à ses enfants lui tournait toujours dans la tête. Cependant, il commençait maintenant à douter : une brèche avait fendillé ses certitudes... Où le devoir se trouvait-il ? Au Portugal ? Au Brésil ? S'il revenait au Portugal, comme le souhaitaient l'amiral Beresford et tant d'autres, le Brésil ne finirait-il pas par prendre le même chemin que les territoires espagnols d'Amérique ? Cela ne signifiait-il pas la désagrégation totale de l'empire ? Et si, au contraire, il restait à Rio de Janeiro, ne perdrait-il pas le Portugal qui tomberait entre les mains des révolutionnaires et de tous ceux qui lui gardaient rancune de son éloignement de plus d'une décennie ?

29.

Après sa décevante entrevue avec dom João, l'amiral William Carr Beresford regagna le Portugal, mais la révolution qu'il redoutait tant éclata pendant sa traversée de retour. Comme il l'avait prédit, un groupe d'insurgés, formé de libéraux, francs-maçons, nationalistes et partisans du général Freire – celui dont la brutalité de l'amiral avait fait un martyr –, las et désabusés par les mauvais gouvernements et inspirés par l'exploit du général Riego, amorcèrent à Porto un soulèvement qui se propagea ensuite à Lisbonne. Une frégate l'aborda tandis qu'il naviguait à l'embouchure du Tage vers la capitale. Les soldats qui étaient à bord l'informèrent qu'il n'avait pas le droit d'accoster dans le port de la capitale portugaise. Ils lui apprirent que le Conseil d'État avait été destitué par des militaires portugais, et que le nouveau régime avait convoqué le Parlement qui, comme en Espagne, exercerait le pouvoir législatif. Pour l'instant, le gouvernement des insurgés comptait adopter la Constitution libérale de Cadix.

Beresford dut mettre le cap sur l'Angleterre. «Les choses ne seront plus jamais pareilles... Maintenant plus encore, il est urgent que le roi ou son fils regagnent Lisbonne, avant que toutes les provinces brésiliennes ne soient également poussées à la rébellion», écrivit-il lors du voyage. L'amiral s'entêtait à sauver la monarchie. Il pensait que mieux valait une monarchie constitutionnelle qu'une république, forme de gouvernement peu répandue et qui évoquait alors davantage les troupes sanglantes des révolutionnaires français que le tout nouvel État républicain d'Amérique du Nord.

Dom João fut pris de panique lorsqu'il apprit ce qui se passait au Portugal. Beresford avait donc raison ! Il avait préféré ne pas le croire, pensant que les Anglais le manipulaient pour leur intérêt propre, que la mèche de la révolte ne prendrait pas feu. Il caressait le fol espoir que la révolte s'essouffle ou que les puissances européennes se chargent de l'écraser. La réalité le plaçait maintenant entre le marteau et l'enclume. La première chose qu'avait exigée le nouveau Parlement était son retour à Lisbonne. Le roi réunit la Cour et son gouvernement au cours d'interminables conférences qui ne parvinrent à un consensus que pour décider d'interdire la diffusion de toute nouvelle en provenance de la métropole. Mais cette mesure fut inutile : les lettres qui arrivaient par le bateau du courrier avaient déjà été distribuées et les rues de Rio bruissaient de rumeurs sur la révolution portugaise.

Dom João ne savait lequel de ses ministres et conseillers écouter. Il attendait l'avis du comte de Palmela, qui venait d'arriver de Londres avec des nouvelles fraîches d'un monde de plus en plus lointain et incompréhensible. Portant des costumes faits à Bond Street, des diamants incrustés dans ses bottes qui resplendissaient sous la lumière tropicale, il avait été l'un des rares aristocrates à choisir, en 1808, de rester à Lisbonne et de ne pas suivre la Cour au Brésil. Il parlait avec l'autorité que lui conféraient son expérience et son nouveau poste :

— Je crois que vos années d'isolement à Rio ne vous permettent pas de voir les changements que connaît le monde, dit-il avec un aplomb et une assurance dont s'offusqua le premier cercle du roi. Toute tentative de la Couronne afin de préserver ses pouvoirs absolutistes dans le Nouveau Monde est vouée à l'échec. Le monde a changé, Vos Majestés, permettez-moi de vous le répéter.

Palmela apportait des nouvelles qui, escomptait-il, allaient secouer la Cour de sa torpeur coloniale.

— Lors de ma courte escale à Salvador de Bahia, je me suis aperçu du risque qui plane sur la Cour, leur dit-il. La ville est au bord de la rébellion, et le gouverneur a un besoin désespéré de recevoir des instructions de Rio, qui n'arrivent pas. Là-bas, j'ai appris que la situation à Pernambouc est encore plus tendue car les nouvelles de la révolution portugaise ont incendié la population sur toute la côte brésilienne. Le Brésil court le risque de se décomposer.

Palmela prévint qu'un mélange explosif de bataillons portugais mécontents et d'insatisfaction dans la province était en train de lézarder l'autorité de la couronne. Il se tourna vers dom João pour lui dire sur un ton grave :

— Majesté, il n'y a pas un instant à perdre avant d'adopter les mesures nécessaires. Il est impératif de conserver l'esprit des temps qui courent. À mon avis, le pire serait de ne prendre aucune décision.

— Et pour laquelle plaidez-vous, comte ?

— D'accepter les demandes des libéraux à Bahia et au Portugal...

Des huées émanant du reste des conseillers les interrompirent. Ces hommes étaient habitués à l'indécision permanente du roi et voyaient le comte de Palmela comme un dandy européen qui cherchait à tirer la couverture à lui. Les uns le considéraient comme un satellite du despotisme ; d'autres, comme un agent des « révolutionnaires ». En réalité, il plaidait pour trouver une voie intermédiaire, une monarchie constitutionnelle basée sur le modèle britannique qu'il connaissait bien, et où le pouvoir du roi était limité par le Parlement. Une fois qu'ils se furent calmés, le comte reprit la parole, s'adressant cette fois à dom João, évitant de regarder ses conseillers.

— Majesté, mon idée est de sauver la monarchie, non de la condamner. Et pour la sauver, je me permets de vous proposer de bien vouloir adopter une série de principes qui vous vaudront une plus grande popularité, vous permettront de tenir les plus extrémistes à l'écart et de vous concentrer sur une voie modérée comme en Grande-Bretagne.

— Et quels sont ces principes ?

— Accepter que la souveraineté passe du roi à la nation, accepter l'égalité des citoyens devant la loi et la liberté de presse.

Des huées encore plus fortes étouffèrent ses paroles. Parmi les cris, on entendit des insultes : « révolutionnaire », « irrécupérable », etc. Le roi frappa de sa canne sur le plancher pour exiger le silence et fit signe à Palmela de continuer. Le comte avala sa salive avant de poursuivre :

— Après avoir adopté ces mesures, je suggère que votre fils dom Pedro parte avec une flottille de quatre navires et un bataillon de troupes pour Salvador de Bahia, et qu'il y proclame la nouvelle monarchie constitutionnelle, avant de poursuivre jusqu'à Lisbonne...

À cet instant, passa le domestique qui, tous les matins à la même heure, quelle que soit la personne qui se trouvait dans la salle de réunion, emportait les pots de chambre royaux. Il laissa dans son sillage une odeur d'urine qui incommoda l'assistance. Dom João attendit qu'il eût traversé la pièce pour dire ce qui le préoccupait en fait plus que tout :

— Et si mon fils Pedro était couronné roi dès son arrivée sur le sol portugais ?

Palmela comprit alors que sa proposition resterait sans succès. Dom João était trop méfiant, y compris envers son propre fils. Le comte s'aperçut qu'il existait un abîme entre sa mentalité et celle qui régnait dans la Rio somnolente et arriérée. Il y était entré comme un éléphant dans un magasin de porcelaine. Le monarque avait beau être préparé mentalement à accepter que l'ère des monarchies absolues touchait à sa fin, en public il ne défendait pas cette idée.

Il craignait la réaction de ses courtisans qui, devant ce qui s'annonçait, refusaient d'accepter la moindre diminution de leurs privilèges.

— Sa Majesté ne devrait pas plier devant les révolutionnaires, ni accepter de lâcher le sceptre, dit l'un de ses ministres conservateurs. Cette folie révolutionnaire ne peut guère durer, et quand elle passera, il est essentiel que Sa Majesté reste un roi absolu.

Palmela considéra sa mission comme relevant de l'impossible, mais l'enjeu était si important qu'il choisit de ne pas présenter sa démission comme il l'avait envisagé dans un premier temps et de rester sur la brèche, conscient qu'avec un roi aussi pusillanime, les possibilités de succès étaient minces.

30.

Peu après la naissance de sa fille, Maria da Glória, la princesse Leopoldine dut s'en remettre à nouveau à ses redoutables médecins portugais, qui lui pratiquèrent un curetage après une fausse couche : «Je souffre encore des conséquences de la brutalité du chirurgien portugais qui m'a horriblement lacérée avec ses jolies mains... Ici, il vaut mieux se délivrer de sa charge dans la forêt, comme les bêtes sauvages», écrivit-elle à sa sœur.

Quelque temps plus tard, elle fut victime d'une nouvelle fausse couche, qu'elle attribua à la frayeur qu'elle avait éprouvée en s'accrochant à son mari de toutes ses forces pour lui éviter de tomber de l'attelage tiré par quatre chevaux emballés. Leopoldine tenait toujours à l'accompagner, jusque dans les courses qu'il faisait avec son frère, afin d'éviter «de désagréables expériences», comme elle l'écrivit à sa sœur, faisant allusion aux rumeurs d'infidélité de Pedro lors de sa première grossesse. Mais après cette expérience traumatisante, elle ne voulut plus participer à ces courses. Et Pedro n'insista pas.

Ils poursuivirent leurs promenades à cheval, et la visite préférée de la jeune femme consistait à gravir la montagne et à parler allemand avec le vieil Hogendorp. Pedro était toujours impressionné de voir l'uniforme du général accroché dans l'entrée. Il lui rappelait un autre général de Napoléon qu'il avait connu enfant à Lisbonne, l'ambassadeur français Andoche Junot. L'individu qui, quelques années plus tard, finirait par conquérir la capitale portugaise, provoquant la fuite de sa famille et de la Cour tout entière au Brésil. Comme il avait été ébloui par cet uniforme qu'il voyait maintenant chez le Hollandais ! Il se voulait comme ces généraux fougueux, forts et impérieux, non pas mou comme son père.

Hogendorp avait toujours quelque chose à raconter. Il leur montra une lettre de Napoléon qu'il conservait comme une relique, reçue à la mort d'un de ses enfants. C'était une lettre sincère, dont les paroles résonnèrent au plus profond de l'âme de Pedro et de Leopoldine. Cet empereur qui avait le monde à ses pieds, qui avait humilié les Habsbourg et les Bragance dans des proportions inconcevables, était capable d'éprouver de la compassion. Leopoldine était déconcertée. Pedro, qui n'oubliait pas son enfant mort, était ému et n'en admirait que davantage Napoléon.

Le soir, quand ils rentraient en ville, il fallait être vigilant à cause des esclaves libérés qui rôdaient dans la montagne. Ils vivaient dans des communautés situées en pleine jungle, les « quilombos », et avaient parfois une apparence terrifiante, hirsute, les ongles longs, mi-hommes, mi-bêtes. Leopoldine s'alarma lorsque son cheval fut arrêté par un de ces groupes. Immédiatement, Pedro arma son fusil.

— Ne tire pas ! cria-t-elle.

Voyant l'arme, les hommes firent de grands gestes avec les bras. Pedro tira en l'air et Leopoldine sursauta. Les esclaves se volatilisèrent.

— Je n'en avais pas l'intention, mais les coups de feu sont la seule chose qu'ils craignent, répondit Pedro. Si cela t'arrive à nouveau, tu dois tirer.

Et tandis qu'ils descendaient vers la ville, Pedro ne pouvait s'empêcher de penser à cet empereur qui avait connu la gloire des champs de bataille et le pouvoir et qui se consumait lentement sur une île perdue dans l'océan. Comme c'est curieux, songeait-il : pendant toute son enfance, Leopoldine et lui avaient appris à détester Napoléon de toute leur âme. S'ils étaient tous deux au Brésil, c'était parce qu'ils y avaient été poussés par la secousse que les armées françaises avaient infligée au monde. Mais maintenant le Corse avait cessé d'être dangereux, et à la lumière des paroles d'Hogendorp, la foule se levait pour l'admirer, voire pour l'aimer. Ce n'était pas le cas de Carlota Joaquina, exaspérée que son fils ait noué une amitié avec quelqu'un de si proche de l'ennemi détesté, celui-là même qui avait trompé son père et son frère.

Un autre personnage lui parlait beaucoup de Napoléon, Jean-Baptiste Debret, le peintre français qui, avec Antonio Taunay, faisait partie de la mission artistique française à Rio. Debret, qui avait été l'un des peintres officiels de l'empereur, donna aux musées de Paris des tableaux représentant Napoléon distribuant la Légion d'Honneur, haranguant les troupes ou consolant un soldat vaincu... Les peintres français étaient enthousiasmés par cette société baroque et exotique qui observait encore des traditions vieilles de deux siècles. Leurs pinceaux immortalisaient ce monde d'enfants, d'esclaves et d'animaux qui était resté caché à la vue des étrangers pendant si longtemps. Ils voulaient tout peindre, avant qu'il ne disparaisse. Ce petit groupe, incluant le musicien Neukomm qui donnait des cours à Pedro et d'autres diplomates et scientifiques, se réunissait régulièrement chez le baron Von Langsdorff, consul général de Russie. Leopoldine avait ainsi la joie de mener une vie sociale acceptable malgré ses grossesses répétées. À la fin 1820, elle tomba de nouveau enceinte. Pedro, qui se consacrait à monter ses nombreux chevaux, à les étriller, toiletter, ferrer et dompter, et qui fondait de tendresse devant sa fille, était heureux en famille – ce qui ne l'empêchait pas, de temps à autre, de faire des écarts avec des prostituées pour rompre la routine conjugale.

La révolution constitutionaliste du Portugal ne fit que le confirmer dans ses idées réformistes. Mais il ne recevait aucune information directe sur les délibérations de la Cour et les décisions – ou plutôt les indécisions – de son père. Il continuait à détester la bande qui entourait dom João, des hommes pour qui tout était prétexte à le tenir à l'écart du pouvoir. Le roi, affrontant le dilemme consistant à rester ou rentrer, ou envoyer son fils dans la mère patrie, ne parvenait pas à trancher. Même si sa présence à Lisbonne allait suffire à apaiser le Parlement et à rassurer les révolutionnaires, il trouvait Pedro trop immature et sujet à des influences dangereuses. D'où ses hésitations.

Les rumeurs sur son voyage à Lisbonne, pour y représenter le roi, ne parvenaient à Pedro que par des tierces personnes, et le maintenaient plein d'illusions et actif. Il envoyait des messages à sa sœur afin de s'assurer des intentions de son père et de ses ministres les plus conservateurs, qui critiquaient ouvertement son attitude et ses idées. Pour Leopoldine, la possibilité de rentrer en Europe ressemblait à une bénédiction, et plus encore maintenant que Rio bruissait d'une effervescence qui présageait des jours tumultueux. Elle se méfiait d'un mouvement radical similaire à celui qui avait eu lieu en France. De surcroît, elle se débattait dans un conflit de loyautés car les orientations de son mari étaient contraires aux principes de la maison des Habsbourg. « Mon époux, Dieu soit loué, aime les nouvelles idées, écrivit-elle à son père. Cher père, le Seigneur voit bien combien ma situation est difficile entre les obligations qui opposent une épouse bonne et affectueuse et la sujette intègre et la fille obéissante que je suis. J'aimerais beaucoup concilier les deux obligations, mais je me vois contrainte à en sacrifier une. Je viens donc, cher père, solliciter votre conseil et votre ordre, car tels doivent être mes guides », lui dit-elle plus tard dans une autre lettre. Le conseil de son père n'arriva jamais, ce qui obligea Leopoldine à prendre une décision personnelle.

31.

Le cœur de dom João se consumait d'incertitude à tel point que, vivant à moins de cent mètres de son fils, il ne se décidait pas à lui parler directement :

— Dites-moi ce que je dois lui dire, et en cas de réplique, ce que je dois lui répondre, demandait-il à son ministre le plus conservateur.

— Pas question d'imiter le Parlement de Cadix, pas de modèles étrangers qui entravent l'autorité royale, lui répondait le ministre.

Mais le roi ne se décidait pas. Son fol espoir de voir la révolution portugaise s'essouffler d'elle-même ou les puissances européennes l'écraser n'était plus à l'ordre du jour. Tandis qu'il continuait à hésiter, à Salvador de Bahia, un contingent de soldats portugais, répondant à l'appel des révolutionnaires de la mère patrie, s'empara de la résidence du gouverneur et annonça la révolution constitutionaliste. Les faits se répétèrent à Belém, à l'embouchure de l'Amazonie. Peu à peu, tout le littoral était contaminé par la même fièvre. Bientôt, ce serait le tour de Rio. L'avertissement du comte de Palmela résonna comme une prémonition :

— Certaines concessions qui auraient été suffisantes hier pour éviter une rébellion à Rio, cesseront de l'être aujourd'hui ou demain, Majesté.

Le roi ne répondit pas.

Jamais depuis l'époque où il vivait sous la menace de Napoléon, dom João n'avait ressenti une telle pression. Alors, ses armes avaient consisté, à différer le processus de décision, à gagner du temps coûte que coûte... Pourquoi ne pas recommencer aujourd'hui ?

Au lieu d'interférer et d'influer directement sur les événements, il préférait attendre que ces derniers évoluent et, comme un fruit mûr, lui laissent la voie libre. Mais le miracle ne se produisait pas. Il dut se résoudre à une chose qu'il considérait répugnante : prendre une décision. Le 7 février 1820, le Conseil d'État qu'il présidait décida d'envoyer Pedro au Portugal pour prendre possession, en son nom, du gouvernement provisoire de ce royaume. Pour son fils, qui désirait se lancer en politique et jouer le rôle qui correspondait à son rang, ce fut un moment longuement attendu. Il arriva euphorique à la réunion à laquelle son père l'avait convoqué.

— Pedro, lui dit le roi en suçant une cuisse de poulet, il ne s'agit pas d'accepter la Constitution telle qu'ils sont en train de l'élaborer, calquée de l'espagnole... Ce serait un malheur pour Sa Majesté de reconnaître l'assemblée constituante autoproclamée... Nous sommes bien d'accord ?

— Oui, père...

Il s'établit alors un long silence entre eux. Dom João regardait son fils tout en rongeant les os du petit poulet, comme s'il avait essayé de déchiffrer une expression qui confirmerait ses soupçons :

— Tu iras au Portugal avec le titre de connétable, car tu emmèneras avec toi toute l'autorité militaire et toute la prépondérance civile..., dit-il enfin.

Pedro acquiesça et demanda, impatient :

— Quand notre départ est-il prévu ?

— Le plus tôt possible. Mais tu iras seul, mon fils.

Soudain, la joie s'effaça du visage de Pedro. Il ne pouvait dissimuler la déception de devoir partir seul. Il ne voulait même pas songer à la contrariété de sa femme.

— Nous avons pensé que ton épouse n'était pas en état d'affronter les dangers d'une longue traversée en mer..., poursuivit dom João, lui jetant un regard en coin.

Pedro se tut, sans même regarder son père qui ajouta :

— Il est important qu'ici, au Brésil, on ne voie pas s'en aller trop de membres de la famille royale en même temps.

— Trop ?

— Ceux qui t'accompagneront n'ont pas encore été désignés..., balbutia-t-il.

Pedro était offusqué.

— Je ne sais pas ce que Leopoldine va en penser, dit-il. Elle était si contente d'entreprendre ce voyage avec moi.

— Elle doit comprendre, elle comprendra sûrement... Elle sait que son devoir est de se plier à l'intérêt de la Couronne. Celle que tu porteras un jour, peut-être bientôt...

Il parla en ébauchant un petit sourire complice, mais Pedro garda l'air sérieux. Le roi cracha des petits os et s'essuya la bouche avec une serviette avant d'ajouter, en se levant et en considérant l'entretien comme terminé :

— ... et qu'elle portera aussi.

Leopoldine s'effondra en apprenant qu'elle n'irait pas au Portugal avec Pedro. Elle pleura toute une journée, allongée sur son lit, évitant de faire le moindre geste pour échapper au fardeau supplémentaire de la chaleur. Elle se voyait avec horreur dans une situation intenable : enfermée dans ce pays, mais sans son mari. Elle n'aurait pas été moins touchée si on lui avait annoncé sa condamnation à mort. La laisser seule à Rio revenait à l'enterrer vivante. Elle était sûre qu'elle allait mourir. Si c'était là le but de certains courtisans intrigants, comme elle le pensait, ils étaient en train d'y parvenir. Déprimée, enceinte de huit mois, elle n'avait personne à qui demander de l'aide. Sa belle-mère, qui aurait pu défendre sa cause car elle aussi désirait plus que tout rentrer en Europe, n'avait plus aucune influence. Carlota Joaquina vivait cloîtrée dans sa maison de la plage sur ordre du roi, accusée d'avoir commandité l'assassinat de la femme de son amant, le fringant colonel Fernando Brás. Elle avait effectué un saut qualitatif dans ses transgressions, passant du statut de femme adultère à celui de meurtrière. La Couronne avait conclu que l'embuscade qui avait coûté la vie à la femme du colonel avait été tendue par un sicaire engagé par Carlota. Dom João étouffa le scandale et ordonna de détruire toutes les preuves, comme à Lisbonne, lorsqu'il avait découvert que sa femme avait ourdi un coup d'État destiné à lui arracher la Couronne. À l'époque, il l'avait, sinon pardonnée, du moins graciée. Maintenant il l'avait à nouveau punie à sa façon d'homme indulgent, en l'enfermant chez elle, où Carlota se consumait d'impuissance et de rage.

Pedro abandonna ses tâches aux écuries quand la dame de compagnie de sa femme, affolée, vint l'informer de l'état de Leopoldine.

Il fut surpris de la trouver aussi mal, couverte de sueur et de larmes. Il la prit dans ses bras et lui passa un linge humide sur le front.

— Je t'en supplie, Pedro, ne me laisse pas seule ici.

— Si tu viens avec moi, tu devras accoucher sur le bateau, je ne sais pas si tu t'en rends compte...

— Ça m'est égal, l'interrompit-elle entre deux sanglots. J'accoucherai sur le bateau. Dieu me protégera.

Très sentimental, Pedro qui menait à l'époque une vie conjugale harmonieuse, avait le cœur brisé de la voir ainsi. Tenté d'aller au Portugal pour y prendre les rênes de l'empire, il répugnait à le faire sans sa femme et sa fille. Il n'avait pas connu de vie de famille stable, et n'était peut-être pas disposé à briser la sienne aujourd'hui. De surcroît, il devinait dans ce voyage qu'on avait planifié pour lui une conspiration des proches de son père. Il reconnaissait la vaste ombre de la méfiance du roi qui, en retenant sa belle-fille, prétendait garantir la fidélité de son fils.

— Je vais tenter de retarder le départ jusqu'à la naissance de l'enfant, lui dit Pedro.

— Tu n'y arriveras pas, ils ne te laisseront pas faire...

— Je ne partirai pas sans toi, je te le promets.

Leopoldine ébaucha alors un léger sourire qui contenait toute la reconnaissance du monde. Ces mots étaient comme le souffle d'une vie nouvelle.

— Soit nous partons tous, soit personne ne part, finit par lui dire Pedro.

C'était la phrase prononcée par sa grand-mère, la reine María, à un moment crucial, alors qu'on allait l'envoyer seul au Brésil en avant-garde de la famille royale.

Le fait de bénéficier de l'appui de son mari rendit espoir à Leopoldine. Lui à ses côtés, tout changeait : peu à peu, elle se sentit la force de se battre. Elle n'était pas disposée à rester à terre ni à se laisser manipuler pour perdre Pedro, qu'elle savait inconstant et facilement influençable. Laissant de côté son désir de regagner l'Europe, elle soupçonnait elle aussi une intrigue de palais ourdie pour lui faire perdre la confiance et l'amour de son mari.

Dom João, apprenant les difficultés que lui opposaient soudain son fils et sa belle-fille, se fâcha. « N'avaient-ils pas tellement envie d'aller au Portugal ? N'était-ce pas leur désir ? La séparation ne durera que quelques mois ! » s'exclama-t-il. Puis, faisant la sourde oreille aux plaintes de Leopoldine, il décréta : « Pedro doit partir au Portugal dans une semaine. » Il lui était désormais impensable d'ajourner la décision qu'il avait eu tant de mal à prendre. Leopoldine eut recours à l'ambassadeur d'Autriche et lui demanda d'intercéder auprès du roi. C'était clair : sans Pedro, elle ne resterait pas au Brésil. « Soyez convaincu que, au cas où vous ne parviendriez pas, avec votre influence, à reporter le départ de mon époux ou à obtenir que je l'accompagne, vous vous attirerez toute ma haine et vous devrez le payer, tôt ou tard », écrivit-elle à l'ambassadeur d'Autriche. Leopoldine montrait les griffes, et le diplomate, effrayé par le ton de cette lettre, alla demander de l'aide au comte de Palmela.

— Il serait inhumain de condamner une princesse à passer les plus belles années de sa vie loin de son mari, lui dit l'Autrichien.

— J'entends bien que ce soit pénible pour la princesse royale, lui répondit Palmela, mais ce le serait bien plus pour vous-même si nous perdions le Portugal uniquement parce qu'elle n'a pas voulu se séparer de son mari pendant quelques mois.

Ils parvinrent finalement à un accord selon lequel l'ambassadeur s'engageait à faire partir Leopoldine le plus tôt possible après l'accouchement pour suivre son mari. En échange, Palmela insisterait auprès du roi pour que ce dernier envoie très vite son fils au Portugal. C'était un pacte conçu pour donner satisfaction à toutes les parties.

Lorsque l'ambassadeur d'Autriche alla demander à Leopoldine d'accepter le sacrifice d'une séparation temporaire, il la trouva très agitée.

— Aucun cyclone tropical ne pourra m'empêcher d'embarquer sur le premier canot que je trouverai et de rejoindre mon mari, ou de regagner ma patrie.

— Altesse... Nous ne pouvons permettre que l'Autriche soit considérée comme coupable de ce que Sa Majesté n'envoie pas son fils à Lisbonne.

— Je ne l'en empêche pas. Je suis disposée à accompagner le prince royal.

— Mais, Altesse, dans votre état...

Leopoldine se mit à pleurer.

— Si vous m'abandonnez ici, ma situation deviendra insupportable, je sais qu'on ne me laissera jamais rentrer en Europe, murmura-t-elle d'une voix entrecoupée...

Elle était secouée par de violents sanglots. L'ambassadeur avait le visage tremblant et tentait de la calmer, mais elle était obsédée par son idée :

— Ils veulent me retenir ici pour m'éloigner de mon mari... Et je ne veux pas vivre un exil éternel dans ce pays, dit-elle en passant un mouchoir sur son visage baigné de larmes.

L'ambassadeur autrichien ne put rien faire pour convaincre sa compatriote. La date de départ de Pedro fut fixée trois jours plus tard. Ce fut alors que la princesse, en accord avec son mari, décida de préparer son départ clandestin, malgré les avertissements de l'ambassadeur d'Autriche, qui la supplia :

— Ne faites rien qui puisse indisposer le roi. Cela impliquerait, Madame, de vous priver de l'appui de Sa Majesté à l'avenir.

Mais rien ne pouvait faire changer Leopoldine d'avis. Dans un état d'exaltation extrême, elle écrivit à un ami allemand en lui demandant s'il connaissait une personne susceptible de lui louer une embarcation prête à appareiller pour le Portugal... « Pour des raisons que je ne suis pas autorisée à divulguer et pour lesquelles on ne me permet pas de l'accompagner, je suis obligée de tenter mon salut dans la fuite, légitimée par le consentement de mon époux. De sorte que je cherche une embarcation qui doit être sûre, un bon voilier pratique pour une famille de six personnes. Je cherche aussi une nourrice, en bonne santé et compétente, pour mon bébé qui naîtra en pleine mer et ne sera ainsi ni portugais ni brésilien... » Hormis son désespoir, sa lettre révélait une détermination dont elle ne se serait pas crue capable. Elle ne se laissait plus duper par les discours et les promesses vaines des diplomates et des courtisans. Elle se sentait forte car elle agissait en harmonie avec la volonté de Pedro. Son appui la rendait invincible.

Tout en préparant sa fuite en secret, elle continuait à s'entretenir avec les ministres et mettait aussi son mari en contact avec eux, animée d'une volonté inébranlable d'obtenir ce qu'elle estimait juste. Cependant, lors des moments de doute, quand, à la tombée de la nuit, elle s'allongeait sur les draps moites de son lit, son courage fléchissait. Elle redoutait l'énorme risque que la majesté du pouvoir l'obligeait à courir. Avait-elle le droit de mettre en danger la vie de sa fille ? Et celle de l'enfant qu'elle portait ? Dans les ténèbres de sa chambre, les souvenirs du voyage qui l'avait amenée au Brésil la torturaient. Le mal de mer, la peur des tempêtes, l'ennui des interminables journées de navigation, la promiscuité et, surtout, la possibilité de tomber malade... Et devoir en plus accoucher entre les mains de n'importe quel médicastre ! N'était-ce pas tenter le diable ? N'était-ce pas un excès d'orgueil que de s'opposer au dessein royal ? Ne l'avait-on pas élevée pour se montrer docile devant le pouvoir ? Lorsque, des heures plus tard, elle se réveillait dans un bain de sueur, et que les rayons du soleil commençaient à filtrer à travers les persiennes, les terreurs nocturnes disparaissaient comme par enchantement. Elle retrouvait alors sa lucidité, ou peut-être sa folie, car elle ne savait plus où était la frontière. Toujours est-il que le « non » croissait en elle : non, elle ne resterait pas ici, seule, et à la merci de cette Cour corrompue et dépourvue de cœur. Elle ne laisserait pas partir Pedro, qu'elle aimait de toute son âme, malgré ses défauts. Non, non et non. Malgré le roi et tous ses ministres.

Il lui restait une carte à abattre. Elle n'avait pas voulu s'en servir, comptant parvenir à ses fins par d'autres moyens. Mais elle avait épuisé toutes les options. Elle décida de jouer le tout pour le tout au cours du baisemain.

Elle revêtit une robe de mousseline et s'apprêta davantage qu'à l'accoutumée, mettant des rubans en velours bleu dans ses cheveux et se maquillant pour dissimuler la rougeur continuelle de ses joues provoquée par la chaleur. La transpiration, l'angoisse et la grossesse avaient laissé des traces sur son visage qui n'arborait plus son teint de pêche d'autrefois. Elle n'était pas très coquette, mais ce jour-là, elle voulait être à son avantage pour jouer son rôle de belle-fille blessée. En raison de son état, elle assista à la cérémonie assise. Elle attendit qu'un homme endeuillé embrassât sa bague, suivi d'une femme qui lui remit une fleur « pour le bébé » et d'un indigène qui lui fit un salut primitif, pour se lever et suivre son beau-père dans la véranda, où les courtisans bavardaient avec animation, avec, en bruit de fond, les cris des perroquets en provenance de la volière. Elle attendit que dom João fût moins sollicité pour s'approcher. Le roi lui tendit les bras pour l'étreindre, mais elle se jeta à ses pieds. Face à des courtisans et à des ministres qui contemplaient la scène, médusés, elle exposa ses arguments au monarque en faisant tout pour l'émouvoir. Elle pleura, supplia, sanglota, insista. Se jeta trois fois aux pieds de Sa Majesté.

— Je vous en prie, ne m'arrachez pas ma seule raison de vivre ici..., finit-elle par le supplier.

Dom João se sentait à la fois gêné et ému. Il la voyait si fragile, si avancée dans sa grossesse et surtout si déterminée qu'il lui dit qu'elle pouvait être tranquille, il annulerait l'ordre de départ de son fils. Il la prit par le bras, laissant entendre à l'assistance qu'il respecterait la volonté de sa chère belle-fille. Jamais ils n'avaient eu la moindre dispute. Au contraire, l'affection mutuelle qu'ils se portaient était de notoriété publique, confirmée par la vision de leur couple se promenant main dans la main parmi les paons royaux. Tous ceux qui plaidaient pour le départ rapide du prince au Portugal restèrent perplexes. Ne fallait-il pas se plier devant les exigences d'une situation politique brûlante ? N'avait-il pas ordonné la veille le départ du prince dans les trois jours ? Comment le roi pouvait-il faire passer le bien-être de sa belle-fille avant la raison d'État ? L'indécision chronique du monarque déconcertait à nouveau ses collaborateurs. Les uns voyaient là un signe de faiblesse – il avait hésité devant les supplications de la jeune fille –, d'autres comme l'expression de sa volonté intime : dans le fond, peut-être ne voulait-il pas que son fils se rende au Portugal, et se cachait derrière l'attitude de l'Autrichienne. Toujours est-il que ce jour-là, le roi annonça officiellement qu'il reportait le voyage jusqu'à ce que Leopoldine fût en condition d'accompagner Pedro.

Le comte de Palmela, convaincu que c'était tout ce qu'il lui restait à faire, présenta sa démission à un dom João de plus en plus accablé et éperdu.

32.

Deux jours plus tard, vers deux heures du matin, Pedro fut réveillé en sursaut par le hennissement strident d'un cheval. Par la fenêtre, il reconnut un garde du roi :

— Vite, altesse ! Sa Majesté vous attend dans la salle de réunion. C'est très urgent.

L'homme haletait. Le cheval avait également éveillé la petite Maria da Glória dont les cris empêchaient Pedro d'entendre ce qu'on lui disait.

— Que s'est-il passé ? demanda-t-il.

— La place, devant le Théâtre royal... elle est couverte de soldats, au moins trois bataillons, Monseigneur... Et les rues, Monseigneur, il y a des barricades de tous les côtés...

Pedro n'eut pas l'air surpris. D'une certaine façon, il s'y attendait. Les derniers jours, il avait passé du temps dans la ville et en avait pris le pouls. Chalaza et d'autres amis l'avaient informé de la teneur des discussions dans les tavernes et les bars. Rio bruissait de rumeurs, il circulait des pamphlets satyriques que les autorités ne parvenaient pas à interdire, et l'un d'eux affirmait que dom João avait signé la Constitution. Dans toute la ville, les gens spéculaient ouvertement sur la situation politique. Pedro s'habilla à la hâte et, avant de sortir, il alla embrasser sa fille, qui cherchait le sommeil dans les bras de sa nourrice.

Au palais de Saint-Christophe, il trouva son père encore en chemise de nuit, son bonnet incliné sur le côté, livide, entouré de ses ministres rivaux, Palmela, qui venait de démissionner, et d'un conservateur, Antonio Vilanova.

— Votre Majesté, soit vous rejoignez les constitutionalistes et vous conservez un certain pouvoir, soit vous finirez comme Ferdinand VII, détrôné, lui avait dit Palmela quelques heures plus tôt, accourant à l'appel de dom João.

Tout plutôt que de finir comme son beau-frère, pensa le roi, qui demanda immédiatement :

— Comment dois-je traiter les révolutionnaires ?

— Il n'y a pas grand-chose à faire, lui dit Palmela. Contentez-vous de satisfaire à toutes leurs exigences.

Dom João dirigea le regard vers son second ministre, attendant une autre réponse, plus en accord avec ce qu'il souhaitait entendre. Mais cette fois, le conservateur était d'accord avec son rival et il le fit savoir au roi d'un signe de tête. Ils se mirent donc au travail et passèrent une partie de la nuit autour du dossier, à la lumière d'un candélabre.

Quand Pedro entra dans la salle, son père s'adressa à lui :

— Mon fils, j'ai un service à te demander... Tu es la personne la mieux indiquée pour cela.

Pedro sentit un pincement d'émotion. Il n'avait pas l'habitude des compliments, ni des confidences de son père :

— Tu es le meilleur cavalier que je connaisse..., ajouta le roi.

Il était très agité, fait inhabituel chez lui. Son épaisse lèvre inférieure tremblait imperceptiblement et sa voix le trahissait :

— Va à la rencontre des révolutionnaires et remets-leur ce document le plus tôt possible, les armes au poing ne supportent pas l'attente... Tu vas devoir prêter serment en mon nom.

Dom João savait peut-être qu'en le chargeant de cette mission, il allait le lancer dans la vie publique – cette vie publique que Pedro brûlait d'embrasser. Il savait que ce document amorçait le déclin irrémédiable de son autorité. Aussi la peur qu'il éprouvait était-elle mêlée de tristesse. Pedro parvint à lire l'en-tête : « ... Le roi exprime son accord pour l'adoption de la Constitution du Parlement portugais par le royaume du Brésil... » C'était le document qui contenait les idées de Palmela. Le roi et les membres de son Conseil des ministres avaient dû finir par céder.

Pedro partit au galop vers le Théâtre royal, escorté d'un seul domestique. Il arriva à cinq heures du matin. La place sentait le bois brûlé et le fumier. Éclairée par les feux de camp, elle était remplie de soldats portugais assis en cercle près de leurs chevaux.

La plupart étaient des vétérans des campagnes de la péninsule, qui répondaient par ce soulèvement à l'onde de choc révolutionnaire qui avait touché la mère patrie, puis le littoral brésilien jusqu'à Rio. Il y avait aussi des libéraux, des républicains et des dissidents de toute sorte. Pedro fut immédiatement entouré de la foule habituelle de mendiants, infirmes et lépreux qui lui tendaient leurs écuelles, mais aussi de jeunes gens, certains munis de bâtons, dont il ne parvenait pas à deviner les intentions.

— Faisons demi-tour, Monsieur ! cria son domestique.

— Pas question !

Et il cravacha violemment son cheval pour le faire avancer, cherchant une trouée dans la foule. L'animal, les yeux exorbités, se cabra mais le prince ne perdit pas le contrôle. Il lui caressa le cou, lui murmura un compliment à l'oreille, puis se dirigea vers la foule pour crier :

— Vive la Constitution !

Surpris d'entendre l'héritier déclarer aussi ouvertement sa position, ceux qui l'entouraient lancèrent en chœur des vivats sonores. À ce moment, le prince eut la présence d'esprit d'ajouter :

— Et vive le roi !

— Vivat ! crièrent les autres à l'unisson.

Neutralisés, les rebelles frayèrent un passage au cheval qui arriva en caracolant au perron. En haut, des pièces d'artillerie se trouvaient stratégiquement placées.

À l'intérieur du théâtre, l'attendait un groupe d'officiers très haut gradés, avec leurs vestes couvertes de décorations, leurs épaulettes et leurs pompons, leurs bottes reluisantes et leur air de vainqueur. Ils étaient accompagnés de l'évêque et de ses chapelains, et d'hommes « récemment nommés pour assumer les hautes charges de l'administration », comme on le lui expliqua. Parmi eux, on trouvait le nouveau ministre des Affaires étrangères et celui de la Guerre. Il y avait un tohu-bohu excessif, et le théâtre n'avait jamais connu un tel désordre. Quelques minutes plus tard arriva Miguel, le visage contracté par la peur car il ignorait pourquoi on l'avait convoqué. Les rebelles cherchaient la plus grande représentativité possible afin de marquer ce moment historique où ils bouleversaient la structure du pouvoir de l'empire. À aucun moment Pedro ne montra appréhension ou méfiance. Au contraire, il prit tout de suite l'initiative :

— Tout est là ! dit-il en brandissant le décret que lui avait remis son père.

Il posa ensuite la main sur une bible que l'évêque tenait à deux mains et lut la proclamation : « Je jure au nom du roi, mon père et Seigneur, vénération et respect à notre sainte religion, et d'observer, conserver et maintenir en permanence la Constitution, telle qu'elle sera approuvée par le Parlement au Portugal... »

— Voilà, les troupes peuvent regagner leurs casernes et les officiers peuvent aller baiser la main de mon auguste père, dit-il quand il eut fini de lire le manifeste, après avoir jeté un coup d'œil au parterre.

— Pas encore, Monsieur ! Ça n'est pas suffisant ! l'interrompit un homme. Pas pour satisfaire la troupe et le peuple !

Celui qui l'avait interrompu était un leader populaire, l'avocat et religieux portugais Marcelino Macamboa, que Pedro avait connu lors de ses sorties nocturnes dans les bouges de Rio. Malgré son discours, il le considérait comme un modéré. Macamboa continua à poser ses conditions :

— Votre père doit se présenter en personne. Il doit prêter serment à la Constitution sans aucune réserve, il doit destituer son Conseil des ministres et accepter la junte du gouvernement ici présente. Il doit le faire publiquement, et sans tarder. Ce n'est qu'alors, et alors seulement, que les troupes pourront regagner leurs casernes.

Une vive ovation accueillit ses paroles, aux cris de « Le roi ! Le roi ! ».

— D'accord, dit Pedro en réclamant le silence d'un geste de la main. Je n'ai rien à dire au sujet de la liste des nouveaux ministres proposés par la junte. Mon père non plus, je pense. Si tel est le désir du peuple, j'irai le chercher. Je reviendrai avec lui !

Il sortit du théâtre sous les éloges de la foule. Son attitude digne, presque de défi, mêlée à ses témoignages de conciliation, lui valut l'admiration de plus d'un. C'était la première fois que Pedro ressentait la chaleur du peuple, mais il ne se laissa pas emporter par l'enthousiasme. À chaque acclamation, il veillait à en lancer une autre : « Vive le roi notre seigneur ! Vive mon père ! » Il tenait à marquer sa loyauté et, au passage, à protéger son jardin : la monarchie.

Pedro parcourut les cinq kilomètres qui séparaient la ville de Saint-Christophe, tandis que Miguel partait chercher sa mère et ses sœurs à Botafogo. Quand il arriva au palais, son père, maintenant habillé, était en réunion avec son ministre Antonio Vilanova, l'un des conservateurs qui avaient tant fait pour l'écarter de son fils. Le palais était plongé dans les ténèbres : dom João avait fait fermer toutes les fenêtres, comme lors des grosses tempêtes. Il avait même peur de la lumière du jour. Autour d'une lampe à huile, Pedro leur expliqua la situation, de façon énergique et convaincante, insistant pour que son père accepte toutes les exigences. Quelle autre issue lui restait-il ? Il éprouva un plaisir diffus à lui remettre la liste des nouveaux ministres qu'il avait à la main.

— Ils m'ont également chargé de vous dire que vous devez accepter publiquement ces nominations, ajouta-t-il en défiant du regard le ministre Vilanova, qui perdait tout son pouvoir d'un trait de plume.

Comme la vengeance que l'Histoire lui servait sur un plateau fut douce pour Pedro...

Le roi, cerné de toutes parts, son autorité de plus en plus menacée et réduite à Rio de Janeiro, vit qu'il n'avait pas le choix. Il proposa simplement que les nouveaux ministres fassent partie du nouveau Conseil royal, non d'une junte constitutionnaliste subordonnée à Lisbonne, comme cela s'était produit à Salvador de Bahia et à Belém. Pour lui, c'était le début d'une désagrégation similaire à celle de l'Espagne. Pour autant, il valait mieux maintenir le peu d'autorité qu'on allait lui laisser sous contrôle de la monarchie.

— Nous devons préserver l'unité de l'empire, Pedro. Si on arrachait à la monarchie jusqu'aux apparences... Quel sens cela-a-t-il de faire face au Théâtre royal ?

Pedro comprit l'importance de la seule condition émise par son père et repartit au théâtre au galop. Il arriva à sept heures du matin et remit aux chefs de la révolte un décret signé par son père qui acceptait les nouvelles nominations. En échange, il demanda à la junte révolutionnaire d'accepter de devenir le nouveau Conseil royal des ministres. Les chefs rebelles s'engagèrent dans une âpre discussion qui semblait ne jamais devoir finir. L'idée déplaisait souverainement à Macamboa, à ses compagnons les plus radicaux, qui se méfiaient d'un nouveau gouvernement composé de ministres placés sous l'autorité de dom João, malgré son serment de consentement à la Constitution. Mais les chefs militaires et les ministres récemment nommés appuyèrent le principe de constitution, et finirent par imposer leurs critères. La monarchie avait été sauvée.

Pedro repartit à Saint-Christophe pour y chercher son père et le reste de sa famille. Son cheval écumait, il s'arrêta devant les écuries pour changer de monture. Dans le vestibule du palais, le roi, les larmes aux yeux, prit congé d'Antonio Vilanova, son ministre préféré, et monta dans son attelage, en proie aux sentiments les plus sombres. À ses côtés chevauchait Pedro, la tête haute, tenant fermement les rênes, le dos droit, les jambes caressant l'échine d'un cheval nerveux. Il se sentait heureux car, à vingt-deux ans, il jouait enfin un rôle actif qui comblait son ambition. Non content d'obtenir des rebelles de ne pas exiger l'abolition de la monarchie, il était satisfait car les événements de la journée n'avaient pas été aussi dramatiques qu'on aurait pu le craindre. C'étaient de bonnes raisons permettant de se sentir à l'aise après son premier jour de vie politique active. Derrière, Leopoldine le suivait à bord d'un autre attelage, avec ses dames de compagnie et deux domestiques, secouée par les nids-de-poule et inquiète de la tournure que prenaient les événements.

Dom João pensait qu'une monarchie sans pouvoir absolu était dépourvue de sens. Il avait conscience que la force des nouvelles idées avait renversé l'ordre ancien, celui qu'il avait tenté de prolonger le plus longtemps possible. Il souffrait de s'apercevoir qu'il ne serait plus jamais le maître absolu. Cependant, ce qui l'attristait, c'était de savoir que son odyssée personnelle touchait à sa fin. Désormais, sa place était à Lisbonne, non à Rio de Janeiro. S'il sortait vivant de ce qui s'annonçait.

Sur la place du Théâtre royal, sa présence provoqua une immense agitation. Le roi éprouva de la crainte devant ce brouhaha qui lui rappelait ce que les révolutionnaires français avaient fait des têtes couronnées. Et cette peur atavique se transforma en panique lorsque des hommes dételèrent ses chevaux. « Ça y est, c'est mon tour », se dit-il en pensant à Louis XVI et à la reine Marie-Antoinette. Il avait si peur qu'il mit du temps à s'apercevoir que l'ambiance était à la joie et non à la violence, que cet accueil était davantage une célébration de sa popularité et de la décision qu'il avait prise qu'une démonstration de protestation. Il fut rassuré.

« Vive le roi ! », « Vive la Constitution ! », criait la foule en le portant en triomphe jusqu'à la place du Rocío, un lieu que les rebelles estimaient plus propice à la proclamation officielle de l'acceptation de la Constitution que le théâtre. C'était là que se trouvait l'ancien palais royal à la valeur symbolique plus solennelle, où dom João et sa famille avaient logé à leur arrivée à Rio.

La divergence était totale entre l'humeur sombre du roi et l'euphorie de la foule. Quand ils le déposèrent devant la porte du vieux palais, dom João s'effondra comme un pantin de chiffon, en larmes. Il se sentait si désespéré qu'il avait du mal à tenir debout. Il n'était plus le souverain absolu, mais les gens continuaient à manifester leurs vieilles habitudes de soumission et de respect – en particulier les membres des familles qu'il avait enrichies de ses faveurs et qui l'aidèrent à se tenir sur ses jambes puis à gravir l'escalier.

En haut, il retrouva Carlota Joaquina, qui conversait avec les militaires et les chefs de la révolte de façon détendue et presque familière. Ils se saluèrent d'un air froid et protocolaire. Le contraste entre eux était flagrant. Tout en étant absolutiste, refusant de partager la moindre parcelle de pouvoir, elle semblait satisfaite. Dom João savait que si sa femme montrait de la sympathie envers ces révolutionnaires, c'était seulement parce qu'elle voyait en eux la possibilité de mettre un terme à son purgatoire au Brésil et de rentrer prochainement en Europe. Il avait raison : Carlota se voyait déjà au palais de Queluz, avec ses murs couverts de tapisseries et de tableaux, ses vitrines remplies d'objets précieux et ses jardins romantiques. Et pourtant, Queluz lui avait toujours semblé pauvre en comparaison avec les palais espagnols. Leopoldine voyait elle aussi se rapprocher son retour en Europe, mal à l'aise parmi tous ces gens, y compris son mari, qui criaient des vivats à la Constitution. « Que dirait mon père s'il me voyait là ? » se demanda-t-elle, en fille de la Sainte-Alliance, dernier bastion absolutiste d'Europe. Sa présence sur le balcon confirmait que, dans le conflit entre les obligations envers son mari et la loyauté envers les idées de son père, elle avait finalement penché pour son mari. Le bonheur conjugal et l'amour de Pedro valaient bien le sacrifice de ses propres idées.

Toute sa famille entoura le roi, qui avait ratifié de sa voix tremblante, en compagnie de l'évêque, ce que lui avait rapporté son fils au théâtre. D'accord, il se plierait à la Constitution. Il obéirait au Parlement qui émanerait du peuple. Il acceptait la liste des nouveaux ministres. Son fils répétait, d'une voix forte et vibrante, les paroles presque inaudibles que son père adressait à la foule. La conversion de dom João lui valut de fervents applaudissements, tandis que les accords d'un orchestre et les vivats se mêlaient aux cloches de l'église. Des senteurs de goyaves flottaient dans l'air, comme au jour lointain de son arrivée, quand une foule semblable, exubérante et bruyante, lui avait rendu hommage avec des pétards, des danses et des récitals de poésie. Ce jour-là, ils étaient heureux car, soudain, cette famille venue de l'autre bout du monde avait fait de cette ville la capitale coloniale, la capitale de l'empire. Aujourd'hui ils étaient heureux car ils fêtaient la fin d'une époque extraordinaire de pouvoir absolu exercé depuis les tropiques.

33.

La première chose que demanda au roi le nouvel homme fort du gouvernement fut d'autoriser Pedro à assister à toutes les réunions du Conseil des ministres. Cette fois, dom João accepta sans hésiter, ce qui fit de son fils la principale figure de la scène politique. Il l'avait mérité.

Pedro était dans son élément. Tandis que son père demeurait paralysé devant les nouveaux défis, il avait découvert sa capacité d'initiative et d'organisation dans un moment difficile. Surtout, il avait découvert sa vocation : il avait éprouvé un vrai plaisir à ce contact avec la foule, à participer au jeu politique en tant que médiateur entre son père et la nation. Il aimait à penser qu'il tenait entre ses mains le salut du trône qui appartenait à son père, mais qui serait un jour le sien. Son objectif était clair : jouer un rôle dans le mouvement constitutionnaliste avant d'en prendre la tête. Il aspirait à interpréter le premier rôle dans cette pièce historique qui venait de commencer, non pour se détacher de son père ni du Portugal, mais pour garder le royaume uni. Contrairement à dom João, les difficultés et les dangers le stimulaient.

La première décision que prit à la majorité le nouveau Conseil des ministres fut d'organiser le départ du roi et de toute sa famille. Ils répondaient à l'insistance du Parlement de Lisbonne, qui sentait son pouvoir renforcé par l'adhésion des territoires d'outremer. Pour retourner l'argument selon lequel cette dérobade allumerait la mèche de l'anarchie et de l'indépendance au Brésil, le roi proposa qu'ils partent tous ensemble « excepté le prince royal et la princesse, son épouse ». En accord avec le conseil, dom João nommait son fils régent du gouvernement provisoire jusqu'à ce que « la Constitution se mît en marche ». Puis il suivrait le chemin de la famille vers Lisbonne.

Pedro ne voulut pas annoncer le report du voyage à Leopoldine, qui, proche de la délivrance, redoutait la perspective de devoir s'en remettre à ses redoutables médecins portugais. Elle comptait encore sur le voyage en Europe, sans comprendre que le serment de Rio avait bouleversé ses plans. La veille de l'accouchement, elle écrivit à son père en lui annonçant « la joie de son retour imminent ». Pedro demanda à son père et au Conseil de ne pas publier le décret royal annonçant le voyage avant la naissance, et il en fut décidé ainsi.

Leopoldine eut un accouchement difficile car le bébé était « extrêmement grand » et les médecins en vinrent à craindre pour la vie de la mère et de l'enfant. Toutefois, au bout de trois jours, quand ils furent hors de danger, elle vécut dans un bain de joie. Elle reçut une avalanche de félicitations, et il y eut même un ancien esclave en livrée qui, à la sortie de la messe à la chapelle de Gloria, lui offrit des bâtonnets d'encens :

— Afin que l'enfant, en respirant leur odeur, se sente toujours comme au paradis, lui dit l'homme.

Elle avait donné le jour à un garçon, éclairant ainsi l'avenir de la lignée des Bragance. Elle était fière, reconnaissante envers le Tout-Puissant de lui laisser tenir de façon aussi splendide son rôle d'épouse et de mère d'une dynastie. Elle se délectait à l'idée de revenir à Lisbonne avec toute sa famille, maintenant au complet avec le petit héritier. Elle n'était pas seule, le reste de la famille royale vécut aussi des moments de joie. Pour dom João, la naissance de son petit-fils fut une parenthèse heureuse dans son existence chagrine. À tel point qu'il proposa d'emmener ses deux petits-enfants avec lui à Lisbonne jusqu'à ce que la Constitution portugaise entre en vigueur et que leurs parents puissent rentrer. Pour de nombreux Brésiliens, fêter l'arrivée du nouveau prince leur permit d'oublier l'appréhension qu'ils éprouvaient quant aux conséquences de l'éventuel départ du monarque.

Cependant, quelques jours avant le baptême, lorsque l'enfant fut pris de convulsions, les domestiques du palais commencèrent à murmurer que ce premier-né chétif ne succéderait jamais à son père, que la malédiction des Bragance pesait sur lui. Leopoldine s'inquiéta. « Ce ne sont que des commérages », lui dit son mari. Mais Pedro et son père se soumirent aux directives des moines qui leur imposèrent une pénitence rédemptrice. Le jour de la Saint-François-d'Assise, ils déjeunèrent dans la salle à manger du couvent de San-Antonio sur une table rustique, sans nappe ni serviettes, avec pour tout couvert une cuillère en bois. Pour le roi, habitué aux excès alimentaires, ce fut un dur sacrifice de se contenter d'un déjeuner frugal, composé d'un bouillon de volaille. Mais il le fit de bon cœur, et lorsque les convulsions de son petit-fils cessèrent, il pensa que son geste n'avait pas été vain, que les moines avaient vu juste et que cette fois, ils étaient parvenus à conjurer la malédiction.

Le bonheur de Leopoldine fut de courte durée. « Une fois la Constitution mise en place au Brésil, je partirai rejoindre mon père et, en guise de preuve d'amour envers tous les Portugais des deux hémisphères, j'envoie d'abord mes enfants, dom João Carlos et doña Maria da Glória », déclara Pedro publiquement. La nouvelle selon laquelle il avait été nommé régent et qu'ils restaient donc pendant un temps indéfini à Rio fit l'effet d'un coup de massue au moral de la jeune femme, déjà affaiblie par l'accouchement et les inquiétudes suscitées par la santé de son fils. Le pire fut que le grand-père décida d'emmener ses petits-enfants avec l'approbation de son mari, ce qui ne fit qu'accroître son angoisse. Bien que Pedro lui eût assuré que la séparation ne durerait que quelques semaines, elle craignait que, dans cette ambiance d'insécurité et de tumulte, les plans ne puissent être menés à bien. « Ce malheureux esprit de liberté nous a placés dans une situation délicate ; mon mari a prêté serment envers la Constitution et nous devons rester à Rio, écrivit-elle à son père. Me voir séparée de ma bonne famille paternelle, de mes chers frères et des amis est déjà difficile, mais maintenant, me retrouver loin de mes enfants, c'est trop demander ! » écrivit-elle. Pedro estimait qu'envoyer ses rejetons au Portugal était un témoignage de sacrifice qui rejaillirait favorablement sur sa popularité. Leopoldine rassembla ses forces afin de livrer bataille :

— Je sais qu'il les aime beaucoup, mais dans le fond, ton père veut les emmener pour te garder sous sa dépendance, dit-elle à Pedro.

Pedro savait qu'elle avait raison. Il se tenait debout, regardant par la fenêtre. Dehors, un empire l'attendait, et il ne serait pas facile de survivre comme régent. Il était soucieux car Chalaza lui racontait que les républicains étaient de plus en plus agités.

— Ton père se méfie de ce qui peut arriver ici, et il veut ses héritiers tout près... Ce seront ses petits otages, poursuivit-elle.

— Tout peut encore arriver, l'annulation du voyage ou que nous partions tous. On parle de nouveaux mouvements subversifs, de nouveaux troubles...

Leopoldine s'approcha pour lui caresser les cheveux.

— Je serais plus tranquille en sachant que tu es de mon côté, que tu ne leur permettras pas d'emmener les enfants sans nous... Ils sont trop petits. Écoute...

Les pleurs du nouveau-né, dans son berceau, parvenaient jusque dans le séjour. Leopoldine sortit et Pedro resta seul jusqu'à ce que le bébé cessât de pleurer. Alors il réagit : non, il n'allait pas envoyer ses enfants avec son père. À présent, cela ne lui semblait pas une bonne idée. Il les aimait trop pour les séparer de leur mère. De surcroît, il valait mieux se montrer fermement attaché à cette terre et ne pas donner l'image d'une famille qui fuyait peu à peu.

— Nous ne les enverrons pas avant, sois sans crainte, lui dit-il quand elle revint, l'enfant dans les bras.

Leopoldine ferma les yeux : c'était ce qu'elle voulait entendre.

— Et si ton père insiste ? demanda-t-elle.

— Il ne le fera pas. Il ne peut plus passer sur ma volonté, dit-il, conscient de son nouveau rôle, avant d'ajouter : Mais tu devrais avoir confiance en lui, il n'agira jamais à l'encontre de la tienne.

Leopoldine ébaucha un doux sourire :

— Oui, je sais... mais tu m'évites ainsi de devoir recommencer à me jeter à ses pieds, ajouta-t-elle avec une pointe d'ironie.

34.

Les préparatifs du voyage du roi commencèrent donc. Un long défilé d'esclaves portant sur la tête des coffres, des objets et des meubles, commença entre le palais et les quais. Après avoir passé des années à critiquer cette Cour de «parasites» qui s'était installée à Rio, de nombreux cariocas s'apercevaient que les bénéfices apportés par cette même Cour étaient sur le point de se volatiliser. Ceux qui n'avaient pas pris part à la révolte politique, pour la plupart de petits commerçants agriculteurs et artisans, étaient soudain désolés d'apprendre le départ du roi. Cela représentait une perte subite de prestige pour Rio, qui redeviendrait une capitale provinciale, sans le volume de commerce engendré par le flux continu de riches diplomates, scientifiques, commerçants et voyageurs. Même les indigènes, les esclaves et les Noirs libérés éprouvèrent de l'inquiétude. Ils ignoraient si les lois promulguées par dom João pour les protéger resteraient en vigueur ou s'ils seraient au contraire livrés aux patrons créoles, cruels et arbitraires. Tandis que les courtisans qui se préparaient à accompagner le roi prenaient d'assaut les guichets de la banque du Brésil pour échanger leur argent dévalué contre des *contos de reis*, les couturières et modistes de la rue Ouvidor se demandaient à qui elles vendraient leurs costumes brodés de fils d'argent si les hauts dignitaires et leurs femmes abandonnaient la ville.

Car dom João emmenait plus de quatre mille courtisans et leurs familles, ainsi que ses quatre filles, sa femme, Carlota, exultant de rentrer après ce qu'elle appelait «un exil de treize ans», et don Miguel, aussi fougueux que les chevaux qui tiraient son attelage.

Il était le seul que les cariocas, unanimes, voulaient voir disparaître du paysage. Avec son départ, ils cesseraient de vivre dans la terreur à chaque fois qu'il passait à toute vitesse dans les rues avec son attelage de six chevaux, sans se soucier de renverser quelqu'un ou de provoquer un accident. Ils étaient las de son orgueil et de la panique qu'inspiraient ses expéditions nocturnes d'ivrogne violent. En réalité, la vie sous les tropiques n'avait réussi ni à Carlota ni à Miguel. La chaleur, l'anxiété, l'ennui et surtout l'impunité en avaient fait des monstres. Si la mère s'était rendue coupable du meurtre de la femme de son amant, le fils avait été accusé de tirer sur les Chinois qui cultivaient le thé au jardin botanique. Au cours de plusieurs nuits d'ivresse, il les avait chassés avec son fusil et ses chiens : il leur reprochait l'échec de cette culture. Sous la pression de dom João, les autorités étouffèrent le scandale et l'on ne sut jamais le nombre exact de Chinois que Miguel avait envoyés dans l'autre monde, mais certains voisins parlèrent de plusieurs dizaines. Dom João et Pedro durent le réprimander très sévèrement. Comme toujours, Miguel se montra contrit et disposé à s'amender, mais personne ne croyait à la sincérité de ses propos. Il avait toujours été menteur et effronté, de sorte qu'il faisait ce qu'il voulait, intervenant avec malice pour tirer avantage de toutes les situations.

Depuis qu'il avait annoncé son voyage, des centaines de voisins européens et brésiliens, comprenant à quel point ils aimaient ce roi bonhomme qui avait tant fait pour Rio de Janeiro et pour le Brésil, signèrent une pétition pour qu'il reste. La municipalité de la ville et la chambre de commerce, autre institution créée par dom João, lui envoyèrent des demandes formelles pour qu'il annule son voyage, ou du moins qu'il y réfléchisse – imités en cela par le clergé, des petits propriétaires terriens, des fonctionnaires, des commerçants, tous ceux qui s'étaient habitués à sa façon patriarcale de gouverner, conscients qu'aujourd'hui il se formait un vide politique. Personne ne savait comment fonctionnerait le nouvel ordre ni si dom Pedro serait à la hauteur des circonstances. Dom João, profondément ému, les larmes coulant sur ses grosses joues et son double menton, ne se résignait pas à son sort. Devant l'insistance de ces demandes et après une conversation avec son fidèle ex-ministre Antonio Vilanova, qu'il tenait en grande estime, il recula. « L'union du Portugal et du Brésil ne peut guère durer. Si Sa Majesté a la nostalgie du berceau de ses grands-parents, qu'elle reparte au Portugal ; mais si elle veut connaître la gloire de fonder un grand empire et faire de la nation brésilienne l'une des plus grandes puissances du globe, mieux vaut qu'elle reste au Brésil. La terre où sera Sa Majesté lui appartiendra. L'autre partie, elle devra la perdre », lui avait dit le ministre. Dom João envisagea alors de rester et d'envoyer son fils en Europe, il pourrait ainsi continuer à profiter de la compagnie de ces gens qui l'aimaient, du chant des oiseaux de ses volières, des excursions vers les îles situées de l'autre côté de la baie, des soirées d'opéra au théâtre, de ce climat qu'il adorait et qu'il avait appris à connaître si bien qu'il pouvait prédire, d'après la forme des cumulonimbus dans le ciel, le moment de fraîcheur propice à une bonne sieste. « Changement de plan : J'accompagne mon mari au Portugal ! Je suis profondément satisfaite car je pourrai enfin être près de toi », écrivit une Leopoldine euphorique à sa sœur.

Cependant, les nouveaux motifs d'agitation qui continuaient à marquer la vie publique allaient décider du cours de leur vie. Comme l'avait prévu Pedro, les leaders les plus radicaux tentèrent de s'imposer et de s'emparer du pouvoir. Ils tirèrent profit du mécontentement des Brésiliens dont les intérêts avaient été lésés par les courtisans qui emportaient tout ce qui avait un peu de valeur, et laissaient derrière eux une ribambelle de salaires, factures et dettes impayées. Le Trésor public et la Banque du Brésil se trouvaient dans un état très précaire, suite aux nombreuses années où les dépenses de la Cour avaient été financées en imprimant du papier monnaie, procédé qui donna lieu à la légendaire inflation brésilienne.

Dans cette ambiance où se mêlaient affliction et ressentiment, le nouveau gouvernement de dom João nomma une assemblée de citoyens destinée à choisir les membres brésiliens qui auraient le droit de vote au nouveau Parlement de Lisbonne. Ceux qui présentaient leur candidature étaient disposés à traverser l'Atlantique dans l'espoir de collaborer à égalité avec les députés portugais. Le nouveau gouvernement redoutant des manifestations subversives de la part de la troupe, il obtint des officiers qu'ils renouvellent leur serment de fidélité au roi avant la réunion. Dom João lui-même jura à nouveau son adhésion à une Constitution qui n'existait pas encore. On ne prêta jamais autant serment à Rio de Janeiro qu'en cette période, signe du degré de méfiance ambiant.

La réunion, à laquelle n'assistaient ni le roi ni Pedro ni les nouveaux ministres, était ouverte au public qui occupait les loges et les marches de la Chambre de Commerce, au bord de la mer, près de la place du Rocio. Au parterre, étaient réunis des magistrats, fonctionnaires, militaires hauts gradés, anciens ministres, sénateurs, propriétaires terriens, commerçants et hommes de lois qui, pleins d'espoir, étaient venus non seulement choisir leurs représentants au Parlement de Lisbonne, mais aussi donner leur avis sur les futurs conseillers du gouvernement de dom Pedro et délibérer de l'avenir politique du Brésil. Ils n'avaient pas prévu la présence d'agitateurs, bien résolus à tirer parti de la concentration d'élites de la société locale, à l'un des moments les plus délicats de l'histoire de la ville. Quand le juge qui présidait la réunion commença à lire les noms des ministres proposés pour le gouvernement de dom Pedro, il fut interrompu aux cris de « Vive la révolution ! », « À bas le roi ! » et par une diatribe enflammée à la rhétorique révolutionnaire de la part du père Macamboa et d'un autre individu plus radical nommé Luis Duprat. Fils d'une mère portugaise et d'un tailleur français, ce jeune homme de vingt ans mince comme un fil, avec des lunettes à monture métallique, se prenait pour Robespierre.

À partir de cet instant, annulant l'ordre du jour, les deux chefs populaires prirent la direction de la réunion, qu'ils transformèrent en un meeting passionné. Leurs discours incendiaires et antimonarchiques galvanisèrent leurs partisans, généreusement abreuvés du vin que leur versaient les taverniers sympathisants de leur cause. Leurs revendications étaient celles qui avaient été présentées à Pedro au Théâtre royal : créer une assemblée du gouvernement exclusivement subordonnée au Parlement. Pas de Conseil des ministres monarchique, ils exigèrent la création d'un nouveau gouvernement provisoire. Comme le Brésil ne disposait pas d'une Constitution et que celle du Portugal n'était pas encore prête, les révolutionnaires décidèrent d'adopter sur le champ la Constitution espagnole de Cadix, qui resterait en vigueur jusqu'à l'arrivée du document portugais. Ils semèrent ainsi la perplexité et la terreur chez ceux qui éprouvaient de la répugnance envers ce qu'ils prétendaient imposer : effectivement, la Constitution de Cadix n'admettait pas que le roi puisse choisir ses ministres.

Les rappels à l'ordre du juge qui présidait la réunion restèrent sans effet. Le peuple mutiné approuvait par des vivats les harangues des putschistes, qui saluèrent en héros les membres d'une délégation qu'ils envoyèrent au palais de Saint-Christophe en les chargeant de l'application de ces nouvelles conditions.

Au palais, dom João et ses ministres avaient organisé une réunion en urgence. Pedro arriva en retard. Alarmé par les proportions que pouvait prendre la révolte, il prit une initiative audacieuse. Il alla voir les cadres militaires et leur demanda, par précaution et dans le but de protéger l'intégrité de la famille royale, de placer le troisième bataillon d'infanterie et un autre d'artillerie entre la ville et le palais.

Quand Pedro arriva, il trouva son père, comme toujours dans ces circonstances, se débattant douloureusement dans un océan de doutes. N'avait-il pas été un roi plus libéral que n'importe quel roi constitutionnel ? Devait-il accéder aux demandes des agitateurs ? Devait-il prêter serment sur la Constitution de Cadix, espagnole ? Comment répondre aux membres de la délégation, qui se trouvait déjà aux portes du palais ? Les discussions entre ses ministres, empêtrés dans les termes techniques et légaux, semblaient nier l'évidence, victimes d'un coup qui les dépouillait de tout leur pouvoir. Il finit par surmonter sa peur.

— Accepter leurs conditions peut être une bonne idée, Majesté, cela apaiserait le peuple, déclara leur chef du gouvernement. Ensuite, nous pourrions négocier...

Les autres, apeurés, appuyaient leur chef. Ils craignaient davantage d'être exécutés que de perdre leur poste. Pedro, irrité par une telle tiédeur, dit le fond de sa pensée :

— Nous ne pouvons pas nous soumettre à la première demande de ces révolutionnaires.

— Nous délibérons depuis un moment, et nous sommes parvenus à la conclusion qu'il faut transiger, mon fils.

« Si on lui avait demandé de signer la Constitution chinoise, il l'aurait fait à condition de sauver sa peau », pensa Pedro, qui prit immédiatement la parole :

— Ce cortège qui arrive est en réalité une émeute, père. Il est envoyé par un petit groupe qui cherche à usurper le pouvoir royal. Ne vous laissez pas manipuler.

À ce moment, faisant la sourde oreille aux paroles de Pedro, le chef du gouvernement reprit la parole et, comme si ce que venait de dire le prince n'avait aucune importance, il poursuivit :

— Majesté, je pense que nous devrions appliquer la Constitution espagnole comme législation temporaire pour...

Pedro explosa :

— Si vous persistez, je... Vous savez ce que je vais faire ?

Ils se tournèrent tous vers le prince, muets d'étonnement.

— Je vais vous jeter par la fenêtre ! lâcha-t-il soudain.

Il s'établit un silence gêné. Le jeune homme les observa pendant un long moment, les poings serrés, luttant pour retenir sa fureur. Puis il se leva et quitta la pièce en claquant la porte.

Dehors, il croisa une partie de la délégation qui venait d'arriver et qui attendait d'être reçue. L'un de ses membres s'approcha pour lui demander la raison de la présence de troupes sur la route.

— Vous verrez bien ! répliqua Pedro.

35.

Tandis que les membres de la délégation forçaient la main du roi pusillanime et de ses ministres, Pedro délibérait avec le général de division Jorge de Avilez sur la démarche à suivre. Il était décidé à prendre le taureau par les cornes. Bien qu'imbu de l'esprit moderne, libéral et constitutionnel convaincu, il n'entendait pas se laisser intimider par des démagogues qui prétendaient usurper le pouvoir légitime.

À l'intérieur de la Chambre de Commerce, les révolutionnaires, dans l'attente des nouvelles de la délégation, mettaient en marche leur révolution. Ils nommèrent une liste de «ministrables» d'un gouvernement provisoire et débattirent d'une rumeur assurant que les bateaux qui s'apprêtaient à rapatrier la Cour au Portugal étaient chargés d'or. «Une richesse qui ne doit pas échapper aux mains du peuple!» cria Duprat, qui proposa d'interdire aux navires de quitter la baie. Pour faire exécuter son ordre, il s'adressa à un général présent dans la salle, un homme de soixante-dix-huit ans qui tenta de s'excuser :

— Je regrette, mais je ne reçois d'ordres que du roi.

— Le roi ne gouverne plus! Ici, c'est le peuple qui s'en charge! répliqua Duprat.

La seconde tentative, auprès d'un colonel d'état-major qui essaya également de se défiler, finit par des menaces et des pressions. Les deux militaires n'eurent d'autre solution, comme ils le déclarèrent plus tard, «que de céder devant la force supérieure du peuple». De sorte que le vieux général et le colonel durent embarquer la nuit dans un canot avec des soldats pour accomplir leur devoir révolutionnaire. Ils ramèrent jusqu'à un fort et donnèrent l'ordre de tirer sur toute embarcation cherchant à partir, mais avant d'arriver à la seconde fortification, ils furent interceptés par une barque de soldats envoyés par Pedro.

Le triomphe des révolutionnaires semblait assuré : leurs discours étaient acclamés par la multitude. Ils étaient ivres d'idées, de vin et de rêves, mais ni Macamboa ni Duprat ne firent rien pour emporter l'adhésion de la troupe. Ce fut Pedro, dont l'autorité s'affirmait, qui s'en chargea. La décision finale du recours à la violence afin de disperser la réunion émanait de lui. Il avait conscience de vivre un moment crucial : soit il s'imposait aujourd'hui, soit il n'y parviendrait jamais. Et s'il devait remplacer le roi, s'il devait manquer de respect envers la hiérarchie, il espérait que son père finirait par comprendre. Il était tellement sûr de lui que rien au monde n'aurait pu le faire renoncer à sa volonté d'en finir avec la subversion. Comment pourrait-il assumer la régence du Brésil s'il ne défendait pas son territoire de façon claire et radicale ? Pire encore... Comment pouvait-il permettre à un être insignifiant qui rêvait de répéter la prise de la Bastille à Rio de renverser la monarchie ?

À l'heure où la barque du colonel était interceptée, le général Avilez, à la tête d'un bataillon, entra dans la Chambre de Commerce, prêt à intervenir et à faire échouer le meeting. Il pensait qu'en se sachant cernés par l'armée, les mutins seraient gagnés par la peur et n'oseraient pas résister. Il s'agissait de gagner du temps. Cependant, avant qu'il eût fini de lire sa proclamation qui ordonnait la dissolution de l'assemblée, on entendit un coup de feu et un soldat tomba foudroyé. La panique atteignit son comble.

— Expulsez ces canailles, mais ne leur faites pas de mal ! ordonna le général.

Ses paroles flottèrent dans l'air humide, étouffées par des éclairs qui laissèrent des nuages de fumée blanche sous la voûte du plafond. Terrorisée en se voyant prise dans une souricière, la foule poussa de tous côtés pour sortir de l'enceinte, pour s'échapper. Certains périrent noyés, d'autres écrasés, plusieurs tombèrent sous les baïonnettes. Les blessés se tordaient de douleur au milieu du sang et des immondices. Lorsqu'on leur annonça qu'ils étaient en état d'arrestation pour avoir attenté à l'ordre constitutionnel, les visages de Macamboa et Duprat, incrédules devant ce dénouement brutal, avaient l'expression même de la terreur. Ils n'opposèrent aucune résistance car ils redoutaient d'être exécutés sur place. Des soldats les emmenèrent dans l'obscurité tandis que leurs partisans cherchaient à sortir indemnes de cette situation déconcertante, entre balles perdues et coups de baïonnette. À cinq heures du matin, le jour de Pâques, tout s'acheva. Sur le mur du bâtiment, en guise de rappel de cette révolution manquée, un militant écrivit : « Abattoir des Bragance. »

À huit heures, un décret écrit de la main de Pedro révoquant l'ordre qui promulguait la Constitution espagnole circulait déjà au palais. Dom João était à la fois scandalisé par la violence employée, affligé par le nombre de morts – une trentaine – et impressionné par l'audace des mutins. Mais il était également ébloui par la maîtrise dont avait fait preuve son fils. Certes, il avait exagéré en s'arrogeant une partie de l'autorité royale, mais il l'avait fait avec loyauté, poussé par le sens de l'opportunité et avec le flair nécessaire pour deviner le moment adéquat pour agir. Il lui avait toujours reproché son manque de prudence – qualité dont il avait fait sa règle de vie –, mais il lui découvrait maintenant des qualités de courage, d'intelligence, de vivacité, et aussi de sagacité et d'astuce qui avaient sauvé la monarchie d'un coup mortel, et qui lui seraient utiles lors des prochaines tentatives de ces aventuriers. Car il y en aurait d'autres, il en était sûr.

Pedro alla voir son père afin de lui demander d'annuler le décret de la veille. Il avait passé une nuit blanche, avait de la barbe, des cernes sous les yeux, les cheveux pleins de poussière. Il ignorait si le roi allait le féliciter ou le réprimander et ce fut la raison pour laquelle il fut ému aux larmes quand dom João l'étreignit comme il ne l'avait pas fait depuis des années. Ce fils qu'il avait aimé, de loin, sans intimité, provoquait aujourd'hui son admiration.

En guise d'explication, dans le texte annulant le décret, dom João écrivit que les membres de la délégation qui étaient venus le voir la veille en se disant des représentants du peuple n'étaient que des « hommes mal intentionnés qui cherchaient l'anarchie ». Par la suite, dans un autre décret, il transférait officiellement à Pedro « le gouvernement général et l'entière administration de tout le royaume du Brésil », s'en tenant à son idée fixe, celle d'un Brésil politiquement uni et à égalité avec le Portugal.

— N'épargne jamais tes efforts pour préserver l'unité des territoires de la Couronne... Ils n'ont jamais été aussi menacés qu'aujourd'hui. Je te le dis du fond du cœur, mon cher fils.

Ce fut le dernier acte officiel de la Cour à Rio de Janeiro.

Tout revenait ainsi à l'ordre précédent, qui autorisait le roi à nommer les ministres appelés à faire partie du cabinet de son fils. Comme ministre et chef du gouvernement, il nomma le comte de Arcos, l'ancien vice-roi qui les avait reçus à leur arrivée, treize ans plus tôt.

— C'est un homme capable de concilier les intérêts de la royauté avec ceux du peuple, dit-il à son fils.

— Je ne sais pas si nous pourrons travailler ensemble, car il va vouloir me commander..., répondit celui-ci en plaisantant.

— Il parle avec franchise, et tu dois mettre cela à profit. Ne te laisse pas aveugler par l'orgueil.

Pedro respectait l'expérience du comte, qu'il connaissait depuis l'enfance, et espérait qu'il ne lui ferait pas d'ombre, car il n'avait pas l'intention de se laisser diriger par d'autres.

Une fois la révolution décapitée et l'homme fort du gouvernement nommé, l'horizon était dégagé pour la régence de Pedro. Ces dernières heures, sa conduite volontaire avait fait de lui le maître indiscutable de Rio de Janeiro. Afin de se maintenir dans cette position et parvenir à rassembler le reste du Brésil sous son contrôle, il était maintenant indispensable que son père et les membres de son gouvernement partent le plus vite possible.

Les préparatifs s'accélérèrent donc dans une ville meurtrie et ivre. Ainsi que cela s'était produit treize ans plus tôt en quittant le Portugal, cette fois non plus il n'y aurait pas de processions, feux d'artifice, arcs de triomphe comme ceux qui avaient salué l'arrivée de Leopoldine. Pas même une cérémonie de baisemain pour prendre congé de ses sujets. Dom João, prévoyant, redoutait toujours des manifestations violentes et choisit d'observer la plus grande discrétion. Le silence inhabituel qui s'abattit comme une chape de plomb sur Rio n'était interrompu que par les voix des dockers et les cris des esclaves qui finissaient de charger les douze navires de la flottille royale. Dom João en personne contrôla le chargement le plus précieux, le cercueil contenant la dépouille de sa mère, la reine María.

La majeure partie des courtisans s'embarqua dans l'obscurité à l'aube du 25 avril, trois jours après l'échec de l'émeute. Quelques heures plus tard, alors que les eaux de la splendide baie scintillaient sous le soleil, ce fut le tour de Carlota Joaquina. Accompagnée de ses filles, elle fit ses adieux à un groupe de fidèles partisans sur le quai de la place du Rocío où les attendait la brigantine rouge et dorée de la maison royale, ornée d'un dais pourpre. Sans le moins se soucier de la susceptibilité des rameurs qui s'apprêtaient à la mener au vaisseau à l'ancre dans la baie, elle salua de la main ceux qui restaient à terre, sans pouvoir retenir une saillie : «Je vais enfin trouver une terre habitée par des hommes!» s'exclama-t-elle.

Le roi embarqua dans l'après-midi. Le quai était bondé de gens en pleurs qui agitaient leurs mouchoirs blancs. Les derniers à le voir sur la terre ferme se rappelleraient toujours son visage défait. Il pleurait, en proie à la nostalgie de cette terre qu'il ne reverrait jamais. Le matin, il avait fait une dernière promenade au jardin botanique. Les graines qu'il avait plantées à son arrivée étaient devenues des arbres touffus, des massifs fleuris et des parterres de plantes médicinales. Les étangs qu'il avait conçus étaient le foyer de nombreux flamants roses qui allaient et venaient entre nénuphars, papyrus et autres plantes aquatiques; les palmiers des allées qu'il avait tracées étaient aussi hauts que le Théâtre royal, le bâtiment le plus élevé de la ville, autre legs qu'il laissait. Le parfum de musc, de fleurs, le chant des oiseaux, le murmure des cascades et la quiétude des lieux... tout cela procurait à son âme sensible une délectation qui n'était pas de ce monde. Quitter ce paradis... n'était-ce pas comme mourir avant l'heure?

Quand il arriva au bateau ce soir-là, il se trouva en la désagréable présence de son épouse – presque une ennemie. Devoir supporter sa compagnie était un supplice qui s'ajoutait à la tristesse du départ. Comme le voyage allait lui sembler long, elle à ses côtés! Dans un espace aussi réduit, il ne pourrait pas la tenir à l'écart, ni, comme à terre, se borner à lui montrer de la considération en public, sans plus. Et puis... Qu'allait-il se passer à Lisbonne? Quand lui réservait-elle sa prochaine trahison?

Les marins cessèrent d'enrouler les cordages, de polir les rambardes et les bronzes pour se mettre au garde-à-vous devant le prince qui venait faire ses adieux, accompagné de Leopoldine et de sa petite Maria da Glória. Dès qu'ils arrivèrent sur le pont, ils croisèrent Carlota, qui exultait, malgré ses horribles souvenirs du voyage aller, quand on avait dû lui raser la tête suite à une invasion de poux sur ce bateau délabré où elle devait utiliser des toilettes à ciel ouvert, simples plateformes accrochées à la proue, les déjections tombant directement dans la mer. Elle voyageait maintenant sur un bateau de luxe, avec une cabine, des toilettes et un personnel nombreux pour vider les pots de chambre. Elle était si heureuse qu'elle ne cessait d'ironiser : «Je vais arriver aveugle à Lisbonne car je vis depuis treize ans dans l'obscurité, entourée de nègres et de métis.» Affichant son amour maternel, elle embrassa Pedro et le remercia de son comportement d'homme d'action audacieux et d'«Espagnol courageux» – quand son fils faisait quelque chose de bien, elle l'attribuait toujours à son côté espagnol –, qui avait su tirer le meilleur parti de la situation pour sauver la monarchie.

Lorsque ce fut le tour de Pedro de faire ses adieux à son frère, ils s'étreignirent en se donnant de grandes tapes dans le dos. Puis, Pedro, Leopoldine et sa fille allèrent voir le roi, déjà installé dans sa cabine.

— J'aurais tellement aimé emmener les petits avec moi ! leur dit dom João, la voix brisée, tout en contemplant, charmé, sa petite-fille, vêtue de blanc, des rubans bleus dans ses cheveux blonds comme ceux de sa mère.

— J'espère que nous pourrons vous suivre prochainement, lui dit Leopoldine. Vous allez tant me manquer...

Le roi la prit dans ses bras :

— Le fait que vous restiez est un sacrifice à la stabilité de la monarchie, et je vous en remercie de tout cœur... Dans six mois, un an au plus tard, peut-être serez-vous libérés de ce sacrifice et pourrez-vous rentrer avec nous... Je l'espère !

«J'ai l'impression de faire un mauvais rêve. Or la réalité est que je dois rester ici, séparée de mon cher beau-père, ce qui est très douloureux et difficile pour moi, pour diverses raisons», écrivit l'Autrichienne à son père en lui racontant le départ. Hormis l'affection sincère qu'elle portait au roi, elle craignait que, sans le frein de la présence paternelle, son mari ne se laissât glisser vers la dépravation et les excès. Elle redoutait également l'isolement. Parmi les quatre mille courtisans et leurs familles partaient quelques amis très chers qui avaient vécu au Brésil grâce au mécénat du roi, parmi lesquels le musicien Sigismond von Neukomm, le peintre français Antonio Taunay, le consul de Russie et plusieurs amis allemands.

Ce furent des adieux émouvants qui eurent lieu sur le pont, quand les visiteurs durent remonter dans les canots car le vaisseau était prêt à appareiller. Dom João serrait les mains des vassaux qu'il laissait au Brésil, « entre deux sanglots, baignant dans les larmes », comme l'écrivit un chroniqueur local. Avant de le laisser partir, dom João voulut parler à son fils en privé. Ils se rendirent sur le balcon de proue, d'où l'on apercevait le Corcovado, se découpant sur la sierra couronnée de nuages cotonneux, et la ville blanche minuscule, face à la splendeur des montagnes et des promontoires qui l'entouraient. « Ici, j'ai été heureux. Ici, j'ai été roi », lui dit-il. Il lui fit part à nouveau de son angoisse de le laisser seul face à un avenir plein d'imprévus. Il ne lui avoua pas ce qu'il craignait par-dessus tout : de ne jamais le revoir.

— Je t'ai laissé un grand pouvoir, mon fils, tu peux déclarer la guerre ou faire la paix. Utilise-le avec parcimonie et équité, je te le demande avec l'amour d'un père et l'autorité d'un roi.

Pour la première fois, ils évoquèrent l'éventualité de l'indépendance du Brésil. Dom João craignait que le pays ne tombât aux mains de révolutionnaires tels que Macamboa ou Duprat, lesquels purgeaient leur peine à la prison de l'île des Cobras, qui surgissait du brouillard à bâbord. À la fin, mêlant son habileté de vieux roi à la tendresse paternelle, il lui fit un aveu :

— Pedro, si le Brésil doit faire sécession, mieux vaut que ce soit toi, qui me respectes, après tout, que de le laisser tomber entre les mains de n'importe quel de ces aventuriers.

Un jour, les deux royaumes pourraient peut-être s'unir sous le même sceptre, rêvait dom João.

Pedro fit de louables efforts pour rester impassible. Il était par nature à fleur de peau, en cela il ressemblait à son père. Il était particulièrement ému car, hormis la gloire passagère des derniers jours, qu'il sentait fragile, il avait gagné quelque chose qui lui avait toujours semblé impossible à atteindre et dont il avait eu besoin pour se sentir véritablement un homme. Il avait gagné la confiance de son père.

Quand ils regagnèrent la côte, où les collines couronnées de palmiers et les toits des églises brillaient sous les reflets dorés du soleil, ils entendirent au loin les salves d'artillerie saluer le passage de la flottille royale. Pedro et Leopoldine restèrent un long moment à regarder les voiles blanches disparaître à l'horizon, donnant libre cours à leurs sentiments. Ils se retrouvaient seuls, maîtres de la situation. S'il était envahi d'un sentiment mitigé où se mêlaient le triomphe personnel et la sensation de danger, elle était affligée et inquiète face à l'avenir incertain.

Quatrième partie

Le véritable chef est toujours guidé.

Rabindranath Tagore

36.

Le prince régent Pedro et sa femme, tous deux âgés de vingt-trois ans, devaient écrire une page de l'histoire du continent américain. « Tu n'imagines pas mon désespoir. La roue de la chance a tourné, et nous devons rester pendant un temps indéfini, décision qui, compte tenu de l'état d'esprit actuel du peuple, me semble plutôt risquée. Nous avons peu d'espoir de nous revoir... », écrivit Leopoldine à sa sœur deux jours après le départ de la flottille royale. À la solitude et à l'isolement s'ajoutait maintenant le poids de la responsabilité politique que dom João leur avait transmise, à un moment où, après les événements sanglants de la Chambre de Commerce, de nombreux cariocas remettaient en question la sincérité du « constitutionalisme » du prince.

— Ton père était très révéré et aimé, lui disait Leopoldine. Tu dois accroître ton prestige pour leur faire oublier le passé.

Il recevait le même genre de conseils de la part du comte d'Arcos. Pedro souhaitait être aimé des gens. Depuis sa plus tendre enfance, bercé par Don Quichotte, il se sentait proche du chevalier errant, car il estimait la gloire et l'honneur plus que le pouvoir ou l'argent.

La première mesure qu'il prit laissa ses sujets perplexes. Lui qui n'était pas cultivé fit supprimer les droits de douane sur les livres étrangers et abolit la censure de tout matériau imprimé.

— Les mesures rigoureuses du jour de Pâques étaient nécessaires afin de préserver l'ordre sans lequel il n'y a point de liberté, déclara-t-il à ceux qui doutaient encore de ses décisions.

La formulation était de lui, la syntaxe, celle du comte. Mais le prince était un libéral convaincu. Il continua à adopter des mesures qui ne laissaient aucun doute sur sa volonté de se créer une bonne image ni sur ses idées politiques. La propriété privée fut déclarée définitive et non assujettie à une expropriation arbitraire, comme sous le règne de son père, qui n'avait jamais abrogé la loi autorisant la Couronne à confisquer des propriétés privées au profit de la noblesse. Pedro et le comte voulaient en finir avec ce système qui avait entraîné de terribles abus, tel celui d'un aristocrate qui occupa une maison pendant dix ans sans payer de loyer, tandis que le propriétaire se voyait contraint à vivre avec sa nombreuse famille dans un logement bien plus exigu. Afin d'obtenir les bonnes grâces des créoles et des nouveaux gouvernants du Portugal, ils diminuèrent les impôts et édictèrent des lois qui garantissaient les libertés civiles. Être constitutionnel était à l'ordre du jour. Il était maintenant indispensable d'avoir un mandat signé par un juge afin de procéder à une arrestation. La torture, l'usage de chaînes, menottes et fers avant le jugement furent interdits.

Mais ce que n'auraient pu imaginer ni Pedro, ni Leopoldine, pas plus que le comte d'Arcos ou leurs conseillers, était la situation financière laissée par dom João. Des années de gaspillage avaient plongé le royaume dans la banqueroute la plus absolue. Les coffres étaient vides. Depuis que les gouvernements provinciaux avaient reçu un décret du Parlement leur enjoignant de payer leurs contributions à Rio, en attendant de pouvoir le faire directement à Lisbonne, une fois la nouvelle Constitution approuvée, les versements des provinces s'étaient arrêtés. Des milliers de Portugais avaient emporté toute leur fortune. Le nouveau gouvernement eut à affronter une crise beaucoup plus sérieuse qu'il ne l'avait envisagé.

— En tant que bon constitutionnel, je dois prôner l'exemple, disait-il à Leopoldine.

Il réduisit donc sa propre rétribution, et se lança dans un programme d'ajustement si exagéré et sommaire que lui seul avait pu le concevoir. Il vendit la presque totalité des mille trois cents chevaux et mules qui appartenaient au palais, ne gardant que cent quatre-vingt-seize d'entre eux. La petite armée de palefreniers et de soigneurs de chevaux fut renvoyée et remplacée par des esclaves. Dans sa soif d'économies, aucun détail ne lui échappait. Afin de ne plus payer les factures de blanchisserie, Pedro ordonna de faire laver ses effets personnels, ceux de sa famille, des domestiques et jusqu'au linge des autels de la chapelle par des esclaves qui travaillaient déjà au palais.

— Ce n'est pas en t'occupant de ces détails insignifiants que tu sauveras la nation, lui disait Leopoldine.

Mais, influençable dans certains domaines et têtu dans d'autres, il campa sur ses positions. Il baissa de façon si draconienne les salaires des *castratti* italiens que ceux-ci choisirent de rentrer en Europe. Du monde extravagant de l'opéra et de la musique sacrée de son père, il ne resta qu'un chœur réduit dont les membres touchaient le salaire misérable que Neukomm avait monté avant de partir. Le prince réduisit également les frais d'entretien du jardin botanique : les plantations exotiques furent laissées à l'abandon et bientôt envahies par les mauvaises herbes.

Devant l'ampleur des restrictions budgétaires décidée par le nouveau gouvernement, les serviteurs de qualité rentrèrent au Portugal : majordomes, caméristes, couturières et institutrices suivirent les nobles. Leopoldine se retrouva sans ses dames de compagnie portugaises, qui repartirent également car elles craignaient de voir les nouvelles autorités réquisitionner leurs biens. De sorte que l'Autrichienne ne disposait que d'un majordome et de trois femmes de chambre. C'était peu pour une princesse, mais suffisant pour mener la vie simple d'une famille bourgeoise. Elle ne pouvait aspirer à davantage de personnel, car à la demande de son mari, très soucieux des finances, ses bijoux furent même provisoirement déposés dans les coffres de la Banque du Brésil. Pour elle, le pire fut de devoir renoncer à faire la charité, ce qui lui était plus douloureux que de se priver de toute forme de caprice. C'était un peu comme renoncer à être elle-même. Maintenant, elle distribuait des aumônes en cachette, redoutant d'être découverte par Pedro.

Il y eut cependant quelques avantages. Pedro décida d'abandonner sa résidence et de déménager dans le petit palais de son père. Il concentra tous les bureaux du gouvernement dans l'ancien palais de la place du Rocío : ils jouissaient donc maintenant de beaucoup plus d'espace à Saint-Christophe. Leopoldine put enfin sortir des malles les collections de minéraux, les tableaux et les objets qu'elle avait apportés d'Europe et s'installer à son aise. Ce palais ne ressemblerait jamais, même de loin, à ceux de son enfance, mais il était plus confortable que ses appartements précédents.

37.

Sous le calme apparent bouillait une agitation enfouie. Début juin, un mois après le départ de dom João, Chalaza fit prévenir Pedro de se tenir sur ses gardes : une conspiration se tramait chez les officiers de la division auxiliaire placée sous le commandement du général Avilez, celui-là même qui l'avait aidé à étouffer l'émeute de la Chambre de Commerce. Ils exigeaient l'expulsion du comte d'Arcos et la satisfaction de leur sempiternelle revendication : la création d'une assemblée du gouvernement. Le prétexte leur avait été donné par les dernières nouvelles du Portugal. La Constitution n'était pas encore achevée, mais les bases en avaient été publiées dans les journaux de Lisbonne.

De retour de la chasse, Pedro apprit que deux bataillons d'infanterie s'étaient rassemblés sur la place du théâtre. « Une nouvelle émeute », pensa-t-il. Enfermé dans son palais, son père aurait réuni ses conseillers, pris des avis et attendu, indécis, le cours des événements. Pedro, impulsif et courageux, alla à la rencontre d'une troupe armée dont la loyauté était en question. Peut-être comptait-il renouveler l'exploit du théâtre : prendre l'initiative, s'emparer de la situation et reléguer les conspirateurs dans l'ombre. Quand il apparut seul sur la place, sur son cheval, les soldats lui frayèrent un chemin avec respect. Pedro s'adressa à un groupe d'officiers :

— Qui parle, ici ?

— Moi, pour la troupe, répondit le général Avilez.

Pedro fut surpris. Mais il comprit tout de suite qu'Avilez souhaitait se racheter des excès commis le jour de la Chambre de

Commerce. Quel meilleur moyen d'y parvenir qu'en soumettant le prince à l'humiliation de lui imposer ses exigences ?

— Que veulent-ils ? demanda Pedro.

— Que nous prêtions tous serment sur les bases de la Constitution.

— J'ai déjà prêté le serment sacré et volontaire de loyauté à la Constitution qui émanera du Parlement. Je regrette que l'on doute de ma parole.

— Nous avons tous juré sur une Constitution inexistante ; il nous faut maintenant des bases élaborées, imprimées, votées.

Pedro craignait le pire, se voir imposer de jurer fidélité à un texte qui ne ferait que diminuer davantage son pouvoir. Il proposa d'en discuter à l'intérieur du théâtre, n'envisageant pas de céder sans opposer de résistance.

— Je ne jurerai rien sans connaître la volonté du peuple que je gouverne, déclara-t-il sur un ton péremptoire à un groupe d'officiers. Vous, la troupe, vous ne représentez qu'une partie de la nation. Je veux savoir ce qu'en pense chacun. Je vous propose de réunir ici les représentants du peuple, les députés élus du district de Rio et les délégués de la municipalité.

Le général et ses officiers acceptèrent, et pendant cinq heures, tandis que les députés arrivaient, Pedro resta au parterre, conversant avec tous à sa façon bon enfant. Il espérait convaincre ces militaires, dont les galons brillaient dans la pénombre, des qualités de son gouvernement. Il déploya ses dons d'orateur pour les gagner à sa cause, et leur rappela toutes les mesures qu'il avait mises en marche en si peu de temps. Or ils ne semblèrent pas séduits. La popularité dont il croyait jouir parmi les militaires n'était qu'une illusion. Pedro devina que, sous le prétexte de ce nouveau serment, ils cherchaient à saper son autorité ainsi que la légitimité de la monarchie. Il était contrarié, mais disposé à lutter afin de préserver chaque parcelle de son pouvoir et épargner son amour-propre.

Comme la nuit sanglante de la Chambre de Commerce était fraîche dans la mémoire des députés et que ceux-ci ne voulaient pas provoquer les troupes, ils acceptèrent immédiatement l'idée du serment. Le prince, pris à son propre jeu, n'eut d'autre solution que d'accepter la « volonté populaire ». Tous jurèrent la main sur la Bible, à nouveau, dans le vacarme et le désordre.

Les bases de la Constitution transféraient le pouvoir du gouvernement à une assemblée. Comme le craignait Pedro, la première exigence des officiers fut que le comte d'Arcos quittât le gouvernement. Douloureuse concession. Le comte, qui, pour avoir été vice-roi, connaissait bien la machine administrative, servait de lien entre les hommes politiques de Rio et ceux du reste du Brésil. Comment gouverner sans lui ? Comment rassembler le reste du pays sous le manteau unitaire de la monarchie sans sa collaboration ? Pour débloquer la situation, les officiers lui facilitèrent la décision :

— Nous vous laissons choisir votre successeur, nous ne vous imposons personne qui ne serait de votre agrément.

Pedro persista dans sa défense du comte, sans succès. Il finit par penser qu'il valait mieux céder un peu que tout sacrifier. Entre la régence et le comte, il opta pour sacrifier le ministre. Il choisit pour lui succéder un magistrat d'origine portugaise qui fut accepté par les militaires. Ils lui présentèrent ensuite un brouillon de décret destiné à la création d'une assemblée composée de neuf membres choisis parmi les députés, qui devaient s'assurer que les lois du Parlement portugais étaient appliquées correctement à Rio de Janeiro. Pedro, serein, accepta à condition d'ajouter une clause concernant « l'inviolabilité de la personne du roi ». La condition fut acceptée, après avoir fait l'objet d'un débat enflammé. Cependant, lorsqu'il quitta le théâtre cet après-midi-là, il avait l'impression qu'on lui avait ôté jusqu'à ses vêtements.

Leopoldine prit peur en voyant le cheval de Pedro arriver seul, les étriers lâches et boitant légèrement, à la véranda du palais. Elle crut que son mari avait eu un accident mais, quelques minutes plus tard, Pedro apparut, à pied, seul, sans hâte. Il était descendu de sa monture pour ne pas charger davantage l'animal, blessé à une patte. À l'expression de son visage, Leopoldine sut qu'il avait des ennuis. Elle le trouva découragé.

— On a fait de moi une marionnette, un chef de gouvernement provincial, lui dit-il. Sans le comte, j'ignore comment je pourrai étendre le contrôle du gouvernement à d'autres parties du Brésil. Sans lui, je suis seul.

— Tu peux chercher de nouveaux alliés.

— Oui, ou prendre ma retraite.

Leopoldine ne le laissa pas sombrer. Elle le persuada de l'accompagner le soir même au théâtre pour y assister à une représentation de l'opéra de Rossini, *L'Heureux Stratagème*. N'avait-on pas annoncé dans ce temple de l'oisiveté que l'on jouerait la partition de l'« hymne impérial et constitutionnel », composé et écrit par Pedro lui-même ? Ils ne pouvaient manquer cette *première*. L'attitude de son épouse consistait à faire contre mauvaise fortune bon cœur, même si, dans le fond, elle ne voyait pas elle non plus d'issue précise à la situation. Elle savait par ses domestiques que l'agitation s'était même emparée des églises. Dans leurs sermons, les curés prêchaient pour la souveraineté du peuple, en citant Guillaume Tell et Washington avant les saints.

Depuis la loge royale, au cours de la soirée, Pedro se souvint du frissonnement avec lequel il regardait danser Noémie. Comme cette époque lui semblait lointaine ! Il était toujours ému lorsqu'il assistait à un spectacle car cela lui rappelait l'excitation de l'amour et la sensation de liberté. À l'époque, il se plaignait que son père le tînt à l'écart des affaires de l'État, de n'avoir ni charge ni pouvoir. Mais il était libre. Toute sa vie, il avait oscillé entre le besoin d'ordre et de discipline et la soif d'aventure que réclamait son esprit insoumis. Aujourd'hui il n'était pas libre et son pouvoir avait été rogné. Aussi, ni la salve d'applaudissements qu'il reçut à la fin de l'hymne ni les vivats fervents quand il salua de la loge ne parvinrent à lui remonter le moral.

Les semaines suivantes, Pedro s'efforça d'entretenir les meilleurs rapports possibles avec le général Avilez et ses officiers, conscient qu'ils étaient les gardiens du pouvoir. Sans la capacité matérielle de leur résister, il appliqua la maxime : « Si tu ne peux vaincre ton ennemi, rejoins-le. » Afin de gagner leur confiance, il visitait assidument les casernes et assistait à des dîners offerts par les officiers. Il voulait les convaincre de la sincérité de son « constitutionnalisme » et, indirectement, gagner aussi la confiance du Parlement dans le but de rentrer le plus tôt possible au Portugal. Leopoldine posait un problème, car elle était considérée d'emblée suspecte en raison de son père, l'empereur d'Autriche.

Pour célébrer le premier anniversaire de la révolution, ils assistèrent à un bal européen organisé par les officiers portugais au Théâtre royal, où ils dansèrent le quadrille et la contredanse jusqu'à six heures du matin. Leopoldine l'accompagna. Elle détestait la compagnie d'officiers qui exprimaient sans pudeur des sentiments aussi radicaux. Elle veillait à ne pas manifester son avis, à dissimuler sa pensée afin de ne pas porter préjudice à la position délicate de son mari et de la monarchie en général. Mais, en même temps, elle était irritée par les incartades de Pedro qui flirtait outrageusement avec l'épouse du général Avilez. «Je commence à comprendre que les célibataires sont beaucoup plus heureux. Je suis en bonne santé, bien que profondément mélancolique. Seules la religion et la ferme conscience d'accomplir mon devoir me consolent», écrivit-elle à sa sœur. Très digne, elle feignait d'être amie avec la femme du général, elles échangeaient des confidences, s'asseyaient ensemble à table, se promenaient en se tenant par le bras, devisant et riant. Pedro était cependant peu susceptible d'avoir une aventure avec la femme d'un homme qui cherchait à lui ôter le pouvoir. Leopoldine souffrait de constater que son mari ne dissimulait plus en public son attirance pour d'autres femmes, comme si l'absence de tutelle paternelle ne l'obligeait plus à se comporter avec son épouse avec le même respect qu'auparavant. En plus du départ de son beau-père, il lui fallait désormais évoluer parmi des officiers qui lui déplaisaient – la sensation d'abandon était encore plus vive.

La vie sociale animée qu'ils étaient contraints de mener à Rio ne suffisait pas à distraire Pedro de la gravité des affaires d'État. Il était toujours président du Conseil des ministres, donc il gouvernait, mais sans moyens, et de surcroît surveillé de près. Malgré tout, il parvint à organiser le voyage à Lisbonne des députés élus pour représenter Rio de Janeiro au Parlement. Puis il ordonna la libération de Macamboa et de Duprat, qui, après trois mois de prison, furent envoyés en exil au Portugal, où le filiforme Duprat commença des études de droit et devint un grand avocat.

Contre toute attente, l'assemblée n'interférait pas dans les délibérations, ni dans les décisions de Pedro et de ses ministres. En fait, ses membres se sentaient très soulagés de ne pas devoir affronter les problèmes multiples et accablants posés par l'administration de la ville. Ils étaient si nombreux et si insolubles, et la récompense si maigre, que Pedro jeta l'éponge et décida de rentrer au Portugal. Rien ne pouvait être pire que de rester au Brésil, dans cette position insoutenable, conscient que le prestige du général

Avilez était plus important que le sien. «Je supplie Votre Majesté, par ce qu'il y a de plus sacré en ce monde, d'avoir la bonté de me relever de cette tâche. Je vous implore, cher père, de me laisser rentrer au Portugal afin d'avoir le plaisir d'embrasser votre main et de prendre place aux pieds de Votre Majesté», écrivit-il à son père.

38.

Au Portugal, dom João éprouvait plus de difficultés encore que son fils au Brésil. Avant même de pouvoir débarquer, quand son bateau jeta l'ancre dans les eaux du Tage face à l'esplanade du Rossio, le 4 juillet 1821, après une traversée de trois mois, une barcasse l'aborda. À bord, une délégation de militaires du nouveau gouvernement révolutionnaire, tout en lui souhaitant la bienvenue, lui demandèrent de signer un décret stipulant qu'il acceptait de ratifier les bases de la Constitution. Dom João, intimidé et apeuré, apposa sa signature d'adhésion et de loyauté sur la Carta Magna. Il n'avait pas foulé le sol lisboète qu'on usurpait déjà ses pouvoirs, exactement de la même façon que les militaires portugais avec Pedro à Rio. On lui refusa de participer à l'élaboration des lois ; le veto royal fut aboli ; on lui défendit de faire transférer les commandants militaires de Lisbonne et Porto, de même que l'intendant général de police. En définitive, il était réduit à la condition de fonctionnaire de la nation. « Nous sommes vaincus », murmura-t-il à l'un de ses accompagnateurs.

Méfiant à l'extrême, il ignorait ce qu'il allait trouver sur la terre ferme – si on allait le fusiller ou l'acclamer. Il considéra donc comme miraculeux que dignitaires, nobles et membres des légations étrangères, eux aussi accourus sur le quai pour lui souhaiter la bienvenue, s'agenouillent en l'apercevant, certains sanglotant, d'autres tremblant d'émotion, tous réclamant le privilège de lui baiser la main. Ces sujets étaient conscients de vivre un moment historique, autant que le 26 novembre 1807, lorsque la Cour et le roi avaient dû partir précipitamment. Comment leur expliquer qu'il revenait comme un citoyen couronné, et non comme un dieu vivant ? Qu'il regagnait le Vieux Monde plus humain, plus tolérant et ouvert, conscient des droits essentiels des hommes ?

Le roi se pinça le bras pour s'assurer d'être bien vivant. Il reconnaissait son vieux peuple loyal, animé de cette éternelle dévotion qu'aucune Constitution ou révolution ne pourrait jamais effacer. La tension provoquée par le choc de deux mondes se dissipa comme par enchantement. Comme si le passé était de retour. La tenue des nouveaux venus appartenait à une autre époque : ils portaient des pantalons jusqu'aux genoux, des bas et des perruques avec des anglaises typiques du XVIIIe siècle. « On aurait cru des personnages sortis de leurs tableaux », commenta un diplomate français. Miguel était méconnaissable : âgé de six ans quand il était parti, c'était maintenant un jeune homme de dix-neuf ans. Les filles, de vraies femmes. Le roi avait beaucoup vieilli. La reine, quant à elle, était facile à reconnaître : plus fanée que jamais, avec un sourire qui découvrait ses dents gâtées, elle s'éventait avec nervosité. Elle ne se plaignait pas de la chaleur, car celle-ci lui semblait différente ; elle disait qu'elle ne lui « collait pas à la peau ». Fidèle à elle-même, elle fit quelque chose pour attirer l'attention. Avant de fouler le quai, elle ôta ses chaussures et les secoua :

— Je ne veux pas qu'une seule motte de terre du Brésil touche le sol européen !

L'accueil que leur réserva le peuple sur cette esplanade historique, couverte de fleurs, fut extraordinaire. Le roi reçut les clés de la ville et, alors qu'il contemplait, ébloui, les maisons qui s'étendaient sur les collines, songeant que Lisbonne avait très peu changé pendant toutes ces années en comparaison avec Rio, la foule éclata en une bruyante ovation. « Longue vie à notre seigneur ! » Seuls les soldats, en rangs, montraient leur nervosité. De tous côtés, les gens se répandaient en acclamations et vivats, rivalisant d'allégresse, comme s'ils avaient pu ainsi compenser les larmes versées treize ans plus tôt. Dom João était éperdu. On l'avait dépossédé d'une grande partie de son pouvoir, pourtant le temps ne semblait pas s'être écoulé.

Ce ne fut qu'une impression, qui dura jusqu'à son installation au couvent de Bemposta, dans le centre. Le vieux roi inoffensif, prisonnier du Parlement, dut s'adapter sur-le-champ à la vie d'un monarque constitutionnel, nommant des ministres, sans jouer de rôle actif en politique. Il s'y résigna docilement, ce qui lui valut l'affection de nombreux députés qui appréciaient sa bonhomie, fascinés par sa popularité.

Carlota regagna le lieu qui lui avait tant manqué, le palais de Queluz, à neuf kilomètres de Lisbonne, avec Miguel et ses filles. Connu comme le Versailles portugais, Queluz était un ancien relais de chasse que le grand-père de dom João avait transformé en un palais de plain-pied, grâce à l'or extrait des mines du Brésil. Plus délicat que fastueux, entouré de jardins plantés d'agrumes et d'arbustes odoriférants, avec des pergolas, des canaux, des cascades et des fontaines. Les enfants furent déçus, car ils avaient gardé le souvenir d'un lieu plus vaste, plus raffiné, plus soigné, plus animé. Ils se rappelèrent en riant la «cérémonie du bain de pieds» qu'effectuait la reine María dans une salle, tandis que son époux faisait de même dans une autre, et qui consistait en un lavage rituel des extrémités devant des membres choisis de la Cour. Une cérémonie archaïque, qui indignait les Européens, voyant là «toute la suffisance des sultans, sans leur pouvoir ni leur faste».

La reine s'installa dans son ancienne chambre, baptisée «Don Quichotte», qui avait fait office de salle à manger royale jusqu'à ce que la reine María la lui cède pour sa «première rencontre» avec dom João. Dans ce lit conjugal pourvu d'un dais et d'un baldaquin, elle avait perdu sa virginité et donné le jour à tous ses enfants. De grandes portes-fenêtres s'ouvraient sur les arbres du parc où, dans sa jeunesse, elle passait de longues heures à bavarder avec sa cour de domestiques et de caméristes espagnoles. Les après-midi d'été, elle s'asseyait sur une natte, accompagnant avec des castagnettes une chanson andalouse, ou dansant elle-même un boléro. À l'époque, Queluz était une sorte de jardin oriental, avec ses allées flanquées de citronniers, de myrte, de jasmin, ses fontaines et ses cascades ornées de statues grecques, ses serres emplies de plantes grasses du Brésil aux formes et aux couleurs extravagantes, et de fleurs d'Inde ou du Japon qui en bordaient les sentiers. Il n'en restait que le souvenir, car les jardins étaient négligés, les statues défigurées, les serres abandonnées, la pelouse jaunie. Elle ne retrouva pas ce jardinier en chef qui ressemblait à un eunuque mais qu'elle aimait tant, celui à qui les mauvaises langues attribuèrent la paternité de Miguel. Il y avait maintenant deux jeunes cadets qui montaient la garde dans le jardin, «deux insolents», comme les qualifia Carlota, car, le premier jour, ils l'avaient prise pour une domestique, tant sa tenue vestimentaire laissait à désirer.

Mais l'important était qu'elle se retrouvait en territoire connu, dans son monde, où elle pouvait tirer les ficelles du pouvoir, conspirer, agir à nouveau comme un pion important sur l'échiquier de la politique. Certes, la monarchie était au creux de la vague : de l'autre côté de la frontière, son frère Ferdinand avait été obligé de jurer fidélité à la Constitution de Cadix et avait mis en place le «triennat libéral» qui avait aboli les privilèges de classe, les seigneuries, majorats et surtout l'Inquisition. Carlota savait qu'il l'avait fait contraint et forcé, non par conviction. Dans le fond, son frère, qui se disait respectueux de la Constitution, intriguait parallèlement contre le mouvement libéral pour revenir à l'absolutisme. Ne disait-il pas en privé qu'il voulait être un roi «absolument absolu»?

Elle ferait de même. N'était-ce pas un devoir de loyauté envers la lignée prestigieuse des Bourbons? Elle disposait d'informations de première main que lui procuraient ses vieux alliés, anciens membres du parti espagnoliste qu'elle avait elle-même créé avant de partir au Brésil, et de l'appui de nobles et grands seigneurs dont les intérêts étaient lésés par les libéraux. Carlota sentit immédiatement que, dans ce vide qu'il fallait combler, elle pouvait aspirer à représenter les forces du vieux Portugal dans le bras de fer contre l'ordre nouveau. Des forces qui ne cessèrent jamais de conspirer car elles disposaient du plus puissant des alliés : une bonne partie du clergé, désespéré de voir qu'il perdait en considération, privilèges et prébendes. Dans les cercles absolutistes, le fait que le cardinal de Lisbonne et l'évêque d'Olva aient été écartés de leurs charges ecclésiastiques était considéré comme un scandale intolérable.

Quand arriva à Queluz une délégation gouvernementale avec la copie d'un décret qui obligeait tous les fonctionnaires publics et les possesseurs de biens nationaux, y compris la reine, à signer la Constitution, Carlota vit là sa chance.

— Pas question! Personne ne m'obligera jamais à signer ça! Jamais!

Ce fut un geste habile de sa part, car il galvanisa ceux qui, comme elle, s'opposaient au gouvernement. En maintenant cette attitude de défi vis-à-vis du pouvoir, elle comptait devenir le fer de lance d'une future contre-révolution. Dom João ne le montrait pas, mais le feu couvait en lui. Sa femme lui gâchait l'existence. Pour ne pas être nouveau, le problème ne l'en exaspérait pas moins.

Voyant que le temps passait et que Carlota ne faisait pas mine de se plier à la loi, il se sentit obligé de lui envoyer une notification afin de lui éviter de subir une lourde sanction, incluant la perte de la citoyenneté et l'expulsion du royaume. La reine lui répondit par retour du courrier avec son arrogance habituelle : « J'ai déjà fait dire au roi que je ne jurerai pas, que j'ai décidé de ne jamais le faire, quoi qu'il arrive, non par orgueil ni par haine envers le Parlement, mais parce que je l'ai dit et qu'une personne de bien ne se rétracte pas... »

Elle ne semblait pas inquiète au sujet des peines prévues pour l'infraction, qui incluaient la perte de tous les privilèges dus à son rang. Au contraire, elle persistait dans le défi, épaulée par les siens. Les publications traditionalistes la décrivaient comme une « auguste épouse », une « reine immortelle ». Elle apprit que dans certains villages, on avait superposé son image à celle de Notre-Dame-de-Roche, la sainte patronne du Portugal. Elle se délectait dans son image d'épouse maltraitée par un roi traître à ses principes et se complaisait dans son rôle de martyre :

— Si on m'impose des sanctions, je devrais rentrer en Espagne, disait-elle, abattue, à ses partisans, qui ne concevaient pas le Portugal privé de sa reine.

Dom João était de plus en plus irrité. Vis-à-vis du Parlement, l'opposition de sa femme à ses instances répétées était scandaleuse et le plaçait dans une position humiliante : il ne contrôlait même pas sa propre famille. Quel genre d'homme, de roi, était-il ? Comme toujours, il attendit le dernier moment pour agir. Il lui déplaisait de devoir expulser la reine du pays. Cela allait à l'encontre de son caractère et de sa croyance en l'indissolubilité du mariage. Pire encore : c'était un geste violent susceptible d'affaiblir encore la monarchie, déjà fragilisée. En Espagne, elle serait plus dangereuse que sous contrôle au Portugal. Mais la patience avait des limites. Chaque mouvement d'insubordination de sa femme entamait sa dignité. Lassé, un jour, à la sortie de la messe, il annonça :

— Si elle m'y oblige, je le ferai !

Il promulgua un décret, qui deviendrait célèbre, la privant de ses droits civils et monarchiques et l'obligeant à s'exiler du pays où elle était née. Cela la ferait réfléchir, pensait dom João, qui pourrait toujours, au dernier moment, annuler ce décret ou le remplacer par un autre. Mais Carlota exultait : son cruel mari l'expulsait parce qu'elle restait fidèle à ses idées. Elle sut tirer un intérêt politique d'un fait aussi insolite. Sa réponse, habilement propagée à la population par ses partisans, en ferait une héroïne parmi les absolutistes : « Vous m'obligez à quitter le trône auquel Votre Majesté m'a appelée. Je vous pardonne du fond du cœur et je vous plains : je réserve tout mon mépris et mon aversion à ceux qui vous entourent. Dans l'exil, je serai plus libre que Votre Majesté dans son palais. J'emporte ma liberté avec moi : mon cœur n'est pas en esclavage, il n'a jamais plié devant ceux qui ont osé vous imposer des lois. Je partirai d'ici peu : mais où vais-je diriger mes pas pour trouver un exil apaisé ? Ma patrie, comme la vôtre, est victime de l'esprit de la révolution. Mon frère, comme Votre Majesté, est un captif avec une couronne. Je dirai à Ferdinand qu'ils n'ont pas pu faire plier ma résolution, que je suis exilée, mais que j'ai la conscience propre. Adieu, Monsieur ! » répliqua-t-elle à son mari.

Dom João fut surpris de la force de la remarque. Mais, au fond, il savait qu'elle ne voulait s'exiler en Espagne, détrônée. Il la savait coriace, mais aussi attachée à ses privilèges, à sa vie de reine à Queluz, d'où elle pouvait lui nuire en toute conscience... Comme il ne pouvait reculer sans se faire mal voir du Parlement et du peuple, il lui envoya de nouvelles sommations et fit pression sur elle. Il était sûr qu'elle finirait par céder.

Mais Carlota était fébrile à cause de ses rêves de grandeur, si longtemps réprimés à Rio, et qui jaillissaient maintenant de son imagination en cascade. Elle rêvait de voir Ferdinand réimposer l'absolutisme en Espagne et elle au Portugal... Comme ce serait merveilleux, un frère et une sœur régnant sur une péninsule Ibérique monarchique, traditionnelle et catholique ! Le seul obstacle à ces plans grandioses était l'existence de son mari, ce roi flegmatique qui flirtait avec l'ennemi. En attendant de pouvoir s'en débarrasser, elle savait qu'elle devait le supporter aussi longtemps que possible. C'était vrai, elle ne voulait pas partir en Espagne dans ces conditions, mais elle savait que chaque refus de sa part de signer la Constitution fortifiait sa position devant les siens. Persister, s'opposer, résister. C'étaient ses armes, qu'elle employait sans scrupules, sans se soucier de tirer sur la corde, car elle connaissait trop bien son mari pour deviner que celui-ci ne la trancherait jamais.

39.

Les nouvelles qui parvenaient à Rio de Janeiro sur les actions entreprises par le nouveau gouvernement du Parlement portugais inquiétaient fort Leopoldine. Elle recevait des appels au secours de ses anciennes dames de compagnie, reparties au Portugal pour protéger leurs biens. Le gouvernement les avait expropriées, privées de leurs pensions, de leurs salaires, et certaines étaient tombées dans la misère. La princesse, à nouveau enceinte, s'arrangea pour leur envoyer un peu d'argent, à l'insu de son mari, bien sûr. Dans ses lettres, elle leur disait que la perspective d'un troisième enfant en cette «époque troublée» la perturbait et accentuait encore la nostalgie des siens et de la vie en Europe.

La réponse de dom João à la lettre de Pedro le priant de le renvoyer au Portugal parvint trois mois plus tard sur le brigantin *Infante São Sebastião*, qui mouilla dans la baie chargé d'une volumineuse correspondance qui allait ébranler définitivement la vie de Pedro, de sa famille et du Brésil. Il apportait de Lisbonne des ordres et des décrets du Parlement relatifs à la transformation administrative du territoire. Pedro apprit ainsi que le Parlement avait voté l'abolition du royaume du Brésil et annulé le décret de son père qui lui avait donné la charge du «gouvernement et de l'entière administration de tout le royaume». Les délégations de la Couronne, les départements, bureaux et tribunaux que son père avait établis depuis 1808 étaient supprimés. On les remplaçait par des assemblées provinciales directement subordonnées à Lisbonne. Des gouverneurs militaires nommés par le Parlement exerceraient le pouvoir exécutif dans les provinces. En résumé, tout ce qui touchait à l'administration de la justice, à la gestion des fonds publics, et la force armée, échappait au contrôle des Brésiliens. La province du Para, en Amazonie, porterait le nom de province du Portugal, et serait entièrement séparée du reste du Brésil. C'était comme si le Parlement avait voulu effacer tout ce que représentait pour l'ancienne colonie le transfert du siège de la monarchie portugaise à Rio de Janeiro. D'un trait de plume, les constitutionnalistes mettaient un terme à treize ans d'histoire. Pour faire appliquer ces nouvelles directives, on annonçait l'envoi imminent au Brésil de troupes et de vaisseaux de guerre. Le plus abject était que le décret avait été approuvé avant que les députés brésiliens n'arrivent à Lisbonne afin d'en débattre.

Le décret plongea Pedro dans une grande perplexité, jusqu'à la touche finale : «... En conséquence, la résidence du prince royal à Rio de Janeiro devient non seulement inutile, mais irrévérencieuse.» On lui donnait donc l'ordre de rentrer immédiatement en Europe, mais comme dans le fond le Parlement ne voulait pas de lui au Portugal, on lui ordonnait de voyager incognito à travers les cours et les royaumes d'Espagne, de France et de Grande-Bretagne, «avec des personnes dotées d'entendement, de vertus et d'adhésion aux principes constitutionnels», afin de parfaire son éducation en vue de monter un jour sur le trône du Portugal. Tels étaient les ordres.

Le ton de la lettre paternelle ne dissimulait pas son angoisse et sa déception de se voir dans l'obligation d'accepter des décrets qui ruinaient tout son travail. Il pressait son fils de résister et de préserver le Brésil – ce chef d'œuvre d'une dynastie – de la rébellion et la dissolution. Et la missive contenait une information alarmante : «Sois habile et prudent, mon fils, car ici, le Parlement conspire contre toi. Les réactionnaires te demandent d'abdiquer en faveur de ton frère Miguel. Je ne peux rien faire contre ceux qui ne veulent pas de toi.»

Pedro se carra dans le fauteuil de ce qui avait été le bureau de son père et respira profondément. Toutes ces informations ne le prenaient pas au dépourvu, car l'écho des débats à Lisbonne était parvenu jusqu'à Rio. «Le Parlement ne donne pas de conseils au prince mais des ordres», avait lancé un député avant d'ajouter : «Il n'est pas digne de gouverner, qu'il s'en aille!» L'anecdote avait été rapportée à Pedro. Il savait que les radicaux des deux camps, tant les constitutionnalistes que les absolutistes, ne l'estimaient guère. De surcroît, des affiches anonymes étaient apparues sur les murs de Rio, réclamant l'indépendance du Brésil sous un régime libéral, avec Pedro pour empereur. Une extravagance que le prince s'empressa de démentir publiquement en réaffirmant sa loyauté au Parlement. «Je ne pourrai jamais être accusé de parjure, et je renouvelle mon serment de loyauté à Votre Majesté, à la nation et à la Constitution portugaise», avait-il écrit à son père, et afin de ne laisser subsister aucun doute sur son authenticité, il l'avait signé de son propre sang.

Il se trouvait maintenant dans un *no man's land*, un vide dangereux. Les libéraux ne lui faisaient pas confiance et lui retiraient toute l'autorité que lui avait conférée son père en lui donnant la régence ; dans le même temps, les traditionalistes conspiraient pour nier son droit à la succession au trône. Pedro allait être écrasé par les différentes forces qui voulaient le mettre hors-jeu. Sur qui s'appuyer ? Il ne faisait confiance ni à la troupe portugaise ni au petit groupe d'exaltés qui rêvaient de l'émancipation du Brésil. Il était seul, humilié, traité par le nouveau gouvernement comme un irresponsable. Certes, il avait demandé à rentrer au Portugal, mais pas de cette façon humiliante. À vingt-trois ans, père de deux enfants avec un troisième en route, il dirigeait un territoire beaucoup plus vaste que le Portugal. Lui, ce jeune homme en attente d'un destin glorieux, fidèle aux doctrines libérales, voilà que ces législateurs de Lisbonne prétendaient le faire plier, le punir comme un enfant. Après avoir été chef d'État et père de famille, comment pouvait-il revenir à sa condition d'étudiant sous la tutelle de «gens de confiance» ? Les efforts qu'il consentait pour gouverner un État en faillite ne prouvaient-ils pas sa loyauté et son engagement ?

Il s'indigna, et sa première réaction fut de se révolter. Mais contre qui ? Le Parlement ? Son frère, manipulé pour lui arracher le trône ? Leopoldine l'aida à se calmer. N'avait-il pas demandé à rentrer au Portugal ? lui rappela-t-elle. N'était-ce pas mieux pour l'éducation des enfants ? Ne disait-il pas que sa position au Brésil était insoutenable ? En même temps, les paroles de son père lui revenaient à l'esprit : «Sois habile et prudent, mon fils.» Son instinct de survie lui disait que ce n'était pas le moment de se laisser mener par les émotions. Il fallait garder la tête froide, et Leopoldine lui apportait une aide inestimable :

— Tu dois protéger ton droit au trône contre ceux qui veulent te faire abdiquer, lui dit-elle. Cela ne concerne pas que toi, mais aussi l'avenir des enfants... et pour cela, tu dois être à Lisbonne.

Leopoldine lui parlait en épouse veillant au bien-être de son mari et de la famille, et garantissait surtout la pérennité d'une dynastie qu'elle sentait en danger.

Le lendemain du jour où il reçut le courrier contenant les décrets du Parlement, Pedro convoqua ses ministres à une réunion qui se tint dans un calme tendu. Feignant de ne pas remarquer la désinvolture de Lisbonne à son égard, il s'abstint de cajoleries et de discours enflammés. Ils n'étaient pas constitutionnels ? Eh bien, il fallait obéir aux ordres du Parlement ; ils prirent donc les mesures nécessaires afin de céder le pouvoir à une assemblée provinciale. « Dès son élection, le gouvernement lui sera remis, et je pourrai faire appliquer sans retard le décret qui me demande de partir le plus tôt possible... », écrivit-il à son père le jour même. Immédiatement, il donna ordre de préparer la frégate *União* qui l'emmènerait en Europe avec sa famille. Dès lors, sa routine changea car il allait l'inspecter tous les jours, calculait les vivres nécessaires, discutait avec le capitaine de la route à suivre puis regagnait le palais pour partager avec Leopoldine et ses enfants la joie du voyage à venir.

40.

Cependant, la publication des décrets du Parlement de Lisbonne dans *La Gazette de Rio*, que Pedro avait autorisée, fit l'effet d'une bombe dont l'onde de choc se répercuta jusqu'au moindre recoin de l'immense pays. Les Portugais du Brésil tout comme les Européens se sentirent outragés. Le rétablissement de l'ancien système de monopole commercial portugais, qui faisait aussi partie du décret, irrita les commerçants locaux et étrangers, les avocats, les propriétaires terriens et une bonne partie de la société qui ne voulait pas revenir aux temps anciens de la colonie. Un fossé se creusa entre les commerçants portugais, l'armée qui les défendait et le reste de la population qui bouillait d'indignation. Les natifs du Brésil constataient, perplexes, que le Parlement de Lisbonne n'avait même pas attendu l'arrivée de ses députés pour débattre du statut de la colonie, témoignant par là d'un mépris total envers leurs «frères» de l'autre côté de l'océan. Il était clair qu'ils ne préconisaient pas l'égalité des territoires, mais la soumission de la colonie à la métropole. Ce qui était de toute évidence inacceptable. L'Histoire pouvait-elle faire marche arrière? Dans son acharnement à revenir vers la situation préalable à l'arrivée du roi à Rio, tout ce qu'obtint le Parlement fut de raviver un sentiment patriotique resté enfoui. Des hommes et des femmes qui s'étaient jusqu'alors montrés fiers de leur ascendance portugaise se dressèrent soudain en tant que Brésiliens. Furieux de se sentir trompés, ils se mobilisèrent immédiatement pour empêcher la fragmentation du territoire et sa recolonisation. Les clubs secrets et les sociétés telles que la franc-maçonnerie inondèrent la ville de pamphlets et de journaux – le plus virulent était un quotidien intitulé *Le Réveil brésilien* – en appelant unanimement au prince pour qu'il défiât les ordres du Parlement et restât au Brésil. Convaincus que la seule possibilité d'unir les provinces était de garder Pedro au Brésil, ces nouveaux patriotes firent courir la rumeur qu'ils empêcheraient par la force la frégate *União* de quitter la baie. Mais Pedro ne les écouta pas. Il n'avait pas encore compris que les Portugais du Brésil montraient davantage de loyauté envers la Couronne que les Portugais d'Europe.

« La rapidité avec laquelle les mesures du Parlement ont réussi à désorganiser entièrement ce pays et à créer une haine de tout ce qui est portugais, de même qu'un irrépressible esprit d'indépendance, est incroyable », relevait le baron Leopold von Mareschal, ancien élève de l'Académie militaire de Vienne et héros de la guerre contre Napoléon. Nommé en 1829, en charge des affaires d'Autriche à Rio de Janeiro, c'était un homme d'une quarantaine d'années, bien élevé et affable, devenu un visiteur assidu de la princesse. Sa mission consistait à informer la cour d'Autriche de ce qui arrivait au Brésil. C'était un diplomate à la vision claire qui rêvait de voir Pedro prendre la tête des Brésiliens. Traditionaliste, défenseur à outrance de la royauté et donc des absolutistes, il faisait si peu confiance au Parlement et à sa politique qu'il pensait que le Brésil pourrait devenir le refuge de la famille royale et le bastion de la monarchie. Pedro l'évitait car il ne voulait pas être associé à un représentant de la Sainte-Alliance et, à ce moment, son discours ne l'intéressait guère : il désirait rentrer le plus vite possible au Portugal, qu'il considérait comme la terre promise. Il était las de se voir entouré de petits royaumes, d'administrateurs ineptes et de militaires hostiles. À ce stade, Pedro ne croyait pas encore au Brésil.

Mareschal, lui, y mettait tous ses espoirs :

— Votre mari est le seul à pouvoir sauver le Brésil du chaos, le seul à pouvoir empêcher le pays de se dissoudre en une myriade de républiques, comme l'Amérique espagnole.

À chaque visite de Mareschal, Leopoldine voyait s'éloigner davantage son rêve de retour en Europe. Cette fois, ce n'était pas parce que son mari l'imposait, mais parce que le diplomate touchait sa fibre la plus profonde et sensible, le sens du devoir. Son compatriote lui assurait que s'ils repartaient au Portugal, le Brésil se soulèverait, il y aurait un bain de sang et la colonie se séparerait définitivement de la mère patrie. Voulait-elle avoir sa part de responsabilité dans un tel dénouement ?

— Pour le bien de votre famille, insistait le baron en la fixant de ses petits yeux d'un bleu intense, de la maison de Bragance, et surtout de la royauté, vous devez sacrifier votre désir le plus ardent et rester au Brésil, Madame. Vous devez faire votre possible pour exercer une influence en ce sens sur votre mari. C'est la seule possibilité de conserver les deux royaumes... ou du moins l'un des deux.

Toute autre femme se serait dérobée à une mission qui impliquait de sacrifier son vœu le plus cher, le plus nécessaire : partir. Mais Leopoldine n'était pas une femme ordinaire. Elle avait une volonté de fer, et sa capacité de dévouement envers ce qu'elle considérait comme un devoir était illimitée, la préservation de la monarchie l'un des piliers de son credo.

Avant de s'en persuader, elle fut torturée par le doute, oscillant comme un pendule entre divers avis. Et si leur retour en Europe leur faisait tout perdre, le Brésil, la monarchie, le trône du Portugal, tout ? Elle avait appris que son mari n'avait pas été la seule personne humiliée dans ce Parlement lointain et rempli de «jacobins»; son pauvre beau-père avait été traité de façon irrévérencieuse par l'Assemblée législative... N'allaient-ils pas finir par renverser la monarchie, comme le pensait Mareschal ? Comment raconterait-elle plus tard à ses enfants qu'ils auraient pu sauver le trône en restant au Brésil mais qu'ils avaient choisi de partir, en sachant qu'ils se jetaient dans la gueule du loup ? En les voyant jouer dans le jardin, elle se sentait déchirée entre son devoir de mère, qui la poussait à rejoindre l'Europe, et la réalité que lui racontait Mareschal, qui l'enjoignait à rester pour sauver le Brésil et la Couronne. Et, pensait-elle en son for intérieur, peut-être aussi l'amour de son mari.

Elle considéra progressivement le problème sous un autre angle, et cessa d'hésiter. Les conversations et discussions avec le comte de Arcos, le général van Hogendorp, à qui elle rendait visite lors de ses longues promenades à cheval, et surtout avec son compatriote Mareschal, la persuadèrent que le salut de la monarchie ne pouvait résulter que d'un pacte entre les chefs de l'émancipation brésilienne et la Couronne, représentée au Brésil par Pedro. Curieusement, les intérêts de la monarchie semblaient correspondre aux aspirations des Brésiliens, que Leopoldine jugeait plus sensés et modérés que les députés du Parlement de Lisbonne. Elle comprit que, pour l'évolution du Brésil, ils devaient absolument rester. Le fait de ne pas connaître le Portugal, de ne pas avoir de liens historiques ou traditionnels avec ce petit pays en proie à une vague d'anticléricalisme qui lui déplaisait, l'aidait. « Le bien public doit toujours précéder le droit privé », écrivait-elle à sa sœur, justifiant ainsi sa volonté de rester pour de simples raisons politiques. Leopoldine, fille de la Sainte-Alliance, étouffait ainsi ses sentiments personnels et renonçait définitivement à son rêve. Un sacrifice qui reflétait sa hauteur d'esprit.

Pedro était surpris de la virulence de la réaction populaire : « J'informe Votre Majesté que la publication des décrets a constitué un très grand choc pour les Brésiliens et de nombreux Européens établis ici, au point que l'on dit dans les rues : si la Constitution nous porte préjudice, quelle aille au diable ! » écrivit-il à son père. Mais il lui répétait par la suite son désir d'obéir aux « ordres sacrés », malgré « toutes ces voix, même s'il devait donner sa vie pour ça ». À la fin, il ajoutait une précision qui dénotait un certain changement dans sa position, peut-être déjà dû à l'influence de sa femme : « ... Je ne suis pas disposé à participer à la perte de milliers de vies. »

Leopoldine, avec la ténacité qui la caractérisait, utilisa tous les arguments possibles pour le faire changer d'avis. Elle commença par alléguer qu'elle avait peur d'accoucher sur le bateau, ce qui était une contradiction, puisqu'un an plus tôt, elle était prête à faire la traversée sur un voilier prévu pour six personnes. Elle cherchait à retarder le départ et à gagner du temps en espérant que l'évolution des événements aplanirait le chemin. Sachant que la majeure partie des étrangers qui vivaient à Rio souhaitait voir le prince rester, elle profita d'une promenade à cheval avec son mari pour aller rendre visite à van Hogendorp, l'ex-général de Napoléon, qui n'avait pas la langue dans sa poche quand il s'agissait de donner son avis.

Pedro, qui ne l'avait pas vu depuis longtemps, le trouva très affaibli. La mort récente de Napoléon à Sainte-Hélène l'avait tellement affecté que sa santé s'en était ressentie. Assis à la table de la galerie, il achevait d'écrire ses Mémoires. On entendait des coups de tonnerre lointains, et les éclairs illuminaient la panse noire des nuages.

— Il me reste une consolation, mes amis, leur dit-il en leur offrant un siège. Veuillez attendre un instant.

Il se leva avec difficulté et ce faisant, fut pris d'une violente quinte de toux. Il entra dans sa modeste maison d'où il ressortit un instant plus tard, avec des papiers, une bouteille d'eau-de-vie et trois verres. Il avait la respiration lourde et le regard fébrile.

— Regardez ça...

Il apportait un document jauni qu'il posa sur la table et sur lequel on pouvait lire : « Au général Hogendorp, hollandais, mon aide de camp, réfugié au Brésil, je lègue cent mille francs. » C'était une copie du testament de Napoléon.

— Il ne m'a pas oublié, dit-il d'un ton solennel.

— Vous êtes riche, Hogendorp ! plaisanta Pedro.

— Non, Altesse, non. Je laisse tout à mon fidèle Simba, dit-il en désignant son ex-esclave qui se trouvait au fond de la maison, dans le coin qui servait de cuisine, le visage fendu d'un large sourire. À quoi me servirait l'argent, maintenant ? ajouta-t-il, à nouveau secoué par la toux.

Hogendorp était convaincu de se trouver au seuil de la mort, comme si la disparition de l'homme à qui il avait consacré une partie de sa vie l'avait entraîné lui aussi vers l'abîme.

— La nuit, je suis pris de délire..., leur avoua-t-il en parlant lentement et en laissant errer son regard sur l'horizon. Hier, j'ai rêvé des merveilles de Java, quand je contemplais, sous la lune, les rajahs couverts d'or qui défilaient avec leur cortège entre des palmiers géants... Je n'ai jamais été aussi heureux. Je faisais partie de ces gens imprégnés de sagesse orientale. Le problème est qu'à l'époque, je n'en étais pas conscient.

Habilement, Leopoldine amena la conversation sur l'actualité politique et l'imminence du voyage. Quand il considéra sa crise de nostalgie comme terminée, Hogendorp poursuivit :

— Vous voulez vraiment rentrer au Portugal, Votre Altesse ? lui demanda-t-il. Les eaux du Tage sont très agitées.

— Mais mon devoir est là-bas, mon Général.

— En êtes-vous sûr ? Là-bas, il y a votre famille, Altesse. Si vous partez, vous jetterez par-dessus bord tout ce que votre père a fait ces dernières années, et le Brésil se séparera du Portugal, j'en suis sûr.

— Le Parlement exige mon retour, Général... Je suis constitutionnel, je crois en la représentation populaire, je ne peux m'opposer à ses instructions. Et puis, ce pays est ingouvernable.

— Le Parlement ! dit Hogendorp d'un air méprisant. Même s'ils le voulaient, ils ne pourraient pas faire pire ! En ignorant les désirs et les intérêts de leurs compatriotes de ce côté de la mer, ils n'ont réussi qu'à les rendre furieux et à les aliéner...

Il se fit un silence tandis qu'il leur servait une tournée de son eau-de-vie à l'orange.

— Depuis combien de temps vivez-vous au Brésil, Altesse ? demanda le Général, sur un ton plus confidentiel.

— Quatorze ans ; j'en avais neuf quand je suis arrivé.

— Vous avez passé plus de temps ici qu'au Portugal. Vous ne vous sentez pas de ce pays, Altesse ?

— Je suis portugais, Général. La patrie est la patrie.

Le Général se tut. On entendait chanter les oiseaux dans la forêt environnante, et les coups de pilon de Simba qui préparait la farine de manioc. Il remplit à nouveau les verres.

— La patrie n'est pas l'endroit où l'on naît, dit-il en les servant.

Il se tut un moment avant de poursuivre :

— La patrie est là où se trouve notre cœur, je le sais par expérience...

Pedro l'écoutait, même s'il n'était pas sûr de bien comprendre ce que le Général voulait lui dire.

— Je suis Hollandais de naissance, poursuivit le vieil homme. J'ai la nationalité française, je vis au Brésil mais ma patrie... ma patrie est Java. C'est là que je serais reparti si j'avais pu. C'est pour cela que je rêve la nuit que je suis toujours là-bas... Je vois des chevaux piaffant sous la véranda et des éléphants harnachés portant des princesses dans leurs palanquins dorés... Vous allez dire que je suis fou, et vous aurez probablement raison.

À ce moment, il tendit le bras vers le paysage qui se déployait devant eux, vaste, brillant d'une lumière tropicale, superbe. Et il prononça des paroles qui restèrent gravées dans la mémoire de Pedro.

— Faites attention, Votre Altesse, si vous repartez au Portugal, vous risquez de passer le reste de votre vie à regretter cela...

Et il embrassa d'un geste cette immensité verte et bleue couronnée de nuages, cette nature exubérante dont la beauté ne pouvait laisser personne indifférent.

41.

Sur tout le territoire brésilien, on désigna les assemblées des gouvernements locaux. Dans les provinces à faible présence de troupes portugaises, les nouvelles assemblées du gouvernement tombèrent sous le contrôle des autochtones. Ce fut le cas de São Paulo, capitale comptant moins de sept mille habitants et province peu peuplée à l'époque, avec un port important, Santos. L'homme fort de la nouvelle assemblée, le scientifique José Bonifacio de Andrada, âgé de cinquante-huit ans, venait de rentrer chez lui, après avoir passé trente-huit ans en Europe. C'était un petit homme aux yeux vifs et au regard espiègle, les cheveux gris retenus en un catogan qui tombait sur ses épaules affaissées. Athée militant, il jouissait d'une réputation de libertin forgée par la quantité d'enfants illégitimes qu'il continuait à engendrer, et par son penchant pour le *lundu*, cette danse d'origine angolaise où l'on finissait en se frottant le nombril. En résumé, c'était un curieux mélange de savant et de jouisseur, cultivé et querelleur. Mais personne ne remettait en cause l'autorité de ses connaissances, la finesse de ses jugements et de ses opinions.

Dans sa jeunesse, quand il étudiait le droit, la philosophie et les mathématiques à l'Université de Coimbra, il fut dénoncé par l'Inquisition pour avoir nié l'existence de Dieu. Obligé de fuir en Europe du Nord, plus tolérante, pour y achever ses études, il devint un des grands scientifiques de son temps. Professeur, chercheur, universitaire et administrateur, il écrivit des centaines d'articles dans des revues scientifiques sur des thèmes aussi divers que la régénération des forêts ou la pêche à la baleine. En Suède, il découvrit quatre espèces de minéraux et huit sous-espèces. Pour lui rendre hommage, on donna son nom à une roche, l'andradite. Il revint au Portugal en 1800, sous la régence de dom João, qui lui offrit une chaire de métallurgie à l'Université de Coimbra. Nostalgique de sa terre, quelques années plus tard, il supplia le roi de le laisser repartir pour «passer le restant de son existence à cultiver ce qui lui appartenait dans les champs du Brésil». En 1819, dom João lui accorda l'autorisation de rentrer. À son âge, Bonifacio croyait avoir sa vie derrière lui et ne plus avoir grand-chose d'autre à faire que profiter de sa retraite dorée.

Cependant, une nuit de la fin 1821 où il se remettait d'une infection de la peau qui l'avait laissé prostré au lit avec une forte fièvre, entouré des soins de sa femme et de ses filles, il reçut la visite d'un émissaire venant de Rio de Janeiro. L'homme arriva trempé car il avait chevauché des heures sous la pluie. Il venait lui décrire le climat de révolution latente dans la capitale, et demander à son gouvernement local de tenter de convaincre le prince de rester au Brésil. Comme tant d'hommes éclairés, Bonifacio était indigné contre le Parlement de Lisbonne.

— Nos députés ont été ignorés d'une façon insultante, se plaignait-il.

Avant d'envoyer ses députés représenter la province de São Paulo à Lisbonne, il avait consacré beaucoup de temps et de travail à rédiger des instructions, qui étaient une synthèse de ses idées. Même s'il lui semblait important de maintenir l'unité du Brésil, il considérait qu'il était encore plus important d'en finir avec l'esclavage qui «corrompt tout et empêche la société d'évoluer». Il prônait également la protection des indigènes et proposait une réforme agraire afin de distribuer des terres aux familles pauvres. Ses suggestions au Parlement de Lisbonne incluaient la création de plusieurs universités et, curieusement, une proposition pour changer la capitale, Rio de Janeiro, pour une ville qui serait construite au centre du pays dans le but de favoriser l'intégration nationale – une idée qui se concrétiserait, deux siècles et demi plus tard, par la construction de Brasilia. José Bonifacio était un visionnaire, un homme qui avait voyagé, un érudit, un scientifique mondialement respecté, un révolutionnaire pragmatique et modéré dont les recommandations ne méritaient pas d'avoir été ignorées de la sorte par Lisbonne. Ses deux frères, auxquels il était très uni, occupaient eux aussi une position importante dans la société coloniale. L'aîné, Martin Franscisco, était directeur du département des mines et bois de la province de São Paulo, et avait écrit des rapports circonstanciés sur ses voyages à l'intérieur du pays à la recherche de nouveaux minéraux. L'autre, Antonio Carlos, était un magistrat devenu juge à Pernambouc. Tous trois francs-maçons, contre l'esclavage et en faveur du traitement humain des tribus indigènes, ils avaient une réputation d'hommes honnêtes et intègres, engagés en faveur du libéralisme et la préservation d'une vaste autonomie brésilienne sous le Royaume Uni du Portugal, du Brésil et des deux Algarves. La visite de cet émissaire de Rio le stimula, car elle lui donna l'occasion de mettre ses idées en pratique. Étudiant, il avait vécu l'explosion de la Révolution française, et ce qu'il avait vu dans les rues de Paris lui avait appris que les foules incontrôlées pouvaient être plus tyranniques que le plus grand des souverains absolus. Aussi était-il convaincu de la nécessité de maintenir l'institution monarchique, car il pensait que dans un pays qui possédait autant d'esclaves, d'analphabètes et de pauvres, une république n'aurait pas de sens : le pays finirait par se fragmenter, comme cela s'était produit dans l'Amérique espagnole. Conscient de l'urgence, il demanda du papier et de l'encre, sortit du lit et, enveloppé dans une couverture pour résister aux frissons que lui donnait la fièvre, il écrivit un manifeste adressé à Pedro, qui marquerait le début de l'indépendance du Brésil.

42.

À Rio de Janeiro, Pedro, soumis à des pressions de plus en plus fortes, accepta de retarder son voyage à Lisbonne à la demande de sa femme, qui feignit d'être malade. Son ami Chalaza, lui aussi du côté des autochtones, l'informait régulièrement de l'agitation qui régnait en ville. Entre les partisans fanatiques du Parlement, les indécis qui avaient peur de la répression de la troupe ou de l'espionnage de la police, et ceux qui préféraient une solution plus radicale – une république à l'image des pays voisins –, il régnait une grande effervescence, et le prince avait du mal à évaluer sur quels appuis il pouvait compter. Inquiet, il éprouva le besoin de consulter le père Antonio de Arrábida, et découvrit que son vieux professeur avait lui aussi pris le parti des insurgés, suivant les pas d'un autre religieux, fray Sampaio, orateur brillant et homme cultivé, fondateur d'un journal à gros tirage, qui écrivit un jour à l'adresse de Pedro : « Soit vous partez, et nous devenons indépendants. Soit vous restez, et nous sommes toujours unis. » Arrábida lui avoua qu'il redoutait d'être découvert par les autorités car il aidait à recueillir des pétitions demandant au prince de rester.

En dépit des menaces de la troupe portugaise qui les obligeait à partir, Leopoldine suivait la voie qu'elle s'était tracée. Par souci de crédibilité, elle fit embarquer cent cinquante caisses sur la frégate censée les emmener en Europe. Elle veillait très attentivement à dissimuler sa participation au mouvement de ceux qui souhaitaient la voir rester. La princesse avait décidé de ne pas écrire à son père, pour ne pas avoir à lui raconter son travail de sape et aussi pour ne pas laisser de trace écrite. Elle communiquait toutefois avec

Mareschal à travers des lettres transmises par des émissaires de confiance : « Mon mari est mieux disposé envers les Brésiliens que je ne m'y attendais, mais pas aussi décidé que je l'aurais souhaité », lui avouait-elle.

Elle continuait à parler chaque jour à Pedro des orientations à suivre. Quand il n'agissait pas sous la dictée de ses directives, Pedro était aussi indécis que son père dans la gestion d'affaires complexes et délicates. Était-il prêt à affronter le Parlement, à s'opposer aux intentions d'une assemblée légitime ? En somme, à désobéir au pouvoir ? Ceux qui les incitaient à la rébellion avaient-il une chance de réussir ? Pedro sondait l'opinion sans trêve, voulant connaître les différents courants, à Rio, mais aussi dans d'autres provinces. Il était également très conscient de l'appui décisif dont il avait besoin de la part des militaires. Il n'avait aucune confiance en Avilez, qui disposait d'une considérable influence qu'il n'était pas disposé à partager. Et l'aventure de Pedro avec sa femme n'augurait pas d'une amélioration des relations, bien au contraire. Il y avait toutefois d'autres généraux, en charge des troupes constituées de soldats autochtones. Avec leur seul appui, il pourrait s'opposer au Parlement. Pedro pressentait que le pas qu'ils lui proposaient de franchir pouvait lui apporter la gloire, certes, mais aussi des souffrances et des humiliations.

— Si cela tourne mal, je devrai fuir pour éviter la prison et la honte d'être inculpé d'un double crime, de désobéissance et de trahison envers mon père et envers la patrie.

Auparavant, c'était Leopoldine qui était timorée et Pedro intrépide. Les rôles s'étaient inversés.

— Ne t'inquiète pas pour ton père ; si quelqu'un peut te comprendre, c'est lui. Souviens-toi de ce qu'il t'a dit avant de partir : il vaut mieux que ce soit toi qui tiennes les rênes du pays plutôt qu'un aventurier.

— Je veux maintenir l'unité du royaume, c'est aussi ce que voudrait mon père. Il faut résister coûte que coûte à l'arrogance du Parlement de Lisbonne.

Pedro était si anxieux que Leopoldine craignit une nouvelle crise d'épilepsie.

— Tout ira bien, lui dit-elle en caressant ses cheveux. Les gens sont de ton côté. Tu le verras demain matin.

Leopoldine faisait allusion au rendez-vous qu'il avait avec une délégation de députés municipaux dans l'ancien palais où avait été regroupée l'administration. Ils souhaitaient lui remettre une pétition populaire, à laquelle avait collaboré fray Arrábida. Au début, Pedro avait hésité à accepter, mais Leopoldine avait fini par le convaincre :

— César disait qu'il préférait être le premier dans un village que le second à Rome...

Elle connaissait le point faible de son mari – le goût du commandement et le désir de gloire – et elle savait comment en jouer.

— ... non par ambition, mais parce que l'homme qui est second ne peut qu'obéir ou s'engager, poursuivit-elle.

Pedro se leva et regarda par la fenêtre : les paons se promenaient entre les manguiers et les massifs de fleurs, hibiscus, tubéreuses, roses, azalées et il revit son père leur distribuer à manger. Comme il aurait aimé lui parler en ce moment ! Pour la première fois, il comprenait l'indécision de dom João. Il se sentait écrasé politiquement car la désagrégation d'un empire était en jeu, et personnellement, car sa vie menaçait d'être moins grandiose qu'il ne l'avait rêvée. Au moins, il n'était pas seul.

— ... Ou se rebeller, voilà la dernière possibilité d'un second, dit-il, se tournant vers Leopoldine.

Il s'approcha d'elle ; ses yeux violets le regardaient avec adoration. Il eut envie de la prendre dans ses bras, mais il ne le fit pas.

— D'accord, j'écouterai ce que les députés ont à me dire.

Apprenant qu'il se tramait une manifestation populaire d'appui au prince, le général Avilez tenta de s'interposer, et il alla voir Pedro, qui ne se laissa pas intimider :

— Général, je me permets de vous rappeler que les bases constitutionnelles garantissent le droit de manifester et de faire des pétitions, lui dit-il sur un ton ferme. Je suis décidé à écouter la voix du peuple.

Avilez dût se résigner et autoriser, le 9 janvier 1822 à midi, un cortège de députés municipaux à descendre la rua do Ouvidor, tous en tenue de fête, chapeau à la main, avec à leur tête le président portant l'étendard de la ville. Ils avançaient d'un pas lent, se frayant un passage parmi la foule. Il flottait dans l'air une odeur de savon des parfumeries françaises, de vin et de vinaigre des caves, et de pain sorti du four de la confiserie viennoise. La multitude rassemblée sur la place du Rocío, face à la mer, reçut le cortège dans un silence tendu, uniquement interrompu par le caquètement des poules, le croassement des corbeaux et la cadence du pas de ceux qui approchaient.

À l'intérieur du vieux palais les attendait le prince régent, assis sur le trône élevé, en uniforme avec insignes dorés sur les épaulettes et vareuse à haut col bordeaux. La rencontre était marquée par une solennité inhabituelle au Brésil. Le président du cortège le salua d'une révérence protocolaire avant de lui remettre la pétition. Pedro dévida un rouleau interminable.

— Elle a été signée par huit mille citoyens, lui expliqua le président.

C'était plus qu'il ne l'aurait imaginé, un nombre considérable pour la taille de la ville. Ils ne se contentèrent pas de lui remettre la pétition de Rio de Janeiro, il y avait aussi celle de la province de Minas, celle de Pernambouc et celle de São Paulo. Quatre documents qui représentaient une bonne partie du territoire brésilien. Le président commença son discours, attirant son attention sur le fait qu'ils n'étaient pas animés de volonté séparatiste : « Monseigneur, le départ de Votre Altesse sera l'événement fatal qui sanctionnera l'indépendance de ce royaume », déclara-t-il avant de le prier de rester au Brésil. Puis il ouvrit la lettre qu'avait écrite pour l'occasion le très vénéré José Bonifacio et commença à la lire : « Votre Altesse royale, hormis le fait de perdre aux yeux du monde votre dignité d'homme et de prince, en devenant l'esclave d'un petit nombre de fauteurs de troubles, vous devrez répondre devant le ciel du fleuve de sang qui ne manquera de couler au Brésil de par votre absence... », disait sans ambages le vieux scientifique, conscient du poids de ses paroles. Peu habitué à un discours aussi franc, Pedro fronça les sourcils mais il continua à lire attentivement : « ... Nous vous prions de compter avec hardiesse et courage sur l'amour et la loyauté de vos sujets brésiliens, qui sont disposés à verser la dernière goutte de leur sang pour ne pas perdre un prince idolâtré, en qui le peuple a placé tous ses espoirs... »

Que lui fallait-il de plus pour décider d'être un prince au service du peuple ? Ne lui proposait-on pas d'être le premier au Brésil ? Cet appui ne lui offrait-il pas des possibilités de succès dans une confrontation inévitable avec le général Avilez et avec le Parlement de Lisbonne ? Les généraux des divisions brésiliennes qu'il avait consultés la veille fort tard dans la nuit ne l'avaient-ils pas assuré de leur loyauté ? Pouvait-il réellement leur faire confiance ? Ne finiraient-ils pas par s'aligner sur Avilez et le Parlement ? Conscient que le moment d'assumer sa part de responsabilité dans les événements était venu, Pedro se leva du trône et demanda la parole. Il savait que dès lors, il s'engageait sur la voie de la rébellion ouverte :

— Comme il s'agit du bien de tous, et du bonheur général de la nation, je suis prêt : dites au peuple que je reste.

Un sénateur répétait ces mots à voix haute depuis l'une des fenêtres de la salle du trône à la population qui s'entassait en bas. Il monta aussitôt de la foule un murmure rauque d'approbation, interrompu par des vivats adressés à la Constitution, au Parlement, au prince constitutionnel, comme un fleuve qui, après avoir débordé, aurait soudain retrouvé son lit. Visiblement ému, Pedro sortit sur le balcon et reçut un accueil délirant.

— Ma présence au Brésil présente un intérêt pour les Portugais des deux côtés de l'Atlantique, leur dit-il avant d'être à nouveau interrompu par une ovation tonitruante, à laquelle s'unit le son des cloches.

Il fut envahi par une sensation diffuse, un plaisir profond, qu'il avait ressenti le soir du théâtre, l'intime conviction d'être sur la bonne voie, à sa place, celle de chef suprême adoré des masses galvanisées, des hommes heureux qui repoussent les limites du destin, qui changent l'histoire. Il venait de comprendre à quel point il désirait le pouvoir. D'abord pour la satisfaction qu'il lui procurait. Ensuite, pour imposer ses plans, expérimenter ses remèdes, obtenir une paix digne pour les Portugais des deux côtés de l'océan.

Il termina par les mots « union et tranquillité », et se retira. Il demanda un cheval pour rentrer à Saint-Christophe. Ceux qui l'entouraient insistèrent pour qu'il fasse le parcours en carrosse, mais il refusa, sachant que la foule finirait par le porter, comme elle l'avait fait pour son père le jour du serment. « Cela m'ennuie de voir des êtres humains rendre hommage à leurs semblables comme s'ils étaient des divinités », déclara-t-il avant de monter sur son cheval. Il voulait être le prince du peuple, une version moderne de son père.

Tandis qu'il galopait vers son palais, escorté de cavaliers qui le laissèrent à mesure qu'il s'approchait de l'enceinte du palais, il pensa que cette mobilisation n'avait pas été un reflet de la révolution du Portugal, comme les précédentes, mais la première manifestation d'un nouveau sentiment patriotique. Il ne ressentait plus d'appréhension, mais une enivrante sensation de plénitude. Débarrassé des doutes, conforté dans la certitude d'avoir pris la bonne décision, il éperonna son cheval pour arriver et débattre avec Leopoldine des mesures à prendre, qui étaient nombreuses et urgentes. Elle connaissait déjà la décision car ils l'avaient planifiée la veille. Elle l'attendait agenouillée à la chapelle, satisfaite d'avoir accompli son devoir mais mélancolique à l'idée de rester. Et soucieuse des conséquences d'un acte d'insoumission qu'elle, la plus docile des princesses, avait favorisé par loyauté à ses principes monarchiques et par amour pour son mari.

43.

Heureux, les gens fêtèrent ce qu'on appela le «*Dia do Fico*[1]» et illuminèrent les maisons et les édifices publics de sorte que la côte ressemblait à un chapelet de petits points multicolores. Dans leur palais, Pedro et Leopoldine devaient agir vite car ils savaient que le pouvoir ne supporte pas le vide. Entourés par les ex-ministres et les chefs du mouvement, ils prirent des décisions cruciales : s'assurer l'appui de la garnison militaire, accepter ou non la démission des ex-ministres, constituer des listes de gouvernement, etc. Toutes les consultations qu'ils menèrent auprès des uns et des autres mirent en évidence que le plus important était de faire venir José Bonifacio à Rio de Janeiro. Et le plus tôt possible. C'était une figure consensuelle, la plus apte pour aider Pedro et Leopoldine à organiser le nouveau gouvernement.

Le général Avilez et ses officiers étaient furieux. Décidés à annuler par la force tout ce que le peuple de Rio avait obtenu pacifiquement, ils conspiraient dans leurs casernes, préparant un plan qui obligerait les princes, sous la menace, à s'embarquer sur la frégate *União*, prête à appareiller.

— Ce salopard..., fulmina le général Soares à propos de Pedro. Nous irons le chercher au théâtre et le ramènerons à Lisbonne par les oreilles.

La rue reflétait la tension dans les casernes. Les soldats insultaient les cariocas et ces derniers répliquaient en les traitant de «pieds de plomb» à cause du bruit que faisaient leurs lourdes

1. De *ficar*, rester.

bottes sur les pavés. La violence s'accrut au fur et à mesure que des groupes de soldats pénétraient de force dans les maisons illuminées, signe qu'il y avait à l'intérieur des gens en train de fêter l'événement, et les mettaient à sac.

Pendant ce temps, Pedro et Leopoldine étaient au Théâtre royal en train de célébrer le *fico* devant la société de Rio. Elle avait insisté pour l'accompagner, malgré son ventre de sept mois et le risque d'être victime d'un acte violent, faisant preuve, d'après un spectateur, « du courage et du sang-froid qui, dans son auguste famille, étaient des vertus héréditaires ». Quand ils apparurent dans la loge, en tenue de fête, ils furent reçus par une ovation assourdissante, ponctuée de vivats et de cris de joie. Pedro prit la parole et fit un discours en appelant de nouveau à la paix et à l'union entre Brésiliens et Portugais. Mais, alors qu'il s'exprimait, il remarqua que la loge du général Avilez était vide. Et Avilez ne manquait jamais un opéra.

À peine le premier acte était-il commencé qu'on lui apprit que deux bataillons de soldats se regroupaient à Morro del Castillo, avec en renfort une compagnie d'artillerie portugaise. Un médecin militaire lui rapporta également les paroles du général Soares. Pedro fit alors appeler le général de la troisième division, composée en majorité de Brésiliens. C'était le même qui l'avait assuré la veille de sa loyauté. Pedro redoutait que ses enfants ne soient enlevés par les Portugais.

— Mon bataillon ne quittera pas les portes de Saint-Christophe, à moins que vous ne l'ordonniez en personne, lui assura le général.

Aucun des deux ne voulait provoquer un affrontement avec le bataillon portugais. Leopoldine, angoissée, murmura à Pedro :

— Laisse-moi aller chercher les enfants.

— Non ! Pas encore, nous ne pouvons pas laisser la panique se répandre, nous devons rester jusqu'à la fin. N'aie pas peur pour eux, ils sont protégés par la troisième division.

— Il vaut mieux que je les emmène hors de la ville, peut-être à Santa Cruz...

Santa Cruz était un ancien monastère jésuite situé dans une propriété que la famille royale utilisait parfois comme réserve de chasse et résidence d'été.

— D'accord, à la fin du spectacle, tu iras chercher les enfants à Saint-Christophe et tu les emmèneras, lui dit-il à voix basse ; laisse-moi organiser cela avec le général...

— Tu ne viens pas avec nous ?

— Je ne peux pas me séparer de la troupe qui m'est fidèle, je dois me faire à la situation.

Le public, distrait par le mouvement qu'il sentait dans la loge royale, commença à se douter qu'il se passait quelque chose de grave. Il murmurait, montrait son inquiétude. À vingt-trois heures, le bruit courut que des soldats portugais, pris de boisson et se comportant comme des vandales, brisaient fenêtres et vitrines, éteignaient les lampadaires et renversaient les attelages en ville. Alors le public devint nerveux et le vacarme fit taire les chanteurs et l'orchestre. Comme les gens se mettaient à partir, Pedro, depuis sa loge, s'adressa de nouveau au public :

— Je demande à tous les amis de la paix, du Brésil et aux miens, de garder leur calme et de rester à leur place ! Pour votre sécurité, ne sortez pas maintenant !

Les gens lui obéirent, et ceux qui s'étaient levés se rassirent. Pedro poursuivit :

— Il est vrai que deux régiments portugais se sont mutinés. Mais j'ai donné au général de ma garnison l'ordre d'assurer la protection des résidences et des propriétés de tous les habitants, poursuivit Pedro. Ne sortez pas dans la rue, car vous pouvez ralentir le mouvement des troupes. Et n'ayez crainte, l'ordre sera restauré d'ici la fin du spectacle. C'est pour cela que je vous demande de rester ici avec moi et de profiter ensemble du reste de la représentation... Musique, maestro !

L'orchestre se remit à jouer. Le public lança une acclamation si fervente que les murs semblaient trembler. L'autorité et l'assurance avec lesquelles Pedro s'était adressé à eux rassurèrent les gens qui reportèrent leur attention sur le spectacle. Mais l'agitation continua dans la loge royale. Dans un murmure incessant, Pedro recevait des messages, consultait les officiers de sa garde, échafaudait des plans pour que les bataillons loyaux se soulèvent, et donnait les dernières instructions pour permettre à Leopoldine d'aller chercher les enfants à Saint-Christophe et les conduire hors de la ville.

À la sortie du théâtre, la princesse lui dit au revoir, le cœur gros, avant de monter dans son carrosse. Elle vit son mari partir au galop, escorté par des militaires, dans l'obscurité de la nuit. Le reverrait-elle ? Il lui semblait si jeune, inexpérimenté et en même temps si sûr de lui dans son désir de prendre la tête des événements qu'elle craignait qu'il ne fût pris au piège de son propre enthousiasme. Elle ne pouvait réprimer son instinct protecteur car elle l'aimait de toute son âme. Elle s'apprêtait à faire un voyage de quatre-vingts kilomètres pour mettre ses enfants à l'abri de la violence qui s'abattait sur la ville.

Pedro se dirigea vers le jardin botanique, à environ dix kilomètres de distance, pour s'assurer l'appui du corps principal d'artillerie. Faisant preuve de courage et d'une grande présence d'esprit, il diligenta des ordres pour protéger le dépôt de poudre et faire venir les grands canons dans le but de défendre la ville du pillage par les troupes portugaises. Il passa la nuit en réunion avec les officiers des différents corps qui composaient les troupes brésiliennes et, ensemble, ils prirent la décision de rassembler les troupes loyales au Camp de Santana, la plus grande place de Rio, entre le Morro occupé par les Portugais et l'aqueduc qui approvisionnait la ville en eau. Pour la première fois, Brésiliens et Portugais se préparaient à un affrontement armé.

La troupe que Pedro et ses fidèles militaires parvinrent à réunir au camp de Santana constituait une armée très hétéroclite, un mélange d'individus de toutes les ethnies et conditions sociales, motivés mais mal préparés. Il y avait des religieux à cheval, la soutane remontée, des jeunes armés de pistolets cassés, de machettes rouillées ou de simples bâtons, mêlés à des Noirs qui apportaient du foin pour les chevaux et à des métis qui portaient sur leur tête des sucreries et des rafraîchissements pour les soldats. Des environs arrivaient des milices locales et la foule grossissait peu à peu. L'important était que les effectifs brésiliens comptaient dix mille hommes, tandis que les Portugais n'en dénombraient pas plus de deux mille, même s'ils étaient beaucoup mieux entraînés et équipés et qu'ils occupaient une position intéressante sur le plan stratégique. Quoique, sans réserve d'eau, il leur serait impossible de tenir un siège.

Mais si Pedro montrait des dons de stratège propres à galvaniser les troupes, il souhaitait à tout prix éviter l'affrontement. Malgré sa décision de désobéir au Parlement et de rester, il n'assumait pas complètement. La lutte qui s'annonçait touchait sa fibre la plus intime, comme une métaphore de sa propre contradiction. Né portugais, prince régent du Portugal et du Brésil, comment pouvait-il livrer bataille contre ses propres soldats ? C'était une chose difficile à concevoir.

En se voyant cerné par des soldats brésiliens, en haut du Morro del Castillo, sans eau ni vivres, Avilez comprit qu'il avait perdu la partie, du moins pour l'instant. Ses troupes pourraient ouvrir une brèche parmi l'ennemi mais cela lui répugnait de se battre contre ceux qui, peu de temps auparavant, étaient ses fidèles soldats. Son unique espoir était de gagner du temps jusqu'à l'arrivée des renforts que le Parlement portugais avait envoyés, et qui devaient être sur le point d'arriver. Aussi, le lendemain, quand, après tant d'heures de face-à-face menaçant, deux émissaires de Pedro arrivèrent à son campement pour le convoquer à une réunion et débloquer la situation, Avilez, qui pressentait la réticence du prince à provoquer un affrontement armé, accepta-t-il sans hésiter. Son idée consistait à transférer ses troupes à Niteroi, l'île située de l'autre côté de la baie, où ses soldats pourraient camper et être ravitaillés jusqu'à l'arrivée des Portugais. Pour y parvenir, il avait besoin d'une trêve.

Le prince le reçut à Saint-Christophe, entouré de ses officiers, qui étaient pour beaucoup des compagnons d'armes du général. Il n'y alla pas par quatre chemins. Il lui passa un savon devant tout le monde, lui reprocha son manque de discipline, critiqua le comportement de vandale de ses hommes, lui annonça solennellement qu'il était démis de ses fonctions de général en chef de la place de Rio de Janeiro, et lui ordonna finalement de quitter le pays.

— Vous m'accusez d'indiscipline, Votre Altesse, mais qui est en train de désobéir à l'ordre constitutionnel ?

— Nous sommes tous constitutionnels, Brésiliens et Portugais. Être constitutionnel, c'est écouter la voix du peuple. Et le peuple s'est prononcé.

Avilez, toujours hautain, voulut répliquer, mais Pedro le devança :

— Et puis je suis le fils du roi, général. Je suis votre prince et, ne serait-ce que pour cette raison, vous me devez loyauté. Si j'accède à la trêve que vous me demandez, c'est pour vous ordonner d'abandonner le Brésil au plus vite.

— Bien, je quitterai le pays, mais à une condition, de pouvoir emmener mes hommes avec leurs armes.

— Vous n'êtes pas en mesure de poser des conditions, Avilez.

Pedro retenait sa colère en serrant les poings. N'avait-il pas souvent entendu son père dire que le manque de loyauté des proches était ce qui produisait le plus grand découragement chez un être humain juste ? Maintenant, il comprenait pleinement ces mots. Cependant, par-dessus le sentiment personnel se trouvait l'intérêt pour la paix. Il lui en coûtait car c'était un combat contre lui-même, mais il parvint à se maîtriser :

— Toutefois, comme je veux que vos hommes quittent la ville sur-le-champ, je consens à vous laisser camper à Niteroi, de l'autre côté de la baie, comme vous le proposez. Nous allons mettre à votre disposition une frégate destinée au transport de la troupe. Là-bas, vous pourrez attendre l'arrivée des bateaux du Portugal, mais je vous préviens : ces vaisseaux ne seront pas autorisés à accoster. Ils seront renvoyés dès leur arrivée, vous et vos hommes à bord.

Avilez lui jeta un regard de défi. Il pensait que les vaisseaux emmèneraient cet orgueilleux prince et sa famille, car ils devaient être copieusement armés. Il avait peut-être perdu une bataille mais pas la guerre.

— Très bien, Votre Altesse, nous commencerons le transfert dès que je reviendrai avec mes hommes.

— Avilez, je désire que tout soldat qui souhaitera rester au Brésil soit séparé de votre division et qu'il lui soit permis de rester.

— Je ne peux y consentir, Altesse, dit-il, les yeux dans les yeux.

— J'insiste, mon général.

— Mes hommes viennent avec moi, là où je le leur ordonnerai.

Pedro lui lança un regard plein de rage ; à ce moment, il aurait aimé abattre ses poings sur le visage de cet ancien allié qui le défiait ouvertement. Mais il pensa que la concorde entre Portugais et Brésiliens valait bien de ravaler son orgueil en même temps que le désir de remettre ce salopard à sa place.

44.

La ville retrouva son calme avec le transfert de la division portugaise sur l'île de Niteroi. Le général ne put empêcher plusieurs centaines de ses soldats de déserter, et il ne lui resta que mille cinq cents hommes. Pedro publia un arrêté dans lequel il fêtait la victoire pour «l'union et la paix». Les commerces rouvrirent leurs portes, le marché aux esclaves reprit, le théâtre annonça la saison à venir et la vie reprit son cours, sans bruits de sabres ou détonations. Alors seulement, le prince put se concentrer sur la tâche la plus urgente : la formation de son gouvernement. Il conserva deux de ses anciens ministres et en nomma d'autres, mais la grande nouveauté consista à désigner José Bonifacio comme ministre principal du royaume, charge équivalente à celle de chef du gouvernement. Malgré son caractère indépendant, ce n'était pas un homme susceptible d'héberger des tendances radicales ou séparatistes. On le considérait plutôt comme un «vrai Portugais», un bon monarchiste. Pedro se fonda sur le prestige du scientifique et ce qu'en disaient le reste de ses conseillers. Ce serait le premier Portugais né au Brésil à devenir chef du gouvernement, à un moment qui exigeait des décisions d'homme d'État et non de simple routine administrative. Le seul inconvénient était que personne n'avait demandé son avis à José Bonifacio, en chemin pour Rio où il était attendu avec impatience, afin de remettre au prince régent la représentation de son gouvernement, celui de São Paulo.

Pedro voulut en informer Leopoldine, dans la propriété de Santa Cruz, qui se trouvait sur la route de Bonifacio. Il lui demanda d'aller au port tout proche de Sepetiba, et de rentrer avec lui à Rio.

Il était curieux de connaître l'avis de sa femme sur un personnage aussi renommé. Pedro tenait en haute estime l'opinion de Leopoldine. L'admiration qu'il éprouvait pour elle, pour son éducation, sa culture et ses points de vue s'était renforcée au cours des années. Son intuition lui disait qu'il ne trouverait jamais de conseillère plus fidèle. Il avait besoin d'elle à ses côtés, davantage comme conseillère et amie que comme amante – malheureusement pour l'Autrichienne.

Le voyage forcé de Leopoldine, commencé de nuit après la représentation au théâtre pour aller chercher ses enfants à Saint-Christophe, avait été un calvaire de plus de douze heures. Sous le gouvernement de dom João, seuls les premiers kilomètres avaient été pavés ; le reste était un chemin poussiéreux pendant la journée et impraticable en cas de pluie. Elle craignait de perdre le bébé qu'elle attendait, mais aussi que la santé de son fils, déjà affaiblie par l'intense chaleur de la fin janvier, ne finît par s'en ressentir. En dehors d'une petite escorte, elle n'était accompagnée que par sa fille Maria da Glória et une domestique, faute d'avoir pu trouver, dans la précipitation du départ, sa caméringiste, ou une dame de compagnie disponible. Leopoldine les soupçonnait de s'être volatilisées par crainte de se voir emportées dans le tumulte de ces heures incertaines. Elle ne s'était jamais fait d'illusions sur la sincérité des courtisans portugais. Elle arriva exténuée, les vêtements et la poussière collés au corps, sans savoir si son fils était victime d'un coup de chaleur ou, comme le disait la domestique, d'une crise de foie. Elle s'installa dans l'ancien monastère jésuite transformé en résidence d'été de la famille royale. Les premiers jours, elle se trouva assez délaissée car elle ne reçut aucune visite, jusqu'à l'arrivée d'un émissaire de Saint-Christophe avec les instructions de Pedro.

Leopoldine envoya trois cavaliers à Sepetiba, ainsi que son escorte qui se composait de deux soldats et d'un lieutenant, que Bonifacio, entouré de ses compagnons, trouva dès qu'il débarqua. Sur le chemin de Santa Cruz, ils croisèrent la princesse qui, impatiente, était venue les recevoir avec son attelage.

— Dom José, lui dit Leopoldine après les salutations de rigueur, veuillez avoir la bonté de m'accompagner jusqu'à la ville royale dans mon carrosse. Je veux vous présenter mes enfants, puis vous pourrez continuer vers Rio...

Leopoldine était agréablement surprise de rencontrer un Portugais du Brésil parlant aussi bien allemand et elle en profita pour l'informer que son mari l'avait nommé chef du gouvernement. Les petits yeux de Bonifacio s'écarquillèrent :

— Votre Altesse, c'est une trop lourde responsabilité pour mes épaules bien fatiguées... Je ne peux accepter.

Ils passèrent de l'allemand au français, que Bonifacio parlait sans accent. Malgré sa ténacité légendaire, l'Autrichienne n'obtint aucun engagement de sa part. Mais ils se lancèrent dans une conversation qui aborda la politique, l'éducation des enfants et la vie intellectuelle. Elle était fascinée car elle se trouvait pour la première fois en présence d'un grand penseur brésilien. Un être admirable en dépit de sa réputation de libertin, d'athée et de progressiste, qui l'obligeait à remettre en question la rigidité de ses principes. Leopoldine devait s'ouvrir aux tendances libérales de son mari, et un homme tel que Bonifacio l'aidait à les comprendre. Dans le fond, elle cherchait une justification scientifique et religieuse qui l'aurait aidée à s'adapter aux valeurs modernes, au monde de son mari. Elle apprécia tant le scientifique qu'elle envoya à Rio un message présentant le Pauliste comme « un homme fort compétent et authentique ». La sympathie fut mutuelle. Hormis le plaisir de pouvoir pratiquer ces deux langues, il fut lui aussi séduit par la sensibilité et la culture de la princesse. À Santa Cruz, Leopoldine lui présenta ses enfants. Le petit João Carlos était toujours souffrant.

— Ces deux jeunes Brésiliens, et celui qui va bientôt arriver, dit-elle en désignant son ventre, sont vos compatriotes et je vous prie de toujours les traiter avec l'amour d'un père.

Bonifacio était ému. Il lui conseilla de ne pas déplacer l'enfant, du moins pas avant qu'il eût repris quelques forces. Ils n'achèveraient pas le voyage ensemble, mais ils convinrent de se revoir peu après à Rio.

Pedro était si impatient de rencontrer Bonifacio et ses députés paulistes que, dès qu'il apprit leur arrivée, il les fit venir à Saint-Christophe. Il était vingt-deux heures quand il les reçut par une porte dérobée, sans avoir eu le temps de se changer. Ils entrèrent en secouant la poussière de leurs vêtements, vestes et chapeaux, tout en regardant, intimidés, les objets, meubles et tableaux de ce bureau majestueux. L'affabilité du prince, son abord chaleureux, son aplomb et son côté bon enfant les mirent immédiatement à l'aise. Ils parlèrent de la nomination du scientifique, pas uniquement comme ministre du royaume, mais aussi comme responsable des Affaires étrangères. Pedro expliqua que c'était un choix logique, compte tenu de l'expérience qu'il avait acquise en Europe. Bonifacio avait assez vécu pour ne pas se laisser éblouir par un fougueux prince de vingt-trois ans, et il refusa énergiquement. Il doutait de pouvoir travailler avec une personne aussi différente de par son âge, sa culture, sa formation, son origine. Pedro était catholique et pratiquant – il manquait rarement la messe le dimanche dans la petite église de Gloria –, Bonifacio franc-maçon et athée ; Pedro était impulsif, Bonifacio mûrissait ses décisions. Il n'était pas non plus convaincu que l'adhésion du prince aux idées progressistes ne relevât du pur opportunisme. De surcroît, le Pauliste, homme peu influençable, n'était pas intéressé par le pouvoir pour le pouvoir ; il avait pour ambition de lutter pour ses idées et, si possible, de les mener à exécution. Il rêvait d'un Brésil doté d'un haut degré d'autonomie, d'une monarchie constitutionnelle et de libertés garanties par une autorité stable. Le pouvoir l'intéressait pour réformer en profondeur la structure sociale et économique afin, un jour, d'abolir l'esclavage. Son imagination de vieux savant se perdait parmi ses plans grandioses.

Pedro, qui avait des problèmes urgents et concrets à résoudre, n'était pas habitué à cette indépendance d'esprit, mais son esprit vif lui permit de comprendre immédiatement qu'il ne pouvait traiter Bonifacio comme les hommes qu'il avait connus jusqu'alors, ni attendre de lui un comportement de courtisan. Cet homme était différent. Pedro sut reconnaître en lui une qualité supérieure, très éloignée de la médiocrité servile qu'il côtoyait, ainsi qu'une certaine hauteur d'esprit, un savoir profond, éclectique, et un caractère franc et curieux qui le faisait paraître plus jeune qu'il n'était. Pour la première fois, il se trouvait devant quelqu'un qui ne se répandait pas en excuses et suppliques pour refuser une nomination, et non des moindres. Il se trouvait devant un homme gagné par l'esprit de modernité qui traversait l'Europe, et que Pedro revendiquait également.

— Je suis disposé à servir Votre Altesse dans tout autre domaine, mais pas à la tête de son gouvernement, précisa-t-il.

À ce stade, Pedro ne pouvait se permettre de se passer de lui. Il sentait qu'il était une pièce maîtresse pour rassembler des forces et pousser le pays vers l'avenir. Il serait plus précieux que ne l'avait été le comte d'Arcos lors de son précédent gouvernement, avant l'émeute. Le prince avait besoin de lui.

— Donnez-moi vos conditions, monsieur Andrada. Avant même de les connaître, je tiens à vous dire que je les accepte.

Pedro comprit que, si cette collaboration était destinée à fructifier, il fallait effacer la hiérarchie, la différence d'âge et de condition. Le vénérable scientifique releva le gant et lui posa toutes sortes de questions, le mettant à l'épreuve. Il voulait s'assurer qu'il ne se trouvait pas devant un exalté avide de pouvoir, ou un fils à papa perdu dans le tumulte de l'Histoire. Pedro croyait-il vraiment en les valeurs qu'il préconisait ? N'abuserait-il pas de son autorité de prince pour imposer des critères personnels par pur caprice ? Dans le cas hypothétique où Bonifacio accepterait la charge, aurait-il toute la liberté d'action et de décision nécessaire ? N'entrerait-il pas en conflit pour le pouvoir avec ce prince jeune et lunatique ? Conscient que la sincérité pouvait être blessante, Bonifacio, devant l'insistance de Pedro et de ses conseillers, sollicita un entretien en tête-à-tête.

— Voyons si nous pouvons nous entendre, lui dit Bonifacio. En réalité, il y a une seule condition importante dont je souhaite vous entretenir en privé.

Le Pauliste ne voulait pas se lancer dans une lutte d'envergure sans avoir la certitude absolue de pouvoir compter à tout moment sur la présence et l'appui du prince.

— Nous ne pouvons établir un programme d'action politique et voir l'élément le plus important de cohésion et d'unité des natifs du Brésil, c'est-à-dire vous, disparaître de la carte parce que vous vous seriez soudain réconcilié avec le Portugal. Si cela arrivait, cela ne peut se faire aux dépens du gouvernement libéral et autonome que nous exercerions. Si vous me donnez votre parole que cela n'arrivera pas, Votre Altesse, nous pourrions parvenir à un accord.

Un reflet s'alluma dans son regard, et il répondit sans hésiter :

— Vous avez ma parole, Andrada. Tant que je vivrai, la maison de Bragance ne quittera pas le Brésil, je vous le jure.

45.

Mais la partie n'était pas gagnée. Bonifacio continuait à imposer ses conditions ; il voulait avancer en toute sécurité. Son plan était simple et exigeait une série de mesures concrètes, parfois difficiles à exécuter :

— Votre Altesse, notre survie exige que nous chassions Avilez de Niteroi avant l'arrivée des renforts du Portugal. J'ai besoin que vous me promettiez d'entreprendre le plus tôt possible une action militaire et navale pour les repousser.

C'était ce que Pedro voulait éviter. Il lui en coûtait de se résigner à attaquer Avilez et ses troupes. Que dirait son père si des soldats portugais mouraient sur son ordre ? En son for intérieur, il se sentait toujours portugais. Une délégation de la division d'Avilez avait précisément annoncé sa visite au palais pour féliciter Leopoldine le jour de son anniversaire. Avilez voulait bien évidemment adoucir les relations pour continuer à gagner du temps, même si Pedro se trompait sur l'intention finale du général.

Ses faux-fuyants refroidirent l'enthousiasme de Bonifacio, mais l'arrivée subite et inattendue de Leopoldine, qui avait avancé son retour en raison de l'état critique du petit, bouleversa le prince. Quand Pedro découvrit le teint verdâtre de son fils, ses paupières entrouvertes laissant voir le blanc de ses yeux, quand il constata sa respiration haletante et rapide puis entendit ses gémissements, il s'effondra. Car ce prince grossier et parfois mufle, capable de parcourir à cheval soixante kilomètres sans se démonter ou de rester une journée entière sans rien avaler, ce jeune homme qui pouvait être impitoyable avec ses subordonnés et rude avec les femmes, possédait une sensibilité qui se manifestait dans son amour inconditionnel pour ses enfants. L'idée d'en perdre un second, en plus de celui dont la dépouille reposait dans le cercueil blanc, lui causait un profond désespoir, comme si soudain plus rien n'avait de sens. Qui était Dieu, pour laisser un enfant souffrir ainsi ? Il se rappela alors la fatale « malédiction des Bragance » qui touchait, une fois de plus, son fils aîné. Mon Dieu, jusqu'à quand allaient-ils devoir en souffrir ? Pedro alla prier dans la solitude de la chapelle, « ne nous le prends pas, ne nous le prends jamais, il n'est responsable de rien, il n'a ni tache ni passé, laisse-le-nous, je t'en prie, Seigneur, laisse-le tenir un jour le sceptre de notre monarchie ». En cet instant, peu lui importaient le gouvernement, l'empire, le Parlement ou la gloire. La statue de bois sculpté, dans le plus pur style gothique brésilien, lui renvoyait un regard suppliant. Contemplant le visage de ce Christ moribond, il reconnaissait celui de son jeune fils : ces yeux révulsés qui reflétaient la mort et non la vie étaient ceux du petit João Carlos qui vomissait de la bile dans son berceau entre sueurs, tremblements et soins des médecins, ces médecins portugais qui incarnaient la terreur de Leopoldine.

Les religieux avaient beau lui expliquer le sens du sacrifice, les desseins insondables du Seigneur, la capacité rédemptrice de la douleur, Pedro sentait dans ses entrailles un mélange de rage et de rébellion. Lorsque, le jour de l'anniversaire de Leopoldine, un majordome annonça qu'une délégation d'officiers de la division d'Avilez attendait dans l'antichambre du palais pour féliciter la princesse, Pedro répondit :

— Renvoyez-les immédiatement !

— Mais, Votre Altesse, murmura l'homme, surpris par l'ordre tranchant.

— Je ne les recevrai pas, trancha Leopoldine. Dites-leur de regagner leurs quartiers.

Une vague de ressentiment contre ces officiers pharisiens l'envahissait. S'ils ne s'étaient pas mutinés, sa famille n'aurait pas été contrainte à la fuite par cette nuit chaude et funeste et l'enfant ne serait pas tombé malade. Pour Pedro, le général Avilez était coupable de la situation critique que vivait son fils aîné.

— Andrada, dit-il au vénérable Bonifacio, vous avez tout mon soutien pour en finir avec les séditieux de Niteroi.

C'était le dernier point important pour faire rester Bonifacio à

Rio et s'y organiser. Il installa ses bureaux dans le vieux palais de la place du Rocio. De son bureau, à l'aide d'une longue-vue, il pouvait voir l'île de Niteroi, à environ quatre kilomètres de distance, et surveiller la circulation des barques, felouques, brigantines et frégates dans les eaux bleu turquoise de la baie.

Et il commença à gouverner, en lien étroit avec Pedro, qui passait la plupart de son temps à Saint-Christophe auprès de Leopoldine et de leur fils agonisant. Le plus urgent était d'obtenir des renforts : il donna ordre à des unités de la milice brésilienne de São Paulo et de Minas de se rendre à Rio et fit accélérer l'équipement de cinq navires qu'il comptait utiliser pour ramener les troupes d'Avilez au Portugal. En peu de temps, il déploya une activité frénétique : il ordonna de n'appliquer au Brésil aucune loi promulguée au Portugal sans qu'elle soit approuvée par le prince régent, ce qui supposait un coup mortel à l'autorité du Congrès du Parlement de Lisbonne. Il envoya à toutes les assemblées provinciales des instructions afin qu'elles acceptent formellement l'autorité de la régence à Rio.

Quand les navires furent prêts pour le voyage océanique, Pedro insista pour envoyer un message personnel au général Avilez lui enjoignant de faire embarquer ses troupes sans tarder et de quitter la baie.

« Nous ne pouvons obéir à vos ordres, Votre Altesse, protesta Avilez par écrit. Notre devoir constitutionnel nous oblige à rester jusqu'à l'arrivée de la relève des troupes du Portugal. »

Pedro lui répondit par une seconde missive exprimant toute l'aversion qu'il avait accumulée. Mêlant offenses personnelles et raisons politiques, il condamna sévèrement les officiers portugais pour leur insolence : « Le soldat qui désobéit à son supérieur, non content d'être un très mauvais citoyen, est le plus grand fléau de la société civile qui le nourrit, l'habille et l'honore. » Et il acheva sur une menace : « Si les troupes n'embarquent pas le 5 à midi, je couperai sans égards l'approvisionnement en eau et en vivres. » Dans sa réponse, Avilez souligna la contradiction du prince : « La seule personne indisciplinée envers le souverain gouvernement est Votre Altesse. »

Toutes sortes de rumeurs avisant d'une éventuelle attaque des soldats d'Avilez commencèrent à circuler en ville ; pendant ce temps, Bonifacio et ses militaires brésiliens préparaient le siège de l'île de Niteroi. Les commerçants reçurent l'ordre d'interrompre tout échange avec la division portugaise. Mais les «pieds de plomb» sabotèrent le blocus en utilisant plusieurs embarcations afin de transporter, au vu de tous, le ravitaillement nécessaire en ville. En l'apprenant, Pedro fit intercepter le marché noir sur la frégate *União*, qui aurait dû les emmener en Europe, la corvette *Liberal*, trois barcasses armées et le vapeur *Braganza*. Il envoya également des troupes dans un lieu stratégique afin d'empêcher toute fuite des Portugais par voie de terre.

À mesure que la chaleur s'intensifiait, l'état de l'infant João Carlos s'aggrava. L'air était immobile, chargé d'humidité; même les oiseaux de la volière semblaient pétrifiés et les chiens somnolaient à l'ombre des palmiers. Dans l'abattement général, la veille de l'ultimatum lancé par Pedro à la troupe portugaise, le petit fut victime d'une crise d'épilepsie qui dura vingt-huit heures. Leopoldine et Pedro ne trouvèrent jamais le temps aussi long que lors de cette longue agonie qui emportait la vie de leur fils. Les médecins ne purent rien faire pour le soulager. Les convulsions laissaient l'enfant dans un tel état de prostration qu'il semblait mort, mais au bout d'un moment, il se réveillait pour être pris d'une nouvelle attaque. Leopoldine le coucha dans son propre lit, elle ne voulait pas se séparer une seconde de son bébé; elle lui passait un mouchoir humide sur le front, et ne put échapper à cette torture que les quelques minutes où elle s'endormit entre deux crises. Elle rêva qu'elle était entourée de neige dans un paysage de pins et de hautes montagnes, l'air lui transperçait la peau comme des milliers d'aiguilles, et la réverbération du soleil lui faisait cligner des yeux. Elle faisait une bataille de boules de neige avec son fils, qui était sain et fort, les joues rouges et le nez gouttant de froid. Chaque boule de neige qui s'écrasait contre son visage l'inondait d'un froid délicieux et elle passait la langue sur ses lèvres couvertes d'eau glacée afin d'étancher sa soif. Les rires de son fils, la voix du conducteur du traîneau, les chalets de bois éclairés sur le coteau, les stalactites de glace au bord des fenêtres, le craquement de la neige fraîche sous ses pas, la voix de son père et celle de sa sœur lui souhaitant la bienvenue au palais, et cette cheminée où brûlait un feu dont les flammes léchaient la pierre, langues de feu qui menaçaient de sortir et de la toucher... Un cri guttural l'arracha à ce rêve, la ramenant au cauchemar de la réalité, à la fièvre et à la souffrance de son petit, qui tremblait et criait, tandis que son père tentait de le calmer en le cajolant et en l'embrassant. « ... Je vous écris en pleurant pour vous dire que je ne peux me rendre à l'ancien palais, car mon fils est en train de rendre le dernier soupir. Je n'aurai jamais de meilleure occasion de lui donner un dernier baiser et la bénédiction paternelle », répondit Pedro au billet de José Bonifacio réclamant sa présence pour faire face aux Portugais qui n'obéissaient toujours pas à ses ordres.

Quand l'enfant mourut, Pedro et Leopoldine furent anéantis. « Au cœur de toute cette tristesse, il est de mon devoir sacré d'informer Votre Majesté du coup que mon âme et mon cœur déchiré ont souffert. Mon merveilleux fils João Carlos nous a quittés », écrit Pedro pour annoncer la nouvelle à son père, avant d'ajouter : « La souffrance et la mort de votre petit-fils sont le fruit de l'insubordination et des crimes de la division portugaise. » Leopoldine se réfugia dans sa foi religieuse afin de ne pas sombrer dans le désespoir le plus absolu : « Je suis incapable de vous décrire ma douleur. Je ne trouve qu'un peu de consolation dans la ferme confiance en le Tout-Puissant qui guide tout pour le bien de l'humanité. Il faut laisser passer le temps », confia-t-elle à son père.

46.

L'enfant fut enterré dans l'église du couvent de San Antonio, où son grand-père et son père avaient suivi un régime de pénitence afin de conjurer la malédiction familiale. Le petit étant considéré comme en état de pureté absolue, il ne fut pas déclaré de période de deuil, il n'y eut même pas de cérémonie pour l'enterrement, car selon la croyance, comme il avait été baptisé, son âme allait directement au ciel. Leopoldine fut déconcertée, mais encore plus impressionnée que personne ne fût vêtu de noir et que les courtisans portent au contraire leurs plus beaux atours en ce jour de deuil. On lui expliqua que la mort d'un enfant à un « âge angélique » devait être un motif de réjouissance car le petit était déjà en présence du Tout-Puissant. Les mères ne pleuraient-elles pas de joie dans les rues de Rio à la mort de leurs jeunes enfants, car ils avaient le bonheur de rejoindre Dieu ? Maigre consolation pour Leopoldine, dont l'âme sensible se heurtait à la religiosité d'une Cour superstitieuse et ignorante.

La mort de leur premier garçon eut pour effet d'unir davantage le couple. La rancœur et l'aversion qu'ils nourrissaient envers les troupes portugaises étaient un sentiment partagé par les cariocas qui n'avaient pas oublié le pillage auquel s'étaient livrés les mutins au cours de la nuit du *fico*. D'un côté, il y avait le peuple, déterminé à ne pas laisser arriver davantage de soldats du Portugal ; de l'autre, le général Avilez continuant à faire l'impossible pour gagner du temps, au point d'obliger sa femme à vendre ses bijoux pour nourrir ses soldats. Leopoldine apprit par un commandant brésilien que la jolie Joaquina de Avilez vivait pauvrement dans la ville tout en négociant des chargements de vivres pour les envoyer à Niteroi.

— Nous allons devoir l'arrêter...

— Non, n'en faites rien..., le pria Leopoldine.

— Elle travaille pour l'ennemi, Madame.

— Envoyez-la auprès de son mari, mais ne l'arrêtez pas, je vous en conjure.

Dans le fond, Leopoldine avait pitié d'elle. N'aurait-elle pas agi de même en pareille circonstance ?

Le 5, jour de l'ultimatum fixé par Pedro, arriva, et les troupes ne faisaient toujours pas mouvement. Avilez envoya une missive dans laquelle il s'engageait à lever l'ancre trois jours plus tard, et réclamant davantage de bateaux afin de transporter sa troupe ainsi que la levée du blocus. Pressé de les voir partir, Pedro envoya deux vaisseaux supplémentaires et leva le siège le 6. Mais ce que Bonifacio et lui aperçurent à travers leurs longues-vues était un remue-ménage d'embarcations allant d'un vaisseau à l'autre dans une intention douteuse : ils n'arrivaient pas à déterminer s'ils préparaient la fuite ou une attaque de la ville. Par précaution, ils décrétèrent le couvre-feu et la rumeur selon laquelle les Portugais étaient sur le point d'attaquer se répandit à nouveau en ville. Dans les rues du centre, ce fut la panique, les gens se précipitèrent dans les boutiques et les épiceries afin de faire des provisions tandis que d'autres commerces fermaient et que les églises se vidaient. Bonifacio prit le commandement d'une unité des milices et apparut sur la place du Rocio à cheval, en uniforme comme à l'époque glorieuse où il combattait les troupes de Napoléon au Portugal. Pendant ce temps, Pedro se rendit en barque sur la frégate *União* qui mouillait à Niteroi, d'où il envoya un officier faire dire à Avilez de hisser les voiles le lendemain à l'aube, sous peine d'être traité comme un ennemi.

L'officier regagna la frégate accompagné du général Avilez, qui protesta en raison de la dureté de l'ordre et présenta en même temps ses excuses, mais Pedro, qui ne pouvait s'ôter de la tête l'image du petit visage de son fils mourant, se montra inflexible.

— Si vous n'obéissez pas à mes ordres, j'ouvrirai personnellement le feu sur vos bateaux. Je ne peux rester complice de votre rébellion.

Il prononça ces paroles une main appuyée sur l'affût d'un canon et l'autre brandissant une mèche, qu'il alluma pour donner plus de poids à sa menace. Il savait que les forces brésiliennes sur lesquelles il comptait, habilement organisées par José Bonifacio, étaient plus nombreuses et que l'escadron naval sous ses ordres était bien armé. Il savait le peuple de son côté. La lumière de la mèche allumée éclairait le visage d'Avilez, qui semblait déconcerté par la fermeté du prince. Il connaissait lui aussi l'inégalité des forces en présence, car il était sans nouvelles de l'arrivée éventuelle des renforts. Et s'ils tardaient indéfiniment ? Et s'ils avaient fait naufrage ? Il savait surtout que ses officiers hésiteraient à faire usage de la violence car ils se trouvaient devant le fils de leur roi, et cela pesait dans la balance.

En fin de compte, le général portugais n'eut d'autre solution que de transiger et il ordonna l'embarquement de ses troupes. Pedro dormit sur le pont, utilisant ses vêtements comme oreiller. Le lendemain matin, il put constater que ses ordres étaient respectés. À travers sa longue-vue, il vit Joaquina de Avilez arriver sur un esquif jusqu'au bateau de son mari et monter à bord. Malgré les difficultés que cette femme venait de traverser, et qui se reflétaient dans son extrême minceur, Pedro la trouva encore plus séduisante que d'habitude.

Puis il regagna la terre et finalement, deux jours plus tard, les vaisseaux appareillèrent. Sur la rive, il vit ses corvettes *Liberal* et *Maria da Glória* escorter les transports de troupe jusqu'à la sortie de la baie, incluant le bateau qui aurait dû l'emmener au Portugal avec sa famille. À ce moment, il eut le sentiment d'avoir gagné un bras de fer contre le destin. Cette flottille aux voiles blanches qui s'éloignait marquait la fin d'une époque, le coup de grâce donné au pouvoir militaire portugais au Brésil. Et puis il était satisfait car la confrontation s'était déroulée sans effusion de sang, sans un blessé. « Ils sont partis doucement comme des moutons », écrivit-il à dom João le soir même.

José Bonifacio émit immédiatement un arrêté dans lequel il interdisait l'arrivée de forces portugaises au Brésil. Deux semaines plus tard, quand arrivèrent les renforts censés ramener la famille royale au Portugal, ils furent reçus à coups de canon depuis les forteresses qui gardaient l'entrée de la baie. Obligés de jeter l'ancre en mer, les commandants de l'expédition furent autorisés à débarquer pour négocier leur présence sur le sol brésilien. On leur confisqua une corvette, on leur donna l'autorisation de réapprovisionner leurs autres navires à Rio, et on permit aux mille deux cents soldats portugais de choisir entre rentrer au Portugal ou s'enrôler dans l'armée du prince régent au Brésil. Environ huit cents d'entre eux décidèrent de rester.

Pedro n'écrivait plus à son père qu'il était un capitaine général relégué au gouvernement d'une province, mais le « régent d'un vaste royaume, garant de la monarchie luso-brésilienne et lieutenant de Votre Majesté. Depuis que la division est partie, tout est tranquille, sûr et favorable au Portugal ». Il était heureux de pouvoir annoncer à son père qu'il avait accompli son devoir de préserver de la désintégration cette partie de la nation qui lui faisait confiance.

Peu après le départ de l'escouade portugaise, tandis que la ville connaissait une activité frénétique, Leopoldine accoucha de façon peu orthodoxe. La nuit du 11 mars, elle ressentit les premières douleurs et à trois heures et demie du matin, elle appela Pedro. À cinq heures, tandis qu'ils se déplaçaient dans le palais, elle ressentit de fortes contractions et s'accrocha au cou de son mari. S'étreignant dans la pénombre d'un couloir, ils sentirent un jet chaud tremper leurs vêtements : il s'agissait du liquide amniotique qui forma une flaque sur le plancher. Les pieds fermement plantés dans le sol, Leopoldine donna le jour à une fillette. « À cinq heures et demie, tout était terminé avec un immense bonheur », écrivit Pedro à son père. La bonne nouvelle fut communiquée au peuple par des salves d'artillerie tirées des forteresses et des navires ancrés dans la baie. « Dieu a emmené mon João Carlos, mais il m'a donné une autre fille que nous appellerons Januaria », annonça-t-il dans une lettre à Miguel.

Cinquième partie

Le temps où l'on abusait les hommes s'achève.

Pedro Ier

47.

À Lisbonne, Miguel partagea la nouvelle de la naissance de la nouvelle infante avec sa mère, à la Quinta de Ramalhão, où ils vivaient maintenant tous les deux. C'était une villa située sur les vertes collines de Sintra, que Carlota avait acquise en 1802, lorsque son mari, à l'époque prince régent, avait découvert qu'elle avait comploté afin de le faire passer pour fou et d'usurper le pouvoir. Ce n'était pas un palais comme celui de Queluz, mais une maison ancienne pourvue de grandes pièces bien ventilées donnant sur des terrasses couvertes d'orangers et de citronniers. Elle avait finalement été expulsée de Queluz par dom João à cause de son refus obstiné de jurer fidélité à la Constitution. Elle évita l'exil en alléguant qu'elle était trop malade pour se déplacer. En fait, pour des raisons différentes, ni l'un ni l'autre ne le souhaitaient. Une commission de médecins envoyée par dom João conclut que Carlota souffrait d'une maladie pulmonaire qu'elle traînait depuis Rio, ainsi que de calculs rénaux. Cette excuse permit à dom João de commuer la sentence en exil et de la ramener à la maison qu'elle avait choisie elle-même avant de partir au Brésil.

La lettre qu'envoyait Pedro à son frère contenait une autre proposition. Il lui offrait la main de sa fille, Maria da Glória, avec le consentement de dom João, et le priait de rentrer au Brésil. Les mariages entre oncles et nièces existaient depuis des temps immémoriaux dans les monarchies européennes, coutume qui était devenue la cause principale de dégénérescence génétique des familles régnantes. Elle restait cependant en vigueur car c'était une façon de s'assurer des droits de succession. Dom João lui-même était le fils d'un oncle et de sa nièce, et une sœur de Pedro avait épousé son oncle Ferdinand, roi d'Espagne. La proposition de Pedro, qui cherchait à éliminer toute menace potentielle sur ses propres droits, n'avait donc rien d'insensé dans le contexte de l'époque. Elle était motivée par la conviction qu'il n'aurait plus de descendant masculin, et que sa première fille, la petite Maria da Glória, lui succéderait sur le trône du Royaume Uni du Portugal et du Brésil : « Tu devras attendre une décennie voire davantage pour que ton épouse atteigne la puberté, mais je ferai tout ce qui sera en mon pouvoir pour rendre ta vie ici la plus plaisante possible. Ton existence sera meilleure qu'au Portugal, sous la botte du Parlement. Et puis, si tu viens, tu aideras non seulement ton frère, mais aussi la nation et ton père », lui écrivit Pedro.

Or Miguel n'était pas un idéaliste mais un être rancunier, jaloux et tout aussi ambitieux que sa mère, laquelle gardait de l'influence sur lui depuis son enfance. Miguel ne se souciait pas du sort de son père ou de son frère, et s'il feignait de l'intérêt pour le destin du Portugal, c'était uniquement parce qu'il y voyait sa chance d'obtenir du pouvoir, et de se débarrasser de l'étiquette de « bâtard ». Pedro ignorait que Carlota Joaquina et Miguel s'efforçaient tous deux de tirer parti des dissensions internes qui opposaient les députés du Parlement. Certains, irrités voire scandalisés par l'attitude de Pedro qu'ils considéraient comme irrévérente et séditieuse, souhaitaient nommer Miguel prince héritier. Carlota se frottait les mains : s'ils y parvenaient, elle galvaniserait les absolutistes autour de la figure de son fils pour renverser le gouvernement parlementaire. Le rêve de sa vie deviendrait réalité : usurper le pouvoir de son mari, en le faisant passer pour une personne instable, et placer Miguel comme prince. Son fils chéri, son préféré, son « petit bâtard » régnerait sur le Portugal et ses colonies d'outre-mer.

Les informations que Pedro recevait de son père étaient rares et vagues, car tous les écrits et les lettres de dom João passaient par la censure. Mais malgré cela, son père lui avait glissé que Carlota tentait de conspirer pour modifier les droits de succession. Raison de plus, pensa Pedro, d'éloigner son frère de la tutelle maternelle. Sentant que Miguel pouvait être plus utile au Brésil qu'accroché aux jupes de Carlota, et parce qu'il éprouvait pour lui une véritable affection fraternelle, il insista à nouveau dans le langage qui leur était familier : « Il ne manquera pas de gens pour te déconseiller de venir, lui écrivit-il. Réponds-leur d'aller se faire foutre. Ils te diront aussi que si le Brésil fait sécession, tu seras roi du Portugal. Qu'ils aillent se faire foutre une deuxième fois. » Et, plus loin : « Reviens au Brésil où les gens te respecteront et où tu pourras courtiser ma fille et l'épouser le moment venu... Viens, viens, viens, car le Brésil te recevra à bras ouverts, et tu vivras en toute sécurité sans qu'il t'en coûte, car au Portugal vous n'êtes pas en sécurité, tu peux finir comme le dauphin de France, et notre père comme Louis XVI. » Mais Miguel fit la sourde oreille ; il était trop irresponsable pour se soucier de sécurité. Au contraire, le danger l'attirait. Dans le fond, il savait que, loin de sa mère, il n'était et ne serait jamais personne, même si son frère l'assurait du contraire. À Lisbonne, il se trouvait au cœur de l'action, là où allait se décider l'avenir du Portugal, du Brésil et de la monarchie – du moins le pensait-il.

Le destin du Brésil était un sujet de dispute constant au Parlement de Lisbonne. Les parlementaires se lançaient dans des discussions aigres sur les prétentions de l'ancienne colonie. Les députés brésiliens, qui avaient été ignorés lors des premières instructions envoyées à Rio, avaient beaucoup de difficultés à défendre les droits de ceux qu'ils représentaient. Quand par exemple l'un d'eux réclama la création d'une université au Brésil, on lui répondit que quelques écoles primaires suffiraient. Ils se heurtaient en permanence à l'hostilité des députés portugais et du public qui, depuis la tribune, assistait aux séances et les huait dès qu'ils désiraient prendre la parole. On ne laissait pas parler ceux de « la colonie ». Et les plus exaltés exigeaient d'organiser une expédition punitive contre Rio et son prince rebelle.

— Lançons nos dogues contre les traîtres ! exigea à grands cris un député portugais.

— Nous allons renvoyer nos chiens ! renchérit un autre.

— Eh bien, au Brésil, nous ne manquons pas de jaguars et de guépards pour recevoir votre meute ! répliquait un Brésilien, dont les paroles étaient immédiatement étouffées par les cris du public et les gesticulations des députés locaux.

Dom João tenta de communiquer à son fils Pedro ces réactions et ce qui en découlait, à savoir que le Brésil ne pouvait attendre d'être traité sur un pied d'égalité avec le Portugal. Celui-ci répondit en lui demandant de porter ses missives à la connaissance des députés. Il y tenait intentionnellement des propos blessants et se vantait de sa popularité croissante. « Je garde une grande rancœur envers ce Parlement qui a tant cherché à terroriser le Brésil et à détruire le Portugal », écrivit-il dans une lettre. Pour éviter d'être traité de réactionnaire, il voulait montrer que sa colère n'était dirigée que contre ce Parlement factieux, et non contre le système des assemblées délibératives, « car ce système naît avec l'homme qui ne veut pas être servile et qui abhorre le despotisme ».

Or personne ne savait si ce prince avide de gloire et débordant de dynamisme était disposé à rompre définitivement avec le passé et à jouer un rôle de libérateur tel un Bolivar, un San Martin ou un Artigas, ou s'il cherchait à conserver des liens avec le Portugal. Deviendrait-il « indigène », comme ils disaient, afin de proclamer l'indépendance totale du Brésil et de s'emparer de ce nouveau trône ? Ou serait-il fidèle au serment fait à son père, signé avec son propre sang, de ne jamais usurper la Couronne, quoi qu'il arrive ? Pedro lui-même ne pouvait répondre à ces questions. Les événements se précipitaient et le défi consistait à tenter de les contrôler.

Dans le Minas Gerais, la province la plus peuplée du pays et l'une des plus puissantes sur le plan politique et économique, l'assemblée du gouvernement commençait à chanceler et elle annonça son refus de se soumettre tant à l'autorité de la régence à Rio qu'à celle du Parlement de Lisbonne. Ils plaidaient purement et simplement pour l'indépendance de la province. Devant cette attitude séparatiste qui mettait en échec tout leur projet d'unification, Pedro, Bonifacio et leurs conseillers comprirent qu'il ne suffisait pas de proclamer toute une série d'ordres et de déclarations ; ils devaient entamer une action immédiate, énergique et efficace. Pedro saisit que, s'il prétendait un jour étendre son autorité aux provinces les plus lointaines, il lui fallait réagir de la même manière que lors de crises précédentes : en consultant directement le peuple, en allant à sa rencontre.

— Je pars dans le Minas jusqu'à Ouro Preto, parler aux membres de l'assemblée..., annonça-t-il ce soir-là à Leopoldine. Je dois à tout prix gagner leur confiance.

— Tu pars seul ? lui demanda-t-elle.

— Je n'aurai que trois personnes pour m'accompagner, des amis de Bonifacio qui connaissent les gens du Minas.

— Cela me semble risqué, mon amour. Tu ne manques pas d'ennemis, là-bas, étant donné qui tu es...

Leopoldine faisait allusion à une révolte indépendantiste qui avait eu lieu à la fin du siècle précédent à Minas, la *Inconfidencia Mineira.* Elle lui rappela que c'était sa grand-mère, María, qui avait signé à Lisbonne l'ordre d'exécuter Tiradentes, chef de cette révolte dont le surnom lui venait de sa profession de dentiste.

— Tu crois qu'ils auront oublié l'*Inconfidencia?* lui demanda Leopoldine. On peut t'enlever, attenter à ta vie... Pourquoi ne conduis-tu pas un bataillon qui t'escorterait?

— Je ne veux pas les impressionner avec des soldats et un attirail militaire, au contraire; pour les conquérir, je veux qu'ils me voient comme l'un des leurs.

Pedro lui adressa un regard docile et elle lui répondit d'un léger sourire.

— Plus personne ne se souvient de Tiradentes, c'est de l'histoire ancienne, je t'assure, poursuivit Pedro. Il faut faire confiance aux gens, Leopoldine. Je parlerai à l'Assemblée et je les convaincrai que le mieux pour tous est de rester unis.

Elle avait beau ne pas vouloir l'avouer, Leopoldine avait de la peine de se séparer de Pedro en cet instant. Il ne s'était écoulé que deux mois depuis la mort de leur fils. Elle faisait peine à voir. Son allure était négligée, elle avait les yeux cernés. Ses grossesses successives l'avaient abîmée, elle s'était empâtée. Elle ne parvenait pas à remonter la pente, tout accaparée qu'elle fût par le nouveau bébé et l'aide qu'elle apportait à son mari en matière de politique. Après avoir pris congé de Pedro, le cœur encore serré, elle s'assit à son secrétaire pour écrire à sa sœur : «Il commençait à faire mes délices par ses grâces enfantines quand j'ai eu le malheur de le perdre. Je reste inconsolable, je ne dors plus. Je ne m'en remets pas.»

48.

Pedro se plongea dans l'action, le meilleur remède pour oublier la récente tragédie. Coiffé d'un chapeau à large bord et vêtu du poncho des gauchos du sud, il se lança sur les chemins de l'intérieur du Brésil sans peur et avec enthousiasme. Il ne voulut même pas emmener de cuisinier :

— Je mangerai ce que nous trouverons en chemin, dit-il à Leopoldine en prenant congé.

Le 25 mars 1822, accompagné de quatre hommes, d'un domestique, un palefrenier et une escorte de trois soldats, il partit pour le Minas dans le but d'apaiser les esprits et de reconduire la décision de son gouvernement local.

Partir seul à la rencontre d'une assemblée insoumise et d'un peuple avide d'indépendance lui semblait constituer un formidable défi. Et puis, c'était la première fois qu'il quittait les environs de Rio et s'engageait à l'intérieur du pays. S'il ne l'avait pas fait plus tôt, c'était parce que son statut de prince l'empêchait de s'absenter sans la permission paternelle et parce que le Brésil, en tant que nation et royaume, ne l'avait vraiment intéressé qu'au moment d'en assumer la régence, en particulier quand il avait ressenti la chaleur et l'affection du peuple qui lui avait demandé de rester. C'était un prince sentimental réceptif aux marques d'affection, et il attendait que le peuple répondît à son dévouement. Entreprendre un voyage très éprouvant sur le plan physique, qui exigeait de chevaucher pendant des jours entiers sur des chemins étroits et dangereux, trempé jusqu'aux os par les pluies fréquentes, ne le dérangeait pas. Le climat se rafraîchissait à mesure qu'ils dépassaient la forêt avec ses eucalyptus, palmiers, bougainvillées, essences exotiques dont les fleurs contrastaient avec le vert foncé des montagnes, hautes et arrondies. En fin d'après-midi, ils s'arrêtaient au bord des chemins, mangeaient un morceau de lard et de farine de manioc puis dormaient n'importe où ; le prince se recouvrait avec son poncho et utilisait une veste pliée en guise d'oreiller. Ils montèrent jusqu'à mille mètres, la hauteur moyenne des villes du Minas Gerais, et quand il arriva au Morro de los Arrepentidos, il se plia à la superstition locale en y plantant une croix faite de joncs, tel le muletier le plus humble. L'écho de sa visite le précédait dans les villes où il était reçu avec admiration car c'était la première fois que les habitants voyaient un membre de la famille royale, puis avec ferveur quand ils découvraient son bon caractère. Dans les hameaux, il acceptait avec un grand sourire les oranges et les noix de coco qu'on lui offrait. Pour le protéger du froid du sol, les paysans arrachaient une vieille porte ou une contre-fenêtre et la lui donnaient en guise de lit. La ville de Barbacena le reçut pavoisée de fichus et de châles brodés que les femmes avaient sortis de leurs malles et tendus sur le rebord des fenêtres. Des fleurs jonchaient le chemin sur son passage. Pedro les charmait tous, il parlait leur langue, celle qu'il avait pratiquée dans son enfance avec les garçons d'écurie et plus tard avec ses amis, comme Chalaza. Des officiers de la milice et des chefs civils se laissaient séduire par la simplicité de ce prince jovial et ouvert. Ils finissaient par lui jurer loyauté et par lui promettre de l'aider au cas où il devrait affronter un conflit à Ouro Preto, capitale et siège de l'assemblée du gouvernement.

Au fur et à mesure qu'il parcourait le pays et se mêlait aux gens, il avait le sentiment d'appartenir à ce « vaste royaume », qu'il avait maintenant l'occasion de mieux connaître. À Congonhas, il fut fasciné par les statues des douze prophètes qu'un chercheur de diamants portugais avait fait bâtir. C'était l'aube, le brouillard dessinait des volutes, et Pierre connut comme une sorte d'extase devant ces prophètes qui clamaient au ciel ce qu'ils croyaient être leur juste cause. L'arrivée de Pedro à Ouro Preto, l'ancienne capitale, bâtie près d'une source où un pauvre métis, au début du XVIIIe siècle, voulant étancher sa soif, découvrit de petits grains noirs et brillants qui s'avérèrent être de l'or, fut précédée de rumeurs sur une révolution que la garnison militaire portugaise serait en train de tramer. On disait que le lieutenant-colonel qui commandait la troupe s'opposait à la visite du prince régent. Les rumeurs elles-mêmes poussèrent des brigades de miliciens brésiliens à se solidariser spontanément avec Pedro, rejoint par quatre régiments. S'arrêtant aux abords de la ville, entouré d'une multitude de miliciens et de sympathisants, il proclama un arrêté appelant les autorités locales à se soumettre à ses ordres. Devant pareil déséquilibre des forces, moins d'une heure plus tard, l'assemblée abdiqua.

Pedro refusa le pompeux carrosse qu'on lui offrait et choisit de faire son entrée triomphale à pied, entouré d'une marée humaine qui l'acclamait. Sur la place située devant l'église symbolisant la grandeur de l'art baroque brésilien, Pedro prononça un discours : « Peuple du Minas ! s'exclama-t-il : Ne vous laissez pas abuser par ces têtes qui ne cherchent que la ruine de votre province et de la nation. Rejoignez-moi, et vous avancerez de façon constitutionnelle : toute ma confiance est avec vous, faites-moi confiance. Vive le roi constitutionnel ! Vive la religion ! Vivent toutes les personnes honnêtes ! » Son enthousiasme et le soutien qu'il avait obtenu désarmèrent la résistance et le commandant portugais lui-même, chef de l'assemblée locale qui, devant la clameur populaire, ne put que céder et s'agenouiller devant Pedro. Personne n'oublia ce que lui dit alors le prince :

— Relevez-vous ! Je suis venu ici pour veiller sur cette importante partie du Brésil, pas pour m'occuper de vous.

Au cours de la semaine qu'il passa à Ouro Preto, Pedro, enhardi par le succès retentissant de son voyage, déploya une activité frénétique, s'informant de tout, s'immisçant partout. Il nomma un nouveau gouverneur militaire, organisa des élections, écouta des plaintes de voisinage, renvoya des fonctionnaires corrompus, fit éditer des décrets sur des affaires locales et surtout définit les compétences du gouvernement provincial par rapport au gouvernement central. Il se divertit en compagnie féminine, au point de sembler avoir complètement oublié son épouse. Dans une lettre qu'il reçut à Ouro Preto, Leopoldine se plaignait amèrement : « La séparation est assez difficile pour que tu n'augmentes pas ma contrariété en me privant de tes nouvelles. » Et elle terminait en signant : « Leopoldine, qui te porte un amour extrême. »

Pedro eut une aventure avec la femme d'un lieutenant. Afin de pouvoir se retrouver seul avec elle, il avait envoyé son mari à Rio, à la Cour, comme s'il s'agissait d'une promotion extraordinaire. Ravi de sa nomination, celui-ci lui fit envoyer d'une ville qu'il avait traversée un panier de pommes savoureuses, sans se douter que son bienfaiteur, qui jouissait des faveurs de sa femme, éclaterait de rire devant le symbolisme d'un tel cadeau. Ce ne fut pas son seul faux-pas : il eut une autre aventure avant de devoir rentrer précipitamment à Rio. Une lettre de José Bonifacio lui annonçait qu'il avait découvert, grâce à Leopoldine, un complot pro-portugais visant à installer une assemblée provisoire dans la capitale carioca. Le coup avait avorté, mais Pedro décida de rentrer, d'une traite, parcourant les cinq cent trente kilomètres qui séparaient Ouro Preto de Rio en quatre jours et demi. Ivre de gloire et de pouvoir, il se rappelait les paroles d'Hogendorp : « La patrie est là où se trouve notre cœur. » Oui, le Hollandais avait raison, la patrie était cette immense pays où chaque maison, aussi humble fût-elle, le recevait comme un prince. Sa patrie se trouvait là où on l'aimait.

Il regagna Rio juste à temps pour apparaître au Théâtre royal à vingt et une heures le 25 avril, en uniforme de gala, le teint hâlé par le soleil et le vent, au côté de Leopoldine, rayonnante de bonheur de se retrouver au bras de son cher époux. Sa présence enflamma le public. Il annonça que tout était calme et sous contrôle dans le Minas, et qu'il était revenu pour achever la pacification du Brésil. Ses paroles furent acclamées avec frénésie, et les trois jours suivants, toute la ville fêta les exploits épiques de son prince héritier.

49.

En son absence, divers partisans du Parlement de Lisbonne, connaissant son désir de rentrer en Europe, avaient pris contact avec Leopoldine et tenté de semer la zizanie dans le couple royal. Ils ignoraient toutefois la fermeté de son engagement envers la tâche de son mari. « Ne vous y trompez pas : je suis de culture allemande, ce qui signifie que je suis constante, loyale et obstinée », avait-elle écrit à Bonifacio. Ces mêmes séditieux tentaient de renverser le ministre afin d'organiser une assemblée provisoire. En partie grâce aux informations obtenues par Leopoldine et son réseau de contacts parmi les diplomates en poste à Rio, le ministre put faire échouer la tentative. Pedro apprit aussi que Leopoldine avait reçu une lettre signée par le roi lui-même, quoique non écrite de la propre initiative de dom João, dans laquelle il réprimandait sa belle-fille et son fils de ne pas être encore rentrés en Europe. Las de tant de manipulation, Pedro fit répondre que la princesse et lui « ne rentraient pas à Lisbonne car ni le peuple du Brésil ni eux ne le souhaitaient, et, si le roi continuait à s'entêter, son fils se dresserait à la tête du Brésil, il serait donc bien inspiré de se faire à cette idée ».

Le voyage au Minas avait exacerbé la haine du prince envers le Parlement de Lisbonne et l'avait fait se sentir plus brésilien que jamais. En écrivant à son père pour lui annoncer que la municipalité de Rio l'avait honoré du titre de « protecteur et défenseur perpétuel du Brésil », il lui expliqua qu'il n'avait pu l'accepter en ces termes : « Le Brésil n'a besoin de la protection de personne ; il se protège lui-même. Mais j'accepte le titre de défenseur perpétuel, et je jure de m'en montrer digne, tant qu'une seule goutte de sang coulera dans mes veines. Je défendrai le Brésil qui m'a tant honoré, et Votre Majesté, car tel est mon devoir en tant que Brésilien et prince. » Désormais, dans toutes ses lettres, il se présentait comme Brésilien.

Comme il n'y avait pratiquement pas de partis politiques à l'époque, les loges maçonniques étaient les forums qui canalisaient l'activité publique. C'étaient les francs-maçons qui plaidaient le plus ardemment en faveur d'un système parlementaire et de l'indépendance. Interdits par dom João pendant des années, ils avaient ressurgi en force. Au lieu de s'affilier au Grand Orient du Portugal, ils créèrent le Grand Orient du Brésil afin d'intégrer l'avalanche de nouveaux membres. Les frères maçons nommèrent José Bonifacio Grand Maître. Celui-ci accepta la charge à contrecœur, sans y croire, escomptant qu'elle lui permettrait de surveiller ses adversaires masqués. Il n'était pas convaincu, la franc-maçonnerie ne l'intéressait que comme moyen de galvaniser les hommes dans un but concret, comme s'il s'agissait d'un parti politique. Soudain, tout Carioca qui ambitionnait de participer à la vie publique, de cultiver des relations pour son propre bénéfice ou de prendre une part active à l'action, demanda à entrer dans la fraternité. Chalaza lui-même essaya, mais sa candidature fut refusée, bien qu'il eût fait étalage de son amitié avec le prince. Influencé par l'adulation constante des rivaux de Bonifacio, qui se montraient jaloux du pouvoir du scientifique et souhaitaient attirer le prince dans leur orbite, Pedro voulut y entrer lui aussi. Bonifacio s'y opposa, arguant qu'appartenir à une société secrète n'était pas compatible avec la dignité d'un prince régent. Mais l'hyperactif Pedro voulait participer à tout, être au courant de tout ce qui se tramait. Il voulait exercer son propre contrôle sur les sociétés secrètes. Finalement, et, malgré sa charge de Grand Maître, Bonifacio ne parvint pas à empêcher le Grand Orient d'admettre le prince comme frère maçon.

La cérémonie d'initiation eut lieu au siège de la loge à Rio. Entouré de membres masqués et portant de longues toges, il fut initié sous le pseudonyme de « Romulus » et désigné arcane-roi. Il signa son adhésion avec les quatre points en carré utilisés par les francs-maçons, en jurant obéissance aux fins supérieures de l'organisation, qui incluaient de « promouvoir de toutes ses forces et au prix de sa propre vie la fortune, l'intégrité, l'indépendance et le bonheur du Brésil en tant que royaume constitutionnel, en s'opposant au despotisme et à l'anarchie». Ce rituel de société secrète enflammait l'imagination de Pedro, qui justifiait devant Leopoldine son incorporation par le fait qu'il aurait ainsi l'assurance que rien n'échapperait à sa direction. Plus critique, elle considérait avec méfiance les francs-maçons qu'elle accusait de radicalisme. Comme Bonifacio, dont les idées concordaient largement avec les siennes, elle redoutait que les événements ne finissent par s'emballer, avec un résultat semblable à la Révolution française, qui avait vu rouler la tête de sa tante Marie-Antoinette. Elle continuait à penser que son mari s'enthousiasmait exagérément pour tout ce qui était nouveau, et qu'il perdait ainsi la distance et le discernement nécessaires pour prendre les bonnes décisions.

Il était cependant assez intelligent pour comprendre l'injustice que le Parlement de Lisbonne s'obstinait à perpétrer contre son pays d'adoption. Comment accepter la décision récente de Lisbonne d'envoyer davantage de troupes pour soumettre le Brésil ? Ou l'ordre donné aux consuls portugais dans les pays européens d'empêcher l'exportation d'armes vers la colonie ? Comment céder devant l'interdiction d'importer des objets manufacturés étrangers à moins de provenir du Portugal ? Lisbonne s'entêtait à revenir des années en arrière, quand l'économie du Brésil dépendait du Portugal. C'était un non-sens qui montrait le refus aveugle de Lisbonne de traiter en égaux les Brésiliens. Sans compter l'outrage et le manque de respect dont les députés avaient fait preuve en traitant Pedro de «malheureux et misérable voleur», voire de «tyran». Un autre en était venu à le menacer de l'enfermer entre les quatre murs du palais de Queluz «pour lui apprendre le métier de véritable constitutionnel». Ne s'étaient-ils pas moqués de la lettre que Pedro avait envoyée à son père en lui jurant fidélité et signée de son propre sang ? Ce geste romantique et passionnel, qui appartenait à une autre époque, avait provoqué l'hilarité de l'Assemblée. À la lumière d'une telle arrogance, Bonifacio et la princesse cessèrent de croire en la viabilité du projet de Pedro, qui continuait, fidèle à son père, à croire en l'union de la nation portugaise, un concept semblable à ce qui, au XXe siècle, serait le *Commonwealth* britannique, sous l'égide de la monarchie.

Un jour, Leopoldine déroula une carte du Brésil dans le bureau de Pedro :

— Regarde, ici, en haut, il y a l'Amazone, et là, en bas, le rio de La Plata. Qui, disposant d'un minimum de sens commun, voudrait abandonner une région aussi étendue, entre deux fleuves gigantesques ? Eux, jamais, dit-elle en se référant aux Portugais. C'est nous, qui allons devoir abandonner.

En laissant transparaître sa sympathie pour le mouvement d'indépendance et pour la sécession du Brésil, Leopoldine s'émancipait de l'influence spirituelle et politique de la maison paternelle : « En accord avec les nouvelles qui nous parviennent de la mère patrie, il est possible d'en conclure que Sa Majesté le roi João VI est retenu par le Parlement dans une prison courtoisement dissimulée. Notre retour en Europe est impossible, étant donné que le noble esprit du peuple brésilien se manifeste par tous les moyens ; ce serait faire preuve de la plus grande ingratitude envers le peuple et de la plus grossière erreur politique que de l'abandonner en ce moment... », écrivit-elle à son père.

Pedro, Bonifacio et son gouvernement réagirent aux dernières mesures du Parlement en réclamant le retour des députés brésiliens, ceux que huait le public. Ils déclarèrent la guerre à toutes les unités de l'armée portugaise qui se trouvaient sur le sol brésilien, et demandèrent aux puissances étrangères de traiter directement les affaires du Brésil avec Rio, nommant à cet effet des diplomates chargés de cette nouvelle relation. Dans un manifeste au peuple, Pedro s'en prit aux « sordides intérêts » et à la « lugubre ambition » de ceux qui voulaient « que les Brésiliens paient jusqu'à l'air qu'ils respiraient et à la terre qu'ils foulaient ». Il s'en prenait à la mesquine politique du Portugal, « toujours à courte vue, toujours tyrannique ». Il dénonça le fait que le Parlement veuille imposer l'esclavage à la place de la liberté, qu'il préfère le joug colonial à l'égalité fraternelle. Et il terminait sur un ton grave et transcendant : « Le temps où l'on abusait les hommes s'achève. »

Pedro l'expliqua à son père à sa manière : « Moi, Monsieur, je vois les choses d'une certaine façon, pour parler clairement, on ne nous permet de relations proches qu'avec Votre Majesté... je veux dire qu'il est physiquement et moralement impossible que le Portugal gouverne le Brésil. Je ne suis pas un révolté, ce sont les circonstances », ajoutait-il plus loin. Si on ne lui laissait entretenir que des relations familiales avec son père, que manquait-il pour la rupture totale, pour que le Brésil, son prince à sa tête, présentât toute les caractéristiques d'une nation indépendante et souveraine ?

50.

Or, l'indépendance était davantage menacée par les dangers venus de l'intérieur que de l'extérieur. Au nord, les provinces de Bahia et de Maranhão, plongées dans des luttes civiles, échappaient à l'orbite de Pedro. « Qu'on n'entende parmi vous qu'un cri : Union ! De l'Amazone au Rio de la Plata, qu'un seul écho retentisse : Indépendance ! » clamait Pedro à la moindre occasion.

Des événements graves survenaient à São Paulo, dont l'assemblée du gouvernement était en proie à l'intransigeance de deux groupes rivaux, l'un lié à la famille de José Bonifacio, l'autre au président de l'assemblée locale. À la demande des Paulistes eux-mêmes, Pedro accepta de visiter cette région pour la pacifier comme il l'avait fait au Minas Gerais. Conscient qu'il était capital de s'assurer la loyauté d'une province aussi importante, et dans le but d'installer un nouveau commandement militaire et d'organiser des élections pour une nouvelle assemblée, il décida de prendre la tête d'un cortège aussi réduit qu'au Minas. Leopoldine aurait souhaité l'accompagner, mais elle était de nouveau enceinte, et le souvenir d'un autre voyage, celui qu'elle avait fait avec son fils malade, était encore trop présent :

— Je préfère que tu restes à Rio, pour me remplacer, lui suggéra Pedro.

Afin de lui prouver sa confiance et son estime, il publia un décret qui l'autorisait à prendre toutes les mesures nécessaires et urgentes pour le bien et le salut du royaume. Leopoldine accepta, résignée, sans se douter que ce voyage allait changer à jamais sa vie, celle de son mari et celle du Brésil.

Pedro parcourut les six cent trente kilomètres qui le séparaient de São Paulo accompagné de cinq personnes, au nombre desquelles son fidèle ami Chalaza, qui lui servait de secrétaire, de messager et d'entremetteur. Partout, dans les villes et les villages, ils furent reçus avec allégresse, car lors des quatre mois écoulés depuis son voyage au Minas, le prestige du prince avait grandi avec sa légende. À chaque fois qu'il partait en voyage accompagné d'une poignée d'hommes pour une mission difficile, il se rappelait son enfance, les tableaux qui ornaient la chambre de Queluz, racontant les histoires d'un chevalier appelé Don Quichotte qui partait lui aussi pour de longues chevauchées à la recherche d'aventures qui donneraient un sens à sa vie. Pedro allait-il trouver ses propres moulins à vent ? C'était l'hiver, il faisait froid et les rivières charriaient l'eau des pluies récentes. Rares étaient les voyageurs qui défiaient les orages. Il y avait surtout des Noirs, qui se protégeaient des pluies avec leurs curieuses capes en paille de riz, accompagnant les charrettes qui transportaient du fer en provenance des forges d'Ipanema et des mules chargées de sucre et de café. Les premières nuits, ils dormirent au bord des chemins, transformés en véritables bourbiers. Un matin, au bord d'une rivière, Pedro, qui aimait cultiver le mythe de ses cavalcades héroïques, décida de ne pas monter à cheval sur la barcasse que les autochtones avaient préparée pour la traversée. Il préféra éperonner l'animal, qui s'engagea dans l'eau. Ils traversèrent à la nage, le prince accroché au col de sa monture sous le regard stupéfait des autres. Il parvint trempé sur l'autre rive. Comme il n'avait pas l'intention de perdre son temps à chercher dans ses bagages un pantalon sec, il demanda :

— Quelqu'un a-t-il des vêtements à ma taille ?

— Moi, Monsieur, moi ! répondit un jeune homme.

— Tu me prêtes ton pantalon ? lui demanda Pedro.

Intimidé, l'autre l'enleva et ils se retrouvèrent tous deux, en sous-vêtements, en train d'échanger leurs habits.

— Dieu te protège, mon ami, lui dit le prince en remontant à cheval.

Et il poursuivit le voyage avec un pantalon sec, tandis que le jeune homme restait en arrière, ajustant le sien dans une flaque, très honoré d'avoir pu rendre un tel service au prince. Pedro montrait ainsi clairement que personne ne devait oublier que c'était lui qui commandait, que s'il avait besoin de vêtements, de chevaux ou de femmes, il avait le droit de les réclamer, fût-ce aux dépens de ceux qui l'accompagnaient. Il s'était habitué à acquérir des chevaux en décrivant en détail les qualités de l'animal, comptant en échange d'une attention aussi « royale » que le propriétaire le lui offrît. Plus d'un se rendait à son charme et cédait. D'autres non. Comme cette jolie métisse qu'il croisa en arrivant à Santos. Pris d'une pulsion, il la saisit par la taille et lui plaqua un baiser sur la bouche. La jeune fille ne se laissa pas impressionner, le gifla et partit en courant. Sans s'offenser, Pedro envoya Chalaza se renseigner sur elle, et tenter d'obtenir ses bonnes grâces. Elle s'avéra être l'esclave très appréciée d'une famille de notables, et Chalaza eut beau supplier, offrir et tenter de négocier un prix pour cette beauté, ses maîtres refusèrent de la laisser partir. Ils se souciaient fort peu du caprice du prince. Il avait beau se considérer comme un « libéral », quelqu'un qui ne s'emparait pas de ce qui ne lui appartenait pas, il en coûtait à Pedro de vivre avec sa contradiction d'être autoritaire et tolérant tout à la fois, et encore plus d'apprendre la leçon selon laquelle tout le monde n'était pas à vendre.

Dans chaque village, des gens venaient grossir le cortège, de sorte qu'il arriva à São Paulo avec plus de vingt cavaliers, auxquels se joignit un détachement de la nouvelle garde d'honneur en uniforme blanc et casque avec une parure rouge sur la visière. Avant d'entrer dans la ville blanche aux maisons basses, ses couvents et ses clochers se découpant sur l'obscurité de la nuit, Pedro, dont l'esprit aventurier et l'audace n'excluaient pas la prudence, envoya un détachement reconnaître le terrain. Fondée par les jésuites, São Paulo devait son nom à l'anniversaire de la conversion de l'apôtre Paul dont la messe fut célébrée pour la première fois dans la chapelle de la mission.

Les rabatteurs rentrèrent à l'aube pour dire que le calme régnait. Le lendemain, Pedro fit donc son entrée triomphale dans cette ville composée de vingt-huit rues et peuplée de sept mille habitants, parmi lesquels on comptait sept médecins, trois apothicaires, deux avocats, neuf professeurs, quatre-vingt-douze couturières, vingt savetiers et un barbier. La réputation d'homme à femmes de Pedro était telle qu'un colonel, membre de l'Assemblée du gouvernement, fils d'un pasteur protestant allemand et d'une Pauliste, réunit ses cinq filles, réputées être d'une «rare beauté», et leur dit : «Tant que Son Altesse le prince régent restera à São Paulo, je vous défends de vous approcher des fenêtres, et les portes de la maison resteront fermées également.»

Des salves d'artillerie et le carillon des cloches saluèrent le trajet de Pedro jusqu'à l'église de la Sé où l'on chanta un *Te Deum*, suivi du traditionnel baisemain au palais du gouverneur, un ancien couvent de jésuites dont les fenêtres donnaient sur une plaine plantée d'araucarias et de palmiers. Pedro repoussa de la main deux hommes qu'il reconnut comme les instigateurs des problèmes de l'assemblée du gouvernement, et ils s'éclipsèrent rapidement tandis qu'un conseiller faisait un discours mielleux où il l'appelait l'«astre qui illumine notre horizon venu dissiper pour toujours, de ses rayons brillants, les ombres noires et épaisses qui le recouvrent». Mais il se retrouva confronté à une situation empoisonnée par d'aigres disputes au sein du gouvernement local. Il décida de trancher dans le vif pour mettre de l'ordre : il fit expulser les sympathisants des francs-maçons du gouvernement et menaça d'en exiler les chefs de file. Il rendit aussitôt les pleins pouvoirs à l'entourage de Bonifacio, qu'il chargea d'organiser les élections. Il s'agissait de mesures inhabituellement catégoriques, mais Pedro les justifia par le grand danger qui menaçait la nation. Il ignorait qu'il ouvrait ainsi dans la communauté une blessure qui affecterait ses relations avec Bonifacio lui-même. Puis, comme à Ouro Preto, il écouta les plaintes, reçut des délégations de villes de l'intérieur venues le saluer, résolut des problèmes urgents et s'entretint avec toutes sortes de gens, y compris le colonel allemand :

— Je crois savoir que vos filles sont de véritables beautés, lui dit Pedro...

— Oh, Votre Altesse est mal informée..., lui répondit le colonel. Elles sont plutôt vilaines; à São Paulo, on ment beaucoup, ne croyez pas ce qu'on vous dit.

Assis au palais de l'Hôtel-de-Ville, Pedro recevait le baisemain quand une femme bien vêtue, portant un collier de perles et un chapeau brodé de fils d'argent planté de la plume d'un oiseau de la forêt, se prosterna à ses pieds. Elle se présenta comme la sœur d'un officier qui l'avait accompagné à Rio. C'était la fille du colonel Castro Canto y Melo, originaire des Açores et, à l'en croire, ami de dom João VI. Elle semblait avoir honte, fixait le sol en lui parlant, sans oser lever la tête :

— Votre Altesse, aidez-moi à rendre justice, je vous en prie... Mon mari, dont je suis séparée, veut me prendre mes enfants... J'implore votre protection car il a tenté de me tuer...

— Vous tuer ? fit Pedro. Mon Dieu ! Et comment ?

— Avec un poignard... Je suis restée plusieurs jours entre la vie et la mort, Monsieur, balbutia la femme.

— Par chance, vous n'avez pas de cicatrices...

— J'en ai, Monsieur, mais à des endroits que je ne peux vous montrer... ici, répondit-elle, les yeux toujours rivés au sol.

Et elle désigna ses jambes avant de poursuivre :

— Je suis si désespérée que je suis venue, sur le conseil de mon frère, me rendre à vos pieds. Pardonnez mon audace, mais... vous comprenez certainement ce que c'est que d'être mère...

À ce moment, elle leva les yeux vers le prince et ne put continuer, éblouie par cet homme qui semblait flotter au-dessus de la réalité et qui l'écoutait pourtant avec attention. Elle sentit alors, au plus profond de son être, que ce prince sorti d'un conte, à l'esprit résolu, allait l'aider.

— Que fait votre mari ?

— Il est militaire lui aussi, capitaine de milice du Minas...

— Combien d'enfants avez-vous ?

— Trois, Votre Altesse... Mais mon mari veut...

Elle poursuivit en racontant les manœuvres troubles que tramait ce dernier afin de faire pression sur la justice et d'obtenir la garde des enfants. Pedro était fasciné par ce visage à la peau dorée, auréolé de boucles de cheveux noirs, ces yeux sombres en amande, cette bouche sensuelle et ce regard chaleureux qui lui caressait le cœur.

— Comment vous appelez-vous ?

— Domitila...

Il lui tendit la main pour l'aider à se relever. Elle était plus grande qu'elle ne semblait à genoux, magnifique et juvénile ; elle se déplaçait avec une grâce naturelle, féline. Ses seins pulpeux gonflaient son décolleté et elle exhalait un parfum de savon et d'eau de rose qui l'excitait. Elle lui sembla si différente du commun des mortels qu'il ne comprenait pas comment son mari avait pu la maltraiter. Domitila, malgré les moments tragiques qu'elle traversait, avait des gestes voluptueux, douce comme seule une Brésilienne pouvait l'être. Son sourire, qui soulignait le contraste entre ses dents très blanches et son teint cannelle, était malicieux. C'était une belle fleur tropicale qui avait besoin de protection. Et Pedro vit cette Dulcinée comme un de ses rêves quichottesques devenu réalité :

— Ne vous inquiétez pas, je vais dès maintenant prendre des mesures afin d'assurer votre protection et celle de vos enfants.

— Votre Altesse, répondit Domitila, émue. Il n'y a pas assez de richesses sur terre pour vous remercier de votre geste... Que Dieu vous le rende au centuple.

Pedro la regarda et ébaucha un sourire. Si, cette richesse existait, pensa-t-il, et elle se trouvait dans ces seins turgescents sous la robe moulante, dans ce corps qu'il devinait de miel et de soie, dans cette voix chantante et douce comme la pulpe d'une mangue. Domitila baissa la tête et rougit.

51.

Pedro ne parvint à s'arracher cette femme de l'esprit, aussi la convoqua-t-il le lendemain dans son bureau, au sein de ce même palais du gouverneur où il logeait. Chalaza servit d'entremetteur, et au coucher du soleil, toujours à la même heure sous les tropiques, il arriva par une porte arrière avec Domitila, qu'il laissa seule avec le prince. Cette seconde impression confirma celle de la veille, et il dut faire un effort pénible pour se contrôler, ne pas la prendre dans ses bras et la posséder aussitôt sur le divan de son bureau. Il se détendit en inspirant profondément et lui donna de bonnes nouvelles : il effectuait des démarches auprès de la justice pour qu'on ne lui retirât pas la garde de ses enfants. Son mari savait qu'elle jouissait de l'appui du prince, qu'elle n'était plus seule.

— Il n'osera plus vous importuner, lui dit-il.

Domitila poussa un profond soupir et le remercia « de tout cœur », en déplorant sa malchance d'être tombée sur un mari aussi « brutal et jaloux », ainsi qu'elle le définit. Elle lui raconta qu'elle s'était mariée à quinze ans. Elle en avait aujourd'hui vingt-quatre, un de plus que le prince. Elle lui dit que du sang espagnol coulait dans ses veines qui lui venait de son grand-père, mêlé à quelques gouttes de sang indigène tapuyo :

— Mon arbre généalogique comporte un cacique guarani..., lui avoua-t-elle.

Pedro restait fasciné par cette femme qui lui ôtait le sommeil depuis leur rencontre. Elle était assez inculte, savait à peine lire et écrivait avec difficulté. Mais son corps, sa grâce, son regard, son sourire et sa voix compensaient largement ses lacunes. Il se trouvait face à une femme qui était l'opposé de Leopoldine. Toujours bien apprêtée et séduisante, elle savait se mettre en valeur de façon à plaire à un homme. L'Autrichienne ne s'était jamais souciée de cultiver sa féminité. Elle se maquillait peu, ne s'était jamais entichée d'un parfum, n'avait jamais aimé les atours, piqué une fleur dans ses cheveux ou appliqué de carmin sur ses lèvres. Elle affectionnait des vêtements amples car elle avait toujours éprouvé de l'aversion pour les corsets et les ceintures, et ne portait jamais de bijoux. Sa passion pour les livres ne faisait que l'éloigner davantage de son mari. Pendant qu'il approchait le visage du cou odorant de Domitila, qui feignait la stupeur et l'embarras, à six cents kilomètres, au palais de Saint-Christophe, Leopoldine étudiait, entourée de livres, de plusieurs constitutions, dont celle de l'Amérique du Nord, afin d'en extraire les idées qui allaient lui permettre de rédiger une grande charte brésilienne. Si la fidélité de la princesse ne pouvait être remise en question, Domitila ne cacha pas à Pedro la raison pour laquelle son mari avait voulu la tuer : il était jaloux d'un élégant officier aux yeux bleus appelé Francisco de Lorena qui, d'après elle, avait tenté de la séduire.

— L'a-t-il réellement tenté, ou vous êtes-vous laissé séduire ?

Domitila le regarda et ébaucha un sourire complice. Le prince se tenait à deux centimètres de son visage, elle pouvait sentir son odeur diffuse de cuir, de fumée et de cavalier. Pedro ne se pressa pas, il voulut faire durer l'instant, tendre au maximum la corde du désir. Ce n'était pas une esclave attrapée au vol, une courtisane avec laquelle s'amuser un moment. Il voulait qu'elle soit éprise pour jouir pleinement d'elle. Il s'épanchait très facilement auprès des femmes ; ce qui était difficile, voire impossible – parce qu'il les intimidait, s'imposait à elles ou simplement achetait leurs services –, était de rassasier son appétit d'amour insatisfait. Il savait que pour cela, les femmes devaient le désirer en tant qu'homme, non en tant que prince.

Depuis qu'il la connaissait, il pressentait qu'il se trouvait devant une femme qui pouvait lui apporter la satisfaction à laquelle il aspirait tant, le bonheur fugace qu'il avait connu dans sa jeunesse avec Noémie. Il tourna la tête et posa ses lèvres sur les siennes, qu'il sentit douces et chaudes. Elle reçut ce baiser avec un profond frisson qu'elle tenta de contrôler par un rire nerveux. Puis elle lui prit les mains en le scrutant de ses yeux entrouverts, un vague sourire aux lèvres. Il caressa ces doigts longs et fins et les massa longuement. Ses mains calleuses commencèrent à dégrafer sa robe, mais elle l'interrompit. N'allait-il pas trop vite ? semblait-elle lui demander du regard. Pedro se figea, muet. Allait-elle jouer les femmes outragées ? Partir en s'excusant ? Elle le lui fit croire pendant quelques secondes qui durèrent une éternité. Jusqu'au moment où elle s'approcha et déboutonna la grosse veste de son uniforme militaire, comme si elle avait voulu lui montrer que, en privé, c'était elle qui décidait et lui qui obéissait. Jouant le jeu, Pedro se laissa porter et, unis dans une étreinte, ils se laissèrent tomber sur le divan. En passant ses doigts rugueux sous la robe blanche, il sentit les cicatrices dues aux coups de poignard, sur les cuisses, au niveau de ses hanches généreuses – elles exacerbèrent encore son désir. Ils roulèrent à terre, enlacés, enflammés, poussant des gémissements. Domitila se révéla être l'amante expérimentée, désinhibée et enivrante que Pedro avait pressentie. Quand il eut retrouvé son souffle après les derniers spasmes, il admira un long moment ce corps couleur bronze aux lignes longues et fermes, les mamelons foncés, les fesses et les cuisses épaisses stigmatisées par son mari, la taille étroite, les mains fines, le cou long et frissonnant. Il éprouva un plaisir nouveau à la caresser, quelque chose qui ressemblait à la détente provoquée par l'opium qu'on lui avait administré après ses crises d'épilepsie, une joie qu'il n'avait pas connue depuis ses soirées d'amour avec la ballerine française. Il sut alors qu'après tant d'aventures, il avait enfin trouvé une femme pour lui.

Les nuits suivantes, les voisins s'habituèrent à voir arriver une chaise portée par deux esclaves qui s'arrêtait devant l'ancien couvent des jésuites et dont descendait une ombre enveloppée d'une mantille qui entrait par une porte mystérieusement ouverte, immédiatement refermée. En public, le prince dissimulait à peine les sentiments que lui inspirait la jeune femme, et il la recevait toutes les nuits, jusqu'à l'aube. Cette fois, il était décidé à suivre son cœur. Il se trouvait maintenant seul au sommet du pouvoir, son père était loin et sa mère ne pourrait conspirer contre son bonheur comme elle l'avait fait en l'obligeant à sacrifier son amour pour Noémie. Aucune autorité au monde n'aurait pu le soumettre au même chantage. Plus jamais il n'affronterait le dilemme consistant à choisir d'être un prince ou un homme. Il avait trouvé le bonheur et cette fois, il ne laisserait personne l'en priver.

52.

Tout en n'aimant pas gouverner, Leopoldine prit très au sérieux ses obligations de remplaçante du prince : « Après toutes les preuves de confiance que vous m'avez données, soyez assurés que je préfère tout perdre, y compris la vie, plutôt que de manquer à mes devoirs envers le Brésil », écrivait-elle. C'était vrai, car elle travaillait avec détermination, présidant le Conseil des ministres et donnant des audiences publiques aux mêmes jours et heures que son mari. Elle était en parfaite harmonie avec Bonifacio, à qui elle déconseilla, par exemple, la nomination d'un nouveau gouverneur de Santa Catharina car elle doutait de sa loyauté. Le Pauliste l'écouta. Leopoldine choisit aussi de ne pas fêter l'anniversaire de la Révolution portugaise, et de le passer sous silence.

L'entrée de la brigantine *Tres Corações* dans la baie vint altérer l'atmosphère de la ville. Le bateau apportait les derniers décrets du Parlement de Lisbonne qui, en l'absence de son mari, furent remis directement à Leopoldine. Elle s'assit dans son bureau pour y lire les documents et se sentit bientôt submergée par une avalanche de sentiments, où se mêlaient la peur et l'indignation. De la peur, car elle s'apercevait qu'un affrontement violent était inévitable. Et de l'indignation, car le Parlement ne cherchait pas la conciliation mais à perpétuer une injustice. Alarmée, elle ordonna de réunir d'urgence le Conseil d'État, sous sa présidence, pour communiquer aux ministres le contenu des dépêches.

Debout dans la pièce où son beau-père João VI avait tant de fois réuni son conseil, l'Autrichienne, portant une robe bleue et les cheveux noués en chignon, leur annonça sur un ton grave que les députés de la métropole retiraient à son mari les pouvoirs de régent et réduisaient son rôle à celui de simple délégué de la nation portugaise.

— De surcroît, les mesures prises par ce gouvernement sont annulées, on nous ordonne de rétablir les assemblées administratives dans toutes les provinces, comme le stipule l'odieuse loi du 29 septembre.

Un murmure de réprobation s'éleva dans l'assistance. Leopoldine réclama le silence d'un geste de la main, et poursuivit :

— On nous menace de traîner devant les tribunaux tous ceux qui ont signé la pétition pour que mon époux reste au Brésil.

Le murmure tourna à la protestation irritée. Quelques insultes contre le « Parlement factieux » fusèrent, et la princesse poursuivit :

— Ce qui est clair, c'est que le Parlement n'est ni prêt à négocier avec mon mari ou son gouvernement ici représenté, ni disposé à se conformer à la politique de M. Bonifacio.

L'audience était houleuse, mais Leopoldine préféra attendre quelques minutes, comme si elle avait voulu lui donner le temps d'assimiler ce qu'elle venait d'entendre, avant d'annoncer la nouvelle la plus grave. Se servant du petit marteau en bois de son beau-père, elle réclama le silence et ajouta :

— Messieurs, les dépêches apportées par la brigantine nous annonçaient également l'arrivée imminente d'une armée portugaise de sept mille deux cents hommes pour soumettre le Brésil.

Elle rangea les documents et s'assit à la place d'honneur de la longue table. Un silence tendu régnait dans la salle. Les ministres étaient stupéfaits devant ce qui se présentait comme une évidence : le choc était inévitable, il y aurait la guerre.

Après une longue délibération au cours de laquelle elle présenta un exposé détaillé de l'état des finances publiques, Bonifacio prit la parole :

— Messieurs, Votre Altesse... Il est temps de cesser de temporiser avec nos ennemis. Le Brésil a fait tout ce qui était humainement possible pour rester uni dans la dignité au Portugal, mais celui-ci persiste dans ses projets néfastes de nous renvoyer à l'état de misérable colonie. Je propose d'écrire à dom Pedro pour demander à Son Altesse royale de proclamer sans plus tarder la sécession.

Puis, se tournant vers Leopoldine :

— Qu'en dites-vous, Votre Altesse ?

— J'approuve vos paroles de même que la délibération du Conseil, Monsieur. Avec enthousiasme, sachez-le.

Son discours surprit par sa spontanéité, sa sincérité, et fut reçu par de fervents applaudissements. Bonifacio intervint à nouveau :

— Sommes-nous tous d'accord, messieurs ? Quelqu'un a-t-il une objection ?

Personne ne leva la main, ni ne demanda la parole. L'unanimité régnait. On entendit simplement la phrase d'un ministre qui fut reçue par des rires et fit rougir la princesse : « Il y a toujours une femme à l'origine de toutes les grandes découvertes ! »

Il ne manquait plus que la sanction du peuple. Bonifacio pressa le messager qui partait dans la nuit avec les documents destinés à Pedro : « Si tu ne crèves pas une douzaine de chevaux, tu ne seras plus jamais un courrier. Alors dépêche-toi. » L'homme, qui était officier du tribunal suprême militaire, portait également une lettre de Leopoldine rendant compte des derniers événements. Elle l'avait lue à Bonifacio pour s'assurer de ne commettre aucune erreur, et le vieux sage pensa que cette lettre était si bien écrite qu'elle aurait pu avoir été rédigée par un diplomate expérimenté et non par une jeune princesse de vingt-deux ans. Le Pauliste la tenait en si haute estime qu'il confia à l'un de ses amis : « Mon ami, elle devrait être lui... »

53.

L'émissaire croisa Pedro sur la route de Santos à São Paulo. Après avoir visité les installations portuaires de la ville et s'être entretenu avec les proches de Bonifacio, le prince rentrait à São Paulo, accompagné par le groupe qui avait quitté Rio. Il n'avait pas vu Domitila depuis trois jours et il avait hâte de la tenir à nouveau dans ses bras. Il était parti à l'aube sur une barque parcourant les canaux et les ruisseaux parsemés de mangroves qui séparaient Santos du port fluvial de Cubatão, un petit village au pied de la sierra où l'attendaient les chevaux sellés. Ils durent cependant retarder le départ car Pedro se trouvait mal, en proie à de violents spasmes. Il préféra attendre qu'on lui préparât, dans une auberge sur la route, une infusion de feuilles de goyave, appropriée en cas de diarrhée, avant de poursuivre son voyage. Dès qu'il fut soulagé, ils gravirent le chemin sinueux de la sierra au milieu d'un important trafic de caravanes, où des mules chargées de sucre, d'eau-de-vie et de lard en croisaient d'autres qui remontaient des vins portugais, du verre et des ferrures. Après avoir dépassé la sierra de Cubatão et ses précipices survolés par des aigles, ils s'engagèrent dans la plaine de l'Ipiranga, « fleuve rouge » en langue guarani. Le prince avait dû interrompre son voyage à plusieurs reprises en raison de ses coliques. Encore une fois, il pria ses accompagnateurs de l'attendre un peu plus loin, au bord du fleuve. Depuis sa cachette, accroupi, il vit arriver un cavalier au galop. Il devina que c'était un émissaire de Rio et, le pantalon dégrafé, se releva pour aller à sa rencontre. Épuisé, l'homme avait parcouru cinq cents kilomètres en cinq jours, presque sans dormir. Tandis qu'il remettait au prince les documents qu'il portait, il raconta, essoufflé, l'émotion suscitée dans la population de Rio par la nouvelle de l'arrivée d'une armée à Lisbonne. Il lui disait que les passants de la place du Rocío, les vendeuses de la rue Direita et les marins que des barbiers ambulants rasaient dans la rue ne parlaient que de l'invasion imminente des Portugais.

Pedro se rajusta, s'assit par terre et commença à lire la lettre de Bonifacio : « Monsieur, le sort en est jeté. Venez le plus vite possible, et décidez-vous, car les demi-mesures sont inutiles, et le temps perdu est dramatique. » La lettre de Leopoldine l'était plus encore : « Pedro, le Brésil est un volcan. Mon cœur de femme et d'épouse prévoit des malheurs si nous obéissons aux ordres et rentrons à Lisbonne. Nous savons bien ce qu'endurent nos parents. Le roi et la reine du Portugal ne sont plus des rois, ils ne gouvernent pas, ils sont gouvernés par le despotisme du Parlement. Pedro, ce moment est le plus important de votre vie. Le Brésil sera un grand pays entre vos mains. » Et elle achevait sur cette phrase qui ne laissait aucun doute sur ce qu'il devait faire : « Monsieur, la pomme est mûre, cueillez-la ! »

Le prince froissa les décrets du Parlement d'un geste irrité et se tut un instant, songeur. Il s'était efforcé d'éviter la séparation des deux royaumes et percevait maintenant l'inutilité de tous ses efforts, et la fatalité d'une séparation. La décision était douloureuse. Le Portugal était le pays de sa naissance, de sa prime enfance, la source de tout le monde lusitanien qui incluait des territoires en Afrique et en Asie, le lieu où vivaient ses parents et où étaient enterrés ses ancêtres. Comment pouvait-il, lui, le futur héritier d'un empire qui s'étendait sur quatre continents, briser ce lien ? N'était-ce pas une infamie de déclarer la sécession impliquant une désobéissance que ne lui pardonneraient pas d'autres monarques, voire l'Histoire ? Il savait par ailleurs que la situation actuelle ne pouvait durer plus longtemps. Cela valait-il la peine de continuer à espérer que le peuple portugais renversât son Parlement et obéît à son monarque ? Il songea alors aux paroles de son père avant son retour à Lisbonne : « Pedro, si le Brésil doit faire sécession, il vaut mieux que ce soit toi qui en prennes le commandement, toi qui dois me respecter, plutôt que de le voir tomber aux mains d'aventuriers. »

Le temps pressait. À quoi servait-il de retarder une décision qui avait été prise le jour où il avait désobéi au Parlement et à son père en restant au Brésil ? Il se leva dans un geste de mauvaise humeur, expliqua les documents qu'il avait lus à Chalaza, au frère de Domitila et aux autres qui s'étaient rassemblés autour de lui.

— Le Parlement me poursuit, me traite de « blanc-bec », m'appelle « le Brésilien », dit Pedro. Eh bien, vous allez voir ce que vaut le blanc-bec... Je ne veux pas entendre parler du gouvernement portugais ! Dorénavant, nos relations sont rompues. Je proclame le Brésil définitivement séparé du Portugal.

Le prince remonta à cheval. C'était fait : il avait pris une décision irrévocable. Quand les officiers de sa garde d'honneur s'approchèrent, il les mit au courant de la situation. Il ôta son chapeau ceint d'un ruban bleu et blanc, couleurs décrétées par le Parlement comme symbole de la nation portugaise, et le jeta à terre :

— Vive l'indépendance et la liberté du Brésil ! cria-t-il. Jetez vos rubans, soldats ! À compter de cet instant, notre devise sera la suivante : L'indépendance ou la mort !

Pedro dégaina son épée comme s'il se trouvait sur le champ de bataille, dirigeant une attaque contre ses ennemis et ceux du Brésil, contre le Parlement, le Portugal, le reste du monde. Il fut imité par les militaires, tandis que les civils piétinaient leurs chapeaux en répétant la devise de leur prince : « L'indépendance ou la mort ! », « Vive la liberté ! », « Vive le Brésil séparé ! »

— Sur mon sang, sur mon honneur, sur mon Dieu, je jure d'obtenir la liberté du Brésil ! cria Pedro, éperonnant sa belle jument pour s'élancer au galop vers São Paulo.

— Nous le jurons ! répondirent les autres en chœur.

À São Paulo, la grande nouvelle se propagea comme une traînée de poudre et la foule envahit les rues pour souhaiter la bienvenue au prince et à son escorte. Indifférent aux ovations, Pedro alla directement à l'ancien couvent des jésuites. Pâle, le sourcil froncé, il pensait à la gravité de l'étape qu'il venait de franchir : il avait arraché une couronne à son père et il venait de trancher les liens séculaires qui unissaient le Brésil au Portugal dans le sillage du Mexique, de l'Amérique centrale et d'une grande partie de l'Amérique du Sud, déjà libérée du joug européen. En ce sens, l'Histoire était de son côté.

Mieux valait se concentrer sur le moment présent. En quelques heures, il parvint à composer un hymne à l'indépendance dont la mélodie germait dans son esprit depuis les rives de l'Ipiranga.

Dès qu'il eut terminé, il le fit envoyer à l'orchestre local pour le répéter. Il dota également la nation de nouvelles couleurs : vert, la couleur traditionnelle des Bragance, et jaune, en hommage à son épouse car c'était la couleur de la maison des Habsbourg.

À vingt et une heures, il se présenta dans la salle bondée du théâtre de São Paulo. De sa loge, il prononça un discours dans lequel il récapitulait les événements de l'après-midi et répéta son allégeance à l'indépendance. Puis l'orchestre joua le nouvel hymne. Ce fut un moment saisissant, rehaussé par la lumière des candélabres qui éclairaient le bracelet de bronze à son poignet, sur lequel un orfèvre avait gravé la devise suivante : « L'indépendance ou la mort. » De nombreux spectateurs arboraient des rubans verts et jaunes. À la fin, l'un d'eux poussa un cri :

— Vive le premier roi brésilien !

Pedro s'avança et s'inclina en signe d'approbation. Le théâtre tout entier explosa alors en une exclamation unanime : « Vive le premier roi brésilien ! » Si le voyage au Minas lui avait fait prendre conscience de ce qu'il éprouvait pour le Brésil, São Paulo lui permit de s'identifier à sa nouvelle nation.

Deux jours plus tard, le prince quittait São Paulo pour rentrer à Rio. En la prenant dans ses bras pour la dernière fois, Pedro avait beau lui promettre que la séparation serait brève et qu'ils se reverraient très prochainement, Domitila était affligée. Elle pensa qu'elle avait pris un trop grand risque. Elle n'était pas sûre de le revoir, et il lui déplaisait de rester dans ce trou seule, à la merci du qu'en dira-t-on.

54.

Indifférent à l'eau et au vent qui s'abattaient maintenant sur le littoral, Pedro rentra à Rio en cinq jours, huit heures avant le cavalier suivant, Chalaza. Couvrir vingt lieues par jour, étant donné les difficultés du terrain et les pluies, était un exploit dont il se sentait fier.

En son absence, Leopoldine avait réclamé de ses nouvelles à plusieurs reprises : «Je vous avoue que je n'ai plus très envie de vous écrire ; depuis que vous m'avez quittée, je n'ai pas reçu une seule ligne de vous. Quand on aime tendrement quelqu'un, normalement, on trouve toujours le moment et l'occasion de lui prouver son amitié et son amour», lui avait-elle dit dans son avant-dernière lettre. Le problème était que Pedro aimait rarement «tendrement» en dehors de ses enfants. À sa manière, et malgré ses aventures et ses faux pas, il aimait sa femme. Il existait entre eux une confiance réciproque faite d'expériences partagées, de drames, d'espoirs rêvés et déçus, de projets communs et d'une profonde et mutuelle admiration. Mais ce que Pedro ressentait maintenant pour Domitila était de la passion.

Aussi contrariée fût-elle, Leopoldine n'éprouvait pas de rancœur. La joie de le revoir lui fit immédiatement oublier la sensation d'abandon. À mesure qu'elle écoutait les détails de ce qui était arrivé sur les rives de l'Ipiranga, son impatience donna lieu à un débordement de joie. Pedro avait suivi son conseil : il avait osé cueillir la pomme. Elle trouvait prodigieux qu'il l'eût écoutée, et cela lui suffisait pour se sentir heureuse à nouveau. Lorsque Pedro eut fini de lui raconter son épopée, elle courut dans sa chambre et défit les rubans verts cousus sur les traversins afin de les découper et de les distribuer aux courtisans qui allaient assister le soir à la célébration au Théâtre royal.

« Grâce au zèle d'un prince et à la persévérance d'une jeune mère, le Brésil se trouvait élevé, sans avoir connu de troubles, à la dignité de nation », écrivit un chroniqueur français. Mais quelle sorte de nation ? Un pays en guerre avec la Mère-Patrie ? Un Brésil indépendant d'un seul tenant ? Une fédération de nations ? Personne n'osait faire de conjectures ou prédire l'évolution de la situation. Bonifacio, inquiet, se présenta à Saint-Christophe pour parler à Pedro. Il était conscient que la seule possibilité d'établir et de préserver la nouvelle nation était de disposer d'une force navale capable de résister aux attaques portugaises annoncées.

— Nous devons retenir la leçon des Américains, lui dit-il. L'une des premières décisions du Congrès fut d'ordonner la construction de treize bateaux de guerre susceptibles d'affronter la puissante marine britannique... Tant pour eux que pour nous, la domination des mers est cruciale pour consolider l'indépendance.

— Nous n'avons pratiquement pas de bateaux ni de marins..., se lamentait Pedro. Nous allons devoir employer de nombreux étrangers.

— D'abord il nous faut un commandant. J'ai cherché parmi nos amis diplomates et le marquis de Barbacena, à Londres, n'a pas hésité une seconde à mentionner lord Cochrane.

— Lord Cochrane ! répéta Pedro d'un air étonné. Le Loup des Mers !

C'était le surnom qu'avait donné Napoléon à l'amiral et mercenaire écossais, après avoir constaté la peur intense que son nom provoquait chez les officiers de la Marine française. Le lord était connu pour son audace illimitée, qui lui permettait de capturer des cargos ou des vaisseaux de guerre à la puissance de feu bien supérieure à la sienne.

— Au nom de la liberté, il expulse les Espagnols du Chili et du Pérou. Ce qu'il fait là-bas, il peut le faire ici chez nous.

— Je le sais par Hogendorp, qui éprouve une grande admiration pour lui, dit Pedro. Il dit que c'est non seulement le meilleur commandant britannique, mais aussi le meilleur chef de toutes les forces navales du monde.

— Et le plus cupide. Il fait partie de ceux qui estiment toujours ne pas recevoir ce qu'ils méritent, malgré sa richesse. Vous savez combien il a retiré d'un seul vaisseau capturé aux Açores ?

Pedro haussa les épaules.

— Trois cent soixante mille dollars d'argent ! poursuivit Bonifacio.

— D'un seul vaisseau ?

Bonifacio acquiesça et poursuivit :

— J'ai appris qu'il voulait malgré tout quitter le Chili car il dit qu'on ne le paie pas assez bien.

— Que pouvons-nous lui donner que ne lui donnent pas les Chiliens ?

— Pour le convaincre, je pense que notre gouvernement devrait publier un décret selon lequel le butin capturé au combat deviendrait la propriété de celui qui le remporterait. C'est un premier pas. J'ai besoin de votre approbation.

— Vous l'avez, Bonifacio, dit Pedro, avant de répondre à un aide de camp qui lui rappelait qu'il allait arriver en retard à la représentation.

Comme toujours, le Théâtre royal fut le décor d'un moment historique. Quand Pedro se pencha à sa loge, le public déchaîné fit ondoyer des fanions verts tout en applaudissant et lança les vivats les plus exaltés. L'orchestre jouait l'hymne que le prince avait composé. À la fin de cette soirée enfiévrée, on entendit pour la première fois le cri de « Vive l'empereur ! ». L'idée de le couronner empereur jaillit chez les francs-maçons. La notion d'empire semblait mieux cadrer avec un pays aussi gigantesque dont les frontières occidentales n'étaient même pas connues à l'époque. Pedro accepta, d'abord par vanité, ensuite parce que le titre de roi lui rappelait trop son père, et qu'il pensait que l'idée d'un empire pourrait galvaniser ses compatriotes pour éviter de laisser le pays se désarticuler. Il n'oubliait pas ce que son père lui répétait depuis l'enfance : « Souviens-toi toujours, mon cher fils : l'unité de la patrie. Nous les rois, nous servons à ça... » Peut-être la notion même d'empire servirait-elle à rendre la nation plus homogène et unie.

Devenir « empereur » le séduisait par ailleurs car il impliquait une ample reconnaissance populaire. Un empereur était choisi. Sa position n'était pas strictement héréditaire comme celle d'un roi. Il devait bénéficier d'un vaste consensus que les francs-maçons s'engageaient à lui procurer, à travers leur puissante organisation, obtenant des municipalités du Brésil qu'elles envoient à Rio des demandes d'adhésion. Cela n'aurait de sens de l'élever à la catégorie d'empereur que s'il obtenait de nombreuses demandes signées.

Pedro accepta l'offre car il était sûr de sa popularité. Secrètement, il se réjouissait de penser à la réaction du Parlement de Lisbonne apprenant que le «blanc-bec», le «petit Brésilien» comme il le surnommait, était devenu empereur. Quelle meilleure revanche? L'empereur d'un pays aussi gigantesque que le Brésil serait certainement plus important, aux yeux du monde, que le roi d'un petit pays comme le Portugal. Il était sur le point de dépasser son père, ce qui lui inspirait des sentiments contraires, un mélange de chagrin car il aimait vraiment le vieux roi João VI, et d'orgueil car il obtenait ce que personne n'aurait osé présager quand il était plus jeune. Tout cela lui confirmait que le chemin choisi jusqu'alors – davantage basé sur les intuitions que sur la réflexion et l'analyse lucide – était le bon. «Si Sa Majesté était là, elle serait respectée, aimée, et elle verrait que le peuple brésilien, sachant apprécier sa liberté et son indépendance, s'applique à respecter l'autorité royale, car il ne s'agit pas d'une bande de révolutionnaires et d'assassins comme ceux qui retiennent Votre Majesté dans la captivité la plus ignoble», écrivit-il à son père. Dans la foulée, il prépara un manifeste pour annoncer aux Portugais que le Brésil «ne faisait plus partie intégrante de la monarchie portugaise». Les décrets ne portaient plus le sceau «Royaume Uni», mais simplement «Royaume du Brésil».

En dépit du décalage temporel dû au retard des nouvelles à traverser l'Atlantique, le comportement du prince héritier contrariait le Portugal. Le roi se devait de feindre d'être fâché contre son fils, mais la reine Carlota, beaucoup plus explicite, exprimait son mécontentement sans aucune réserve.

— Il est d'une ambition démesurée! disait-elle de Pedro. Sans avis personnel ni respect de ses parents! Et tout cela par ta faute...

Le roi la regardait de ses yeux écarquillés, tandis qu'elle s'acharnait :

— Tu es responsable d'avoir négligé son éducation et des contrariétés qu'il nous cause aujourd'hui!

— Comment peux-tu proférer de tels mensonges? Ce qui a manqué toute sa vie à ce garçon, c'est une mère, tu n'as eu d'yeux que pour Miguel, et tu le sais bien...

— Moi, j'ai fait de Miguel un homme de bien... Toi, tu as fait de Pedro une crapule !

Le roi choisit de ne pas jeter d'huile sur le feu. Il voulait croire que son fils lui était loyal, que s'il avait agi de la sorte, c'était en raison des circonstances, exactement comme il l'avait lui-même prédit. Il détourna le regard tandis que Carlota donnait libre cours à ses critiques contre les mauvaises fréquentations de Pedro, « comme ce Hollandais, Hogendorp, rien de moins que l'aide de camp de Napoléon, et ce voyou de Chalaza !... Quels amis ! ».

Bien qu'il ne sût pas encore que l'indépendance avait été proclamée, le Parlement, irrité par la désobéissance provocatrice de Pedro, obligea le roi à abolir par décret royal la commémoration de l'anniversaire du prince héritier. Le roi s'exécuta à regret, contraint par la situation et le climat créé par sa femme : « Souviens-toi que tu es un prince et que tes écrits sont lus de tous. Tu dois faire attention, non seulement à ce que tu dis, mais à la façon de l'expliquer... », conseilla-t-il dans la lettre qu'il écrivit à Pedro pour lui raconter ce qui était arrivé. C'était la lettre d'un père prudent qui souhaitait protéger son fils.

Mais Pedro ne pouvait suivre le conseil de son père de modérer son langage. Pour légitimer sa rupture avec le Portugal, et d'une certaine façon avec son roi, sa tactique consistait à insister sur la situation de captivité vraisemblable dans laquelle se trouvait son père. « Je ne connais pas d'autre façon d'écrire », lui répondit-il avant d'ajouter : « En prenant Dieu et le monde entier pour témoins, je dis à cette bande sanguinaire que, en tant que prince du Brésil et son défenseur perpétuel, je déclare tous les décrets édictés par ce Parlement factieux, machiavélique, désorganisé et nauséabond pour le Brésil, nuls et non avenus. » Il se vengeait ainsi de tous les affronts et du mépris dont il avait été victime. D'un côté, il savait qu'il mettait son père dans l'embarras, de l'autre, il justifiait ainsi ses propres actions et les légitimait.

De sorte que le 12 octobre, « dans le but de donner une leçon de morale publique aux peuples », comme le spécifièrent les Parlementaires portugais, il n'y eut à Lisbonne ni grand gala ni cérémonie de baisemain pour fêter l'anniversaire de Pedro. Les députés ne pouvaient se douter qu'à Rio, c'était le jour choisi pour proclamer dom Pedro empereur.

55.

Les francs-maçons avaient choisi une date aussi rapprochée et significative car il leur semblait important de faire intervenir le plus tôt possible la souveraineté populaire, afin d'éviter à l'empereur d'accéder au trône uniquement à cause du principe exclusif du droit divin. À cet effet, ils lui demandèrent de prêter serment sur une Constitution en cours d'élaboration qui serait prête d'ici un an. Pedro connaissait la chanson : on lui demandait encore de jurer sur une Constitution inexistante. De façon implicite, on lui demandait aussi de reconnaître la suprématie du corps législatif qui serait choisi. Cela ne l'enchantait guère. Il était libéral, mais il aimait commander.

Les francs-maçons insistèrent tant pour lui faire prêter serment, ou du moins s'engager à se soumettre à la future assemblée, que Leopoldine, voyant que son mari pouvait faiblir, demanda de l'aide à Bonifacio. Que Pedro s'arrogeât la Couronne du Royaume du Brésil sans autorisation de son père était un délit assez important aux yeux de la Sainte-Alliance pour ne pas finir dépouillé de son pouvoir au profit d'une « future assemblée ».

— Pedro a heurté de plein fouet le principe de légitimité monarchique en acceptant d'être empereur sans la bénédiction de son père, lui rappela Leopoldine, effrayée. En soi, c'est un... comment dire ? un « péché » pour la Sainte-Alliance. C'est ce que m'a rappelé Mareschal, l'ambassadeur.

— Pourtant, la légitimité lui est donnée par le peuple en acclamant l'empereur, répliqua Bonifacio.

— Si mon père vous entendait ! répondit-elle en riant. Pour la Sainte-Alliance, la volonté du peuple ne compte pas... Tout ce que j'ai fait pour diminuer le poids de ce « délit politique » face à mon père, c'est de feindre que Pedro a été obligé de céder à contrecœur devant les exigences d'une opposition forte. S'il cède maintenant au pouvoir de l'assemblée, il apparaîtra comme un révolutionnaire traître à la monarchie...

— L'ennui, c'est que les francs-maçons veulent le contrôler comme une marionnette.

— Je vois Pedro si enthousiasmé à l'idée d'être empereur, qu'il est capable d'accepter des entraves dont il ne pourra pas ensuite se libérer.

— Ne vous inquiétez pas, Votre Altesse. Je ne le permettrai pas.

Mais Pedro avait les idées plus claires qu'il ne semblait. Afin de maintenir sa propre indépendance dans le jeu politique local, il s'appuyait à la fois sur Bonifacio et sur ses adversaires. Le vieux scientifique était favorable à un gouvernement représentatif, formé par des députés choisis pour une durée limitée. Pour lui, l'empereur devait représenter l'intérêt continu de la nation, le lien entre le passé et l'avenir. Il ne devait pas être un simple symbole, mais participer activement au gouvernement, avec un pouvoir semblable à celui de l'assemblée législative. Sa vision correspondait également à son idéal d'abolition de l'esclavage afin d'engager le Brésil dans la voie d'importantes réformes économiques et sociales. Pour réaliser son rêve d'un Brésil sans esclaves, Bonifacio avait besoin de la figure d'un empereur fort, capable de retourner les membres de la future assemblée, qui s'opposeraient férocement à l'abolition de l'esclavage, puisqu'ils considéraient que c'était la clé de l'activité économique. Ses adversaires qui étaient légion à Rio car ils lui prêtaient une personnalité trop dominante, particulièrement les francs-maçons, étaient favorables à la suprématie parlementaire sans que le monarque – roi ou empereur – eût autant de pouvoir.

— Ne vous engagez pas sur ce chemin bourbeux : il est susceptible de vous mener à la situation dans laquelle se trouve votre père, qui dépend de la volonté d'une assemblée contraire à la monarchie..., conseilla Bonifacio à Pedro.

— Je vais attendre les résultats des pétitions réclamées par les francs-maçons, répondit Pedro. Après, nous verrons...

Trois jours avant leur proclamation, voyant que l'appui qu'il recevait des municipalités était écrasant, Pedro annonça que ni

Bonifacio ni lui ne prêteraient allégeance à une Constitution inexistante :

— Et je ne veux pas non plus que vous la mentionniez dans votre discours de réception, exigea Pedro du chef de file des francs-maçons.

Plus tard, au cours d'une réunion houleuse, Bonifacio, suivant les conseils de Leopoldine et en sa qualité de chef du gouvernement, finit par menacer le dirigeant :

— Si vous persistez à vous opposer aux désirs de dom Pedro, je vous envoie en prison. Aujourd'hui-même, ajouta-t-il.

La menace produisit un effet immédiat : le franc-maçon se jeta aux pieds du prince. Il était clair que c'était Pedro, au zénith de sa gloire, qui était à la tête du commandement.

Telle était la volonté du peuple. Depuis son retour de São Paulo, il était reçu comme un héros. Il ne pouvait plus se promener librement au bras de Leopoldine, le peuple se pressait autour d'eux, agitant des mouchoirs et lançant des vivats. Conscient du rôle qu'il avait à jouer, il n'hésitait pas à exposer son point de vue. L'intelligence et la désinvolture de Bonifacio étaient d'excellents alliés, mais il ne voulait pas se laisser contrôler par lui. Il avait dû s'appuyer sur lui, à l'avenir il le ferait peut-être sur les francs-maçons... Ce qui était clair dans son esprit, c'était qu'il ne se laisserait pas dominer. Son don du commandement qui le faisait s'adresser aux militaires les plus hauts gradés sur un ton sec et impératif et son caractère autoritaire contrastaient avec ses principes libéraux. Cette contradiction l'aidait toutefois à se faire respecter, à montrer qu'il était le premier, l'unique chef de la nation en voie d'émancipation.

Malgré l'averse, le 12 octobre, jour de son vingt-quatrième anniversaire, une foule immense envahit la vaste esplanade du Campo de Santana, l'ancienne place où, au printemps, les Brésiliens s'étaient retranchés pour défier les troupes du général Avilez, pour acclamer le nouvel empereur. Six mille soldats, en rangs serrés, montaient la garde devant le petit palais du vicomte de Rio Branco, aménagé pour la circonstance. Pedro et Leopoldine arrivèrent dans une berline escortée par six domestiques en livrée vert et or qui incluaient un Indien, deux métis, un Noir et deux Blancs. Quand Pedro apparut au balcon, entre sa femme et le président du Sénat, il fut reçu par une ovation bruyante qui s'enflamma encore lorsqu'un garde fit ondoyer le drapeau national avec les armes de l'empire. Dans le fracas de la tempête qui s'abattait sur la ville, on entendit à peine le discours de Clemente et la réponse du monarque acceptant le titre d'empereur. Les gens devinèrent que la cérémonie était terminée quand on entendit des coups de fusils et cent une salves de canon auxquelles s'ajoutèrent celles des bateaux anglais et français qui mouillaient au port. L'air retentissait du tonnerre, des éclairs et des coups de canon dont l'écho était amplifié par les montagnes environnantes. Les gens criaient : « Salvé dom Pedro, empereur du Brésil ! » À compter de ce jour, la place devint la place de l'Acclamation.

Pedro et Leopoldine regrettèrent l'absence de leur vieil ami, le général Hogendorp, qui n'avait pu venir à la célébration. Le vieux général n'avait jamais touché les cent mille francs que lui avait laissés Napoléon en héritage et, sachant qu'il était dans le besoin, Pedro et Leopoldine lui envoyaient régulièrement un peu d'argent, de vivres et de médicaments. Pedro voulait lui demander conseil sur le bien-fondé d'engager Cochrane. La situation du nouvel empire était très incertaine : des soldats portugais étaient toujours retranchés à Salvador de Bahia, attendant l'arrivée des renforts promis par Lisbonne. Ils s'apprêtaient manifestement à résister le plus longtemps possible pour tenter ensuite de reconquérir le reste du territoire considéré comme rebelle. Dernièrement, la rumeur rapportait que la garnison portugaise de Montevideo allait être transférée à Bahia pour renforcer la défense de la ville. De plus, les provinces éloignées du Para et de Maranhão avaient fait la sourde oreille au cri d'Ipiranga et venaient de déclarer leur appui au Parlement de Lisbonne. Que ferait Hogendorp à sa place ? Que ferait-il d'une nouvelle nation qui ne disposait que de huit vaisseaux de guerre et de cent soixante officiers de marine, presque tous portugais, dont la loyauté était sujette à caution ?

56.

Pedro lui rendit visite en compagnie de Leopoldine, enceinte, mais qui montait encore à cheval. Ils comptaient sur sa précieuse expérience et souhaitaient de surcroît l'inviter à la cérémonie d'intronisation, plus importante encore. Une cérémonie religieuse au cours de laquelle les symboles de la royauté, censée émaner de Dieu, lui seraient remis par des représentants de l'Église. Le Brésil n'avait jamais connu pareille célébration, et la population de Rio, étrangère aux rumeurs de guerre, s'affairait aux préparatifs. Brodeuses, couturières, tailleurs et orfèvres travaillaient d'arrache-pied, tandis qu'arrivaient directement de la province des détachements de milices locales, ainsi que des représentants de l'aristocratie des propriétaires.

Quand Pedro et Leopoldine parvinrent à la hauteur de la maison de Hogendorp, aux pieds du Corcovado, ils trouvèrent fenêtres et portes closes. Ils attachèrent leurs montures à un arbre et poussèrent la porte principale, qui s'ouvrit avec un grincement. Sur la table qui les avait si souvent réunis pour boire l'eau-de-vie d'orange se trouvait étendu le corps du général, recouvert d'un drap blanc. Son fidèle esclave Simba était assis par terre, dans la pénombre, veillant le maître qui lui avait rendu la liberté et qui avait tenu à lui léguer ses biens.

— Il est mort à l'aube, leur dit-il. Il avait de la fièvre depuis plusieurs jours...

Leopoldine était impressionnée. Il n'y avait pas un bruit, comme si la forêt environnante s'était jointe au deuil. Pedro, livide, resta figé devant le cadavre, se rappelant les bons moments qu'ils avaient passés ensemble. Comme il lui manquait déjà en ces moments si cruciaux !

Simba, d'un geste abrupt qui troubla la tranquillité du moment, leva soudain le suaire et découvrit le torse du général. Leopoldine et Pedro sursautèrent. Excepté le cou et le visage, le corps qui gisait sur cette table était entièrement tatoué ; il ne restait pas un seul centimètre carré de peau vierge.

— Mon Dieu ! s'exclama Pedro.

Il s'agissait de tatouages javanais, qui évoquaient des oiseaux étranges, des dieux et des déesses pris dans une végétation tropicale aux feuilles vert clair, aux fleurs mauves, des lianes, des arbres et des animaux mythiques d'un autre monde. Un tableau conçu et exécuté par les indigènes de Java. Pedro pensa à nouveau aux paroles du général : « La patrie est là où se trouve le cœur. » Java était bien sûr celle d'Hogendorp, là où il avait vécu les années les plus heureuses de sa vie, cette patrie qu'il portait sur la peau comme un vêtement, intime et luxueux, un manteau contre les regards indiscrets. Pedro ne put éviter de songer à lui-même. Il avait lui aussi maintenant une patrie nouvelle dont il était le « défenseur perpétuel ». Une patrie peuplée d'individus de toutes les races, fragile et menacée.

— Je vais organiser des funérailles dignes de vous..., promit solennellement Pedro au gisant, tandis que Leopoldine disposait autour de la table des fleurs qu'elle avait cueillies dans la forêt.

Pedro ne put faire à son ami les adieux qu'il aurait souhaités car, au dernier moment, les prêtres s'aperçurent qu'il n'était pas catholique. Il fut enterré au cimetière protestant, lors d'une cérémonie simple à laquelle assista une poignée d'amis fidèles, parmi lesquels Pedro et Leopoldine, qui trouvèrent une place dans leur agenda serré précédant le couronnement.

Le 1er décembre 1822, par un jour ensoleillé, eut lieu la cérémonie la plus singulière de toutes celles qui s'étaient tenues au Brésil depuis le début de son histoire. Elle fut organisée par un groupe de quatre personnes dirigé par José Bonifacio et avec la participation de fray Antonio de Arrábida, ancien tuteur de Pedro. Tous deux décidèrent que la langue employée serait le latin, et que le rituel se baserait sur les traditions du Saint-Empire romain avec des éléments copiés sur le sacre de Napoléon. Il leur semblait important de souligner les convictions religieuses de Pedro qui, contrairement à Bonaparte, montrait ainsi sa sujétion à Dieu.

Après une matinée de fête qui vit une multitude de défilés militaires parcourir la ville, Pedro, Leopoldine, leurs enfants et un imposant cortège entrèrent dans l'ancienne église qui se tenait près du vieux palais, récemment nommée chapelle impériale. Ils étaient suivis par des procureurs des provinces portant les insignes impériaux : l'épée, le sceptre, la cape et la couronne. Dans la chaleur humide de l'église somptueusement tendue de tentures de velours carmin, Pedro transpirait à grosses gouttes. Il portait une redingote de soie parée d'étoiles et doublée de fil d'or. Sur les épaules, une cape de plumes de toucan jaunes et orange, donnait une touche locale. Fidèle à lui-même, comme s'il devait toujours se tenir prêt à partir au galop, il avait chaussé des bottes d'équitation pourvues d'éperons. Avant de s'agenouiller devant l'autel sur lequel était disposée une couronne en or de vingt-deux carats sertie d'énormes diamants, il promena un regard sur l'église, pleine à craquer de l'aristocratie et de la haute bourgeoisie locales – ministres, sénateurs, hauts dignitaires de la Cour – revêtus de leurs plus beaux atours. Tous étaient là, excepté la personne qu'il aurait le plus souhaité avoir à ses côtés. Domitila. L'absence n'avait pas affaibli ses sentiments, et, dans son audace, il offrit au colonel Castro Canto et Melo, père de sa maîtresse, une charge importante dans la capitale. Quand celui-ci accepta, il lui suggéra alors de venir s'installer à Rio avec sa famille. Le vieux colonel ne pouvait refuser cette proposition qui émanait de l'empereur. Pedro écrivit à Domitila qu'ils se verraient bientôt, l'assurant qu'il était disposé à de grands sacrifices pour la rendre heureuse... « Tu ne mourras pas de faim à Rio », finit-il par promettre dans la lettre où il prenait congé en disant : « Accepte des étreintes et des baisers de ton amant qui soupire de te voir ici le plus tôt possible. » Et il signait : « Le démon. » Pedro ne songea pas que sa femme pourrait un jour l'apprendre car il considérait les choses d'une façon très singulière : il était non seulement en train de conquérir l'indépendance du Brésil, mais aussi la sienne. Il ne s'agissait pas de choisir l'une ou l'autre : il les aimait toutes les deux. Et d'autres aussi, lorsque l'occasion se présentait.

Les yeux violets de Leopoldine, assise à la tribune au premier rang, étaient l'expression même de l'innocence. En robe de soie verte et mantille jaune, elle s'éventait vigoureusement car la chaleur, maintenant qu'elle atteignait le terme d'une nouvelle grossesse, l'accablait encore plus que d'habitude. Pedro fut réconforté de penser que, grâce à elle, il était le beau-frère de Napoléon Bonaparte. Assise à côté de lui se trouvait sa jolie Maria da Glória, vêtue de blanc immaculé, qui, fière de son père, lui souriait. Il lui rendit un imperceptible signe d'affection. Leopoldine ne soupçonnait pas le volcan qu'était devenu le cœur de son mari. Comme le calme avant la tempête, elle était heureuse car cette cérémonie marquait l'accomplissement de son devoir en tant que princesse des Habsbourg défendant la monarchie. Dans le plus grand pays d'Amérique du Sud, pays qu'elle avait appris à aimer, elle avait réussi à faire observer le respect de la royauté. Mieux encore, elle avait contribué à sauver le trône pour ses héritiers, ses « petits brésiliens », éloignant le spectre d'une révolution perpétuelle, comme les républicains dans l'Amérique espagnole. Malgré les gros nuages qu'elle apercevait à l'horizon, faire son devoir, pour l'Autrichienne, était une source de joie.

À genoux, la main droite posée sur l'évangile, Pedro prêta serment en latin. L'orchestre commença à jouer tandis que l'évêque l'oignait avec les saintes huiles. Puis il se leva et écouta la messe. À la fin, il s'agenouilla de nouveau pour recevoir l'épée des mains de l'évêque. Il se releva et, de façon très théâtrale, la dégaina, fit plusieurs mouvements avant de la replacer dans son fourreau et s'agenouilla encore pour recevoir cette fois la couronne, puis le sceptre, également en or massif, dont l'extrémité était surmontée d'un dragon ailé. Entre des volutes d'encens et le tonnerre lointain des salves tirées des forteresses, le premier empereur du Brésil, investi des symboles de sa fonction, se leva et prit place sur son trône, au son du *Te Deum.* Les dames essuyaient leurs larmes avec de fins mouchoirs de lin brodé. Incapables de retenir leur émotion, certains hommes avaient les yeux humides. Les francs-maçons et de nombreux libéraux présents à l'église se demandaient si Pedro allait faire une déclaration pour montrer son consentement à la future Constitution. Il n'avait pas voulu le faire pendant l'acclamation, mais maintenant qu'il était couronné « empereur constitutionnel », peut-être n'y verrait-il pas d'inconvénient...

Dehors, le peuple laissait éclater sa joie, les cloches sonnaient, des orchestres s'efforçaient de se faire entendre au milieu du vacarme général tandis que l'empereur traversait la place en direction du palais. On annonçait pour le soir les feux d'artifice les plus fantastiques de l'histoire du Brésil. Et il ne restait plus de billets à vendre pour la représentation spéciale de l'opéra de Rossini *Elisabeth, reine d'Angleterre,* qui aurait lieu à l'Opéra, flambant neuf et rebaptisé Théâtre impérial. Depuis le balcon du premier étage du palais, Pedro s'adressa à la foule, répondant ainsi aux attentes des francs-maçons :

— Je jure de défendre la Constitution qui doit être élaborée..., dit-il, et un soupir de soulagement parcourut le banc des libéraux, suivi d'une douche froide inattendue quand il ajouta : à condition qu'elle soit digne du Brésil et de moi.

Ils en furent stupéfaits. Quel était ce serment qui posait des conditions ? N'était-ce pas le comble de l'insolence que l'empereur se plaçât sur un plan supérieur à celui des députés de l'Assemblée constituante ? Pour eux, « empereur constitutionnel » signifiait que l'empereur devait se soumettre à la Constitution et non l'inverse, comme semblait le croire Pedro.

Pour Leopoldine et Bonifacio, il était très clair que l'autorité de l'empereur émanait de l'héritage historique, de la tradition, et devait donc être supérieure à celle de l'Assemblée. Dans des lettres à son père, l'impératrice décrivait le modèle de Parlement, constitué de deux chambres dans lesquelles l'empereur disposait d'un droit de veto absolu, et avait la capacité de choisir son conseil privé et ses ministres, sans intromission possible. « L'empereur est le chef principal du pouvoir exécutif et de la machinerie politique », expliquait Leopoldine. C'était un schéma contraire à celui des francs-maçons et des libéraux : le débat allait enflammer la jeune et florissante presse brésilienne.

57.

Le principal souci du nouveau gouvernement était la survie du pays. Il ne servait à rien de se battre pour le pouvoir si la nation se fissurait, et si les foyers de résistance n'étaient pas éteints avant l'arrivée des renforts de Lisbonne. Pedro, furieux contre le général Madeira, qui, au commandement des troupes portugaises à Bahia, refusait de lui obéir, envoya ses soldats assiéger la ville. Vaine tentative, car Madeira résista et les Brésiliens durent se retirer vers le littoral. Ils se battaient sans moyens, avec des armes rouillées, et fabriquaient de la poudre avec du salpêtre. Mieux équipé, le général Madeira bénéficiait d'un flux constant d'esclaves qui s'échappaient des plantations pour s'enrôler. À force d'entendre parler de liberté, les Noirs finissaient par se croire concernés eux aussi, et ils se proposaient comme volontaires car le Portugal avait officiellement aboli la traite des esclaves sur son territoire. Ils devraient attendre encore de longues années avant que le Brésil ne l'imitât. Mais Pedro et Bonifacio profitèrent de l'occasion pour créer le «Bataillon des Libérés» et ils offraient aux esclaves une émancipation en échange d'un enrôlement. Le plan finit par être boycotté par les grands propriétaires qui alléguaient avoir besoin de main-d'œuvre pour la récolte de la canne à sucre et du coton.

Malgré leurs efforts, Pedro et Bonifacio avaient parfaitement compris qu'ils ne gagneraient pas cette guerre avec une poignée d'esclaves libérés. Madeira supportait le siège de la ville car il parvenait à s'approvisionner par la mer. La solution était de faire intervenir la flotte et d'assiéger Bahia.

À cette période, telle une bénédiction du destin, une brigantine à l'air délabré mouilla dans l'anse de Rio. À son bord, lord Cochrane et son groupe de mercenaires. Le lord voyageait en compagnie d'une amie anglaise, Maria Graham, un écrivain qui venait de perdre son mari, capitaine du *HMS Doris,* alors qu'il tentait de doubler le cap Horn. «Je n'ai jamais rien vu d'aussi beau que cette baie, écrivit l'Anglaise. Naples, le port de Bombay et Trincomali à Ceylan, que je considérais comme des lieux parfaits, doivent se rendre devant ce spectacle qui les surpasse.» Dès qu'il apprit son arrivée, Pedro quitta Saint-Christophe et alla à la rencontre de l'Écossais dans la noble maison que José Bonifacio possédait sur la place du Théâtre.

Cochrane était un géant aux épaules légèrement affaissées, avec une tignasse rousse qui, à quarante-huit ans, commençait à blanchir. Son prodigieux nez effilé lui donnait l'air d'un rapace. Il parlait lentement et avait des notions de français et d'espagnol. Ce n'était pas un homme affable à proprement parler, mais ils sympathisèrent. L'amiral, alléguant que ses principes l'empêchaient de travailler pour un gouvernement autocrate, appréciait que l'empereur fût un libéral, et sa fougue, son enthousiasme et sa simplicité, inconcevables chez un monarque britannique, lui plurent. Pedro était impressionné par la personnalité du lord et par ce qu'il savait de lui. On lui avait raconté que l'Écossais naviguait souvent sous un faux pavillon et qu'il consacrait beaucoup de temps à camoufler son navire pour le faire passer pour un bateau allié. Qu'une fois à proximité de sa proie, il hissait son pavillon si vite qu'il déconcertait les marins espagnols ou français, ses victimes préférées, qu'il attaquait avec une force terrifiante. On lui avait raconté beaucoup de choses sur ce personnage, fils d'un comte écossais alcoolique et ruiné, qui était parvenu à acquérir une renommée mondiale en dominant les mers. C'était un excentrique : emprisonné en Angleterre pour une fausse accusation dans une affaire de corruption, il inventa un lampadaire à l'huile qui fut adopté par la municipalité de Londres jusqu'à l'arrivée des lampadaires à gaz. Depuis sa cellule, il eut également l'idée extravagante d'aller sauver Napoléon. Il y serait probablement parvenu si le Français n'était pas mort sur son île perdue.

L'aspect du lord ne différait guère de celui de son bateau. Personne n'aurait pu deviner qu'il s'agissait d'un homme richissime, d'un professionnel de la guerre navale, d'un personnage de légende réputé pour son audace, son génie tactique et sa planification méticuleuse. Physiquement, il ressemblait plutôt à un vagabond un peu extravagant.

— Avant toute chose, milord, je vous propose une visite, avec mes collaborateurs, parmi lesquels le ministre des Armées, de l'arsenal et de la flotte, lui proposa Pedro.

L'Écossais accepta. Il devait impérieusement connaître l'état de la flotte et les moyens dont il disposerait pour mener sa campagne. Dans les arsenaux des chantiers navals, les travaux de réparation de divers vaisseaux confisqués aux Portugais allaient bon train. Ils échangèrent des impressions avec des menuisiers, forgerons, ingénieurs de marine et constructeurs dans le fracas des coups de marteau et les cris des esclaves qui déchargeaient des troncs d'arbres. Il flottait une odeur de sciure, de chanvre, de sueur et de goudron utilisé pour le calfatage. Le problème, comme l'Écossais put s'en rendre compte immédiatement, n'était pas tant les navires que cette foule de marins brésiliens anarchistes et sans expérience, en plus des Portugais en qui on ne pouvait pas avoir confiance. Plus qu'à des marins d'une flotte victorieuse, ils ressemblaient à des clochards. Il y avait aussi un demi-millier d'officiers et des marins irlandais ou anglais engagés par le nouveau gouvernement, mais il était clair qu'ils étaient en quantité insuffisante.

— Je ne sais pas si nous pourrons gagner une guerre avec de pareils équipages..., dit le lord.

— Auxquels nous pouvons ajouter des esclaves libérés, intervint Pedro.

Cochrane l'observa, l'air de ne pas savoir s'il devait prendre les paroles du jeune empereur au sérieux ou à la plaisanterie. Des esclaves libérés ! Ils ne sauraient en aucun cas être de bons marins ou soldats, ils chercheraient toujours à s'échapper. Aux chantiers navals, il fit une moue dégoûtée en inspectant les cordages et les voiles :

— Depuis combien de temps ce matériel n'est-il plus utilisé ?

— Il est ici depuis dix-sept ans, milord, précisa le ministre des Armées.

Le lord leva les yeux au ciel.

La visite s'acheva chez Bonifacio, chez qui ils discutèrent une partie de la nuit. Par déférence envers l'empereur, le lord ne parla pas d'argent, mais de sa charge et de son titre. Il refusa catégoriquement de servir sous l'autorité d'un amiral brésilien.

— J'ai besoin d'exercer un contrôle absolu sur les expéditions que nous organisons, je vous demande par conséquent de m'accorder le plus haut grade de l'armée brésilienne.

— Nous ferons notre possible, milord, intervint Bonifacio sur un ton conciliant. Je vous prie de comprendre que dans un pays si jeune, placer comme plus haute autorité navale un étranger peut être vu d'un mauvais œil par les patriotes.

Cochrane se borna à hausser les épaules, comme si cela n'avait pas été de son ressort. À ce moment, Pedro intervint. Son flair lui disait qu'ils ne pouvaient se passer de cet homme, que cet Écossais qui avait changé de bord était la solution aux problèmes pressants du pays. C'était osé et exigeant, certes, mais n'était-ce pas précisément grâce à son courage qu'il avait réussi à mettre en déroute l'armée royaliste espagnole sur la côte Pacifique ?

— Lord Cochrane, moi, empereur constitutionnel du Brésil, je vous nomme à compter de cet instant premier amiral de la marine brésilienne. Il n'y aura que moi au-dessus de vous dans la hiérarchie...

L'Écossais tordit la bouche, ce qui fut interprété comme un sourire.

— Je crois que nous pourrons nous entendre, bredouilla-t-il.

Le lendemain, cette fois sans la présence de Pedro, Bonifacio et des autres ministres, parmi lesquels son frère Martin Francisco, qui était aux Finances, affrontèrent la sagacité de l'Écossais et durent supporter son insolence quand il exigea de l'argent.

— Le salaire que vous m'offrez est l'équivalent de celui d'un amiral portugais..., protestait le lord. Il n'atteint même pas celui que j'avais au Chili, qui était de huit mille dollars par an plus les prises. Messieurs, je ne suis pas venu pour ça.

Les deux frères avaient du mal à comprendre cet homme aux manières et à l'apparence abjectes et qui parlait en crachant des monosyllabes.

— Rappelez-vous que nous avons publié le décret qui vous permet de conserver votre butin, répliqua Martin Francisco. Il n'est pas facile pour nous de passer sur des actes de... comment dire, de piraterie, il n'y a pas d'autre mot. Mais nous avons fait un effort.

— Il ne manquerait plus que ça..., marmotta l'Écossais en jetant un regard de biais à ses interlocuteurs.

Il s'établit alors un silence gêné. Cochrane continua à marmonner entre ses dents, à voix basse, ce qui obligeait à tendre l'oreille et à se concentrer pour le comprendre :

— Je reviens sur le salaire : ma paie et celle de mes hommes doivent être versés en dollars d'argent.

Martin Francisco se racla la gorge, mais personne ne répliqua. L'Écossais s'imposait. Il était clair que peu lui importaient les formes.

— Comment voulez-vous que j'exige de mes hommes un haut degré de préparation et de discipline si je ne les paie pas bien ? poursuivit-il.

Tandis que le lord poursuivait ses réclamations, tous le regardaient, stupéfaits. À la fin, sa dernière revendication les acheva. Pour commencer, c'est-à-dire pour s'enrôler dans l'armée brésilienne et amorcer la campagne contre les Portugais, il exigeait vingt *contos de reis*, une somme exorbitante, qui devait de plus être versée en or ou en argent. Martin Francisco se demandait s'il était vraiment raisonnable de payer cet homme aussi cher.

— Monsieur, il n'y a que quatre *contos* dans le trésor impérial, lui dit-il.

Le lord se leva posément et quitta la pièce.

— Alors tout est dit.

Ce fut la détermination de Pedro qui sauva la négociation. L'empereur affronta ses ministres pour les forcer à accepter les conditions de Cochrane.

— Consolider l'indépendance du Brésil n'a pas de prix... Faites ce que vous voudrez, mais obtenez cet argent, ordonna-t-il à son ministre des Finances.

La seule solution pour se procurer rapidement la somme consistait à demander un prêt à un riche propriétaire – ce qui leur était déplaisant, car il s'agissait de l'un des plus grands esclavagistes de la région. Cependant, ils n'eurent pas d'autre choix que de faire de nécessité vertu, et de garantir sur leur fortune personnelle les dix-sept *contos* supplémentaires.

Sixième partie

La clameur d'un peuple heureux
est la seule éloquence qui sait parler des rois.

Jean-Baptiste-Louis Gresset, *Ode au roi*

58.

Le premier amiral de la flotte nationale impériale, lord Cochrane, hissa son pavillon sur le *Pedro Ier*, équipa ses bateaux et entraîna ses équipages avec la collaboration du fougueux Pedro, qui passait des journées entières à suivre les travaux. Il arrivait sur les chantiers navals avec les salves de canon qui annonçaient l'ouverture du port, à six heures du matin, et inspectait minutieusement les réparations. Il alla jusqu'à choisir les coussins de tissu marocain de la cabine principale. L'impératrice le rejoignait pour la journée. Elle venait de donner le jour à sa troisième fille, baptisée Paula Mariana, en hommage à São Paulo et à la ville de Mariana, dans le Minas Gerais, qui avaient rejoint avec enthousiasme l'appel de Pedro pour l'indépendance. L'intérêt de Leopoldine pour l'expédition de Cochrane était essentiellement stratégique. Elle était fâchée contre le représentant autrichien, Mareschal, car celui-ci n'avait pas assisté aux cérémonies de proclamation et de couronnement de Pedro, même s'il était venu au baptême de la petite. Cela l'amenait à penser que la Sainte-Alliance pourrait ne pas approuver que Pedro fût devenu empereur et souhaiter rétablir dom João VI dans son droit, au nom du principe de légitimité. Pedro, tout comme Leopoldine, avait compris combien Bahia était cruciale : tant qu'elle se trouvait aux mains du général Madeira, les Portugais risquaient de considérer que le reste du pays leur appartenait aussi.

Il fallait appareiller sans tarder. L'Écossais décida d'abandonner deux des sept navires qu'il avait prévu d'utiliser en raison de leur état de vétusté. Le 3 avril, Pedro et Leopoldine allèrent prendre congé. En embarquant sur le *Pedro Ier*, ils se trouvèrent pris dans une querelle entre des officiers brésiliens et un groupe de marins anglais et irlandais qui, la veille, s'étaient enivrés jusqu'à en perdre toute retenue.

— Ne les punissez pas, intervint l'impératrice. Boire ainsi est une habitude des peuples du Nord... Pour eux, c'est normal.

— Mais, Votre Altesse, ils ont agressé les gardiens du port, ils ont vomi part...

— Ce sont de braves hommes, monsieur l'officier, le Brésil en a besoin... et ils sont sous ma protection, l'interrompit Leopoldine.

L'homme fit un geste d'approbation du menton. Il n'était pas convaincu, mais par déférence envers l'impératrice, il laissa les Anglais partir tranquillement. Éméchés, ils prirent leurs postes avec, pêle-mêle, des esclaves libérés, des Brésiliens et même des Portugais enrôlés de force. Quand le vaisseau parvint à la hauteur du Pain de Sucre, le couple impérial souhaita bonne chance à l'amiral et descendit dans une barque venue le chercher. Pedro était très fier de sa flotte. Tandis qu'ils la voyaient s'éloigner, la brume matinale se dissipa, laissant apparaître un soleil splendide que Pedro considéra comme un bon présage.

Pour lutter contre l'anxiété que provoquait en lui l'instabilité de la situation, le jeune homme supervisait tout avec une grande frénésie. Il passait assidûment en revue les troupes étrangères, en particulier les deux bataillons de grenadiers allemands qui constituaient l'orgueil de l'armée. « Toutes les races apportent à l'armée leurs qualités et leurs armes propres. Je veux qu'ils se sentent chez eux, liés à la terre qu'ils doivent défendre », disait-il. Expert au fusil, Pedro s'entraînait avec eux et s'illustrait avec brio. Cependant, les soldats passaient de l'admiration à l'effroi quand ils voyaient l'empereur, qui n'avait jamais eu le sens des convenances, enjamber le mur de la forteresse pour faire ses besoins et ordonner au bataillon de défiler devant lui tandis qu'il se trouvait dans cette posture indécente.

Son zèle s'exerçait surtout à l'encontre des administrateurs et des fonctionnaires des institutions. Dans les ministères, il courait d'un bureau à l'autre, relevait le nom de chaque fonctionnaire absent et laissait une note pour qu'il se justifiât dès son retour. Il visita ainsi un jour l'asile de la Miséricorde, consulta le registre, demanda des comptes, voulut tout savoir sur le nombre d'orphelins recueillis, de nourrices disponibles. Il déplora le mauvais état des installations, l'aspect des enfants abandonnés, et envisagea de le dénoncer dans le discours qu'il allait tenir devant l'Assemblée constituante. Pedro avait de grandes ambitions. Il voulait changer le monde, il lui restait le souvenir des aventures du chevalier à la Triste-Figure qui décorait la chambre de son enfance. Il voulait l'océan sillonné de bateaux et les chemins couverts d'innombrables chariots, avec les marchandises les plus variées. Il rêvait d'embellir les villes, d'inaugurer des écoles pour les remplir d'enfants. Il ne voulait plus voir de petits au corps ravagé par la misère, ni ces esclaves moribonds qui abondaient sur l'infâme marché de Valongo. En avril et mai 1823, il consacra une grande partie de son temps à écrire un manifeste contre l'esclavage : « Un cancer qui ronge le Brésil, qui nous empêche de grandir en tant que pays, d'être industrieux et d'innover. » Dans la rédaction du texte, on sentait la patte de José Bonifacio, quoique, quand on lui posa la question, il ait répondu que « chaque sentiment, chaque mot » émanaient de l'empereur – et seulement de lui.

Il inspectait les forteresses, les écuries de Saint-Christophe et surveillait même les répétitions au théâtre. Infatigable et dominé par la curiosité.

Un jour, une gigantesque matrone au triple menton, la peau luisante, l'arrêta quand il passait à cheval dans le centre. Elle se plaignait que les vendeurs de la rua do Ouvidor utilisent des poids et des mesures truquées.

— Excusez-moi, Madame, je n'ai pas le temps..., lui dit Pedro.

— Si tu n'as pas le temps de m'écouter, c'est que tu n'en as pas non plus pour régner ! l'apostropha la femme.

Pedro poursuivit son chemin, mais ces paroles lui allèrent droit au cœur. Comment faire comprendre au peuple, à cette dame, que le temps lui manquait ? Que les vingt-quatre heures du jour ne suffisaient pas pour gérer un empire ?

Cependant, il pensa que la remarque de cette femme était pertinente. De sorte qu'il réclama à la douane l'étalon officiel des mesures avant de regagner le centre, la rua do Ouvidor. Il entra dans les boutiques de vêtements et de tissus qui annonçaient des qualités *London superfine*, puis compara les instruments de mesure. Cette dame avait raison : dans la majeure partie des commerces, les mesures ne répondaient pas à la norme. La fraude s'était généralisée. Pedro se mit en colère, fit sermonner les commerçants et emporta même divers instruments sous le bras.

Leopoldine l'accompagnait souvent lors de ses visites. Ils arrivaient à l'improviste à la douane, dans les hôpitaux, sur les chantiers, aux heures où les fonctionnaires s'attendaient le moins à une visite impériale. L'Autrichienne, qui s'était totalement identifiée à sa nouvelle patrie, encourageait l'immigration d'une colonie d'agriculteurs allemands. C'était sa façon personnelle de lutter contre l'esclavage, car son idée consistait à créer une sorte de classe moyenne de petits propriétaires blancs, capables de cultiver par eux-mêmes, sans l'aide d'esclaves africains. Elle pensait que cette classe soutiendrait la monarchie et l'État, et qu'elle apporterait de la stabilité au pays. Elle avait la mentalité d'un homme d'État. Consciente que son mari manquait de la culture et de la préparation nécessaires à l'organisation des activités, elle disait de lui : « Pedro aime tout diriger, jusqu'aux petites choses. » Toujours est-il qu'ils se complétaient, avaient le don d'ubiquité, et le peuple, qui les voyait partout, était aussi dévoué à son empereur qu'à Leopoldine. Les gens parlaient d'ailleurs d'eux en utilisant le possessif « notre » : « notre empereur », « notre impératrice ».

59.

Or l'arrivée de la famille de Domitila à Rio allait bouleverser l'harmonie impériale. Pedro, avec son goût de la logistique, avait organisé dans les moindres détails le débarquement de la famille Castro Canto y Melo. Il n'avait pas eu de mal à convaincre le vieux colonel Castro, père de Domitila, que la vie à Rio leur serait plus profitable ; il s'était toujours bien entendu avec les vieux soldats. De sorte que le père arriva d'abord avec sa sœur, Maria Benedicta, une femme dans le genre de Domitila, châtain clair, aux lèvres épaisses et sensuelles, une peau cannelle et un corps lisse. Pedro les installa dans l'immense propriété de Santa Cruz, à soixante kilomètres de la ville, avec du bétail et des champs cultivés par une main-d'œuvre esclave pléthorique. Maria Benedicta était très reconnaissante à Pedro car celui-ci avait procuré à son mari le poste de superintendant général des Exploitations impériales. Par ailleurs, Pedro avait fait engager Felicio, le mari dont Domitila était en train de se séparer, comme chef de la branche commerciale de la propriété. En contrepartie, il exigea de lui qu'il ne s'opposât pas au déroulement du divorce. Il ne manquait maintenant plus que l'arrivée de Domitila, qu'il comptait installer dans une maison du quartier de Mataporcos, à mi-chemin entre le centre de Rio et Saint-Christophe. Il la voulait tout près de lui.

Profitant d'une chasse dans la propriété de Santa Cruz, Pedro alla rendre visite aux nouveaux venus. Il trouva Maria Benedicta seule. Âgée de six ans de plus que lui, ses gestes indolents, son léger parfum d'huile d'amande, son rire cristallin et son corps vibrant...

tout en elle lui rappelait tant Domitila qu'il en fut troublé. Il éprouva le désir immédiat de la posséder et, encouragé par l'absence de son entourage, il lui décocha quelques compliments qui frôlaient l'insolence mais qu'elle prit pour ce qu'ils étaient, une grossière tentative de séduction à laquelle elle répondit, sans la moindre conviction, en jouant les femmes outragées. Qu'elle fût mariée semblait exciter Pierre plus encore : en politique ou au lit, le danger le stimulait. Maria Benedicta se rendit sans plus de simagrées. Il fut surpris de trouver si peu de résistance chez cette femme qui se donna à lui comme si elle vivait la grande aventure de sa vie, avec le plaisir d'ôter à sa sœur le privilège exclusif de coucher avec un empereur. D'une manière générale, la morale était aussi peu répandue dans l'aristocratie que dans les classes populaires, mais pas dans la classe moyenne à laquelle appartenait cette fille de colonel. Pedro, quant à lui, songea que son aventure avec Maria Benedicta n'était qu'un passe-temps en attendant la maîtresse de son cœur. Il ne s'arrêta pas à considérer comment réagirait Domitila devant ce qui s'était passé avec sa sœur. Il pensait qu'elle comprendrait à quel point le vide de son absence était insupportable et que faire l'amour avec sa sœur, c'était comme le faire avec elle. Selon sa vision très personnelle des choses, cette aventure était, en réalité, un hommage à l'amante absente.

Quelques semaines plus tard, dès qu'il apprit l'arrivée de Domitila en ville, Pedro partit au galop jusqu'à la maison de Mataporcos. Tout essoufflé, il descendit de cheval, donna les rênes à un palefrenier et vit Domitila sortir sous le porche pour l'accueillir. Elle avait les seins plus gonflés que dans son souvenir. Et toujours ce sourire irrésistible. Elle désigna son ventre de l'index.

— C'est le tien..., lui dit-elle.

Pedro resta bouche bée devant ce ventre, fruit de leurs premières nuits d'amour à São Paulo. Il ébaucha une grimace révélant un léger malaise... La contrariété d'avoir un enfant sans le désirer ? Ou que la grossesse de Domitila le prive de ces moments de luxure dont il rêvait depuis si longtemps ? Il voulait partager avec elle le plaisir et le repos, pas la grossesse et l'éducation. Pour cela, il avait déjà sa femme.

— J'ai l'impression de porter un melon en moi, ajouta Domitila.

Pedro se mit à rire, et les vestiges de la surprise s'effacèrent de son visage. Un enfant, pensa-t-il. Un autre. Il avait perdu le compte des enfants naturels qu'il avait pu avoir. Il préférait ne pas le savoir. Mais le sentiment qu'ils lui inspiraient l'incitait à s'occuper d'eux, à en assumer la paternité. Et il ne pouvait pas le faire avec tous, tout empereur qu'il fût. Il aurait préféré ne devoir partager Domitila avec personne, pas même avec un enfant.

— Il sera beau et arrogant, comme toi, lui dit-elle.

— Il ne manquera de rien en ce monde..., répondit-il, assumant sa part de responsabilité.

— Pas même d'un nom... ? demanda-t-elle sur un ton espiègle.

Pedro ne répondit pas. Il la regarda de ses yeux ronds, la prit dans ses bras, renvoya les domestiques et ils entrèrent dans la maison, décorée avec simplicité et goût. Ils traversèrent la cour intérieure remplie de volumineuses plantes tropicales et s'enfermèrent dans la chambre principale. C'était un joli nid d'amour, d'où on pouvait voir la partie haute du palais de Saint-Christophe. Tout était à portée de main.

Quand elle se retrouva seule dans sa nouvelle maison qui sentait la mer et le jasmin, Domitila pensa vivre un rêve. N'était-ce pas dans les rêves qu'on pouvait trouver un prince charmant qui changeait votre vie et vous faisait passer de l'obscurité provinciale à la vie brillante de la capitale ? Combien de temps le charme allait-il durer ? Leurs origines et leurs vies différentes ne finiraient-elles pas par avoir raison de leur relation ? Combien de temps l'amour de Pedro, son caprice d'empereur, durerait-il ? Quand il se lasserait d'elle, l'abandonnerait-il dans l'état où il l'avait trouvée ? Absorbée par ces pensées et ces doutes, elle s'allongea sur son lit pour calmer la peine de son corps gonflé, chaud et en sueur. Elle resta dans un demi-sommeil agréable tandis que la brise marine gonflait les rideaux de lin, sans savoir si, d'ici quelques heures, son homme reviendrait toucher ses seins fermes, ses mamelons ardents, et la pénétrer tandis qu'elle fermerait les yeux et se mordrait les lèvres.

Et Pedro revint ce soir-là, comme il le faisait à chaque fois que ses occupations le lui permettraient. Comme presque tous les soirs. «Je vais me raser la barbe pour ne pas vous écorcher cette nuit ; votre fidèle, reconnaissant et véritable amant, l'empereur, qui ne dort pas», lui écrivait-il dans un billet. Dans les bras de Domitila, il oubliait les tensions de la vie politique. Le fait de tromper sa femme avec sa maîtresse et sa maîtresse avec la sœur de celle-ci ne semblait pas troubler sa conscience. Au contraire, l'idée qu'elles pouvaient toutes les trois être enceintes de lui en même temps le remplissait d'une joie perverse.

60.

Peut-être le pouvoir ébranlait-il l'idée qu'il se faisait de lui-même. Peut-être se laissait-il griser par les marques d'adulation constantes, la ferveur quasi-fanatique du peuple, son influence croissante, son image et son aura qui lui permettaient d'obtenir tout ce qu'un homme pouvait souhaiter, y compris les femmes de l'empire. S'il ne s'était jamais senti concerné par les limitations morales que connaissaient les hommes, elles disparaissaient aujourd'hui entièrement. Il se sentait au-dessus du bien et du mal... Et qu'y avait-il au-delà du pouvoir absolu ? Ne commencerait-il pas à se prendre un peu pour Dieu ? Il était cependant le même homme, sans manières et sans culture, se nourrissant comme tout un chacun des fruits et des animaux de la terre, un homme qui perdait la tête quand il n'avait pas respiré depuis longtemps le parfum d'une femme ou senti sa présence voluptueuse. Mais savoir que ses désirs pouvaient sur-le-champ devenir réalité lui procurait une infinie sensation de plaisir qui l'éloignait du commun des mortels. C'était la liberté absolue, ce à quoi aspirait le plus un homme dont la vie était tracée depuis toujours.

Ce fut un dieu terrestre, en uniforme vert et cape de plumes jaunes, qui arriva le 3 mai 1823 dans un carrosse impérial, tiré par huit mules noires et accompagné de Leopoldine et de sa fille, pour inaugurer l'Assemblée constituante dans le bâtiment de la prison séculaire adjacente à l'ancien palais. Il avait donné l'ordre qu'aucun carrosse de la noblesse ou de toute autre personne admise ne fût tiré par plus de deux chevaux, pour que les plus pauvres ne se sentent pas humiliés par l'ostentation des plus puissants.

L'empereur remit le sceptre et la couronne à un fonctionnaire qui les plaça sur une petite table. Pedro s'adressa, tête nue, aux membres de l'Assemblée censés représenter le Brésil, même s'ils représentaient en réalité le Brésil des hommes libres et puissants, non l'autre, celui des serfs, des pauvres, des indigènes et des esclaves. Ils avaient été choisis selon des critères exigeant qu'ils possèdent de la terre, vivent dans leur municipalité depuis au moins un an, et sachent lire et écrire – ce qui réduisait drastiquement le nombre de candidats envisageables. Ils représentaient en fait moins de un pour cent de la population brésilienne[1]. Pour ne pas s'aliéner cette élite de propriétaires, magistrats, membres du clergé, militaires, professeurs et hauts fonctionnaires (beaucoup d'entre eux avaient représenté le Brésil au Parlement de Lisbonne), Bonifacio persuada Pedro qu'il devait éviter d'aborder l'esclavage. Il s'en chargerait, lui, plus tard, car il travaillait depuis longtemps à un traité. Pedro accepta.

« C'est le plus grand jour que le Brésil ait connu, commença Pedro en regardant l'assistance, parmi laquelle il reconnut Domitila, radieuse, assise à côté de son père le colonel et de son frère le capitaine Castro Canto y Melo, ami de Pedro. C'est un jour où le pays se montre comme un empire, et un empire libre. » Il mentionna la guerre cruelle qui faisait rage à Bahia, où lord Cochrane venait d'essuyer le pire revers de sa carrière, et annonça l'envoi de renforts de l'armée de Terre pour l'aider à assiéger la ville. Puis il expliqua que son gouvernement avait assaini les comptes du Trésor public en confisquant les biens des « absents en raison de leurs opinions politiques », c'est-à-dire des riches colons portugais qui avaient préféré la loyauté au Parlement de Lisbonne à l'indépendance ; il remercia pour leurs dons les sympathisants de la cause et expliqua que son apport personnel avait consisté à réduire ses propres dépenses, « qui supposent le quart de la somme utilisée par le roi, mon auguste père ». Puis il passa en revue toutes les réalisations de son gouvernement, de la réparation des fortifications à la création d'une flotte propre. Il n'oublia rien, raconta en détail sa visite à l'asile de la Miséricorde qu'il avait ordonné de transférer dans des locaux plus grands, où chaque enfant disposerait de son propre lit et d'une personne pour s'occuper de lui.

1. Laurentino Gomes (Nova Fronteira, 2010), p. 215.

Il atteignit le point de son discours prêtant à la controverse quand il rappela son engagement envers une future constitution « digne du Brésil et de moi ». Il demanda aux membres de l'Assemblée de rédiger une constitution sage, juste, adaptée, pratique, dictée par la raison et non par le caprice, une constitution dans laquelle les trois pouvoirs seraient clairement délimités « pour imposer des barrières insurmontables au despotisme, qu'il soit royal ou démocratique ». Le banc le plus libéral se remit à protester. D'après ses membres, la Constitution devait être digne du Brésil, non de l'empereur qui devait s'y soumettre comme tout le monde.

Au cours de la réception qui suivit le discours, le capitaine Castro Canto y Melo s'approcha de l'impératrice pour lui présenter sa sœur. Au milieu du salon plein à craquer de la crème de la société *carioca* et au son de l'orchestre, Domitila et Leopoldine se trouvèrent face à face, impeccablement vêtues. La beauté éblouissante de l'une rivalisait avec la douceur de l'autre. La sensualité contre l'intelligence. Les autres dames regardaient la scène du coin de l'œil. Comment l'impératrice allait-elle réagir ? Savait-elle, ne savait-elle pas ? Leopoldine se montra aussi aimable et courtoise avec Domitila qu'avec n'importe qui d'autre. De toute évidence, elle ne savait rien, bien que Rio fût une sorte de grand village, où les secrets et les rumeurs circulaient à vive allure. Domitila fit la révérence, et répondit aux questions de rigueur : originaire de São Paulo, elle était la fille d'un colonel ami de Pedro, enceinte de sept mois malgré son problème... Elle toussa un peu et resta évasive.

— Votre problème ? s'enquit l'impératrice.

Afin d'éloigner définitivement tout soupçon que l'empereur pût entretenir des relations avec elle, Domitila eut une idée géniale : elle laissa entendre à Leopoldine qu'elle souffrait du mal de Lazare, c'est-à-dire d'une variante bénigne de la lèpre, très contagieuse.

— Oh ! s'exclama l'impératrice, émue par cet aveu inattendu. « Quel dommage... une fille aussi jeune, et enceinte », songea-t-elle.

— Ce mal affecte de nombreuses personnes, vous savez ? lui dit-elle en guise de consolation. Il me semble qu'il s'agit d'une maladie qui comporte une infinité de variantes, dont la majeure partie ne sont pas graves, et elle ne va pas nécessairement se transmettre à votre enfant...

Domitila acquiesçait, de l'air grave d'une personne condamnée à l'ostracisme et à la compassion, et reconnaissante de la considération que lui témoignait l'impératrice. L'arrivée de Maria Graham, l'écrivain anglaise amie de lord Cochrane, les interrompit. Domitila fit une nouvelle révérence et se retira avec un soupir de soulagement.

Leopoldine était devenue amie avec cette Anglaise quadragénaire, dont elle admirait l'instruction et la forte personnalité. Enfin quelqu'un avec qui parler de peinture, de sciences naturelles, d'histoire, de littérature... et non des potins des courtisans ! Pour elle, c'était comme une bulle d'oxygène dans l'atmosphère confinée de la Cour. Dès son arrivée, Maria Graham s'était sentie très intriguée par le couple impérial, dont la jeunesse, la mentalité, la popularité et la situation singulière – un Bragance et une héritière de la maison d'Autriche à la tête de l'indépendance d'un grand empire – lui semblaient extrêmement originales et intéressantes. Des princes héritiers s'aventuraient rarement à lutter pour la cause de l'indépendance des peuples. Ou un colonel de race noire à poser ses lèvres épaisses sur la main de porcelaine de l'impératrice lors de la cérémonie du baisemain. Pour une libérale telle que Maria Graham, tout cela était d'une nouveauté extraordinaire qu'elle désirait conter dans un récit de voyages, raison de son installation à Rio.

Quelques jours plus tôt, elle s'était présentée un matin au palais de Saint-Christophe, dans lequel elle vit davantage la demeure d'un riche propriétaire qu'un palais impérial. Depuis le palier de l'escalier, Pedro la vit signer le livre d'or et s'approcha pour la saluer sans façons. Elle fut surprise par le contraste entre la simplicité du prince et la vénération servile que les domestiques et le personnel du palais lui professaient en s'agenouillant sur son passage pour lui baiser la main avec ferveur. Dans ce monde exotique de contrastes, tout la fascinait. Aussi, quand Leopoldine lui proposa d'être la tutrice de la petite princesse Maria da Glória afin de lui apprendre l'anglais, l'écrivain accepta-t-elle avec enthousiasme. Elle considéra comme un grand honneur et un privilège d'avoir l'occasion d'éduquer cette jolie petite fille (alors destinée à devenir l'héritière du trône brésilien) comme « une dame européenne ». Elles convinrent de commencer en septembre car Maria devait repartir en Angleterre pour y régler des affaires personnelles. L'invention des bateaux à vapeur avait réduit considérablement le temps de traversée et permettait d'effectuer des voyages impensables auparavant. «J'en profiterai pour me préparer à une si haute charge et je rapporterai du matériel pédagogique», dit-elle à l'impératrice.

Après son inauguration, l'Assemblée constituante commença à se réunir chaque jour de dix heures à quatorze heures. Dans ce nouvel empire où tout restait à faire, les hommes politiques, au lieu de traiter les milliers de réclamations qui parvenaient de tout le territoire, passaient des heures à discuter des limites du pouvoir du nouveau souverain. Les discussions prenaient parfois une tournure absurde : L'empereur devait-il entrer à l'Assemblée la tête couverte, ou découverte ? Son siège devait-il être plus haut ou aussi haut que celui du président de l'Assemblée ? Qui aurait le plus de pouvoir, Pedro ou les députés ? L'empereur pourrait-il mettre son veto à une loi ? Commanderait-il l'armée ? Ils s'empêtraient dans des discussions stériles, où les libéraux radicaux et les modérés ne parvenaient pas à se mettre d'accord. Les batailles de l'Assemblée étaient reprises par la presse, qui attaquait les propositions constitutionnelles de Bonifacio et Pedro dans des articles pleins de rage les accusant de s'accrocher au pouvoir, même si, ce qu'ils voulaient surtout, c'était maintenir une autorité supérieure qui pourrait servir d'arbitre afin d'éviter que l'Assemblée ne sombrât dans le chaos. Le souvenir du tourbillon qui avait suivi la Révolution française, et surtout haïtienne, pesait dans la mémoire de José Bonifacio.

Mais si l'empereur et son ministre étaient fondamentalement d'accord sur la théorie constitutionnelle et sur leur position contre l'esclavage, ils commencèrent à s'éloigner en raison du comportement trop autoritaire, voire despotique, des frères du scientifique. Curieusement, Antonio Carlos, le troisième et le plus patriote, proposa un projet de loi visant à déporter tous les natifs du Portugal, suspects de ne pas appuyer l'indépendance. Pedro trouva cette mesure disproportionnée et contraire aux intérêts du pays, qui ne pouvait se passer de commerçants et professionnels de toutes sortes, indépendamment de leur nationalité. Il abhorrait le fanatisme, le dogmatisme des frères, surtout le plus jeune. Il recevait des plaintes constantes sur la façon qu'avaient les Bonifacio de lutter contre leurs adversaires. Une grande partie de ces informations lui avait été transmise par Domitila, qui, à São Paulo, avait été manipulée par les factions se disputant le pouvoir local, partisans des frères

Bonifacio d'un côté, et francs-maçons républicains de l'autre, ravis d'avoir trouvé en elle une possibilité d'influencer l'empereur. Elle lui raconta que les frères de son Premier ministre persécutaient leurs opposants politiques en les emprisonnant, les poussant à l'exil, les soumettant à des perquisitions, rendant leur vie impossible.

Pedro réagit en déclarant à l'Assemblée l'opportunité de décréter une loi d'amnistie générale. Il reconnut que les mesures prises à São Paulo contre l'assemblée du gouvernement local – les adversaires de Bonifacio – avaient été trop dures, même s'il se justifia en disant qu'elles étaient nécessaires alors, mais plus maintenant. Les Bonifacio protestèrent. José lui-même tenta de le persuader de ne pas promulguer cette loi qui saperait sa propre autorité, mais Pedro fit la sourde oreille et poursuivit. Alors, de crainte que les frères ne perdent la base de leur pouvoir, Antonio Carlos éperonna ses alliés à l'Assemblée pour rejeter le projet de loi le jour du vote, ce qu'il obtint de justesse. Pedro était contrarié. La véritable victime de ce bras de fer ne fut pas le projet de loi, mais l'amitié qui l'unissait à son Premier ministre.

61.

Malgré ses trois frégates, deux corvettes, quatre brigantines et le fringant *Pedro Ier*, totalisant une puissance de deux cent trente canons, lord Thomas Cochrane affronta une flotte trois fois plus importante avec ses quatorze navires pourvus de trois cent quatre-vingts canons. À la première escarmouche, le loup des mers faillit être capturé alors qu'il tentait une brèche dans l'ordre de bataille portugais. Franchissant la ligne ennemie, il ouvrit le feu sur les frégates mais l'avant-garde le lâcha : ses autres navires ne suivirent pas ses signaux, de sorte qu'il se retrouva seul, cerné par les bateaux du général Madeira. Il comprit alors que l'équipage n'était pas à la hauteur des circonstances :

— *Damn!* Comment puis-je gagner cette guerre avec des bateaux remplis de tous les fainéants, tous les délinquants de la ville ! se lamenta-t-il.

Le problème n'était pourtant pas les vagabonds, mais plutôt les marins portugais qui s'étaient mutinés sur chacune des frégates supposées le couvrir. Ils refusèrent de combattre, arguant que « les Portugais ne se battaient pas contre les Portugais ». Jusque sur le navire de Cochrane, on assista à des actes de sabotage, notamment à la disparition des clés de certains dépôts de poudre. Au cas où cela n'aurait pas suffi, les canons fonctionnaient mal et ladite poudre était de si piètre qualité que les projectiles effectuaient à peine la moitié de leur parcours.

Cochrane donna l'ordre de battre en retraite et parvint à s'éclipser. Sa première offensive s'était soldée par un échec retentissant, et il dut se résigner à reconsidérer sa stratégie. Il remplaça l'équipage portugais par des mercenaires anglais et de nouvelles recrues brésiliennes, tout en renforçant l'armement de ses vaisseaux avec des munitions importées d'Europe. Puis il attendit que l'armée brésilienne encercle la ville par voie de terre. Lui le ferait par la mer. Le siège de Bahia commençait.

Pendant ce temps, à l'Assemblée de Rio, José Bonifacio affrontait les puissants intérêts des propriétaires lors de la présentation de son traité pour l'abolition progressive de l'esclavage. Il avait pensé que, une fois garanti le pouvoir de l'empereur, il pourrait transformer la structure sociale du pays. Or il se heurta à l'opposition de l'aristocratie rurale, laquelle ne pouvait se permettre de saboter le fondement même de son économie. Les plaintes contre le Premier ministre rejaillirent sur la personne de l'empereur, et Pedro aurait été disposé à le défendre si toutefois Bonifacio s'était abstenu de faire des commentaires sur le scandale secret qui agitait Rio :

— Vous devriez renoncer aux relations que vous entretenez avec cette femme mariée, lui suggéra le vieux scientifique avec sa franchise habituelle.

Bonifacio avait d'abord cru à l'une des nombreuses aventures du turbulent empereur, mais il se rendait compte que sa passion ne s'infléchissait pas avec le temps. Le pire fut d'apprendre que ses adversaires politiques fréquentaient la maison de Domitila. Puissants propriétaires, riches marchands, militaires, négriers, personnages dont les intérêts dépendaient directement ou indirectement du commerce et de l'exploitation des esclaves, devinrent des visiteurs assidus de la maîtresse de l'empereur, qui leur offrait un thé, un jus de goyave ou de mangue sous la véranda, écoutant leurs reproches à l'encontre de Bonifacio et riant à leurs mots d'esprit, jouissant de sa nouvelle importance.

À ce stade, Domitila était persuadée que tant que José Bonifacio et ses frères seraient au gouvernement, elle serait reléguée à l'arrière-plan. Elle serait la seconde, la fleur d'un jour... Et elle avait besoin de sécurité, pas seulement pour l'enfant qu'elle portait, mais parce qu'elle était terrifiée à l'idée qu'elle pourrait se retrouver à nouveau dans la situation dont Pedro l'avait tirée. Elle avait besoin de devenir indispensable, d'être au premier rang. Pour cela, elle devait lutter pour ce qu'elle considérait lui appartenir, rien de moins que l'âme de l'empereur lui-même (elle jouissait déjà de son corps toutes les nuits, ou presque). Et elle le faisait en éperonnant son amour-propre : « Qui est le monarque, le chef, en fin de compte ? Qui commande... Bonifacio, ou toi ? » lui demandait-elle, sachant que Pedro détestait être considéré comme une marionnette, un faible incapable d'avoir une opinion personnelle. Peu à peu, ce travail de sape l'ébranla et changea l'opinion qu'il avait de son Premier ministre, à qui il ne pardonnait pas d'avoir traité sa maîtresse de « Messaline ».

L'écho de cette conspiration permanente parvenait à l'oreille du vieux scientifique, superposant un problème personnel au problème politique. Il se trouvait dans une position très inconfortable, dos au mur, déchiré entre sa loyauté envers Pedro et son amitié pour Leopoldine. Il ne voulait pas être complice d'aventures amoureuses susceptibles d'humilier son amie l'impératrice, cette femme qui lui avait toujours témoigné de l'affection et s'était comportée dans les moments difficiles avec une dignité et un courage exemplaires. Il choisit donc l'attaque comme tactique de défense : « Vous entretenez une relation inappropriée et indécente », reprocha-t-il à nouveau à l'empereur, qui accusa le coup sans répondre.

Leopoldine se doutait-elle de quelque chose ? Elle savait depuis longtemps que son mari était un don juan, mais elle ne le croyait pas capable de tomber amoureux ni d'entretenir une relation durable. Elle le savait inconstant et capricieux. Aussi ne prêta-t-elle pas trop d'attention à la réaction effrayée de Pedro quand elle entra dans son bureau et le surprit en train d'écrire une lettre à la lueur d'une lampe à huile. Il balbutia et recouvrit le papier de son bras pour masquer le nom de sa destinataire : « L'impératrice est arrivée par surprise et a failli me surprendre, mais tes prières m'ont sauvé », écrivit-il en post-scriptum. Il consolait Domitila. Elle venait d'accoucher, mais le bébé était mort au bout de quelques jours. Pedro voulait partager sa douleur, lui éviter de se sentir seule devant l'infortune. La mort d'un enfant, légitime ou non, le bouleversait, le plongeait dans la dépression, le poussait à s'interroger sur le sens de la vie.

Si Leopoldine se douta de quelque chose ce jour-là, elle l'oublia vite. Dans le fond, elle ne voulait pas savoir. Sans être immunisée contre les évidences et les rumeurs, elle les ignorait inconsciemment. Le fait de suivre la même routine l'y aidait. Ils continuaient de prendre leur petit déjeuner ensemble et, si les grossesses le lui permettaient, ils allaient se promener à cheval, admirer dans les écuries les pur-sang de Poméranie qu'elle avait fait venir pour son mari, passer en revue les esclaves en s'intéressant à leur santé et à celle de leurs familles, ou superviser les travaux de rénovation du jardin botanique. Au retour, il s'enfermait avec ses ministres jusqu'à l'heure du déjeuner. Puis elle veillait sur la sieste sacrée qui ne devait pas être interrompue au risque de provoquer la colère impériale. Ils allaient très souvent au théâtre. Tous les vendredis matin à neuf heures, elle se rendait avec son mari à l'audience à Saint-Christophe. Des gens de toutes sortes et conditions, y compris des hommes pieds nus ou en haillons, faisaient la queue devant la porte principale et entraient dans la salle où Pedro et Leopoldine, assis à une table, examinaient les demandes par écrit ou écoutaient celles de vive voix en tentant d'y apporter une solution provisoire.

Pedro lui demandait conseil dans presque tout ce qui touchait au gouvernement. Il la tenait au courant de près de son activité et la consultait sur les thèmes les plus brûlants, en particulier le problème de la reconnaissance internationale du Brésil, leur principal sujet d'inquiétude. En ce sens, Leopoldine ne se sentait pas abandonnée. Sur le plan sexuel, même si elle se savait moins désirée qu'avant, ce qui lui semblait normal étant donné les ravages que le climat, les grossesses et l'âge produisaient sur son corps, elle était enceinte tous les ans, avec une remarquable régularité. Elle voyait surtout qu'il s'intéressait toujours aux enfants, les cajolait, veillait sur eux, et jouait avec eux. Le soir il leur lisait une histoire au lit ou leur parlait de ses chasses à travers la forêt. Pedro insistait pour programmer les études de son aînée, Maria da Glória, et assistait même aux cours de français que lui donnait un curé marseillais. Il souhaitait voir rentrer Maria Graham d'Angleterre pour que sa fille commençât à apprendre l'anglais. Par ailleurs, si un enfant tombait malade, il lui donnait lui-même ses médicaments. C'était un papa gâteau, ce qui compensait ses incartades conjugales.

Ce qu'ignorait Leopoldine, c'était que le sentiment paternel de son mari ne se limitait pas à ses enfants légitimes. À la naissance du fils de Maria Benedicta, Pedro voulut assister au baptême, ce qui fit penser aux courtisans, et même au mari de sa maîtresse, que le sang bleu des Bragance coulait dans ses veines. Maria Benedicta ne l'intéressait plus comme maîtresse ; elle avait joué son rôle de « remplaçante » et s'acquittait maintenant de sa tâche de mère, mais il insista pour voir l'enfant et suggéra même le prénom de Rodrigo, qui fut choisi. Il portait sur la conscience le poids trop lourd de tous les enfants qu'il avait engendrés avec des femmes dont il avait oublié jusqu'au nom, pour ne pas se soucier de ceux qu'il avait eus avec des femmes de son entourage. Il pensait que Dieu, avec qui il traitait directement, ne le lui pardonnerait pas. Au début, Domitila ne songea pas que le fils de sa sœur pût être de Pedro. Elle voyait encore tout à travers le prisme suffoquant de sa propre douleur, que la sollicitude de son amant l'aidait à apaiser. Au fur et à mesure que son corps retrouvait ses formes, l'ardeur amoureuse de Pedro la poussa à se tourner vers l'avenir. Un avenir qui arriva vite lorsqu'elle fut enceinte à nouveau. Cette fois, personne n'avait de doutes sur le père. Si les gens, de plus en plus nombreux, qui la courtisaient fermaient les yeux, ses ennemis laissaient libre cours à la médisance. Sa proximité vis-à-vis du pouvoir suscitait des envies et des rancœurs. Qui était cette provinciale qui s'était emparée du cœur de l'empereur ? D'où sortait-elle ? Comment était-elle ? Qu'avait-elle de spécial ? se demandaient les courtisanes à la langue de vipère. Certaines rumeurs en vinrent même à assurer qu'elle avait ensorcelé Pedro, à l'aide d'un breuvage spécial. Il avait eu beau veiller à la discrétion de son idylle, on ne parlait de rien d'autre dans les salons de la noblesse ou dans les bouges du peuple.

L'ex-mari de Domitila lui-même voulut tirer parti de la situation. Felicio avait renoncé depuis longtemps à se montrer jaloux, et bien qu'il eût accepté un poste d'administrateur dans une propriété de l'empereur, il se mit à écrire à son ex-femme des lettres exigeant des faveurs. Domitila en montra une à Pedro, dans laquelle Felicio la menaçait de chantage si elle n'accédait pas à sa demande.

— Je vais de ce pas donner une leçon à ce fils de pute, dit l'empereur.

Il fit seller son cheval et partit au grand galop à la propriété de Santa Cruz sans se soucier de l'obscurité ni de l'averse qui se mit à tomber. Il lui fallut plusieurs heures pour parcourir soixante kilomètres et il arriva à l'aube devant la maison où vivait Felicio, au milieu d'une plantation de café. Les esclaves étaient stupéfaits devant cette apparition à une heure aussi matinale.

— Allez chercher le responsable, leur ordonna-t-il.

Felicio sortit en pantalon, torse nu. Il ouvrit de grands yeux comme pour s'assurer que ce qu'il voyait était réel et non un cauchemar et devint livide en apercevant, dans la main de Pedro, la lettre qu'il avait envoyée à Domitila.

— C'est toi qui as écrit ça ?

Felicio se mit à balbutier. L'amant s'apprêta alors à administrer une bonne leçon au mari. Il s'approcha et lui flanqua une gifle qui résonna dans la nuit comme un coup de fouet. Le visage des esclaves reflétait la confusion. L'empereur traitait le contremaître comme celui-ci ne les avait jamais traités ; cet homme avait dû commettre un grand méfait, pensèrent-ils, tandis que les cris de Pedro qui houspillait l'ex-mari déchiraient la nuit. Au souvenir des cicatrices sur les cuisses de sa bien-aimée, il redoublait de fureur. Une fois qu'il lui eut dit tout ce qu'il avait sur le cœur, et même l'eut menacé de mort s'il reprenait son chantage avec Domitila, il sortit une feuille de papier de sa sacoche. « Tu vas signer ça », lui ordonna-t-il, et Felicio obéit sur le champ. C'était un billet par lequel il s'engageait formellement à ne plus importuner Domitila.

62.

Les esclaves, toujours heureux de voir leur chef humilié, firent circuler l'histoire. Pour Domitila, c'était une preuve d'amour de son amant, mais aussi un gage de l'ascendant qu'elle avait sur lui : elle savait comment le faire réagir. Elle savait aussi à quel point il était inconstant. Les fréquentes visites de Pedro à la propriété de Santa Cruz, chez sa sœur, finirent de la convaincre de la véracité des rumeurs colportées par les esclaves et les domestiques. Ces deux-là avaient une aventure. Consciente de l'aversion et de l'envie que, depuis l'enfance, Maria Benedicta nourrissait à son endroit, elle ne s'en trouva guère surprise. Cependant, elle fut gagnée par la jalousie et s'emporta. Elle fit à Pedro une scène digne d'une tragédie grecque, alléguant qu'elle se sentait trahie par deux personnes qu'elle adorait. Elle ne pourrait continuer à vivre ainsi, elle voulait repartir à São Paulo, le quitter et l'oublier pour toujours. Le jeune empereur écouta la kyrielle de lamentations sans ciller. Curieusement, il semblait satisfait. Être traité de la sorte, voire être insulté, lui procurait un sentiment de virilité. Il n'avait jamais su ce que signifiait être quelqu'un de normal, et la discussion avec Domitila vint le lui rappeler. Elle joua à la perfection son rôle de maîtresse éconduite, au point que Pedro dut s'agenouiller devant elle et lui demander pardon, ce qu'il fit de bon cœur. Il réagissait comme ces enfants qui apprécient qu'on leur indique les limites à ne pas transgresser. Qu'une femme ose lui parler ainsi le rapprocha encore d'elle. Comme il lui semblait doux, l'espace de quelques instants, d'être un homme et non un dieu...

Cependant, cette querelle amoureuse l'affecta assez pour oublier de vérifier la selle de son cheval. Une fois dans l'enceinte du palais de Saint-Christophe, l'animal fit un écart et Pedro perdit l'équilibre ; il tenta de s'accrocher à son cou mais, par malchance, son pied gauche se prit dans l'étrier. Il avait fait de nombreuses chutes de cheval, et s'en était toujours sorti indemne, mais celle-ci le laissa à terre, hurlant de douleur. Il appela au secours, sans que personne l'entende. Il parvint avec difficulté à se traîner jusqu'à la guérite de la garde, où on le secourut. Comme il ne tenait pas debout, ses gardes le portèrent jusqu'au palais. Lorsqu'elle le vit arriver dans cet état, Leopoldine prit peur et, accompagnée d'un domestique, elle accourut pour l'aider, nettoyer les blessures et le réconforter. Le médecin qui le soigna diagnostiqua plusieurs fractures des côtes et diverses contusions qui touchaient le nerf sciatique. Pedro contemplait avec horreur les dix-neuf sangsues qui suçaient le sang de sa hanche afin de réduire l'inflammation. Leopoldine pensa qu'il allait avoir une crise d'épilepsie car, entre la douleur et l'effroi, Pedro tremblait comme une feuille et il avait les larmes aux yeux en demandant :

— Pourrai-je remonter à cheval, docteur ?

Il était terrifié. Le cheval était le prolongement de son être, l'instrument de sa liberté. Sans lui, il se sentait comme un impotent. Monter était indispensable à un hyperactif comme lui.

— Bien sûr, le rassura le médecin, mais vous devez garder le repos absolu pendant au moins trois semaines.

Pour la première fois de sa vie, il devait rester immobile, emprisonné dans un corset qui lui serrait les côtes. L'empereur pensa que c'était un châtiment divin pour avoir trompé Domitila et cette femme pleine de bonté qui lui passait maintenant un linge sur le front et qui promettait, quand il serait guéri, d'offrir une peinture à l'huile à Notre-Dame d'Outeiro dans la chapelle de Gloria. En guise de pénitence, Pedro jura lui aussi d'allumer un cierge à la Vierge.

Le lit à baldaquin de sa chambre devint en ces jours la capitale de l'empire. Dans une odeur d'herbe fraîchement coupée et de chèvrefeuille qui montait depuis la fenêtre entrouverte, il pouvait admirer les paons du jardin qui lui rappelaient son père. Sauf trois irréductibles républicains, tous les membres de l'Assemblée se pressèrent à son chevet. Le sujet de conversation récurrent était le pouvoir abusif des frères Bonifacio, que beaucoup enviaient et que tous redoutaient. Impatient de démontrer son autorité, soucieux de prouver que nul ne décidait de son agenda, Pedro écouta complaisamment les insinuations de ces gens à qui, dans des circonstances normales, il n'aurait pas accordé une minute. Certains murmuraient que José Bonifacio cherchait à jouer un rôle de premier plan, que son impopularité pourrait nuire à la réputation impériale. D'autres qu'il ne devait pas laisser son plus proche collaborateur éclipser sa gloire. À force de s'entendre répéter par tant de personnes la même chose que Domitila sur l'impopularité de son ministre, il hésita. L'empereur était influençable.

Malgré cette ronde de visites, il lui en coûtait de supporter le désœuvrement lié à l'immobilité. Il trouvait le temps long, et le meilleur souvenir de cette période fut la visite-surprise de sa maîtresse. Domitila arriva presque à l'aube. Elle était entrée au palais par une porte dérobée grâce à l'inestimable collaboration de Chalaza, qui aurait fait l'impossible afin de contenter son ami, ne fût-ce que pour s'être vu nommer commandant du second bataillon de sa garde personnelle. Elle se jeta sur le lit de Pedro dans un flot de larmes, lui disant combien elle se sentait coupable de l'accident et implorant son pardon. L'inversion subite des rôles – il était la victime et elle la coupable – permit une réconciliation immédiate. Domitila ajouta qu'elle estimait avoir une dette envers lui pour avoir facilité son divorce, pour l'avoir fait venir de son petit village de São Paulo à la capitale ; elle l'aimait de tout son être car en faisant d'elle sa maîtresse, il l'avait traitée avec affection, avec tendresse, il l'avait sauvée de l'indifférence et de l'ennui. Elle se montra soumise et reconnaissante :

— Pardonne-moi, je ne suis personne...

— Au lit, tu es mon égale, et parfois ma patronne, lui répondit-il.

Elle lui adressa un sourire espiègle et s'approcha pour l'embrasser.

Ce fut une visite brève, car ils avaient peur d'être découverts par une dame de compagnie ou une domestique de Leopoldine. Ils purent se voir, se toucher, s'enlacer et s'embrasser, mais elle dut s'enfuir comme une voleuse, dissimulée dans sa cape noire. Elle n'aimait pas ce rôle, et lui, habitué à faire ses quatre volontés, non plus. Un empereur pouvait-il vivre comme il le souhaitait ? Il échafaudait déjà des plans pour remédier à la situation et rendre « officielle » la présence de sa maîtresse à la Cour.

Les derniers jours de sa convalescence, il reçut une lettre anonyme qui attribuait aux trois frères Bonifacio une série d'actes injustes et annonçait une conspiration contre l'empereur. Domitila se trouvait-elle derrière cette lettre, comme l'assuraient les mauvaises langues ? Pedro ne le croyait pas. S'il avait agi jusqu'à présent en faisant une confiance aveugle à José Bonifacio pour veiller à l'ordre public, il sentait maintenant qu'il devait le remettre à sa place. Pas seulement au nom de la liberté sacrifiée, mais aussi par précaution. Il ne remettait pas en cause sa loyauté, mais le moment était venu de donner du poing sur la table, de prouver, comme le disait Domitila, qu'il était le chef.

Il fit venir Bonifacio à son chevet de convalescent. L'homme arriva tard dans la nuit. Il savait qu'on l'avait discrédité et se présenta l'air méfiant. Pedro, adossé à un coussin, lui désigna des papiers qui se trouvaient à ses pieds, sur le couvre-lit.

— Je veux que vous les lisiez...

Bonifacio ne put masquer son mécontentement. Ce qu'il lisait était une série de décrets visant à libérer tous les prisonniers politiques de Rio et des provinces, ainsi qu'à annuler tous les ordres de déportation, par ordre de l'empereur, autorité suprême. Tous ces papiers avaient été signés par le vieux ministre, comme à l'accoutumée. Cette fois, il n'y avait pas lieu de voter une loi d'amnistie à l'Assemblée.

— Je m'attendais à quelque chose dans ce genre..., lui dit-il.

Puis un long silence gêné s'établit. Il semblait hésiter à dire le fond de sa pensée, mais finit par se lancer :

— J'ai appris que c'était la volonté de Mme Domitila de Castro... et que ses proches avaient reçu une gratification en échange.

Pedro respira profondément pour se contrôler et détourner l'attaque.

— Mme de Castro n'a rien à voir avec ça. Il y a des gens injustement enfermés et maltraités, c'est pourquoi j'ai préparé ces décrets. Il faut soigner les blessures de ce pays, non y verser du sel...

— S'ils se trouvent en prison, c'est qu'ils sont soupçonnés d'actes délictueux. Les amnisties sont faites pour les coupables, non pour les innocents, répliqua Bonifacio. Dans les circonstances actuelles, les convenances et la politique conseillent d'accorder le pardon *après* le jugement, pas *avant*. Je vous prie de révoquer ces décrets qui sapent entièrement mon autorité et celle de mes frères.

— Je n'en ferai rien. Les gens se plaignent d'un manque de liberté, de despotisme, et nous sommes censés lutter pour la liberté, non l'inverse.

— Je me permets de vous rappeler que celui qui agit en despote, c'est vous, Monsieur l'empereur. Avec ces décrets, vous faites passer votre volonté avant celle de l'Assemblée, qui s'est déjà prononcée lors du vote.

Le fait que Bonifacio pointe sa contradiction le mit hors de lui :

— Comment osez-vous me traiter de despote?! cria Pedro. Vous savez bien que je déteste le despotisme et l'arbitraire!

— La liberté sans ordre n'est pas la liberté.

Il y eut un silence. Pedro était rouge de colère.

— Monsieur l'empereur, il est inutile de continuer à discuter... Tout le monde sait qu'il a été déposé de l'argent pour obtenir cette amnistie, et moi je ne veux pas que mon nom soit associé à une affaire aussi honteuse, poursuivit Bonifacio.

Dans un élan de rage, Pedro tenta de se lever pour le souffleter, mais ce faisant il brisa son corset et poussa un cri.

— Vous m'insultez! Je suis las de votre tutelle! lui cria-t-il avec une grimace de douleur.

Bonifacio attendit que Pedro se fût calmé et eût retrouvé son souffle. L'aide de camp de l'empereur, alerté par ses cris, se présenta à son chevet, mais Pedro donna l'ordre de les laisser seuls. Au terme de leur entrevue, le vieux scientifique lui dit :

— Monsieur l'empereur, je vous présente ma démission.

Il fit demi-tour et quitta la pièce. L'homme qui avait été un instrument clé de l'indépendance s'était frotté aux braises de la politique et à ses intrigues. Non seulement Pedro perdait un précieux collaborateur, mais l'impératrice Leopoldine se retrouvait privée d'un ami de confiance, quelqu'un qui jouait un rôle de père, comme João VI à une autre époque.

Une angoissante sensation de solitude la frappa, aggravée par la crainte que son mari, affranchi de la tutelle des frères Bonifacio, ne perdît le nord dans le marasme de la politique. À ce stade, il lui était difficile de ne pas accepter l'évidence : son mari et Domitila étaient amants. Trop de rumeurs impliquaient la jeune femme, de façon publique et notoire, dans la persécution et la chute de Bonifacio.

63.

L'échec que représentait pour le Portugal l'indépendance du Brésil fut habilement exploité par Carlota Joaquina, qui, tapie dans la Quinta de Ramalhão, attendait son moment comme un tigre aux aguets. Il arriva par l'Espagne, quand la Sainte-Alliance envoya des troupes françaises pour rétablir la monarchie absolue. Son frère Ferdinand, surnommé le roi Félon, retourna sa veste, et, sûr de son pouvoir restauré, se mit à poursuivre avec acharnement les libéraux, rétablit les privilèges des seigneuries et les majorats, ferma des journaux et des universités. Il parvint même à rétablir l'Inquisition, l'influence du clergé grandissant comme lors des siècles précédents. À son tour gagné par cette ferveur traditionnaliste, le Portugal fut le théâtre d'un soulèvement absolutiste. Si l'obscurité retombait sur la péninsule, Carlota, quant à elle, aperçut, la lumière au bout du tunnel de sa propre ambition.

— Miguel, ton heure est arrivée, dit-elle solennellement à son fils.

Elle l'envoya à Vila Franca un régiment d'infanterie qui rejoignit les rebelles absolutistes au cri de : « Vive la monarchie ! » La *Vilafrancada* fut l'une des nombreuses révoltes qui surgirent à l'instigation du clergé et de Carlota Joaquina afin de restaurer l'ancien Portugal, ennemi de la libre pensée mais adepte de la religion et de la monarchie. Son rêve de voir sa famille régner sur toute la péninsule Ibérique semblait si proche ! Il ne lui restait plus qu'à exécuter la dernière partie de son plan : obliger son mari, ce traître qui avait juré fidélité à la Constitution, à abdiquer en faveur de son fils, Miguel. Alors le monde retrouverait le sens qu'il avait pour elle, dans son enfance, quand on lui inculquait l'amour de la monarchie et les valeurs éternelles de l'empire espagnol.

Don João se trouvait au palais de Bemposta, menant une vie tranquille en compagnie des moines. En extase dans la chapelle, il écoutait des chants grégoriens quand, soudain, une agitation venue de l'extérieur troubla ce moment privilégié. Des moines apeurés lui annoncèrent que l'Assemblée avait été dissoute, le Parlement fermé, et que le dix-huitième régiment d'infanterie se trouvait sur la place devant le couvent, lui lançant des vivats en tant que roi absolu. Quelques années plus tôt, pareille nouvelle l'aurait empli de joie. Plus aujourd'hui. Sa plus grande ambition n'était plus d'obtenir le pouvoir absolu, mais de réunir les deux royaumes – celui du Brésil et celui du Portugal – sous une même couronne dans un système de monarchie constitutionnelle. Don João n'avait pas juré fidélité à la Constitution en vain ; il était persuadé qu'un système « à l'anglaise » pourrait sauvegarder l'unité du monde portugais, primordiale pour lui. Ces considérations, et le fait de distinguer l'ombre de sa femme derrière le putsch, lui inspirèrent de la méfiance. Son vieil instinct de survivant se mit en marche. Il se réunit avec ses conseillers afin d'analyser la situation.

— Si vous rejoignez le coup d'État, Votre Majesté, je crains que votre épouse, alléguant votre serment constitutionnel, ne tente de vous forcer à abdiquer... Elle est devenue forte, ne l'oubliez pas.

— Vous pensez que je dois prendre la tête de ces soldats et diriger l'émeute ?

— Oui, Majesté... Vous avez le temps de devancer les événements et de prendre le contrôle de la situation.

Ces moines connaissaient leur affaire, pensa le monarque, qui sentait lui aussi le danger qu'impliquaient les machinations de sa femme. Il n'avait pas le temps d'hésiter, il devait prendre une décision sur-le-champ – précisément ce qu'il détestait le plus. Il se voyait à nouveau forcé à agir contre lui-même. Il sortit donc à contrecœur sur le balcon pour saluer les soldats du dix-huitième régiment. Il n'avait pas ressenti la chaleur du peuple depuis longtemps ; les vivats et les cris d'adhésion réconfortèrent son vieux cœur las et l'incitèrent à agir. Deux heures plus tard, il partait à la tête de cette troupe à la rencontre de Miguel, qui ne put que s'incliner devant son père et l'acclamer.

En traversant l'océan, l'écho de la *Vilafrancada* eut un effet dévastateur sur le moral des troupes du général Madeira, qui avait jusqu'alors supporté stoïquement le siège de Bahia. Depuis que Cochrane avait bloqué l'accès à la ville par la mer, la pénurie de vivres et de produits de base avait fait de la vie à Bahia un enfer. Les prix s'étaient envolés. Un œuf coûtait aussi cher qu'une douzaine ailleurs, les poulets se vendaient à prix d'or, les légumes et le manioc avaient disparu. La faim faisait des ravages. Les Portugais tentèrent de briser le siège, mais ils se heurtèrent à une résistance féroce. Au total, environ dix mille soldats se retrouvèrent pris dans une bataille sanglante qui causa des milliers de pertes dans les deux camps. Pourtant, ce ne furent ni la faim ni l'usure qui infléchirent le cours des événements, mais les nouvelles provenant du Portugal. Le général Madeira, mis sous pression par la démoralisation de sa troupe et par les civils portugais de Bahia qui craignaient de voir leurs propriétés tomber aux mains de l'Empire brésilien, décida d'évacuer la ville et de se replier sur São Luis de Maranhão, un port sur la côte nord à la limite de l'Amazonie, resté fidèle à la Mère-Patrie.

Par un matin ensoleillé, le 2 juillet 1823, depuis le pont du *Pedro I*er, lord Cochrane aperçut une soixantaine de navires chargés de douze mille colons et de leurs biens, escortés par la flotte portugaise. À peu de chose près, le même nombre de colons arrivés de Lisbonne en 1808 pour préserver le trône de l'ambition de Napoléon. L'Écossais donna l'ordre de laisser passer le vaisseau principal, le *Dom João VI*, et les frégates qui l'escortaient, afin de se concentrer sur un transport de troupes portugais qui opposa peu de résistance. À bord, il trouva des documents, la plupart codés, qui contenaient des renseignements sur la destinée des fuyards. Il apprit ainsi que l'intention générale n'était pas de rentrer à Lisbonne mais d'accoster à São Luis de Maranhão. Sa stratégie entra alors en action : d'une traite, il confisqua les uniformes et les drapeaux, rompit le contact avec les bateaux ennemis et donna l'ordre au capitaine du *Pedro I*er de mettre le cap sur São Luis de Maranhão. Il entra dans le port en arborant le pavillon portugais, et quand les fonctionnaires montèrent à bord, il leur annonça qu'il venait conquérir la ville et que São Luis devait se rendre.

— Mes marins sont expérimentés et prêts à tout, et de nombreux navires, pleins de Brésiliens avides de pillages, nous suivent. Vous verrez, leur dit-il.

La ruse fonctionna. L'assemblée provinciale se déclara loyale envers l'empire brésilien et lord Cochrane, dans un élan de noblesse, leur permit de fuir sur leurs bateaux vers le Portugal au lieu de souffrir l'humiliation de se rendre aux Brésiliens. De sorte que lorsque le *Dom João VI* arriva à São Luis de Maranhão quelques jours plus tard, le général Madeira découvrit que son sanctuaire était tombé aux mains de l'ennemi. Il n'eut pas d'autre solution que de faire demi-tour et de mettre le cap sur Lisbonne. Trois cent cinquante ans après que l'amiral Pedro Alvares Cabral eut pris possession de cette terre, la flotte portugaise partait pour ne pas revenir. Elle laissait derrière elle une colonie transformée en un pays indépendant, grâce essentiellement à la conjonction du talent, de l'énergie, de l'intelligence et au flair de quatre personnes d'origines très différentes : un Hispano-Portugais, une Autrichienne, un Brésilien et un Écossais.

En moins de six mois, lord Cochrane avait consolidé l'empire de dom Pedro Ier. L'investissement que représentait son engagement s'était avéré fort rentable, comme l'avait pressenti l'empereur.

64.

La victoire de Cochrane attisa le feu du patriotisme. Dans tout le pays, des hordes de Brésiliens réclamèrent l'indépendance, expulsant les Portugais et confisquant leurs biens. L'empereur faisait partie des personnes suspectées de déloyauté, d'abord pour être né au Portugal, ensuite pour avoir fait transférer à Rio tous les prisonniers de la bataille de Bahia, où il leur donna la possibilité de s'enrôler dans l'armée brésilienne. Cette mesure, considérée comme indulgente par les «nativistes» – comme on appelait alors les nationalistes –, mais indispensable pour l'empereur qui avait besoin de soldats, fut dénoncée dans *O Tamoyo*, un journal de Rio appartenant aux frères Bonifacio, qui pointait «l'influence dangereuse des Portugais dans l'armée». De plus, la rumeur courait que Pedro et son père, qui avait maintenant récupéré le pouvoir, étaient parvenus à un accord afin de réunir sous le même sceptre le Brésil et le Portugal.

Pour apaiser la méfiance, Pedro se voyait contraint de démontrer, à chaque fois qu'il en avait l'occasion, son engagement envers la cause de l'indépendance. Une fois dans la baie de Rio, Pedro refusa de recevoir un émissaire du roi João VI venu à bord d'une brigantine portugaise qui arborait le drapeau blanc. Quelques jours plus tard, une corvette portugaise avait jeté l'ancre au même endroit sans drapeau blanc. Pedro ordonna de la saisir comme butin de guerre, il renvoya l'émissaire sur un bateau de passagers, sans décacheter la correspondance et les lettres personnelles de ses parents, et ce, bien qu'il brûlât du désir de lire son père, de déchiffrer son écriture, de le sentir proche malgré les cinq mille miles de distance.

— Je ne veux rien savoir du Portugal avant que l'indépendance du Brésil n'ait été reconnue, déclara-t-il.

Mais il avait beau faire, rien ne pouvait l'exonérer du péché d'être né au Portugal. Suspect aux yeux de l'Assemblée constituante, les délégués cherchaient à limiter ses pouvoirs, lui refusant le droit de participer à l'élaboration des lois. Ils s'opposèrent même à la remise d'une décoration à lord Cochrane en reconnaissance pour services rendus, comme l'avait proposé Pedro. Les délégués, toujours prêts à saper son autorité, ne purent l'empêcher de nommer le lord marquis de Maranhão, mais ils s'opposèrent à assortir cette nomination de la concession de la terre correspondante, ce qui intéressait l'Écossais au plus haut point.

Pour Pedro, la goutte d'eau qui fit déborder le vase survint lors d'un débat, quand Antonio Carlos Bonifacio, qui avait mérité le surnom de Robespierre brésilien, déclara :

— Tous les natifs du Portugal, y compris l'empereur, sont des ennemis potentiels du Brésil !

Une clameur monta de l'Assemblée que son président, un modéré, ne parvint pas à apaiser. Plus tard, quand il leva la séance, Pedro aperçut de la fenêtre du vieux palais, adjacent au bâtiment de l'Assemblée, les deux frères Bonifacio portés en triomphe par la foule. « Eux ou moi », se dit-il.

Las des discussions stériles sur le fait d'être « portugais » ou « brésilien », fatigué par les réunions tumultueuses qui menaçaient la stabilité du gouvernement, redoutant un putsch des républicains ou des patriotes, il décida de dissoudre l'Assemblée.

— Ne faites pas ça, lui conseilla Leopoldine, qui craignait qu'une telle mesure ne mît le feu à la vie politique et ne suscitât la violence.

— Nous ne pouvons pas continuer ainsi, lui répondit Pedro. L'Assemblée est un chaos permanent. On me menace sans aucun scrupule, je ne peux plus le supporter...

— Oui, mais on dira que c'est de l'abus d'autorité et vos ennemis, tôt ou tard, se vengeront. Faites attention.

Quand il alla voir Domitila, ce soir-là, celle-ci le poussa dans l'autre direction :

— Débarrasse-toi d'eux une bonne fois pour toutes, lui dit-elle à propos des Bonifacio. Ils ne songent qu'à te voler le pouvoir.

Sa maîtresse l'emporta. Pedro réunit son Conseil des ministres et, sur un ton très solennel, il leur lut le texte d'un décret qu'il avait préparé toute la nuit : « Par la présente, je déclare, comme empereur et défenseur perpétuel du Brésil, dissoudre l'Assemblée et en convoquer une nouvelle... qui travaillera sur un projet de Constitution deux fois plus libéral que celui que vient d'élaborer l'Assemblée dissoute. » En apprenant les intentions de l'empereur, les députés passèrent la nuit enfermés dans le bâtiment de l'Assemblée. Qu'attendaient-ils ? Qu'une faction des militaires empêche ce coup de force de l'empereur ? Que le peuple vienne les protéger ?

Comme cela s'était produit lors des événements de la Chambre de commerce, Pedro les devança. À l'aube, pendant que deux mille soldats du régiment de cavalerie encerclaient le bâtiment, un officier remis à son président le décret impérial qui suspendait l'Assemblée dans ses fonctions. Il y eut un grondement de protestation, mais devant le déploiement de tant de forces, personne n'osa résister. Le souvenir de ce qui s'était produit dans la Chambre de commerce était très présent à l'esprit des députés, de sorte que lorsqu'ils reçurent l'ordre d'expulsion, ils obéirent. Ils sortirent lentement : les uns tête basse, d'autres le menton relevé. Martin Francisco et Antonio Carlos Bonifacio furent arrêtés, tandis qu'une patrouille se dirigeait vers le domicile du vieux José pour faire de même.

Une fois les lieux évacués, Pedro apparut à cheval. Comme ses officiers, il portait sur la poitrine une petite branche de caféier, symbole utilisé principalement par l'oligarchie rurale. Il parcourut les rues en compagnie d'un groupe d'officiers. Il n'y avait ni cris de joie ni vivats, mais un silence lourd. Le peuple, désabusé, se demandait si un tyran n'était pas né. Pedro se recueillit dans l'église de Gloria, où il demanda protection à la Vierge et la remercia d'avoir évité un bain de sang.

Leopoldine, qui pensait que les nombreux ennemis de Pedro ne lui pardonneraient jamais ce coup d'État, tenta de s'opposer à la décision de son mari d'envoyer en exil en France José Bonifacio, ses frères et un groupe de délégués à bord du *Leuconia*, un cargo portugais aménagé à cet effet.

— Je vous en prie, Pedro, ne les déportez pas.

— Ils ne peuvent pas rester ici à conspirer contre moi. Plus maintenant.

— S'il vous plaît, je vous le demande.

— Sachez qu'ils bénéficient de ma générosité. Chacun touche une pension annuelle de mille deux cent cinquante dollars qui provient du trésor impérial. Je ne les laisse pas dans l'indigence.

— N'envoyez pas José en exil, c'est un homme précieux même si...

Pedro ne la laissa pas achever sa phrase :

— S'il reste, je vais devoir le mettre en prison. Il vaut mieux qu'il s'en aille.

En embarquant sur le *Leuconia*, le vieux scientifique pleurait. Ses idéaux s'étaient fracassés contre la dureté de la politique et les manœuvres injustes de ses ennemis. Ce vieil idéaliste avait voulu créer un pays libre, grand et juste. Libre et grand, il l'était, mais serait-il un jour juste ? se demandait-il, sur le pont, le cœur brisé.

— Dites à l'empereur que je pleure pour ses enfants, qui sont innocents... Dites-lui d'essayer de sauver la Couronne pour eux, car pour lui, elle est perdue dès aujourd'hui, fit-il à l'officier qui l'escortait.

Pour s'attirer les bonnes grâces de l'empereur, avant de partir, le capitaine du bateau proposa de changer de cap, de débarquer ses passagers à Lisbonne, à la merci du nouveau gouvernement absolutiste. Cela aurait impliqué un jugement sans garanties et des années de prison, voire l'exécution, pour les députés.

— Je ne consentirai jamais à pareille chose, ce serait une félonie, lui répondit Pedro.

Leopoldine perdait un ami, un conseiller, un appui. Elle était désolée. On ne lui avait pas permis de prendre congé de lui. « J'ai découvert que cette femme – elle parlait de Domitila – avait reçu douze contos pour prix de son travail. Je l'ai lu de mes propres yeux dans une lettre écrite d'une auguste main qui le relatait ainsi », lui écrivit-il, fidèle à leur amitié. Cette lettre inaugurait une correspondance qui se prolongerait pendant des années, malgré le risque qu'elle présentait, Bonifacio étant l'ennemi acharné de son mari.

Domitila, quant à elle, avait neutralisé celui qui l'empêchait de faire partie du cercle intime de l'empereur. Dans sa guerre contre l'ordre établi, elle avait gagné une bataille décisive. À la réception de la Cour qui fut organisée des semaines plus tard afin de fêter le premier anniversaire du couronnement, elle fit son apparition vêtue de blanc, le sourire radieux, l'air triomphant et le visage entouré d'une guirlande de boutons de rose qui contrastaient avec ses cheveux de jais attachés en chignon. Sur sa poitrine, était accrochée une branche de caféier.

Pendant ce temps, deux militaires qui se présentèrent comme des amis des frères Bonifacio, se mettaient en contact avec Leopoldine. Le plan qu'ils lui proposèrent envisageait de forcer l'empereur à abdiquer pour l'envoyer ensuite en exil. Les Bonifacio voulaient rendre la monnaie de sa pièce à Pedro.

— Par la suite, nous remettrions à Votre Majesté la Couronne du Brésil.

L'Autrichienne devint nerveuse.

— Cela n'est pas possible..., balbutia-t-elle tandis que son visage s'empourprait, sans qu'elle sût si c'était de honte ou de peur.

L'idée de faire un putsch contre son mari était inconcevable. Comment pouvaient-ils penser qu'elle accepterait jamais pareille chose ? Les deux hommes insistèrent. Il était clair que la dissolution de l'Assemblée, l'exil des Paulistes et la relation avec Domitila avaient ébranlé la popularité de Pedro. Ils firent valoir à l'impératrice l'intérêt suprême du pays, en soulignant les défauts de l'empereur.

— Je suis chrétienne, trancha Leopoldine. Je me consacre entièrement à mon mari et à mes enfants, et, plutôt que de tolérer pareille chose, je me retirerai en Autriche.

65.

Quand lord Cochrane revint à Rio, il félicita l'empereur d'avoir dissolu la Constituante, cette assemblée de crapules ingrates qui avait rechigné à lui accorder le titre de marquis.

— Si vous me permettiez de vous donner un conseil, je réaffirmerais devant le monde mes principes libéraux en annonçant être en train de préparer une Constitution sur le modèle de la Grande-Bretagne et des États-Unis d'Amérique.

Le conseil ne tomba pas dans l'oreille d'un sourd ; Pedro avait besoin de se débarrasser de cette étiquette de tyran et de putschiste. Il voulait tenir sa promesse d'une Constitution très libérale. Ce serait l'épreuve du feu, à même de dissiper tous les doutes sur son credo politique. Il demanda à Leopoldine de l'aider. L'Autrichienne comprit que sa présence auprès de cet homme qu'elle adorait avait un sens. Ne pouvant se sentir aimée, du moins se sentait-elle nécessaire. Chalaza, qui faisait fonction de secrétaire personnel, se procura des copies des Constitutions de Cadix de 1812 et de Norvège de 1814. Quand un paragraphe retenait l'attention de Pedro, il demandait à Chalaza de le recopier et celui-ci le communiquait ensuite au Conseil d'État. Ils obtinrent progressivement un texte qui, comme l'avait promis Pedro, était plus tolérant que le projet précédent sur le plan religieux et dans la façon de définir les droits de l'homme, y compris celui de la propriété. La torture, les coups de fouet sur la place publique, la confiscation de biens et le marquage au fer rouge étaient définitivement interdits. L'empereur parvint ainsi à promulguer une Constitution qui, au cours des soixante-quinze années suivantes, préserverait les droits fondamentaux des Brésiliens de façon plus efficace que n'importe quelle Constitution américaine adoptée à la même époque. Pedro et Leopoldine prêtèrent serment au Théâtre impérial, qui fut victime dans la nuit d'un incendie ravageur. Beaucoup y virent un signe du destin, un mauvais présage.

Au nord-est, la réaction irritée des gouvernements municipaux d'Olinda et Recife, qui rejetèrent catégoriquement le texte, semblait confirmer le mauvais augure. Dirigé par un curé indépendantiste, fray Caneca, un groupe de républicains et militaires se dressa contre le gouvernement de Rio et proclama l'indépendance de Pernambouc et des provinces adjacentes. Ainsi naissait la Confédération de l'Équateur, la plus grande menace à l'unité du Brésil.

— Amiral, j'ai besoin de vos services...

La demande parvenait à point nommé pour lord Cochrane. Il était engagé depuis des mois dans d'aigres discussions avec le ministre de l'Armée impériale et le tribunal qui annulait les trophées de guerre. Le lord réclamait deux millions de dollars pour tous les bateaux qu'il avait pris et envoyés à Rio. Comme le tribunal impérial n'était pas pressé de payer, Cochrane conserva en garantie l'argent du pillage de la douane de Maranhão et du Trésor public provincial. Il le gardait jalousement dans une cantine fermée à clé sur le *Pedro Ier*. Nombre de ces bateaux n'étaient pas, selon le tribunal, des prises légitimes. Cochrane rétorquait que les membres dudit tribunal étaient portugais et donc de connivence avec les propriétaires des bateaux. Il avait été pourtant mis en garde par Leopoldine : le gouvernement le jugeait trop avide et n'était pas bien disposé envers lui. C'est alors que Pedro souffrit d'une violente crise d'épilepsie, la première en cinq ans, qui le laissa inconscient quelques minutes. Mais il se rétablit immédiatement, et reçut à Saint-Christophe la visite de membres du corps diplomatique, du Conseil des ministres et du Conseil d'État. Lord Cochrane arriva également. Pedro avait plus que jamais besoin de lui :

— La rébellion du nord-est mérite un châtiment exemplaire, lui dit-il.

C'était l'occasion qu'attendait Cochrane, qui lui répondit :

— Je ne partirai pas à Pernambouc avant d'avoir reçu la rémunération que nous méritons, mes hommes et moi-même.

Pedro dut user de son influence pour convaincre les membres du tribunal de verser à Cochrane deux cent mille pesos d'argent comme avance avant la décision finale. Cette somme, ainsi que le butin conservé à bord et qu'il ne comptait pas rendre, persuadèrent l'amiral d'appareiller. Sa flotte se composait d'une brigantine, deux corvettes et deux bateaux de transport : il avait mille deux cents soldats pour l'aider à étouffer la révolte. Pour faciliter sa mission et le châtiment des rebelles, Pedro ordonna de suspendre les garanties constitutionnelles dans la province de Pernambouc.

Lord Cochrane bombarda la ville de Recife depuis la mer tandis que les troupes entraient dans la ville par le sud, après avoir vaincu une résistance fragile. Les chefs rebelles fuirent vers l'intérieur, mais les troupes impériales les prirent en chasse. Seize meneurs tombèrent, parmi lesquels fray Caneca. Un tribunal militaire les accusa d'insurrection et la sentence, que Pedro refusa de commuer, fut exécutée sur-le-champ. Le curé, dépouillé de sa soutane, mourut sous les balles du peloton.

Le loup des mers avait gagné une nouvelle victoire importante même si, comme toujours, il se sentait mal rétribué. Il mit le cap sur la Grande-Bretagne et, à son arrivée, restitua la frégate au consulat du Brésil, avec une lettre de démission et une facture astronomique pour services rendus à l'empire. Jamais il ne revint au Brésil. Il resta mercenaire, et s'illustra en Méditerranée dans la lutte contre les Turcs pour l'indépendance de la Grèce.

66.

En septembre 1824, lorsque Maria Graham revint à Rio de Janeiro pour prendre son poste de tutrice des princesses, elle fut reçue au palais par un certain Plácido, ex-barbier reconverti en majordome et trésorier impérial, qui la conduisit vers sa chambre au sous-sol de l'aile où vivait Leopoldine. Cet homme hautain et antipathique exerçait une influence considérable sur la vie du palais. Il était le chef de tous les employés, chargé de les payer, tout comme de verser sa «mensualité» à Leopoldine et de comptabiliser ses dépenses. Plusieurs dames de la Cour, qui regardaient cette intruse avec méfiance et curiosité, restèrent dans la pièce pendant qu'elle défaisait ses bagages. À entendre leurs commentaires, l'Anglaise eut l'impression d'avoir débarqué au sein d'une tribu d'Indiens d'Amazonie, non du palais d'un empereur. Impression qui s'améliora quand elle monta vers la galerie où la famille impériale l'attendait pour l'accueillir en compagnie d'un groupe de courtisans. L'empereur lut une lettre par laquelle il octroyait à l'Anglaise les moyens nécessaires à l'éducation morale, intellectuelle et physique des princesses.

L'arrivée de Maria Graham fut une bénédiction pour Leopoldine, qui avait grand besoin de compagnie. «Je me rends malheureusement compte que je ne suis pas aimée», lui avoua-t-elle immédiatement. La relation de son mari avec Domitila était stable et durable. Elle avait écarté les rumeurs, mais n'avait pu fermer les yeux devant l'évidence. Le brouillon d'une lettre que l'empereur avait oubliée dans son secrétaire lui confirma le pire : «Quel bonheur, hier soir, il me semble que j'y suis toujours, quel plaisir, quelle consolation!... Je t'envoie un baiser de la part de "ma chose".»

Lire ces mots lui causa une véritable douleur physique. Malgré le comportement immature dont témoignait la lettre, elle aimait Pedro de toute son âme. Une autre femme aurait réagi en affrontant son mari, exigeant des explications. Pas elle. Non qu'elle fût lâche, car elle avait témoigné d'un grand courage et d'une force d'esprit dans les moments difficiles de l'indépendance. Elle n'avait pas été élevée pour s'imposer face à son mari. L'éducation et les conseils paternels lui avaient inculqué passivité et soumission devant l'homme. Le fait que l'ambiance familiale demeure paisible était plus important que son bonheur personnel. Elle savait qu'elle ne pouvait pas lutter. Bonifacio lui-même avait succombé aux intrigues de l'entourage de son mari. Combien de temps encore tiendrait-elle ? Devant la douleur et la tromperie, elle avait réagi à sa façon, avec un grand sens du devoir, souffrant en silence, feignant de ne rien savoir, espérant que le feu de la passion ne tarderait pas à s'éteindre, comme cela s'était si souvent produit dans le passé.

À cette situation affligeante s'ajoutait sa préoccupation pour Maria da Glória, son aînée. Pedro était revenu à son idée de la marier à son oncle Miguel selon la tradition monarchique la plus archaïque. Il prétendait ainsi dissuader son frère de toute velléité d'usurpation du pouvoir royal, comme il l'avait tenté lors de la *Vilafrancada*. Il avait l'intention d'envoyer sa fille au Portugal pour y passer le reste de l'année. La seule idée que sa fille, si jeune et innocente, pût épouser le perfide Miguel, plongeait Leopoldine dans un profond désarroi. Comment son mari pouvait-il défendre cette position ? Bonifacio lui avait fait la promesse d'empêcher cette union contre nature. Mais elle n'avait plus son vieil ami à ses côtés. Depuis sa chute, elle n'avait plus personne à qui se confier. Elle trouva donc en Maria Graham une bouée de sauvetage bienvenue. Enfin quelqu'un avec qui parler d'autre chose que d'enfants, de maladies, de chevaux ou de politique. L'érudite anglaise devint sa consolation aux heures de mélancolie ; auteur de plusieurs livres de voyage et même d'un roman pour enfants, elle l'aidait à oublier qu'elle avait été « transportée dans ce pays d'ignorance », et revivait avec elle ses jours passés en Europe, parlait de ses parents en Angleterre, de lieux inconnus, de livres et de musique. Elle mettait à profit toutes ses heures de liberté pour retrouver Maria, particulièrement pendant la sieste, tandis que Pedro somnolait dans sa chambre.

Cependant, les vieux démons tapis aux quatre coins du palais se mirent à conspirer contre «les étrangères», comme on les appelait. La horde de domestiques et de dames de compagnie, portugais pour la plupart, commandée par Plácido, vit d'un mauvais œil l'irruption d'une seconde étrangère. N'existe-t-il pas une dame portugaise compétente pour éduquer les princesses ? se demandaient les courtisanes. Blessées dans leur amour-propre, les dames saluaient à peine l'Anglaise et répondaient de mauvaise grâce à ses questions. Quand la petite eut la grippe, l'empereur, qui venait la voir tous les matins, saluait de bonne humeur Maria, qui restait debout tandis que domestiques et dames de compagnie se prosternaient devant lui et lui baisaient la main : «Quelle horreur... Maudite hérétique qui ne montre pas le respect dû à l'empereur !... Pour qui se prend-elle ?» murmuraient les femmes, indignées, en quittant la pièce. Elles parlaient suffisamment haut pour être entendues. D'après elles, embrasser la main de l'empereur était un devoir sacré. Déconcertée, Maria Graham demanda à Leopoldine ce qu'elle devait faire.

— Tu sais bien : À Rome, fais comme les Romains..., lui répondit celle-ci.

Contrite, l'Anglaise profita de la visite suivante de l'empereur pour s'avancer et lui baiser la main. Mais Pedro se mit à rire, et lui donna en retour une poignée de main ferme :

— *A hand shake!* s'exclama-t-il. C'est ainsi que se saluent les Britanniques, n'est-ce pas... ?

Et il continua à bavarder avec elle de façon cordiale et désinvolte. La petite anecdote fit le tour du palais, contribuant à les rendre encore plus jaloux de la nouvelle venue y compris Plácido et le curé marseillais qui donnait des cours de français.

Un jour, une dame de compagnie admonesta l'Anglaise qui s'était assise à la place «d'honneur». Maria se rebiffa, demandant à ce qu'on lui parle sur un autre ton : elle n'était pas une domestique. Quelle insolence ! raconta la dame au palais. De sorte que, après le déjeuner, les dames se retiraient et laissaient seules l'impératrice et l'Anglaise. Quand celle-ci se retrouvait avec la petite, les domestiques l'ignoraient. Elles ne l'écoutaient pas quand il fallait s'occuper de la fillette qui avait faim ou était fatiguée. L'une d'elles en vint à cracher par terre, en signe de refus, face aux ordres de l'intruse. Une autre refusa de faire la toilette de la princesse dans la salle de bains comme le lui avait ordonné Maria, plutôt que dans une bassine au milieu d'une salle où passaient esclaves et employés. La bonne refusa de lui obéir «sans un ordre écrit de l'empereur». Maria était exaspérée, les bonnes ne se précipitaient pour s'occuper de la petite que lorsqu'elles voyaient Pedro et Leopoldine rentrer au palais.

L'ambiance était irrespirable, mais Maria Graham pouvait s'en affranchir quand elle voudrait. Leopoldine, quant à elle, était condamnée à vie à supporter la médisance, la mentalité bornée de ceux qui l'entouraient, qui la détestaient parce qu'elle était étrangère. Pourtant elle se considérait comme une «bonne Brésilienne». Ne l'avait-elle pas prouvé par ses actes? Elle avait affronté son père pour exiger que la Sainte-Alliance reconnût son nouveau pays d'adoption. Elle avait déclaré qu'elle était fermement du côté du Brésil, même si son père ne se décidait pas en faveur de l'indépendance. C'était un comportement insolite chez une archiduchesse autrichienne, qui montrait ainsi son indépendance d'esprit.

Elle était aussi détestée par les Portugais qui, pour diverses raisons, s'étaient infiltrés dans la vie du palais, et lui inoculaient leurs vices et leur ignorance. La jeune princesse avait été contaminée par cette ambiance délétère. «Maria da Glória frappait les petits Noirs, elle leur donnait des coups de pied, était capable de gifler une compagne blanche, petite et timide, avec l'énergie et l'esprit d'un tyran», écrivit Maria dans son livre *A Voyage to Brazil*. Elle en parla à la mère de la fillette, et resta bouche bée quand celle-ci lui répondit :

— Je donnerais la mort à ma fille, si elle ne considérait pas comme un honneur de recevoir la gifle d'une princesse.

Devant pareille mentalité, que pouvait faire Maria Graham ? Ses initiatives étaient systématiquement critiquées dans les couloirs. Si elle encourageait la fillette à courir dans les jardins et à observer les insectes, comme le souhaitait sa mère, les Portugaises du palais poussaient des hauts cris car elle salissait ses vêtements. Le jeu d'outils de jardinage que l'impératrice avait offert à sa fille avait disparu sans avoir été utilisé. D'après les dames, il n'était pas bon que la princesse remuât la terre sale «comme les nègres». Elles considéraient ces outils comme une «futilité européenne de l'impératrice qui ne savait pas ce qui convenait au climat du Brésil ni à la dignité des Bragance».

67.

Leopoldine ne pouvait même pas compter sur l'appui de son père, François II. Même si, selon le principe de légitimité, il refusait de reconnaître le Brésil avant dom João, il se voyait contraint de défendre la monarchie brésilienne car elle représentait un frein à la vague républicaine qui s'abattait sur le reste du continent. De sorte que Leopoldine ne pouvait compter sur sa famille pour faire pression sur Pedro. La politique dictait les relations, au-delà de son bonheur personnel. Tel était son destin. Son père écrivit à son gendre qu'à ses yeux le respect de la religion et des bonnes manières primait sur une Constitution. Une façon subtile de combiner dans une même phrase la condamnation du comportement immoral de Pedro envers sa fille et sa tendance trop « démocrate » et libérale. Pedro ne fut absolument pas ébranlé. Il n'était disposé à aucun changement sur ces deux plans.

Pedro et Leopoldine espéraient que la Grande-Bretagne, qui s'était montrée favorable à l'indépendance des ex-colonies espagnoles, reconnaîtrait le Brésil. Or les Anglais émirent une condition impossible à respecter, du moins dans un avenir proche : l'abolition du commerce des esclaves. Quant aux autres puissances, elles n'osaient pas franchir le pas et reconnaître le Brésil pour la même raison que l'empereur d'Autriche, c'est-à-dire la légitimité de la monarchie portugaise. Il fallait gagner le Portugal à leur cause, les autres pays tomberaient ensuite comme des dominos. Si je pouvais convaincre dom João !..., se disait Pedro. Mais comment renouer le dialogue quand tous les ponts étaient rompus et que cela impliquait le risque d'être perçu comme un traître par ses propres sujets ?

L'occasion arriva de Lisbonne le 25 avril 1825, pour l'anniversaire de sa mère, Carlota Joaquina. Ce jour-là, Miguel, nommé généralissime de l'armée portugaise par ses partisans absolutistes, lança un nouveau putsch contre son père dans l'intention de lui arracher le pouvoir. Il comptait réussir là où, moins d'un an auparavant, il avait échoué lors de la *Vilafrancada* : ce serait l'*Abrilada.* Pendant une semaine, les troupes de Miguel gardèrent dom João prisonnier dans son palais, faisant pression sur lui pour qu'il abdiquât en sa faveur. Pendant ce temps, ses hommes faisaient régner la terreur à Lisbonne, arrêtant des personnalités civiles et militaires accusées d'être en faveur du libéralisme. Sans l'intervention du corps diplomatique, Miguel et sa mère seraient parvenus à s'emparer du pouvoir. Le hasard voulut que William Carr Beresford, l'amiral qui avait gouverné le Portugal après l'invasion française et qui s'était rendu à Rio pour tenter de convaincre dom João de rentrer au Portugal, se trouvât justement à ce moment au palais de Bemposta. Son collègue, l'ambassadeur français, et lui-même, tirèrent le roi d'affaire en le mettant à l'abri sur l'*HMS Windsor Castle,* qui mouillait sur les rives du Tage. Depuis ce refuge face à la ville, et avec l'appui militaire britannique, dom João retrouva le contrôle sur son armée et prit une série de mesures : il retira à Miguel sa charge de généralissime de l'armée, ordonna la capture de ses sympathisants et la libération de tous ceux qui avaient été arrêtés par les absolutistes. Dans ces circonstances, Miguel n'eut d'autre solution que de se rendre à la convocation de son père à bord du vaisseau britannique. Il se précipita pour lui embrasser la main dans un geste de soumission qui contrastait avec le comportement dont il venait de se rendre coupable.

— Tu as vu que, grâce à l'appui des nations amies, toujours disposées à me restituer la légitimité que tu prétendais usurper, ta tentative a échoué, lui dit dom João.

Miguel n'osait pas le regarder en face. Il n'avait jamais vraiment eu d'intimité avec son père, et le fait que celui-ci lui parlât en tête à tête avec cette solennité propre à un roi le troublait.

— Tu veux mourir d'une balle britannique ? lui demanda dom João. Je préférerais éviter cela car tu es mon fils, et je sais que tu agis poussé par la haine que me voue ta mère. Mais ton attitude est indigne. On peut supporter la trahison d'une épouse, celle d'un fils est source d'une douleur sans fin.

Miguel se taisait. Le féroce putschiste semblait changé en agneau : il savait feindre la docilité, sa mère lui avait montré l'exemple.

— Tu as le monde entier contre toi : les Anglais, les Français, la Sainte-Alliance. Je te demande de démobiliser publiquement tous tes partisans..., poursuivit dom João.

Un rictus plissa le visage de Miguel, qui lui adressa un regard de défi :

— Sinon ?

— Tu seras la cause d'une grande douleur, de nombreuses victimes tomberont sous le feu de notre armée légitime.

— Nos partisans sont nombreux et...

— Tu continues à me défier ? l'interrompit le roi. Si tu persistes dans ton attitude, tu ne seras pas seulement responsable devant Dieu de ce qui arrivera à tes partisans, mais je ne peux répondre de ta sécurité personnelle. Ni de ta sécurité ni de ta vie... Tu seras puni comme tu le mérites. À toi de décider.

Ce dernier argument, sauver sa peau, fit plus d'effet sur le fils rebelle que l'idée d'éviter aux siens des représailles sanglantes.

— D'accord, père. Je vous obéirai.

— Si tu le fais, je te promets l'indulgence.

Il n'y avait pas d'issue, et Miguel capitula en mettant un terme au soulèvement des miguélistes, au grand déplaisir de sa mère. Fidèle à lui-même, dom João fut bienveillant à l'heure de la punition. Il l'envoya en exil en Autriche pour un temps indéterminé. Il s'agissait d'un exil doré, entre bals et parties de chasse, où il devrait expier le péché de ne pas avoir su mettre le holà à l'ambition de sa mère.

Le problème essentiel, comme toujours, était Carlota, l'instigatrice. Que faire d'elle ? Dom João était envahi par une désagréable sensation de déjà-vu. Carlota prétendrait être malade, comme par le passé, ou utiliserait n'importe quel prétexte pour rester au Portugal, où elle avait ses partisans. Le roi songea à demander de l'aide à son beau-frère, Ferdinand VII, et lui écrivit : « Ma plus grande amertume est de constater que les attentats contre ma personne émanent de ceux à qui m'unissent les liens les plus étroits, et je considère la reine, ma femme et la sœur de Sa Majesté, comme la plus coupable... Ne souhaitant pas adopter les mesures qui, en ma qualité de roi et mari, seraient licites, j'ose demander à Sa

Majesté, si elle le juge opportun, d'écrire à sa sœur pour lui présenter la nécessité d'aller vivre dans une province de son royaume, et m'épargner ainsi de devoir recourir à une résolution plus sévère... »

Ferdinand accéda à la prière de dom João et envoya une longue lettre à Carlota Joaquina : « Les choses étant parvenues à un certain point, le seul recours pour dissiper les craintes et éviter la méfiance est de s'éloigner quelque temps du foyer qui les alimente... » Mais, comme le redoutait dom João, Carlota ne l'entendait pas ainsi et ne donna pas le moindre signe de vouloir quitter le Portugal. Au contraire, elle accumula les provocations dans le but de se faire arrêter et de jouer les victimes, ce qui avait toujours été sa stratégie politique. Elle n'était pas disposée à laisser passer une occasion d'éperonner ses sympathisants pour qu'ils la portent plus haut encore sur l'autel de l'absolutisme.

Dom João, bien décidé à la condamner à la pénombre politique, l'obligea à quitter la Quinta de Ramalhão pour le palais de Queluz afin de mieux la surveiller. La reine avait ordre de ne pas sortir de cette cage dorée qui, d'après ce qu'on disait, comptait plus de miroirs que Versailles. « Puissent-ils lui renvoyer le reflet de sa conscience perverse ! » confia dom João à un moine. Les domestiques étaient pour la plupart des policiers déguisés, chargés d'épier la reine. Ils devaient rendre compte de toutes les allées et venues au palais et de ce qui se disait sur monsieur l'infant et sa mère.

Privée de la compagnie de son cher fils et entourée de mouchards, Carlota Joaquina tomba dans une déchéance qui se traduisait dans sa mise, plus négligée encore qu'à l'accoutumée. Hirsute, déguenillée et crasseuse, elle portait le deuil « en raison de la perte de la monarchie », comme elle le disait ironiquement, un deuil grotesque bricolé de vieux vêtements de coton imprimé, d'un chapeau de feutre et de deux escarcelles couvertes de reliques qui tintinnabulaient au moindre de ses mouvements.

À Rio de Janeiro, Pedro s'indignait « des folies de son frère Miguel ». « S'il est vrai, comme on le dit, qu'il s'est comporté comme un traître envers Sa Majesté, il cesse dès maintenant d'être mon frère... », écrivit-il à son père. En revanche, Leopoldine respira, soulagée : le destin de Maria da Glória avait subi un brusque revirement, il n'y aurait pas de noces entre l'oncle et sa nièce.

Dans une succession de lettres, Pedro tenta de convaincre son père qu'il valait mieux en finir avec l'état d'hostilité permanente qui régnait entre les deux pays et de reconnaître l'indépendance du Brésil « dans votre propre intérêt ». « Sans un Brésil ami, le Portugal n'a pas de commerce ; et sans commerce, il n'a rien », concluait-il. Le jeune empereur avait raison, mais dom João se méfiait de ses fils. L'un d'eux s'était arrogé la plus grande colonie de son ancien empire et l'autre tentait de le détrôner à intervalles réguliers... Déjà méfiant par nature, il se replia et ne répondit pas.

L'amour et la douceur de Leopoldine furent plus efficaces que les arguments politiques de Pedro. Elle était heureuse de reprendre contact avec son beau-père ; bien qu'ils fussent séparés par un océan, elle se sentait moins seule. Les réponses qu'elle reçut à ses lettres étaient pleines d'une affection paternelle : dom João lui disait à quel point il déplorait la séparation, à quel point elle lui manquait, à quel point il l'aimait. Ces mots constituaient un baume pour le cœur blessé de Leopoldine. Il existait entre eux la complicité de ceux qui connaissent l'indifférence, l'abandon, la trahison des êtres chers. Cette solidarité devant la douleur intime était un lien plus puissant que le sang. C'était un courant de chaleur et de confiance que Leopoldine mit à profit pour mener à bien ce qu'elle estimait être sa mission : étayer la monarchie dans son pays d'adoption. « Mon auguste père, il me reste à prier Votre Majesté d'être un ange de paix en signant la reconnaissance du Brésil... », écrivit-elle à dom João.

Celui-ci réfléchit, consulta ses conseillers et envoya à Rio l'ambassadeur Charles Stuart pour y négocier un traité. Au moment de fixer l'indemnisation que son père devait toucher au titre de l'expropriation de ses biens à Rio, Pedro fut généreux. Mais dom João lui demandait l'impossible : il exigeait le paiement des sommes avancées par la Grande-Bretagne au Portugal afin de financer l'expédition militaire avec laquelle le Parlement avait voulu reconquérir le Brésil. Comment faire accepter une telle condition aux Brésiliens ? Pedro s'y opposa. L'ambassadeur britannique se rendit alors chez Domitila, à Mataporcos. Là, entre l'alcool de canne à sucre et les fruits tropicaux, il lui annonça le blocage de la négociation et sollicita son aide. Elle intervint auprès de Pedro et le convainquit : le besoin de reconnaissance internationale n'était-il pas nécessaire pour donner de l'élan à ce nouvel empire ?

— Demande à l'Anglais de garder le secret sur cette clause, conclut-elle.

Pedro hésita. Peu après, l'ambassadeur écrivait à son ministre des Affaires étrangères, lord Canning : « Nous devons à l'influence de Mme Domitila de Castro l'élimination d'un obstacle qui aurait pu faire échouer la négociation. »

Cette reconnaissance publique de la maîtresse de son mari impliqua une nouvelle humiliation pour Leopoldine, car l'exemple du Britannique fut suivi par d'autres étrangers désireux d'obtenir une faveur de l'empereur. L'Autrichienne perdait de l'influence, bien qu'elle fût à l'origine de toute la négociation, ayant été une pièce maîtresse du processus d'indépendance. À partir de là, Pedro s'afficha en société avec sa maîtresse.

Quoique la clause la plus dure eût été maintenue secrète, Pedro essuya diverses critiques de la part des républicains et des libéraux qui jugeaient le traité inacceptable. Ses adversaires dénoncèrent également le « risque de recolonisation » car le traité omettait toute mention de la succession du royaume du Portugal et ils redoutaient qu'elle pût revenir un jour à Pedro. En conséquence, ils lui demandèrent de renoncer solennellement à ce trône, qui, après l'*Abrilada*, reviendrait à Miguel. Pedro ne voyait pas d'un mauvais œil l'idée de dom João qui lui laissait la possibilité de lui succéder comme roi du Portugal. Il avait vingt-six ans et une longue vie devant lui – du moins le pensait-il. Pourquoi se contenter d'être empereur du Brésil s'il pouvait également être roi du Portugal ? Son ambition se heurtait à la Constitution brésilienne, qui empêchait l'empereur de porter deux couronnes. Mais il avait le temps d'y remédier.

Dom João choisit un 22 pour reconnaître l'indépendance du Brésil : Leopoldine était née un 22 juin. Par un 15 novembre glacé de cette même année, il signa le traité de reconnaissance de l'indépendance brésilienne dans son bureau du monastère de Mafra, le jour de la fête de l'impératrice. Si la politique est faite de gestes, ceux de dom João traduisaient l'admiration et l'affection qu'il éprouvait pour sa belle-fille. C'était sa façon de lui donner de l'importance, de l'aider à distance. Dom João déplorait la perte du Brésil. Dans le fond, l'idée d'un royaume transatlantique, dont il avait rêvé quand ils étaient partis à Rio de Janeiro, avait pris fin.

Les attentions de Pedro, elles, allaient vers Domitila : « Mon amour et mon tout : trois ans après le début de notre amitié, je signe l'accord de notre reconnaissance en tant qu'empire par le Portugal... » Chacun choisissait ses dates selon ce que lui dictait son cœur afin de souligner l'ampleur de ce qui était en jeu : le risque de guerre avec le Portugal ayant disparu, le Brésil entrait officiellement dans le concert des nations. Le point final de la lutte pour l'indépendance marquait parallèlement les débuts d'une nouvelle grande puissance.

Hormis l'aspect solennel, le traité avait aussi un sens familial : le Brésil et le Portugal se réconciliant, le père et le fils aussi. « Tu sais combien de sacrifices j'ai consentis pour toi, sois reconnaissant et travaille aussi de ton côté afin de cimenter la félicité réciproque de ces peuples que la divine Providence a confiés à mes soins, et tu feras ainsi un grand plaisir à ce père qui t'aime tant et qui te donne sa bénédiction », écrivit João à Pedro après la signature. Le roi avait vieilli, et il semblait plus âgé que ses cinquante-neuf ans. Il avait forci, sa jambe le faisait toujours souffrir, et il se déplaçait avec difficulté. Vêtu de nippes usées, il avait une vieille barbe hirsute qui lui donnait l'air d'un vagabond.

La ratification du traité fut suivie de l'instauration de relations diplomatiques avec Londres, qui recevait en échange de ses bons offices d'intermédiaire un statut commercial de « nation la plus favorisée ». Quant à l'abolition du trafic d'esclaves, les Anglais acceptèrent un moratoire de quatre ans, même si personne n'avait la naïveté de penser que le Brésil le respecterait. Mais la Grande-Bretagne n'allait pas rester sans reconnaître le Brésil pour un simple problème d'intérêts et de morale historique. Les autres puissances tombèrent comme des dominos. Il y eut un échange d'ambassadeurs avec les autres cours européennes, y compris celle d'Autriche. Leopoldine, qui ressentait la satisfaction profonde du devoir accompli, pensait dès lors pouvoir se flatter de son origine : « Il me sera possible de me reconnaître publiquement européenne ou allemande, ce qu'il me coûtait tant à cacher, car mon cœur et ma pensée sont auprès de vous et de ma chère patrie », écrivit-elle à sa sœur.

Septième partie

L'homme est le seul animal à maltraiter son conjoint.

Machiavel

68.

Une fois le traité signé, Pedro vit de gros nuages se profiler au sud, dans la province cisplatine, annexée par dom João après le départ des Espagnols. À Montevideo, un mouvement rebelle s'opposant à la domination brésilienne voyait le jour : il était initié par les gauchos, hommes rudes de la pampa où ils domptaient des chevaux sauvages pour les utiliser lors d'incursions de guérilla, avec une redoutable efficacité. Certains voulaient l'indépendance totale de la province, d'autres luttaient pour son annexion à La Plata. Le Sud vivait dans un état de guerre latente et les troupes brésiliennes subissaient d'importants revers. Pedro suspendit les garanties constitutionnelles dans ce qu'il appelait «la bande cisplatine» – l'Uruguay actuel – et engagea de nouvelles recrues en Europe pour grossir les rangs de son armée, en vue d'entreprendre une longue campagne militaire. Il profita de cette situation de guerre pour s'abstenir de convoquer, pendant plus d'un an, le Parlement nouvellement élu et avoir ainsi les mains libres pour gouverner à sa guise, entouré de ministres jeunes et malléables. Il s'était immunisé contre les critiques qui l'accusaient de despotisme et de s'entourer d'une garde prétorienne. Ces jours-là, Pedro envisageait l'avenir avec optimisme. Il avait une confiance aveugle en sa bonne étoile.

Sa vie privée lui procurait de grandes joies. Il vivait entre ses deux femmes, inconscient de la souffrance qu'il causait à son épouse légitime. Le curé marseillais qui donnait des cours de français à sa fille, ainsi que les employés du palais, l'odieux Plácido à leur tête, s'acharnaient à le convaincre que sa conduite n'était nullement répréhensible. Eux préféraient la maîtresse brésilienne, accessible et amorale, à l'épouse autrichienne, qui leur apparaissait comme quelqu'un d'éloigné et de sévère. Avoir des amantes n'était-il pas le privilège des rois ? lui disaient-ils. Les grands monarques français n'avaient-ils pas eu des *maîtresses ?* Le curé français offrit à Pedro et à Domitila des ouvrages relatant les chroniques scandaleuses de la fin des règnes de Louis XIV et Louis XV. Subitement, la maîtresse et l'empereur se retrouvaient dans un système digne des grands monarques d'antan, et de leurs liaisons avec d'éminentes courtisanes telles que Madame de Pompadour ou Madame du Barry. Très à l'aise dans cette ambiance d'esclavage qui minimisait tout impératif moral, ils avaient l'impression que cela faisait partie de l'ordre naturel des choses. Guère étonnant que Leopoldine eût développé une aversion à l'encontre de ce curé pervers.

Pedro voulait contenter les deux femmes ; en rentrant de la chasse, il partageait ses trophées entre elles : un quart de gibier à chacune, douze perdrix à sa maîtresse, douze pigeons à sa femme, etc. S'il revenait d'une chevauchée dans la campagne, il distribuait paniers de fraises, bouquets de fleurs, fromages, figues, lys blancs... Domitila emportait la meilleure part : elle reçut en cadeau plusieurs chevaux et des bijoux à l'effigie de l'empereur. Rares furent les bijoux offerts par l'empereur à Leopoldine.

Toutes deux lui donnaient des enfants à intervalles réguliers. Avec Domitila, il eut la petite Isabel Maria, et, presque en même temps, Leopoldine donnait enfin naissance à un enfant mâle. Dans sa candeur, l'Autrichienne se dit qu'en accédant au plus fervent désir de l'empereur, qui était d'avoir un héritier, elle aurait une chance de le voir revenir à elle. Elle avait l'intime conviction d'avoir fait son devoir, mais aussi le pressentiment qu'elle n'en serait pas récompensée. Elle avait tellement souhaité un fils que, tout au long de sa grossesse, elle avait sollicité l'aide d'une Française qui prétendait connaître le secret pour choisir le sexe d'un fœtus. Cette femme venait dans sa chambre la nuit et proférait des incantations magiques jusqu'à l'aube. Elle refusa tout paiement jusqu'au résultat, et quand l'enfant naquit, elle attendit en vain son dû. Leopoldine n'avait pas le sou. Finalement, la Française envoya plusieurs courriers à l'empereur pour réclamer la récompense promise.

Pour ajouter à son malheur, Leopoldine vivait dans un état de banqueroute permanente. La mensualité qui lui était allouée ne lui suffisait pas, Plácido en retenait la quasi-totalité afin de régler les frais d'habillement et de verser son salaire à Maria Graham. De sorte qu'elle passait son temps à emprunter à sa famille, à Mareschal, à des amis de passage, et en dernier recours, elle s'entendait en secret avec des prêteurs sur gages qui abusaient de sa faiblesse en lui demandant des intérêts élevés. Cependant, pour rien au monde elle n'aurait renoncé au devoir sacré de venir en aide aux domestiques invalides et de distribuer l'aumône aux plus pauvres. Secourir les plus faibles n'était-il pas l'enseignement de Jésus-Christ ? Elle se considérait comme une bonne chrétienne qui, en promenade, emportait une petite bourse pleine de pièces d'argent qu'elle distribuait à tous ceux qui lui faisaient pitié. Leopoldine trouvait dans le geste de donner ses seuls moments de bonheur, peut-être parce qu'elle voyait des gens qui se sentaient encore plus misérables, ou parce qu'elle constatait qu'elle avait le pouvoir de faire le bonheur des gens. Un jour elle vit, attaché à un poteau, un esclave qui venait de recevoir quarante coups de fouet pour s'être enfui et réfugié dans un hameau de montagne, une de ces communautés où les esclaves vivaient pratiquement comme des animaux. Elle demanda qu'on le détachât, rappelant aux contremaîtres que le fouet était interdit par la Constitution. Elle apprit qu'on l'avait retrouvé en ville où il était venu voir sa fiancée, une mulâtresse qui travaillait dans une maison comme domestique. Sans y réfléchir à deux fois, Leopoldine acheta l'esclave aux contremaîtres.

— Tu es libre, lui dit-elle.

L'homme se jeta à ses pieds, qu'il baisa avec ferveur.

— Ne me remercie pas...

— Comment ne pas le faire, Madame, vous m'avez rendu la vie ! lui dit-il.

Elle le croisa quelques mois plus tard lors d'une de ses promenades dans les environs. À son passage, l'homme sortit de sa cabane et la poursuivit en criant :

— C'est moi, Sebastião ! Vous ne vous souvenez pas ?

Leopoldine se souvenait parfaitement. Malgré sa hâte de regagner le palais, elle accepta l'invitation du pauvre Noir qui voulait lui présenter sa femme. L'impératrice pénétra dans la cabane en baissant la tête. À l'intérieur, pas de meubles, ils vivaient à même le sol, immaculé. La mulâtresse était une femme jeune aux traits joyeux. Elle berçait leur enfant. N'était-ce pas là le vrai bonheur ?

se disait Leopoldine. Elle se prit de tendresse pour cette famille et dès lors, elle leur apporta chaque semaine quelque nourriture ou du linge pour l'enfant, et leur donna de l'argent quand elle les voyait dans le besoin.

C'est pourquoi, plus elle était malheureuse, plus elle se montrait généreuse, pour se rendre utile et se faire aimer, pour se dire que sa vie avait un sens. À défaut d'être heureuse elle-même, elle rendrait les autres heureux. Le problème était que cette prodigalité aggravait son infortune car elle était toujours endettée, et, voyant son mari offrir une vie luxueuse à Domitila et sa famille, elle déplorait la pénurie matérielle et affective qui était la sienne.

La santé de Leopoldine fut affectée par son dernier accouchement. Comme si elle avait donné sa bonne santé au nouveau-né, son fils grandirait sain et fort tandis qu'elle verrait ses forces décroître. Le temps démontrerait qu'elle avait également transmis à son rejeton les bons côtés de son caractère, sa sérénité, sa soif de savoir et sa générosité. L'enfant fut baptisé du nom de Pedro d'Alcantara lors d'une cérémonie majestueuse dans l'église de Gloria, avec deux bataillons de soldats étrangers sur les côtés. Un autre bataillon, à la porte, faisait office de garde d'honneur. Radieux, dans sa plus belle tenue et portant l'héritier du trône de son vaste empire américain dans les bras, l'empereur le remit au grand chambellan des armées impériales qui le baptisa et le bénit sous les louanges de la foule.

Domitila n'assista pas au baptême, elle n'y avait pas sa place ; une certaine pudeur prévalait encore sur ses relations illégitimes avec l'empereur. Par contraste avec les fastes qui avaient salué la venue au monde de Pedro d'Alcantara, elle avait dû inscrire dans le registre sa fille comme « de père inconnu ». Non qu'elle fût jalouse de l'impératrice, car Domitila n'était pas quelqu'un de méchant, mais cela lui paraissait injuste.

— Je ne veux pas avoir d'enfants pour les élever dans la rue, avait-elle dit à Pedro.

— Elle ne manquera de rien, lui avait-il répété.

Mais il n'avait pas le courage de reconnaître publiquement sa fille illégitime. Voyant sa maîtresse affligée, il la rassura :

— Je te demande un peu de patience.

Pour Domitila, il n'était pas facile de vivre entre l'ombre à laquelle la condamnait son état de concubine et la lumière publique à laquelle l'exposait cette même condition. Elle voulait donc, en toute logique, sortir de la clandestinité, mais ce faisant, elle heurterait les principes de la bonne société et les sentiments des Brésiliens qui adoraient Leopoldine.

Une nuit, elle se présenta à la porte du petit théâtre de San Pedro, élégante et magnifiquement vêtue, pour assister au spectacle de la troupe à la mode, *Apollon et ses poupées*. Depuis l'incendie du Théâtre royal, la nuit du serment solennel sur la Constitution, les représentations étaient données sur des scènes improvisées ou dans de petits théâtres comme celui-là.

— Vous avez une invitation ? lui demanda-t-on à l'entrée.

— Non, j'ignorais que...

— Je regrette, l'entrée est réservée.

— Je suis Domitila de Castro.

L'employé se mit au garde à vous et entra dans le bâtiment. Quelques minutes plus tard il en ressortit avec le directeur. Domitila arbora son sourire le plus séducteur et répéta son nom, comme s'il était la clé pouvant ouvrir toutes les portes.

— Je ne peux faire d'exception, madame. Il s'agit d'un théâtre privé et on ne peut y entrer que sur invitation.

Son sourire se figea et les traits de son visage devinrent graves, comme si ce qu'elle allait dire était d'une extrême importance :

— Je suis une amie de l'empereur, laissez-moi passer.

— Je regrette, Madame, c'est impossible.

L'attitude de l'homme resta ferme. Il avait l'air satisfait d'humilier à son tour celle qui humiliait tant l'impératrice. Très offensée, Domitila avait les larmes aux yeux. De la porte du petit théâtre, elle appela les porteurs qui accoururent avec la chaise pour la ramener chez elle.

L'incident provoqua un accès de rage impériale. Le lendemain, l'intendant général de la police, dont la nomination avait été dûment appuyée par Domitila, exigea la suspension des représentations du petit théâtre et ordre fut donnée à la troupe de quitter les lieux sur-le-champ. Le directeur, les acteurs et les membres de la compagnie furent obligés de jeter par la fenêtre les meubles, costumes et accessoires et d'entasser le tout devant l'église de Santana avant d'y mettre feu. Pedro espérait qu'ainsi le message serait clair : Domitila était intouchable.

Ce scandale fut suivi d'un autre, lequel éclata la Semaine sainte dans la chapelle impériale lorsque, en accord avec Pedro, Domitila alla prendre place, pour assister à la cérémonie religieuse, dans le rang réservé aux dames du palais. La reconnaissant, l'austère baronne de Goitacazes se leva et sortit de l'église, bien que la messe n'eût pas encore commencé. Les autres dames la suivirent. Dans un frôlement de robes de soie, un tintement de colliers et des murmures d'indignation, elles abandonnèrent la tribune profanée par sa présence sacrilège. Quel toupet, celle-là ! murmuraient-elles. Elle s'exhibe sans aucune considération pour l'impératrice et sa famille ! Ce fut un outrage brutal pour Domitila qui demeura seule dans le rang réservé, abasourdie. « J'en ai assez de vivre en cachette, d'être rejetée de la sorte », dit-elle cette nuit-là à Pedro dans un flot de larmes. Il était clair qu'elle voulait profiter au grand jour de son ascendant sur l'empereur. Elle le lui murmura au lit, à la faveur d'une nuit d'amour, tandis qu'il lui retirait ses vêtements et qu'elle feignait d'être forcée par son mâle impatient. Ils avaient appris à se connaître, ils savaient susciter leur excitation et trouver leurs points sensibles. Pedro pouvait faire l'amour avec Domitila indéfiniment, comme à l'époque de Noémie, la danseuse française. Il aimait la posséder jusqu'aux derniers recoins de sa pensée, jusqu'au dernier repli de son corps.

Ils étaient devenus indispensables l'un à l'autre. Il y avait de l'amour entre cet être déifié et la plébéienne élevée à la condition de maîtresse, de femme revêtue d'un certain vernis de finesse – un amour au-delà du désir. C'est pourquoi Pedro finit par se rendre à son exigence qui était d'être reconnue par le pouvoir en place, en l'occurrence par l'impératrice en personne. Elle ne se satisfaisait pas d'être la simple favorite du roi. Semblable au chasseur qui marque par anticipation la proie qu'il considère comme sienne, pour se l'approprier, elle voulait l'impliquer à la vue de tous pour devenir une grande dame. Le prix qu'elle demandait pour l'humiliation subie était élevé mais, dans ses bras, l'empereur était un jouet docile.

— J'ai le pouvoir de nommer les dames attachées au palais... Je te nomme, en cet instant, dame d'honneur de l'impératrice.

— Elle ne l'acceptera jamais.

Domitila savait exciter sa toute-puissance de grand seigneur, toujours soucieux d'imposer sa volonté et ses caprices.

— Laisse-moi faire.

Lorsque Pedro rendit publique la nomination de Domitila de Castro au rang de dame d'honneur de l'impératrice, l'Autrichienne se sentit défaillir. Elle ne s'attendait pas à un tel coup de massue.

— Pourquoi me faites-vous ça? lui demanda-t-elle en le voyant entrer dans le salon du palais.

— Pour en finir avec les rumeurs sur ma prétendue relation avec madame de Castro...

C'était une réponse déconcertante. Leopoldine mit un moment avant de réagir.

— Mais vous êtes... Tout Rio est au courant, tout le Brésil, et une partie de l'Europe...

— Vous ne pouvez donner crédit à tout ce que l'on vous raconte. Vous savez aussi bien que moi que nous sommes entourés de mauvaises langues. Si je la nomme votre première dame d'honneur, c'est précisément pour faire taire les rumeurs. De surcroît, je vous ai dit à maintes reprises que je devais certaines faveurs à son père, le colonel Castro, pour services rendus lors de la guerre cisplatine.

Où était la vérité, où était le mensonge? Dans le fond, Leopoldine désirait croire son époux. Pedro joua la carte du mari qui peut faire un faux pas, mais qui dans le fond reste fidèle à son mariage, à ses enfants et aux vraies valeurs. C'était justement ce que Leopoldine souhaitait entendre. Ces paroles lui redonnaient vie, une vie qui s'étiolait à force de souffrir en silence; il les accompagna d'un mouvement vers elle et, passant un bras autour de sa taille, posa la tête sur son épaule. Un simple geste d'affection qui toucha sa fibre la plus sensible. Il y avait si longtemps qu'il ne lui avait témoigné une telle tendresse... Un moment, elle pensa qu'il s'était repenti et qu'il revenait à la maison, dans ses bras. Elle se sentit aimée, et cet instant fugace lui suffit pour s'en convaincre. Elle avait soif d'affection, mais surtout besoin d'amour de la part de son mari, parce que la justification de son existence tournait autour de lui : son mariage, ses enfants, son combat pour l'indépendance, sa vie au Brésil, son titre d'empereur, son existence, tout. La vie sans lui n'avait aucun sens. Seule dans un environnement hostile, elle avait besoin de Pedro comme de l'air qu'on respire.

Tout était valable à condition de maintenir allumée une flamme, si faible soit-elle, dans le cœur de Pedro.

Que se passerait-il si elle chassait Domitila ? Elle risquait de perdre l'estime de son mari, d'éteindre cette flamme ténue. Si elle lui répondait « oui », peut-être cela mettrait-il fin aux rumeurs... Ce qui entra en ligne de compte pour elle, ce fut la peur de le contredire et de provoquer sa colère, susceptible à la longue de devenir extrêmement préjudiciable à la fonction royale. Par-dessus tout, il fallait éviter le scandale qui attirerait l'attention de la nation sur la vie dissolue de l'empereur, avec un effet négatif sur la dynastie jusqu'à la succession même de ses enfants. En outre, considérée comme étrangère par les courtisans portugais du palais, elle se retrouverait totalement isolée. Qui aurait le courage de se mettre de son côté ? La seule Maria Graham, dont la présence était de plus en plus critiquée parmi le personnel du palais. Elle savait qu'en affrontant son mari, elle perdrait l'unique personne de la Cour avec laquelle elle se sentait intimement liée par le cœur et la religion.

Il n'y avait pas d'alternative que la résignation et la patience. De plus, elle ne pouvait réagir comme une épouse normale car elle n'en était pas une. Leopoldine représentait une institution, la monarchie, à laquelle son éducation donnait plus de valeur qu'à sa propre vie. Les rois naissaient et mouraient. Ils étaient acclamés ou déposés, mais la monarchie existait depuis l'aube des temps et se perpétuerait des siècles durant. Puis il y avait la religion. Sa résignation était l'expression d'un profond sentiment du devoir vis-à-vis de la dynastie qu'elle conserverait jusqu'à sa mort. Sa patience était une victoire de sa volonté sur sa nature, avec pour résultat un contrôle total sur ses émotions.

— Que Mme de Castro entre à mon service lorsque vous l'estimerez opportun, finit par lui dire Leopoldine.

La réponse de ce « nouveau Napoléon », ainsi que le nommaient les mauvaises langues – de plus en plus nombreuses –, fut à la hauteur de l'affront reçu par son aimée. Le jour anniversaire de la petite Maria da Glória, Pedro nomma Domitila première dame de l'impératrice – ou « de l'empereur », comme le disaient sur un ton moqueur ses adversaires politiques.

Cette désignation ouvrait à sa maîtresse les portes de Saint-Christophe. Elle aurait désormais le droit de travailler au palais, d'assister à toutes les réunions, d'accompagner l'impératrice dans toutes ses excursions, et d'occuper une place d'honneur au côté de Sa Majesté lors des cérémonies publiques. « Ce fut une façon de susciter chez l'impératrice une contrariété des plus odieuses, en lui imposant sa présence dès l'instant où elle quittait ses appartements privés », écrivait Maria Graham.

69.

Une grande réception fut donnée au palais pour saluer la nouvelle dame d'honneur, resplendissante en ce jour de fête. Telle une version tropicale de Madame de Pompadour, elle était habillée à la mode Louis XV, avec une robe de soie blanche et la touche exotique de quelques fleurs tropicales piquées dans les cheveux. Les deux femmes se connaissaient, mais, n'osant pas la présenter directement à Leopoldine, Pedro décida de laisser cette tâche délicate à une autre dame. Lorsqu'elle la vit approcher, l'impératrice se souvint du mal de Lazare... Comment oublier une femme aussi ravissante et atteinte d'une pareille maladie ? Elle comprit alors que toute cette histoire était une diversion. Quel sang-froid..., pensa-t-elle. Dans son souvenir, elle n'était pas aussi jolie. Peut-être le soutien inconditionnel de l'empereur rehaussait-il son insolente beauté. Par contraste, Leopoldine s'était abîmée, la peau maculée de taches rouges, provoquées par le soleil agressif des tropiques, elle avait un double menton naissant, la poitrine tombante et la démarche disgracieuse... Elle avait grossi parce que manger était devenu l'un de ses rares plaisirs. Manger pour oublier, pour s'accorder une satisfaction, se dorloter, pouvoir avaler les mensonges de son mari. Elle avait de plus en plus la nostalgie de la cuisine allemande et, chaque fois qu'elle le pouvait, elle commandait des jambons de Westphalie, des raisins de Corinthe, des pains de sucre de Hambourg et de l'eau de Seltz contre les rhumatismes... Mais le résultat n'était guère gratifiant, au contraire. Les mauvaises langues disaient qu'elle vieillissait comme les femmes de sa race, les Allemandes qui, passé un certain âge, grossissent et deviennent flasques. Elle dut elle-même se rendre compte du contraste qu'elle offrait avec son interlocutrice, car une ombre fugitive lui brouilla la vue. Elle la masqua cependant aussitôt d'un sourire, et, se ressaisissant, elle s'adressa cordialement à Domitila avec une grande présence d'esprit : elle feignit de ne rien savoir et lui tendit une main que l'autre baisa en s'inclinant.

Comme elle avait appris à maîtriser ses sentiments, nul ne savait si Leopoldine était ou non au courant de la situation. Tel un pendule, son esprit oscillait de la lucidité à la duperie volontaire, dans un va-et-vient épuisant et déprimant. Mareschal, qui la voyait souvent et qui nourrissait lui aussi quelques doutes, écrivait à la cour de Vienne : « Il me semble impossible que Madame l'archiduchesse ne voie pas ce qui se passe sous ses yeux, Son Altesse royale a la prudence de ne jamais faire aucune allusion et de feindre de ne se rendre compte de rien. En contrepartie, Monsieur le prince est plein d'attentions et de respect envers sa personne, il ne manque jamais une occasion de faire l'éloge de ses qualités d'épouse et du bonheur qui préside à leur union. » Mais ces propos ne convainquirent pas François II qui dit lors d'un office : « D'après ce que me rapporte le baron Von Mareschal, je sais, pauvre de moi, quel homme misérable est mon gendre. »

Ce dernier mit à profit le troisième anniversaire de son couronnement, qui coïncidait avec le sien, pour anoblir trente-neuf personnes, pour la plupart des amis et collaborateurs. Chalaza se vit ainsi élevé au titre de chef de cabinet particulier de l'empereur, titre grandiloquent puisqu'il était le seul membre de ce cabinet. En réalité, ces nominations n'étaient qu'un rideau de fumée destiné à dissimuler ce qui lui importait réellement : parmi les dix-sept vicomtes, barons et comtes, brillait d'un éclat tout particulier le nom de Domitila, à qui revint le titre de vicomtesse de Santos. Comble du cynisme, Pedro justifiait cet anoblissement pour les services rendus à « ma femme bien aimée ». Leopoldine ne se scandalisa pas, plus rien ne la surprenait. Elle était seulement triste de constater que « l'autre » gagnait du terrain à ses dépens. Depuis leur exil, les Bonifacio prirent ces promotions comme un affront, eux qui étaient nés à Santos et qui se montraient si fiers de leur ville. « Mon Dieu, écrivait José, pourquoi ne m'ôtes-tu pas la vie, si c'est pour voir mon pays sali de la sorte ? Les comtes de Marmelade de l'empereur Christophe, écrivit-il en référence à l'empereur d'Haïti

– qui avait effectivement nommé un "comte de Marmelade" –, au moins, avaient aidé les Noirs, mais nos vicomtes et barons, qu'ont-ils fait pour mériter leur titre ? » L'opinion publique se sentit offensée elle aussi. Les idées démocratiques que Pedro avait contribué à lancer s'opposaient violement à l'abus de pouvoir qui consistait à décorer des gens dépourvus de tout mérite public. La ville se remplit de libellés ridiculisant les nouveaux nobles et la monarchie, et un refrain devint très populaire : « Comtes vous êtes, puisque vous vivez. »

À ce stade, Pedro ne pouvait ignorer que son comportement désinvolte faisait souffrir son épouse, mais il préférait le déni pour ne pas avoir à se justifier. Il croyait sa femme insensible à l'humiliation, il tenait sa résignation pour de l'apathie et de l'indifférence. C'était là pur égoïsme de la part d'un homme habitué à suivre ses humeurs, sans chercher à se mettre dans la peau de quiconque, un homme corrompu par l'impunité que lui conférait son pouvoir.

Un soir, tandis qu'il faisait sa sacrosainte sieste, une dame du palais, celle qui s'était disputée avec Maria Graham dans le carrosse et qui exerçait un fort ascendant sur lui pour être l'une de ses adulatrices les plus ferventes, fit irruption dans sa chambre. Toute ébouriffée, le visage déformé par les sanglots, elle semblait porteuse d'une nouvelle tragique. Pedro crut qu'elle avait été agressée dans un couloir, mais il n'en était rien ; elle venait se plaindre de Maria Graham. La situation, dit-elle en reniflant, était devenue critique. Toutes les dames, selon elle, avaient décidé de quitter Rio et de retourner à Lisbonne, convaincues qu'à Saint-Christophe, « seules les étrangères étaient acceptées ».

— Comment ça ? lui demanda Pedro.

— La gouvernante anglaise est un tyran, Monsieur, et le pire c'est qu'elle exerce sa tyrannie sur la princesse Maria da Glória...

Elle dévida une longue liste d'accusations : Maria Graham avait profané la place d'honneur dans le carrosse impérial ; elle refusait de porter l'uniforme, estimant ne pas être une employée du palais ; elle interdisait à Plácido et à ses compagnons de jouer aux cartes dans l'antichambre de la princesse. Elle garda pour la fin l'accusation la plus grave : l'Anglaise inculquait à l'enfant des préjugés et des idées fausses – par exemple sur l'égalité entre les hommes –, idées qui avaient pour but de faire oublier à la petite la différence entre sa noble ascendance et celle du plus misérable de ses sujets.

— Monsieur, nous sommes vos fidèles servantes, ajouta-t-elle en se passant un mouchoir sur le visage. Nous avons abandonné notre patrie pour servir la maison de Bragance sur des terres peuplées de Noirs et de macaques...

À moitié endormi, l'empereur arborait un air renfrogné. Personne n'aime être réveillé durant la sieste d'une façon tapageuse. La femme poursuivit sa litanie :

— Pourquoi traiter une étrangère, du seul fait qu'elle parle plusieurs langues, comme une princesse ? Pourquoi lui permettre de donner des ordres aux vrais amis de Votre Majesté ? Nous ne méritons pas ça, c'est tellement injuste..., dit-elle avec un profond soupir.

Pedro se leva et lança, dans une explosion de rage :

— Qu'elle quitte le palais sur-le-champ ! Je refuse que quiconque vienne perturber ma famille, contredire mes décisions et insulter les héritiers de ma maison.

— Monsieur, je crains que l'étrangère ne tienne pas compte d'un ordre verbal de Votre Majesté. Elle est si vaniteuse !

— Que Plácido le lui dise !

— Elle ne l'écoutera pas, Monsieur.

— C'est bon, donnez-moi de l'encre et du papier.

La femme s'exécuta, jubilant. Pedro prit place à son bureau et, s'efforçant de contrôler sa mauvaise humeur, il écrivit à Maria Graham une lettre lui enjoignant de se contenter de promener les infantes dans le jardin et de donner des cours d'anglais à Maria da Glória.

Après quoi, il fit venir Leopoldine :

— Je veux que tu remettes ceci à Maria Graham.

Les larmes coulèrent de ses yeux avant d'avoir fini de lire la lettre. Que faire ? se demandait l'impératrice. Connaissant l'orgueil de son mari, elle savait qu'il ne changerait pas d'avis. On venait de condamner sa seule amie, et elle était chargée de lui remettre l'ordre.

« Elle avait les yeux rougis de tant pleurer », écrirait Maria Graham dans son journal. Leopoldine l'embrassa en l'appelant « ma très chère amie » et lui expliqua la situation.

— Je ne peux pas t'aider, Maria chérie, tes ennemis comme les miens obéissent à quelqu'un de très influent, confessa Leopoldine, faisant clairement allusion à Domitila. Mon soutien serait contre-productif.

— Je comprends parfaitement, Majesté. Il vaut mieux ne rien faire, votre situation ne pourrait qu'empirer...

— Je crois préférable que vous quittiez le palais.

Elles comprirent qu'il était impossible pour Maria Graham de continuer à exercer les fonctions pour lesquelles elle avait été engagée. Secouée par l'émotion, l'Anglaise fondit en larmes à son tour.

Elles gardèrent un moment le silence. Leopoldine la regardait de ses yeux violets et humides.

— C'est mon destin de me voir séparée de tous ceux que j'aime, de tous ceux qui apportent quelque chose à ma vie.

Ce fut la seule plainte qu'elle entendit de la bouche de Leopoldine. L'Autrichienne supportait stoïquement les coups que lui portait le sort. Elle savait que ses adversaires, de plus en plus puissants, finiraient par soumettre son mariage à une épreuve risquée, à laquelle elle n'était pas préparée. L'impératrice se réfugia dans la religion, priant Dieu d'ouvrir les yeux de son mari. Que pouvait-elle faire d'autre ? Accepter l'humiliation faisait partie de la pénitence.

En accord avec son amie, Maria Graham écrivit à l'empereur une lettre au ton douloureux dans laquelle elle disait ne pas estimer être uniquement le professeur d'anglais de la princesse et présentant sa démission. « J'espère que Votre Majesté ne regrettera pas d'avoir trop vite prêté l'oreille aux plaintes mensongères dont j'ai été l'objet. » La lettre fut considérée comme un geste de défi et d'orgueil, indue d'une personne affectée au service de l'empereur, suscitant une agitation qui effraya Leopoldine.

— J'ai peur pour toi..., lui dit l'Autrichienne tandis que de ses mains translucides qui laissaient voir ses veines, elle aidait son amie à ranger ses livres et son linge dans les coffres. Je ne veux pas que tu manges quoi que ce soit de servi par des mains inconnues. Il y a beaucoup de mauvaises gens dans ce palais...

Les adieux furent déchirants. Elles s'étreignirent longuement tout en luttant pour contenir leur émotion. Les paroles étaient inutiles.

Maria Graham n'oublierait jamais le regard hautain et triomphal de Plácido le lendemain au moment de quitter le palais à pied, sous une pluie torrentielle, portant elle-même une partie de ses bagages avec sa domestique. Apprenant que le majordome avait refusé de mettre une voiture à la disposition de son amie, Leopoldine fit irruption dans le bureau de son mari. Lorsqu'il s'agissait de défendre quelqu'un, elle était véhémente.

— Tu ne peux pas laisser partir Maria comme ça... Elle n'a même pas eu droit à une voiture !

Pedro, qui regrettait déjà sa réaction de la veille, alla personnellement donner à Plácido l'ordre de mettre voiture et chevaux à la disposition de l'Anglaise.

Maria Graham demeura encore quelques mois à Rio. Le couple royal la croisait de temps en temps lors de promenades en ville et Pedro se montrait attentif et prévenant à son égard. Il avait reconnu son erreur, en avait conçu des remords tant et si bien qu'un jour, il avait suggéré à l'Anglaise de reprendre son poste. Maria n'accepta pas, mais elle ne lui garda pas de rancœur : « Il était sujet à des emportements violents et passionnés, suivis d'une franche et généreuse civilité ; il était alors disposé à faire plus que le nécessaire pour défaire le mal qu'il avait pu occasionner, ou la douleur qu'il avait pu provoquer par ses accès de rage », écrivit-elle.

Le 8 septembre 1825, avant d'embarquer pour son voyage de retour en Angleterre, elle s'en fut prendre congé de Leopoldine. L'impératrice se trouvait seule dans sa bibliothèque, « la santé fragile et le cœur plus lourd que d'habitude ».

— Puis-je te demander un service ? lui demanda timidement l'archiduchesse.

— Bien sûr...

— J'aimerais que tu me donnes une mèche de tes jolis cheveux blonds... je veux conserver un souvenir de toi. Et je t'en prie, envoie-moi toutes les nouvelles que tu auras de ma famille, même les cancans, j'aimerais tellement les entendre ; un écrivain français a dit que « le bonheur des autres est la joie de ceux qui ne peuvent être heureux... ».

Maria acquiesça, s'approcha du secrétaire et, avec des ciseaux d'or, se coupa une mèche qu'elle noua avec un ruban. Elle la tendit à Leopoldine et cette dernière la serra fortement dans sa main.

En quittant son amie, l'Anglaise avait le cœur gros, une sensation de gravité indéfinissable, le pressentiment que son amie allait devoir affronter « une vie de vexations plus lourdes que celles subies jusque-là et dans un état de santé peu propice à supporter un tel fardeau ».

70.

Leopoldine s'enfonçait dans la mélancolie, car elle voyait que le temps n'arrangeait pas les choses. L'influence clandestine de la maîtresse impériale se faisait sentir avec une indécence ahurissante. « Par amour pour un monstre séducteur, je me vois réduite à un état d'esclavage et totalement oubliée de mon Pedro adoré », écrivait-elle à sa sœur. Dieu tardait trop à remettre son mari sur les rails d'une vie convenable et l'attente devenait exaspérante et angoissante. L'état dépressif de l'impératrice métamorphosait son physique et son caractère. « Tu ne reconnaîtrais pas ta vieille Leopoldine. Ma nature joyeuse et primesautière s'est transformée en mélancolie et en misanthropie. Je n'aime plus que la lecture, car les livres sont les seuls amis que l'on a ici », écrivait-elle à Marie-Louise.

Le silence, la résignation et l'abnégation de Leopoldine, dans lesquels beaucoup de gens voyaient l'acceptation tacite des frasques de son mari, étaient l'expression d'une profonde inquiétude. Se voir réduite à la gêne alors qu'il dépensait des fortunes pour sa maîtresse l'affectait terriblement. La ville entière faisait des gorges chaudes du manteau brodé si onéreux qu'il avait offert à Domitila pour son anniversaire. Convaincu que le pouvoir d'un homme se mesurait à l'allure ostentatoire de sa maîtresse, il la couvrait non seulement de robes luxueuses, de bijoux et même de maisons de campagne, mais toute la famille de la jeune femme profitait de ses largesses. Pedro alloua à la mère, qu'il appelait « la vieille dame de mon cœur », une pension à vie supérieure à la somme mensuelle allouée à Leopoldine. La famille au grand complet bénéficia de prébendes. Il était de notoriété publique que derrière les nominations des chefs provinciaux et même de certains évêques se trouvait le bras long de la concubine. Or Domitila ne faisait pas ça pour exercer un quelconque pouvoir politique. Elle ne prenait pas part aux disputes et aux différends politiques, son ambition n'allait pas dans ce sens-là. Elle était belle et s'intéressait davantage à ses parures qu'aux affaires de l'État. Loyale envers ses amis, elle n'avait aucune pudeur à leur obtenir des faveurs, des promotions, des titres de la part de l'empereur, provoquant ainsi la colère de ses ennemis, pour qui sa présence à la Cour était une manière de corrompre l'empire – ce qui était par ailleurs exact.

Minée de l'intérieur, Leopoldine était contrainte d'assister à cette décadence sans pouvoir en interrompre le processus. Car le peuple avait beau colporter des rumeurs sur la vie de l'empereur, convaincu qu'il était victime d'un sortilège africain, un envoûtement d'ordre sexuel, nul n'osait lui tenir tête, à l'exception de ses adversaires en exil, comme les frères Bonifacio. Là-haut sur le trône, l'immoralité cynique était un spectacle que le pays tout entier pouvait contempler. Le sens de la morale publique était tombé si bas que Felicio, l'ex-mari rossé par l'empereur, reprit contact avec Domitila pour obtenir une promotion au grade de capitaine. Et Pedro la lui accorda.

Domitila s'enrichissait rapidement, à quelques mètres des appartements de l'impératrice, car elle passait ses journées à Saint-Christophe. Depuis son cabinet de dame d'honneur, elle voyait progresser la construction de son palais, cadeau de Pedro. Il avait déterminé cet emplacement afin de pouvoir la regarder avec une longue-vue et lui envoyer des messages avec une lanterne... La petite provinciale allait être logée comme l'une des plus nobles dames de l'empire. Elle aurait bientôt des domestiques en livrée, des salons avec un parquet fait d'essences nobles, des murs ornés des plus belles tapisseries, des meubles de jacaranda, de la porcelaine de Limoges et des toiles de maître venant d'Europe... Pour l'instant, sa seule présence et son ascendant sur l'empereur faisaient d'elle un aimant pour tous les négociants, les généraux, les banquiers, les artistes, les ministres, les diplomates ou les évêques dont elle pouvait transformer la vie. Décidée à ne pas retourner à sa pauvreté d'origine, elle mettait un prix à toute chose, une faveur, une recommandation, une grâce... Un jour, elle reçut la visite de son ami Schichthorst, un mercenaire allemand, accompagné d'un capitaine de vaisseau français qui cherchait à débloquer un chargement confisqué à la douane. Elle demanda au Français un *conto*, une somme considérable, sans lui garantir le succès. Lorsque Schichthorst quitta le palais, Plácido, le majordome, le rattrapa et le pria de l'accompagner dans ses appartements.

— La maison a pour habitude de verser cinq pour cent aux intermédiaires pour toute transaction, dit-il en lui mettant quelques billets dans la main.

Schichthorst était aussi surpris qu'enchanté.

— Son Excellence aura toujours plaisir à vous recevoir avec ce genre de négoce, poursuivit le majordome, faisant allusion à Domitila.

Celle-ci vendait ses services à quiconque voulait bien les acheter contre des espèces sonnantes et trébuchantes, sans y voir aucun mal. Bientôt, toute transaction commerciale d'une certaine ampleur passa par elle. L'empereur était tellement aveuglé par l'intensité de sa passion qu'il ne prenait même plus le soin de se cacher. Il négligeait complètement Leopoldine, laquelle vivait de plus en plus dans l'attente des navires-courrier. Les lettres de ses sœurs ou de José Bonifacio lui procuraient un bonheur fugace, mais elle s'inquiétait quand elle ne recevait pas de réponse. « Que se passe-t-il au Portugal, pour que dom João ne m'écrive pas ? » se demandait-elle avec angoisse. Entretenir une correspondance nourrie était le remède contre la nostalgie qui l'envahissait à mesure que son mari s'éloignait d'elle. Il lui restait la consolation de ses enfants – « qui font mes délices » –, et de la nature : pour se distraire, elle s'occupait sur l'île du Gouverneur d'un petit jardin zoologique avec d'intéressants spécimens d'animaux qu'elle ramenait de ses promenades à cheval. Puisque Pedro ne l'accompagnait plus, Leopoldine sortait seule ou en compagnie d'un prêtre et revenait avec d'étranges trophées : un petit caïman, de magnifiques oiseaux et des plantes carnivores. Quand elle ne les gardait pas, elle les envoyait au cabinet d'Histoire naturelle de Vienne ou à sa sœur, « pour ses musées ».

Pedro prenait lui aussi du plaisir dans la montagne, mais à sa façon. Il partait en excursion avec Domitila, habillée en amazone, coiffée d'un chapeau écossais orné d'une plume. Ils se perdaient dans la partie haute du Corcovado, cherchaient les cascades que Pedro avait fréquentées avec Noémie, comme s'il voulait retrouver les meilleurs moments de sa jeunesse, et là, à l'ombre d'arbres gigantesques, ils s'abandonnaient l'un à l'autre, avec une tendresse animale, entre des lianes et des racines tordues tels des serpents.

71.

La vie de Pedro n'était pourtant pas que plaisir. L'existence convulsive de la nouvelle nation exigeait qu'il se tînt sur ses gardes. L'indépendance avait été obtenue et la Constitution proclamée. Il se rendait compte qu'il ne pouvait prolonger plus longtemps cette étape où il avait gouverné en autocrate, et il convoqua le premier Parlement post-constitutionnel pour le mois de mai 1826. Cependant, le Sud continuait de résister. Pour couper les ailes à ces gauchos rebelles, il déclara la guerre aux provinces unies du Rio de la Plata. Il donna l'ordre de bloquer le port de Buenos Aires afin d'empêcher les Uruguayens de s'approvisionner. Le plan d'attaque prévoyait de concentrer un très grand nombre de troupes brésiliennes dans le Sud. C'était une campagne militaire qui s'annonçait longue et d'une telle envergure qu'il fallait s'assurer le soutien du pays. Un consensus était nécessaire.

Pour y parvenir, il entreprit de se rendre à Bahia, où des esclaves africains libérés attaquaient impunément les colons portugais au nom de l'égalité et de la liberté, comme dans l'île française de Saint-Domingue, où les Noirs rebelles avaient massacré les Blancs. Il était urgent de stopper cet accès de violence. Cette fois, tour d'écrou supplémentaire, il décida de faire le voyage en compagnie de Leopoldine et Domitila.

Son comportement au cours du voyage provoqua un déferlement de cancans et de ragots qui animèrent pendant des années, voire des décennies, la vie des Brésiliens, et qui éclipsèrent son activité politique. Aveuglé par la vanité du pouvoir, il ne voyait pas que sa conduite sapait son prestige. Des libelles qui l'attaquaient recouvrirent les murs de Rio. Il reçut même des lettres anonymes l'accusant de faire venir sa femme pour servir de paravent à sa maîtresse. Cette fois, Leopoldine, inquiète pour sa fille qui n'avait que sept ans, se départit de son calme impérial, et s'enhardit à protester :

— En nous emmenant toutes deux, vous donnez un mauvais exemple à Maria da Glória. Cette petite a l'esprit vif et comprend tout...

Elle réagissait si rarement de la sorte que Pedro, pris au dépourvu, resta quelques secondes sans voix avant de réagir :

— Quel mal y a-t-il à ce que ta première dame t'accompagne ?

« Cette femme lui fait perdre la raison », se dit Leopoldine, qui décida de ne pas discuter plus avant.

Pedro ne modifia pas ses plans, de sorte que le 2 février, l'empereur embarqua avec sa femme, leur fille Maria da Glória, sa maîtresse, Chalaza et soixante-dix-huit invités sur son bateau favori, le *Pedro Ier*, dont les soutes contenaient huit cents poulets, trois cents coquelets, deux cents canards, cinquante pigeons, trente chapons, deux cent soixante douzaines d'œufs, trente agneaux, mille oranges et six cents citrons... Ils étaient bien loin, les voyages spartiates à Minas Gerais ou São Paulo, quand il dormait à même le sol et mangeait ce qu'on lui donnait ! Quelle différence entre le prince révolutionnaire et l'empereur plein de superbe...

Malgré le luxe et l'abondance de vivres, ce fut un voyage interminable et inconfortable en raison de la vétusté et de l'exiguïté du bateau. Pour Leopoldine, obligée à mesurer ses paroles et à contrôler ses réactions, ce fut une torture. La façon dont il caressait sa maîtresse du regard, s'arrêtant à la taille, aux boucles de ses cheveux, à la ligne qui séparait ses seins ronds et recouverts de dentelle... ne lui échappait pas. Sans vouloir le reconnaître, elle était jalouse de cette femme qui lui avait volé son « Pedro adoré ». Domitila était resplendissante et suscitait une sympathie indéniable. Elle parlait à tous, simples marins ou nobles courtisans, et les séduisait tous. Elle ne tarda pas à gagner la sympathie de la petite Maria da Glória, qui se promenait sur le pont accrochée à son bras sous le regard offusqué de l'impératrice. Comment Pedro osait-il défaire ce que Dieu avait réuni ? se demandait-elle, désespérée. Comment pouvait-il appeler sa « Titilia » devant tout le monde ? Comment pouvait-il aimer la fille d'un officier sorti du rang ? Elle avait soif de vengeance, souhaitant voir cette femme disparaître, passer par-dessus bord, se noyer, mourir, oui, mourir... et, en même temps elle se morigénait, consciente que la jalousie avait ouvert dans son âme une brèche où s'infiltraient les pensées les plus violentes, toutes en conflit avec sa foi chrétienne. Ni les parties de backgammon avec les courtisans ni les discussions sous l'auvent du château de proue ne pouvaient calmer la douleur des plaies ouvertes dans son cœur. Pour ne pas avoir à supporter la vision de sa fille assise dans la salle à manger entre son père et sa maîtresse, elle préférait manger seule dans sa cabine. La servante qui lui apportait les repas lui semblait digne d'envie car elle avait un mari qu'elle aimait et qui l'aimait. « Celle-là est vraiment heureuse », se disait-elle. Toute à sa peine, elle se retirait toujours tôt et, à genoux dans son oratoire, elle parlait à Dieu des combats endurés dans son âme. « Seigneur, aie pitié de moi, accueille-moi sous ton aile... »

À Bahia, ils furent accueillis avec tous les honneurs. Avant de monter dans la barque qui devait les emmener du *Pedro I*[er] à terre, l'empereur pria Domitila de se joindre au couple. Ce trajet jusqu'au quai rappela à Pedro la dernière fois qu'il avait mis le pied dans cette ville, en 1808, après la longue et dangereuse traversée depuis Lisbonne. Il était alors un enfant et il regardait ce nouveau monde, si lumineux, si différent du Portugal pauvre, sombre et menacé par Napoléon qu'il avait quitté, avec fascination et délectation.

— Vous voyez ces femmes en turban ? C'est ma mère qui les a mis à la mode, dit Pedro à ses compagnons de voyage.

Il raconta que, après la traversée qui les avait amenés depuis le Portugal, la foule, composée en grande partie d'esclaves ou de descendants d'esclaves, contemplait avec des yeux étonnés cet autre monde d'hommes, de femmes et d'enfants habillés avec de lourdes vestes en velours, chaussés de souliers à talons, portant bas de soie, vêtements sombres et épais qui les faisaient fondre sous le soleil brûlant des tropiques. Ils voyaient débarquer des chanoines, des conseillers, des curés et des hidalgos qui portaient des étendards portugais.

— C'était le monde à l'envers, racontait Pedro. Eux, les Brésiliens, impeccablement habillés, et nous les Européens, famille royale incluse, débarquant comme de pauvres hères après trois mois d'un voyage épouvantable. Certains courtisans étaient en haillons et nous empestions tous.

L'image que donna Carlota Joaquina en débarquant était très différente de celle d'une quelconque princesse imaginée par les Brésiliens. Cette femme menue, avec l'expression dure d'une personne contrariée de se trouver dans un lieu détestable, quitta le navire en compagnie d'autres femmes qui portaient elles aussi un turban. Cette façon de se couvrir la tête parut si exotique aux belles Brésiliennes au teint olivâtre, à la taille cambrée, aux longues jambes et au large sourire, qu'elles décidèrent d'adopter cette « mode » importée d'Europe par les membres de la famille royale.

— Ce qu'elles ignoraient, c'est que ma mère portait un turban à cause d'une épidémie de poux. Les nobles avaient dû jeter leur perruque par-dessus bord, et ma mère et les autres femmes avaient été tondues comme des moutons.

Pedro ne pouvait raconter cette histoire sans rire aux éclats.

— Ne soyez pas méchant, il s'agit de votre mère, le reprenait doucement Domitila tandis que Leopoldine, le regard perdu sur l'horizon, ne laissait paraître aucune émotion.

À terre, ils furent accueillis par une foule qui leur lançait des vivats et des acclamations, et par les dignitaires locaux qui avaient préparé une tente afin de les protéger du soleil. Après les discours de bienvenue, ils s'acheminèrent vers la cathédrale. Pedro se souvint de son père, de l'émotion du roi devant ces autels dorés et finement ornés, de la première fois qu'il avait écouté avec émerveillement les voix sublimes d'un chœur de Noirs, de ce premier contact avec un monde nouveau où il avait trouvé le bonheur.

De là, ils gagnèrent les appartements que les autorités leur avaient préparés. Ceux de Domitila étaient luxueux : lit recouvert de riches couvertures de soie de Goa brodée, coiffeuse regorgeant de cosmétiques, de parfums et d'onguents. Elle disposait même de sa propre salle à manger ainsi que de chambres pour ses domestiques. Son logement était plus spacieux et ostentatoire que celui de l'impératrice, ce qui alimenta les ragots de la population. Partout, les fonctionnaires traitaient la maîtresse en souveraine. Leopoldine constatait son propre déclin, sa solitude. Le monde était coalisé contre elle et nul ne la sauverait. Lorsque, les jours suivants, ils sortirent en voiture découverte, Pedro insista pour mener lui-même les chevaux afin de se démarquer de l'élite esclavagiste dont les membres se déplaçaient couchés dans des hamacs portés par deux esclaves. Il occupait un des sièges avant à côté de l'impératrice et derrière se trouvaient la petite Maria et Domitila. « Comment peut-il être aussi inconscient ? » se demandait Leopoldine, convaincue que son mari, cruel comme un enfant, était envoûté par sa maîtresse.

Pour elle, qui savait dissimuler sa jalousie, les vingt-quatre jours de voyage furent infernaux. *Te Deum*, repas, baisemains, actes officiels... Le dernier jour, Pedro reçut en audience six cents sujets. Il eut même le temps d'acheter pour son service deux petits Noirs pour deux cent quarante mille réaux... Il était si bien intégré à la société brésilienne qu'il ne pouvait échapper à ses coutumes, mais il achetait les esclaves pour les libérer ensuite, comme il l'avait fait à la hacienda de Santa Cruz.

Partout ils étaient accompagnés de la maîtresse, belle, dépensière, sensuelle, heureuse, choyée, triomphante. Plus l'impératrice les voyait s'aimer, plus elle souffrait. Si Pedro était parvenu à calmer les esprits de la population et à gagner le soutien dont il avait besoin pour la guerre dans le Sud, Leopoldine rentra à Rio consumée. Elle avait perdu le dernier espoir de jamais récupérer son mari. Elle continuait de l'aimer, parce que les liens qui l'unissaient à son mari étaient sacrés, parce qu'il était le père de ses enfants, le premier et le seul homme de sa vie. Il avait violé son honneur de manière triviale et irresponsable, piétiné sa dignité, fait peu de cas de sa fille... elle aurait pu tout lui pardonner s'il avait fait preuve d'un peu de considération. Mais il n'en fut rien. Elle finit par regretter l'époque où elle ne voulait rien savoir, car il existait alors une lueur d'espoir. La lucidité à laquelle ce voyage l'avait condamnée était impitoyable : il l'avait laissée bouleversée, vide, fanée, indifférente, défaite comme une plante sans soleil. De retour à Rio, elle avait du mal à faire bonne figure quand on lui présentait un voyageur intéressant, comme pouvait l'être le baron Von Langsdorff. Elle le reçut distraitement, alors qu'en d'autres circonstances elle aurait pris plaisir à converser avec lui. Garder de la tenue, faire semblant, saluer, sourire, tendre la main et suivre des bribes de conversation constituait un effort trop important, quand ce qu'elle désirait, c'était se noyer dans ses larmes et se laisser mourir.

72.

Au cours des semaines suivantes, Domitila organisa le déménagement et l'installation dans sa nouvelle demeure située rua Nova do Imperador, à un jet de pierre du palais, juste en face de l'entrée principale des jardins de Saint-Christophe. La maison à deux étages témoignait d'un luxe princier. Le salon et la salle à manger, vastes pièces ovales, étaient ornés de fresques symbolisant les cinq continents. Au plafond, un aigle majestueux présidait la chambre de l'empereur. Les murs étaient recouverts de bois précieux, le sol de marqueterie était incrusté d'essences aux nuances variées, et le mobilier se composait de tables d'acajou, de fauteuils chesterfield en cuir, de lits à baldaquin, de dessus-de-lit de soie brodée, de vases chinois et de samovars d'argent. Tout contribuait à créer une atmosphère d'opulence. De l'une des tourelles du palais de Saint-Christophe, Pedro pouvait observer à la longue-vue la chambre de sa bien-aimée. Il savait qu'aux heures de forte chaleur, il la surprendrait jambes nues, la jupe relevée et allongée sur un canapé. Si elle se savait observée, elle dégrafait sa jupe, ôtait ses jupons et ses dessous puis se laissait choir sur le lit, entièrement nue, et se mettait à jouer avec les poils de son pubis. Elle n'avait plus qu'à attendre qu'un employé du palais lui remît un mot de Pedro lui décrivant la scène qu'il avait vue. « Mon amour, ma Titilia, en te voyant ce matin, "ta chose" est devenue folle et si je ne suis pas venu aussitôt te voir et t'étreindre c'est parce que j'étais en réunion avec les ministres... Je t'envoie ce présent pour que tu le conserves avec amour... Ton "démon". » Le cadeau était une petite touffe de ses poils pubiens.

Un mois ne s'était pas écoulé depuis leur retour de Bahia que Pedro rendit publique sa relation avec la vicomtesse de Santos, pour la plus grande douleur et humiliation de Leopoldine. Il s'ingénia à faire signer aux ministres de l'empire et aux conseillers d'État un «certificat de reconnaissance de la fille naturelle» qu'il avait eue avec Domitila. S'ils donnèrent aussi facilement leur consentement, ce fut parce que la société coloniale considérait normal de montrer ses concubines et d'élever ensemble enfants légitimes et naturels. Le vicaire de la petite église de Saint-François, un admirateur de l'impératrice, se montra plus honnête et courageux que les puissants de l'empire en refusant de modifier le registre des naissances. Pour tenter de le convaincre, Pedro n'eut d'autre idée que de lui envoyer un tableau qui représentait Jésus pardonnant à Marie-Madeleine. Le message devait être trop subtil car le prêtre n'en tint pas compte. De sorte que Pedro, impatient, finit par recourir à l'imposition ministérielle et signa une attestation de reconnaissance qu'il remit à Chalaza. Ce dernier la remit en propre au curé récalcitrant, lequel se trouva dans l'obligation de signer. La fille naturelle devenait «fille d'une femme noble et de sang pur» dans les livres officiels. Pour ne laisser aucune place au doute, Pedro attendit le jour anniversaire de la petite pour l'anoblir, la nommant duchesse de Goias avec le titre d'altesse. Il faisait ainsi d'elle, à la grande joie de Domitila et au désespoir de Leopoldine, la plus haute dignitaire de l'empire après les membres de la famille royale.

Dans une convocation qui fut publiée, sur ses ordres, dans la gazette officielle de l'État, il convoqua toute la Cour à célébrer l'événement dans la nouvelle demeure de Domitila. Ce jour-là, Leopoldine vit Pedro sortir dans un carrosse tiré par six chevaux, comme pour les fêtes d'importance. Blessée, elle s'enferma dans ses appartements. Ce fut le jour le plus triste de sa vie, comme elle l'avouerait plus tard. Son instinct de survie la poussa à trouver un cheval et à partir se perdre dans la campagne, pour chercher dans le contact avec la nature un soulagement contre la douleur. Après quoi, elle songea à visiter l'un des nombreux instituts de bienfaisance qu'elle avait fondés car il était toujours gratifiant de voir ces milliers d'enfants sauvés de la rue, mais l'idée d'être la cible des commérages la fit changer d'avis. Elle termina sa chevauchée dans la cabane de Sebastião, l'esclave noir libéré qui habitait à la campagne avec sa femme et leur enfant. Avec eux, elle se sentait libre et à l'aise. Elle leur apportait des vivres, du linge et un jouet pour le petit. Elle leur donna le peu d'argent qu'elle avait, comme si ce geste avait pu conjurer son malheur. Le fait que l'impératrice trouvât son unique consolation auprès du pauvre Sebastião en disait long sur l'abîme de sa solitude.

Entre-temps, dans la demeure de Domitila, Pedro présentait sa fille bâtarde à la quarantaine d'invités. C'était un mélange de membres de la petite noblesse, de riches commerçants et de fonctionnaires. La haute aristocratie n'était pas présente ; comtes et marquis avaient décliné l'invitation. Il était clair qu'ils n'acceptaient pas l'intruse et ne souhaitaient pas la fréquenter. « Tu es allé baiser la main de ma fille ? » demandait Pedro à droite et à gauche, avec une insistance qui ressemblait à un ordre. Ministres et courtisans se disputaient la main de la petite, âgée de deux ans, et s'inclinaient sous le regard fier du vieux colonel Castro, ancien muletier et militaire devenu gentilhomme grâce aux charmes de sa fille. Domitila était aux anges. Belle, amoureuse, influente et noble... Une partie de la bonne société était à ses pieds. Après un succulent banquet, elle répondit aux vœux de son amant en levant sa coupe au bonheur de leur fille.

Ils étaient peu nombreux à imaginer les souffrances de Leopoldine et ses efforts surhumains pour feindre indifférence et calme en public. En sachant de surcroît que les épreuves qu'elle devait traverser étaient de plus en plus dures, comme le jour où la petite lui avait officiellement été présentée. Elle était venue au palais accompagnée de son grand-père, le colonel Castro. Leopoldine les avait reçus dans la véranda, elle avait salué le vieux soldat et regardé tendrement cette fille qui ressemblait à Pedro, et qui n'était pas la sienne. Elle l'avait prise dans ses bras, lui avait donné un baiser, l'avait étreinte à nouveau, avait fondu en larmes, affectée par tout ce que son mari exigeait d'elle. « Ce n'est pas de ta faute », lui avait-elle répété à plusieurs reprises en sanglotant. Elle se sentait tellement affligée qu'elle avait passé la journée entière allongée sur son lit, pleurant à chaudes larmes.

Pedro aimait beaucoup cette enfant et demanda à ce qu'on la lui amenât tous les après-midi au palais. Il voulait la mêler à ses enfants légitimes et cette promiscuité provoquait chez Leopoldine la plus profonde répulsion. Elle tremblait d'indignation lorsqu'elle voyait Pedro prendre le poignet de sa fille et dire : « Allons, ma jolie, donne ta main à baiser à tes sœurs. » Le premier jour, la princesse Paula refusa d'obéir. Quand son père l'y obligea, la petite fit le geste de s'incliner mais au dernier moment elle repoussa violemment la fillette. Pedro leva la main sur sa fille Paula, tandis que la petite duchesse pleurait.

— Ne la frappez pas ! bondit Leopoldine.

— Je ne peux tolérer...

— Ne vous avisez pas de la toucher ! poursuivit l'impératrice, les yeux injectés de sang et furieuse comme Pedro ne l'avait jamais vue. Que leur propre père présente à ses enfants innocents la preuve de sa trahison me rend malade !

— Ils sont frères et sœurs, je les considère comme égaux, et en tant que tels ils seront élevés ensemble. Telle est la volonté de l'empereur... et je la ferai respecter.

À la suite de quoi, Pedro réprimanda si bien Paula que depuis l'incident, dès qu'elle apercevait sa demi-sœur, effrayée, la princesse s'accrochait aux jupes des domestiques. Mais la présence de la petite duchesse ne se limitait pas au quotidien, elle assistait à toutes les cérémonies officielles, comme pour l'acte de reconnaissance du petit Pedro II comme héritier du trône. Nul ne fléchissait la volonté de l'empereur et Leopoldine se rongeait les sangs en voyant ses enfants sur un pied d'égalité avec la bâtarde de son mari. En tant que descendante de l'ancienne et loyale maison des Habsbourg, elle pouvait supporter toutes les humiliations, mais l'offense qui consistait à dévaloriser ses enfants était pour elle trop douloureuse.

La dure et cruelle réalité s'imposait et Leopoldine dut reconnaître son échec. La bonté, la patience, la compassion... rien n'avait fonctionné. Le problème était que son caractère ne lui permettait pas d'agir autrement. Ce n'était pas une Latine au sang chaud. Elle était trop soumise, dans une position de dépendance à laquelle elle ne savait ni ne pouvait échapper.

Maintenant que son mari cessait d'être « son Pedro adoré », elle s'interrogeait. L'avait-il aimée un jour ? Elle en doutait. Elle lui avait tout sacrifié dès le début de son mariage... et lui ? Qu'avait-il sacrifié ? Rien, dut-elle reconnaître. Elle se retrouvait sans amis, totalement délaissée. L'épreuve des humiliations successives, le mépris de son mari pour les liens moraux et religieux les plus élémentaires, les dettes qu'elle accumulait à cause de son inclinaison à la charité et l'obligation de les dissimuler à Pedro, la sensation d'être traitée comme une femme du sérail parmi d'autres, tout ce poids la plongea dans une profonde dépression. À mesure que Pedro, esclave de ses passions, transgressait toutes les limites, elle se réfugiait dans la religion. Mais ni la Vierge Marie ni le Tout-Puissant ne parvinrent à cicatriser les blessures de son cœur. Elle perdit tout intérêt pour la Cour, les affaires du gouvernement, les relations avec les hommes politiques, le monde environnant, exception faite de ses enfants. Elle renonça à la vie mondaine. «Je ne possède aucun ascendant sur les affaires publiques», avouait-elle sans ambages aux rares personnes qui l'approchaient encore pour obtenir quelques faveurs. Les heures de la journée étaient trop longues et elle attendait impatiemment la nuit. Quand elle regagnait sa chambre, parfois après sa promenade matinale, elle demandait à ce qu'on fermât les persiennes. «Faites la nuit, mesdames!» demandait-elle à ses dames d'honneur. Seul l'amour qu'elle éprouvait pour ses enfants semblait la maintenir en vie. Elle passait de longs moments avec eux, leur caressant les cheveux, leur lisant des contes, leur racontant des histoires de l'Europe qu'elle regrettait plus que jamais... luttant toujours pour ne pas laisser entrevoir le puits de sa tristesse jusqu'au moment où, retrouvant ses appartements, elle s'abandonnait à un déluge de larmes.

73.

Les excès et le comportement de Pedro firent s'évaporer la magie qui auréolait sa personne. Il ne suscitait plus auprès du peuple ni admiration ni respect. Son attitude vis-à-vis de Leopoldine, les excès qu'il autorisait à sa maîtresse, ses contradictions qui le faisaient passer tantôt pour un démocrate, tantôt pour un dictateur, tout contribuait à l'effritement de son image. Les trente derniers mois où Pedro avait gouverné de façon despotique avaient entamé sa popularité. Tous les matins, les rues de Rio étaient couvertes de nouveaux pasquins où il était ridiculisé de plus en plus violemment : « Qu'attendez-vous de ce mari brutal, libertin, qui traite son épouse de la façon la plus indécente ? » disait l'un d'eux.

Le mécontentement eut des répercussions sur l'attitude de Pedro. Durant quelque temps il cessa de voir Domitila et se montra plus attentionné envers Leopoldine. Réagissait-il devant la souffrance qu'il lui infligeait ? se demandait l'impératrice, surprise de ce changement subit. Un dimanche matin, quand Pedro la pria de l'accompagner à la chapelle de Gloria pour assister à la messe, Leopoldine fit un effort pour dissimuler le raz-de-marée émotionnel que cette simple requête souleva dans son cœur. Que son mari lui demandât de l'accompagner à la chapelle de Gloria, témoin des événements familiaux les plus importants, lui fit penser que tout n'était pas brisé entre eux, que le lien qui les unissait restait vivant. L'attention qu'il lui portait était comme un philtre qui lui rendait la vie. En sa compagnie, elle oubliait tous les désagréments et les humiliations dont elle avait été victime, et seul comptait le bonheur de profiter de l'objet de ses rêves, de ses pensées et de ses désirs. Durant une période au cours de laquelle la petite duchesse de Goias cessa de venir au palais, l'empereur se montra très attentif envers Leopoldine. L'Autrichienne et les autres dames du palais pensèrent qu'il devenait raisonnable, qu'il avait pris conscience que son comportement commençait à écorner le prestige de la royauté et qu'il lui fallait réagir. Pouvait-elle avoir confiance ? La jeune femme en doutait mais elle ne pouvait lui résister, pas même la nuit où il entra dans ses appartements et, où pour la première fois depuis des mois, il l'étreignit, la déshabilla et lui fit l'amour.

Un malheur les réunit plus étroitement encore. Leopoldine se trouvait avec Pedro dans le bureau proche de la véranda lorsqu'un émissaire arriva du port avec la nouvelle apportée par un navire portugais qui venait d'amarrer : dom João VI, roi du Portugal, était mort six semaines auparavant, pendant qu'ils se trouvaient à Bahia. D'indigestion, selon les sources officielles. Pedro en eut les larmes aux yeux, nul ne l'avait vu pleurer depuis longtemps, depuis la mort de son fils. Elle-même était très affectée, car elle perdait un second père.

— Mais il n'a jamais eu de problèmes de santé..., dit Pedro, l'air incrédule.

— Souviens-toi de ses douleurs à la jambe, des bains de mer dans cet appareil, lui rappela Leopoldine.

— Je ne l'ai jamais vu malade ou convalescent dans un lit.

— Mais il mangeait beaucoup.

— Je dois aller à Gloria. Tu m'accompagnes ?

Ils s'en furent tous deux prier pour l'âme de ce père affecteux, de ce beau-père attentif, de ce roi prudent et indécis qui avait su conserver l'empire et qui avait changé la face de l'Amérique du Sud. Ce fut un moment de deuil et de recueillement qu'ils partagèrent comme un vrai couple, celui que Leopoldine voulait ressusciter. Puis ils allèrent chevaucher au-delà de la *lagoa*, dans le jardin botanique que Pedro avait tenu à réaménager dernièrement. Quel meilleur hommage que de rendre son antique splendeur au paradis que son père avait mis tant de soin et d'énergie à créer ? Après quoi, ils s'en revinrent à Saint-Christophe où ils espéraient rencontrer des passagers du navire qui avait apporté la triste nouvelle afin d'obtenir des détails. Ils apprirent de la bouche d'un moine augustin que dom João était tombé malade en se rendant à une procession religieuse, après avoir ingurgité ses mets favoris : poulet rôti au four, fromage et quelques oranges. Quatre heures plus tard, il était pris de violentes crampes et vomissait le tout. On le transporta au couvent de Bemposta où les médecins firent leur possible pour le sauver, en vain. Son agonie dura une semaine, une longue semaine de douleurs, de convulsions et de vomissements.

— Ma mère a-t-elle été avertie ?

— Les moines ont prévenu la reine de l'imminence fatale, mais elle a refusé d'aller le voir, lui répondit le religieux. Elle a dit ne pas se sentir bien et que le voyage serait trop long.

— Mais elle se trouvait à Queluz !

— À cinq lieues tout au plus de la ville, Monsieur...

Le moine le regarda fixement, comme s'il hésitait à poursuivre son récit. Il s'y décida finalement :

— Dans les rues de Lisbonne, des rumeurs vont bon train sur la mort de votre père, Monsieur... Il est curieux que, quelques jours plus tard, ses deux médecins, de même que son cuisinier personnel, l'aient suivi dans la tombe... Les francs-maçons et le parti apostolique, sympathisant de votre mère, se sont lancé des accusations mutuelles...

— Cette garce a réussi à le tuer ! lança Pedro, hors de lui, à propos de sa mère.

Il cria si fort que les oiseaux du jardin cessèrent de chanter, les chiens s'immobilisèrent et tournèrent le regard vers leur maître, puis les domestiques s'éclipsèrent.

— Ne dis pas ça, les enfants pourraient t'entendre..., intervint Leopoldine.

— Trop de coïncidences, et mon père n'était pas un homme malade !

Le moine poursuivit :

— Ce qui est curieux, c'est que les oranges ont disparu des jattes où elles se trouvaient. Le bruit court qu'on leur aurait injecté de l'arsenic, mais rien ne peut être prouvé, Monsieur.

— Dieu du ciel ! fit Pedro d'une voix éteinte en cachant son visage dans ses mains.

Plus tard, par un ambassadeur, Pedro et Leopoldine apprirent que la reine s'était montrée fort joviale le jour où le corps diplomatique lui avait présenté ses condoléances. Une humeur qui n'obéissait pas aux circonstances, ce qui suffit pour confirmer les soupçons selon lesquels elle serait l'instigatrice du crime.

Le roi João VI, «le seul à m'avoir abusé», avait dit Napoléon lors de son exil à Sainte-Hélène, laissa un monde un peu meilleur que celui qu'il avait trouvé lorsqu'il s'était vu dans l'obligation d'assumer la régence, à contre-cœur. Avec le recul, le bilan de son règne était positif, il avait sauvé la Couronne, transporté du jour au lendemain une cour et un royaume dans une colonie sauvage et lointaine, ouvert le commerce et dynamisé l'économie d'un territoire gigantesque; en définitive, il avait installé les bases d'un pays qui se développait dans l'union, et d'une indépendance qui fut obtenue d'une manière moins violente que dans les colonies voisines.

Maintenant, l'écho inquiétant d'une question flottait en l'air, de Lisbonne à Rio, de Porto à Bahia : si Pedro était empereur du Brésil, si son frère Miguel était exilé en Autriche, si Carlota Joaquina convoitait toujours le pouvoir... qui succéderait à dom João ?

Le temps manqua pour s'égarer dans les divagations ou les spéculations, et il n'y en eut pas davantage pour le deuil. Quelques jours après avoir appris la mort du roi, une deuxième nouvelle leur parvint de l'autre côté de l'océan : Pedro avait été proclamé roi du Portugal par sa sœur, la régente Isabel Maria, obéissant ainsi aux vœux de dom João. «Vive Pedro IV du Portugal!» clamaient les Portugais. En l'apprenant, l'empereur, l'émotion toujours à fleur de peau, ne put s'empêcher de verser quelques larmes. Il était ému de se savoir reconnu par son père, celui-là même qui l'avait ignoré au cours de son enfance et de sa jeunesse. Après quoi il ressentit une douleur quasiment physique, le déchirement de la séparation définitive. «Merci, père... je ne te décevrai pas, je serai à la hauteur de tes rêves...» Ah!... Le rêve de dom João, l'unité du monde lusitanien. Il se rappelait toutes les fois où il lui en avait parlé... N'était-ce pas là le plus beau projet pour ses enfants, le meilleur legs pour leur culture, leur empire ? Jusqu'à la fin et même de façon posthume, dom João tentait de réaliser son rêve d'unir le Brésil et le Portugal sous le même sceptre... Comme Pedro aurait aimé en parler avec son père, lui dire que ce rêve était une chimère, qu'il n'était pas celui des Brésiliens qu'il avait lui-même dotés d'une constitution lui interdisant de porter les deux couronnes...! Il était convaincu que le Parlement, celui qu'il avait convoqué dix jours plus tard, s'y opposerait. « Peur de la recolonisation », diraient les patriotes. De sorte que, pour continuer à être Pedro Ier du Brésil, il devrait renoncer à être Pedro IV du Portugal, bien qu'il eût aimé conserver les deux trônes. Il caressait une idée, celle d'abdiquer la couronne portugaise en faveur de sa fille Maria da Glória. Il était sûr que son père aurait soutenu cette initiative. De cette façon il conserverait le Portugal, où se trouvaient les racines de sa famille, sous sa sphère d'influence. Mais il était conscient qu'il s'agissait là d'une manœuvre dynastique difficile, et persuadé que sa mère s'y opposerait de toutes ses forces, elle qui rêvait d'évincer les Bragance et d'installer Miguel comme roi absolu. De caractère et de tempérament très différents, père et fils s'étaient finalement retrouvés du même côté, celui de la liberté, et contre l'absolutisme. « Je renoncerai à votre trône, père, mais pas aux idées constitutionnelles... » Non, il n'était pas disposé à y renoncer, et pas seulement par conviction. Il avait maintenant une autre raison de lutter en faveur de la liberté du Portugal, pour doter son pays d'origine d'une Constitution libérale comme celle qu'il avait élaborée pour le Brésil. Il ne voulait pas révéler cette raison publiquement. Elle était personnelle, intime. Il voulait donner une leçon à sa mère et se venger ainsi la mort de son père.

Pedro et Chalaza se remirent au travail en vue de rédiger un texte constitutionnel pour le Portugal. Au début, ils se contentèrent de copier le texte brésilien, remplaçant les mots « empire » par « royaume » et « Brésil » par « Portugal ». Ils en étaient là quand parvinrent des nouvelles de Miguel par l'entremise de l'ambassadeur du Brésil à Vienne. Le frère exilé disait se repentir d'avoir tenté de détrôner son père et souhaitait se réconcilier avec sa famille.

— Et si c'était une manœuvre pour retourner à Lisbonne et augmenter ses chances de monter sur le trône ? se demanda Pedro.

— C'est possible, mais l'ambassadeur insiste sur le fait qu'il a vu en lui quelqu'un de réellement repenti et voulant tout faire pour la paix familiale..., lui répondit Chalaza.

— Si c'est vrai, je vais lui faire la même proposition qu'il y a trois ans... S'il accepte, c'est qu'il a vraiment des remords et nous pourrons alors nous entendre.

Au grand dam de Leopoldine, Pedro revint sur son ancienne idée de marier sa fille aînée à Miguel. C'était une façon de neutraliser son frère et les absolutistes et de protéger la lignée des Bragance. Si Miguel s'engageait à épouser sa nièce, la petite Maria da Glória, et à prêter serment devant la Constitution qu'ils étaient en train d'élaborer à toute vitesse dans le bureau de Saint-Christophe, il pourrait gouverner le Portugal jusqu'à la majorité de la princesse, puis conjointement, en tant que roi consort après leur mariage. C'était l'accord qui avait maintenu sa grand-mère doña Marie sur le trône au côté de son mari et oncle Pedro III, défenseur des jésuites, protecteur de la haute noblesse, responsable de la construction du superbe palais de Queluz. Si Miguel acceptait tout cela, il aurait l'assurance que ses descendants lui succéderaient sur le trône. Pedro se dit que c'était un bon accord pour tous. À l'exception de Leopoldine :

— Votre grand-père Pedro III était un homme juste et dévôt, et il aimait autant la reine qu'elle l'aimait... Vous savez parfaitement ce que je pense de votre frère Miguel...

— Les gens peuvent changer, de surcroît le pouvoir et la légitimité reviendront à Maria da Glória, en qualité d'héritière.

— Je ne veux pas perdre si tôt ma petite fille.

— Mais elle a du caractère et elle est indépendante. Elle saura régner, j'en suis convaincu. Maria da Glória peut faire le bonheur d'une nation fidèle et courageuse qui souffre depuis bien longtemps. C'est un idéal élevé et noble pour une fille que j'aime autant que vous.

— Vous ferez avec elle ce que l'on a fait avec moi.

Pedro la regarda fixement, fronça le sourcil et un voile de frayeur passa sur le regard de l'impératrice : elle craignait qu'il n'explosât. Mais l'empereur était pressé :

— J'ai fait de vous une impératrice... de quoi vous plaignez-vous ? rétorqua-t-il en se retournant et la laissant plantée au milieu du salon.

Le bruit des bottes sur le parquet se répercuta dans le crâne de Leopoldine, comme si on lui assenait des coups de marteau. Tandis que Pedro regagnait son bureau pour se replonger dans la Constitution, elle s'enferma dans ses appartements et écrivit à Maria Graham : « Il est possible que je sois bientôt obligée de consentir un nouveau sacrifice, me séparer d'une fille que j'adore. Ma seule consolation est qu'elle vivra dans notre chère Europe, que j'espère revoir, car je suis convaincue que je pourrais y trouver un repos pour l'esprit et bien des consolations. »

Elle songeait sérieusement à retourner en Europe, maintenant qu'elle avait retrouvé quelque entrain. Elle se rappelait avec nostalgie l'époque où, prévoyant le départ de Pedro pour le Portugal, elle priait l'ambassadeur allemand de l'aider à affréter un voilier pour rejoindre son mari, en dépit de l'avis du Parlement et des ordres du roi... Que tout cela semblait loin ! Maintenant elle était décidée au retour, même si elle se sentait de santé fragile, ce qu'elle attribua dans un premier temps aux circonstances et à sa dépression. Le médecin qui l'examina lui révéla qu'elle était à nouveau enceinte. C'était le prix à payer pour avoir connu une fois encore la fièvre dans les bras de son mari. Il lui faudrait repousser encore son voyage en Europe.

74.

La Constitution portugaise, tout en ouvrant le pays à la participation politique, s'avérait finalement moins libérale que la Constitution brésilienne. Pedro copia l'idée de la Chambre des Lords de Grande-Bretagne afin de conférer davantage de pouvoir à la noblesse locale. Il pensa astucieusement qu'il était préférable d'avoir les aristocrates de son côté plutôt que comme conspirateurs contre le nouveau régime. Lorsqu'il eut terminé, il fit expédier des copies du texte à Lisbonne et à Vienne, où résidait son frère. Comment serait-il accueilli au Portugal ? Il n'était pas certain que ce serait avec enthousiasme, le pays vivant ancré dans le passé.

Peu après, il reçut une bonne nouvelle, Miguel acceptait l'accord. Il s'engageait à respecter le contrat prénuptial et à prêter serment à la nouvelle Constitution portugaise, ce qu'il fit en présence de l'ambassadeur du Portugal à Vienne. Selon la Magna Carta, Miguel assurerait la régence quelques mois plus tard, à ses vingt-cinq ans.

— Il a changé, mûri..., dit Pedro, satisfait.

— Je doute de sa sincérité, fit Leopoldine. Il est aussi ambitieux que ta mère.

— Non, il a compris l'importance de ma proposition.

— Je crois plutôt que Metternich a usé de son influence... Après tout, Maria da Glória est la petite-fille de l'empereur d'Autriche. Il a vu là le moyen de quitter Vienne et de retourner au Portugal.

« Et la reine... que tramait-elle ? » se demandait Leopoldine. Carlota Joaquina avait toujours son quartier général à Queluz, où elle recevait ministres et hidalgos d'Espagne car elle présidait la faction espagnole du parti absolutiste, considéré comme l'élément le plus extrémiste – certains auraient dit sanguinaire – de cette formation politique. En Espagne, la nouvelle selon laquelle le Portugal avait adopté une Constitution libérale fut accueillie comme une bombe. Au Portugal même, elle suscita une vive opposition, à commencer par le clergé, suivi par les magistrats qui virent leurs gains et leur influence menacés par ce nouveau principe de séparation des pouvoirs, et enfin par la petite noblesse qui était restée en-dehors de la « Chambre des aristocrates », mais qui contrôlait la paysannerie.

Ce mécontentement constituait une manne tombée du ciel pour Carlota Joaquina. Elle n'avait jamais cessé de conspirer pour préparer le retour de Miguel, « son petit, son héros, son ange », mais aussi son vassal. C'était son obsession depuis l'*Abrilada*. Que son fils ait prêté serment à Pedro et à la Magna Carta, elle n'en fut pas fâchée. Au contraire, elle y vit l'opportunité de lui faire quitter Vienne et de l'appeler à ses côtés. Sûre de son ascendant sur Miguel, elle manigancerait pour lui faire renier ses engagements. Elle en avait les moyens. Elle avait hérité de son mari une importante somme d'argent et de l'or qu'elle comptait utiliser pour installer son fils sur le trône. Elle soudoierait juges et fonctionnaires, paierait des truands pour organiser le chaos dans les rues, achèterait en partie l'armée. Elle comptait sur le soutien de l'élément le plus conservateur du clergé. C'était un travail de sape, de pouvoir occulte, car elle apparaissait rarement en public. Elle passait les journées ensoleillées assise sur une natte dans le jardin. Les conspirateurs du moment l'entendaient chantonner un couplet qui semblait écrit pour elle : « Pour l'obstination, je suis de la Manche, pour la malice, gitane, mes projets et mes plans, je les garde dans mon cœur... »

À Rio de Janeiro, l'accord conclu avec son frère permit à Pedro d'annoncer, la veille de la réunion du Parlement brésilien, qu'il abdiquait le trône portugais. Âgée de huit ans, Maria da Glória était désignée reine du Portugal. L'annonce arriva juste à temps pour désamorcer les protestations de ses adversaires de plus en plus nombreux, qui n'acceptaient pas que leur empereur se comportât comme le roi du pays qui les avait colonisés durant trois siècles. De plus, les critiques pleuvaient sur sa personne car, même si la Constitution garantissait en théorie les droits des citoyens, il l'avait suspendue à plusieurs reprises afin d'emprisonner des opposants, de mater des rébellions et juger sommairement les chefs de file sécessionnistes, comme dans le cas de fray Caneca et de l'écrasement de la Confédération de l'Équateur. On l'accusait d'avoir rogné la liberté de la presse en fermant les journaux et en censurant les pamphlets édités par les frères Bonifacio. Dans son discours au Parlement, entouré de cette pompe qui avait accompagné l'ouverture de l'Assemblée constitutionnelle trois ans auparavant, Pedro passa en revue les succès obtenus sur le front diplomatique, comme la reconnaissance du Portugal et des autres nations, qui avait étayé l'indépendance. Il pensa à son père qui avait dit que «l'honneur national» exigeait que la bande orientale fût préservée comme province de l'empire. Dom João s'était entêté avec cette idée que le Rio de la Plata devait être la frontière naturelle du sud du Brésil, sans tenir compte du fait que la culture des gauchos était plus espagnole que portugaise, et que ce n'était pas là une société esclavagiste mais égalitariste. Son fils avait repris cette cause à son compte et, devant le Parlement de la nation, il avait annoncé son intention d'en finir avec le conflit en lançant une offensive l'été suivant. «Je me rendrai en personne à Rio Grande do Sul pour voir de mes propres yeux les besoins de l'armée... », annonça-t-il avec grandiloquence.

Le virage que Pedro avait effectué vis-à-vis de son épouse et ses visites moins fréquentes à sa maîtresse n'entamèrent pas l'amour qu'il éprouvait pour Domitila. Il appréciait que sa maîtresse ne dissimulât pas ses sentiments en se sentant délaissée comme Leopoldine ; il préférait un adversaire à une victime. Un jour, ils eurent une discussion au cours de laquelle Domitila se plaignit de se sentir seule. Pedro s'en fut, offusqué, et elle s'aperçut peu après qu'il la surveillait du palais avec sa longue-vue. Aussitôt elle ferma toutes les fenêtres. Quelques heures plus tard, elle reçut un billet de Pedro : «Merci d'avoir fermé les persiennes juste au moment où j'essayais de te voir», et il terminait : «Pardonne-moi si j'utilise un langage un peu fort, mais c'est mon cœur, qui t'appartient, qui s'adresse à toi.» Plus avant, il s'excusait : «Si je suis parfois brusque avec toi, c'est dû à mon désespoir de ne pouvoir profiter de ta compagnie comme auparavant.»

Domitila comprenait les raisons de son éloignement provisoire, néanmoins cette nouvelle situation l'angoissait. Elle était consciente du rejet de la population envers son aventure avec l'empereur, elle redoutait de se retrouver seule durant la longue période pendant laquelle Pedro prévoyait de guerroyer dans le Sud – et de voir ses nombreux ennemis chercher à se venger. Cette préoccupation se reflétait dans leur correspondance. Leurs lettres ne présentaient plus le ton léger et plaisant des premiers temps et furent progressivement empreintes de gravité.

Toutefois, le message avait atteint son but et Pedro était disposé à tout plutôt que de mettre en danger sa relation avec Domitila. De sorte qu'il profita de son anniversaire, date à laquelle il était devenu habituel que l'empereur distribuât titres, décorations, promotions et amnisties, pour lui témoigner sa dévotion. Le 12 octobre 1826, le pays tout entier vivait dans l'attente de la publication des faveurs impériales dans le *Diario Fluminense*. Quelle ne fut pas la surprise des Brésiliens en découvrant que le père de Domitila était nommé vicomte de Santos et que la vicomtesse recevait, quant à elle, le titre de marquise de Santos. Dans sa largesse, Pedro en vint à offrir à Maria Benedicta, la sœur de Domitila, et à son mari, le titre de vicomte de Sorocaba, sans compter la prise en charge des frais d'éducation du petit Rodrigo. Magnifique récompense pour quelques nuits de plaisir. Il accorda une charge à tous les membres de sa famille, comme assistants, valets de la chambre impériale ou militaires. Jamais on n'avait vu un tel déluge d'honneurs distribués à une seule famille. L'empereur la considérait comme sienne, peut-être parce qu'il n'avait jamais eu une vie de famille stable. Mais cette pluie de prébendes était choquante, un abus de pouvoir grossier qui indigna aussi bien la Cour que le peuple. Incapable de contrôler ses élans, éperdument amoureux, Pedro s'enfonçait irrémédiablement dans les sables mouvants de son amour adultère.

L'accablement fondit à nouveau sur Leopoldine. Son dernier espoir, bien mince, s'évanouit. Le coup de grâce lui fut asséné quelques jours plus tard quand Pedro la pria de l'accompagner au chevet du père de Domitila, le nouveau vicomte de Santos, qui âgé de quatre-vingt-cinq ans, avait été victime d'une apoplexie.

— Ce n'est pas ma place, je préfère ne pas y aller.

Pedro n'insista pas mais il lui demanda de l'accompagner à Gloria afin d'y prier pour le rétablissement du colonel. « C'est un bon ami à moi et qui le fut de mon père », dit-il pour la convaincre.

La marquise d'Itaguai, qui avait écouté la conversation, une fois seule avec Leopoldine, lui suggéra de désobéir.

— N'y allez pas, Madame..., lui dit-elle à voix basse.

— Chacun prie à sa façon, lui répondit l'impératrice. Lui invoque Dieu pour le vieux Castro, moi pour qu'Il lui ouvre les yeux.

Et elle l'accompagna.

Ensuite, six jours et six nuits durant, Pedro resta au chevet de son vieil ami, devenant pratiquement son infirmier, délaissant son épouse, sa famille et les affaires du gouvernement. À sa mort, il lui organisa des funérailles grandioses, disproportionnées au vu de la position sociale du colonel. Une pompe inédite depuis l'époque du roi dom João, qui coûta une fortune. Pedro prenait tout en charge, comme il l'avait fait pour les frais de médecins et de médicaments du défunt. Pour compenser une telle dépense, il donna l'ordre au cuisinier français du palais de Saint-Christophe de réduire les frais de bouche et décida de vendre quelques pur-sang que Leopoldine montait habituellement. La réaction de son épouse lui était indifférente. Il agissait par amour pour Domitila, et si elle avait besoin d'être consolée, il resterait à ses côtés le temps nécessaire. Ils s'enfermèrent dans le petit palais, loin du monde, enveloppés dans leur passion commune. Ce fut la goutte qui fit déborder le vase.

À bout de patience, Leopoldine perdit son sang-froid. Une nuit, assise devant son secrétaire, elle écrivit à Pedro la lettre qu'elle n'aurait jamais cru pouvoir rédiger : « Cela fait un mois que monsieur ne dort pas chez lui. J'aimerais qu'il choisît l'une de nous deux, la marquise de Santos ou moi-même, ou alors qu'il me donnât licence de me retirer auprès de mon père en Allemagne. » Elle ne signa pas « l'impératrice du Brésil », comme d'habitude, mais « Marie-Leopoldine d'Autriche », comme pour marquer une distance et lui rappeler le sacrifice de toutes ces années passées au Brésil. Mais l'empereur ne daigna pas lui répondre, et cette indifférence la laissa prostrée. Elle en était à son troisième mois de grossesse et aux nausées, aux étourdissements et à la chaleur s'ajoutait la certitude d'avoir définitivement perdu l'amour de Pedro. Deux jours plus tard, elle apprit par une de ses servantes de confiance que son mari, après avoir lu la lettre, avait dit à Domitila qu'il lui était égal de perdre l'empire pourvu qu'il conserve son amour. Exaspérée, Leopoldine fit un cauchemar et l'aube la trouva baignée de sueur. Dans son rêve, elle s'était vue sans forces pour accoucher et avait assisté à sa propre mort... Se réveillant en sursaut, elle se redressa, s'essuya, et toussa à cause de la fumée du tabac que les esclaves brûlaient pour éloigner les insectes. Elle fit appeler un domestique de son mari :

— Rassemble toutes les affaires de l'empereur et mets-les dans des coffres.

Vêtue d'une ample chemise de nuit fermée par des pinces, les cheveux en bataille, elle s'installa devant sa table et à la lumière d'une chandelle, et écrivit une nouvelle lettre. Elle avait de la fièvre, son pouls s'était accéléré et le domestique prit peur en la voyant dans cet état. « Je vous demande de déménager chez votre maîtresse. De mon côté, je pars vivre au couvent d'Ajuda en attendant que mon père m'envoie chercher... », disait-elle. Sans obéir à ses ordres, l'homme s'en fut en courant chez Domitila pour avertir l'empereur.

Il faisait presque jour quand Pedro entra dans les appartements de Leopoldine, accompagné de Domitila, vêtue d'une robe de soie noire qui donnait par contraste une pâleur inhabituelle à son teint. Lui était négligé, l'air affligé. Il s'approcha de la table, saisit vivement la lettre et la lut.

— Je suis en train de consoler une famille endeuillée, et vous choisissez précisément ce moment pour...

— Une famille en deuil ? l'interrompit Leopoldine sur un ton ironique. Vous délaissez votre épouse et votre famille pour vous occuper de... – regardant Domitila – du... du père de votre maîtresse !

— Votre Altesse... ! murmura Domitila, surprise par la franchise de l'impératrice.

Désorienté par la réaction de sa femme, Pedro intervint :

— Vous croyez toutes les intrigues des domestiques et tous les cancans des courtisans...

— Je ne supporte plus vos mensonges ! l'interrompit-elle en se bouchant les oreilles.

— Vous savez l'amitié qui liait ma famille au colonel Castro. Mon amitié avec sa fille...

— Vous lui avez payé un enterrement somptueux et vous avez réduit les frais de bouche de votre famille... Vous croyez que personne ne voit vos petits manèges ? Que Dieu n'est pas témoin de vos égarements et des injustices que vous commettez ?

Et, se tournant vers Domitila, elle ajouta :

— ... et de vos péchés ?

— Vous mélangez tout, intervint Pedro. Ici, vous vous êtes toujours crue dans votre luxueuse cour de Vienne et avez toujours dépensé plus qu'il ne vous revenait... Il n'est pas un mendiant en ville qui n'ait reçu une aumône de vos mains. La maison impériale ne dispose pas de fonds vous permettant de les distribuer à votre guise comme vous le faites.

— Comment pouvez-vous dire une chose pareille ? Vous lui avez offert un palais ! dit-elle en désignant Domitila. Vous la comblez d'honneurs, vous devenez la risée de la Cour et de la nation tout entière !

— Je vous interdis de parler de la sorte !

Les yeux injectés de sang, Leopoldine se retourna vers Domitila :

— Que lui avez-vous fait pour qu'il perde tous ses esprits ? De quelle magie vous êtes-vous servie, vous pouvez me le dire ?

— Votre Altesse, il ne faut pas vous altérer ainsi..., répondit-elle en s'approchant du visage de l'impératrice avec un mouchoir.

— Ne me touchez pas !

— D'accord, prenez..., lui dit-elle en lui tendant le mouchoir.

— Sortez de ma chambre ! Je ne veux pas vous voir ici...

Pedro la coupa :

— Elle est votre dame d'honneur, et c'est moi qui donne les ordres dans votre palais.

Leopoldine continua à égrener une litanie de reproches. Pedro lui avait fait signe de rester, mais Domitila préféra quitter la pièce. Les époux continuèrent à échanger des cris et des paroles dures qui se répercutèrent sur les murs du palais, maintenant les domestiques en éveil. Il continuait de nier l'évidence, ce qui provoquait l'exaspération de sa femme.

— Continuez à mentir, Monsieur l'empereur, continuez... Continuez à m'humilier et à m'insulter, en croyant que je ne me rends compte de rien, que je suis une princesse docile et amoureuse... C'est fini, Pedro. Je ne suis plus cette femme qui ne voyait la vie qu'à travers l'homme qu'elle aimait. Cette femme, vous l'avez tuée. Au diable, vous et votre conscience ! Moi, je m'en vais au couvent d'Ajuda, mon père enverra quelqu'un pour me tirer de là. Je n'en peux plus.

— Vous ne partez pas d'ici ! Vous êtes l'impératrice du Brésil !

— Je suis une femme trompée, piétinée, insultée, ridiculisée... ! Je ne suis pas impératrice, je suis la femme d'un empereur de pacotille... Voilà qui je suis !

Elle le regarda fixement avant de poursuivre :

— Vous avez peur du scandale ? Je sais, vous me voulez comme ornement, j'ai vécu des années en me laissant abuser, mais c'en est fini, Pedro... Faites de votre concubine une impératrice, nous verrons ce qu'en dira le peuple ! Moi, je m'en vais !

Leopoldine tourna sur elle-même pour gagner la porte, mais Pedro, rouge de colère, tremblant comme s'il frôlait une crise d'épilepsie, tenta de l'en empêcher. Dans la lutte qui s'ensuivit, il finit par perdre le contrôle et la repoussa avec force. Leopoldine trébucha et tomba par terre en se tordant de douleur. En ouvrant les yeux, elle échangea avec son mari un regard ombrageux :

— Vous y êtes parvenu..., lui murmura-t-elle avec un filet de voix. Jamais je n'aurais imaginé que vous iriez si loin, mais vous avez osé... vous m'avez frappée, moi et votre enfant, balbutia-t-elle en montrant son ventre. Vous avez complètement perdu l'esprit, Monsieur l'empereur. Cette fois, vous m'avez tuée... pour de vrai.

Elle prononça ces phrases avec une extrême retenue, comme si elle avait retrouvé sa sérénité, s'exprimant depuis un autre plan de réalité. Son ton était si calme, que Pedro, malgré la chaleur étouffante, frissonna. « Mon Dieu, qu'ai-je fait ! » dit-il en tombant à genoux et en sanglotant.

— Pardonnez-moi, Votre Altesse, pardonnez-moi... je vous en supplie, je ne voulais pas vous faire de mal...

Leopoldine pouvait à peine parler et elle avait du mal à respirer. Ses yeux violets brillaient d'un éclat particulier que Pedro ne lui connaissait pas. Elle lui caressa faiblement le visage du bout des doigts et pressa l'index contre les lèvres de Pedro. Elle ne voulait pas l'entendre reconnaître ses fautes et s'excuser parce qu'elle savait qu'elle finirait par s'attendrir. Elle ne voulait plus lui pardonner.

75.

L'écho de cette dispute conjugale, rapportée par les domestiques et les dames de compagnie, franchit l'enceinte du palais et traversa la ville, pénétra dans tous les quartiers, des plus cossus aux plus misérables, des casernes de l'armée aux baraquements des esclaves, des lupanars aux couvents, des bistrots du port aux demeures des aristocrates, puis vola au-dessus des montagnes et des plaines et atteignit tous les hameaux, toutes les *fazendas*, toutes les villes de cet immense pays. La population vécut ce geste violent – d'aucuns parlaient d'un coup de pied de l'empereur donné à son épouse – comme s'il en avait personnellement donné un à chaque habitant. Jusqu'alors, Pedro était perçu comme un être original, excentrique et certes despotique, mais dans le fond fidèle à ses principes libéraux et avec un grand flair en matière de politique. Mais dès cet instant il fut marqué par ce geste violent. Frapper une femme enceinte, même dans un pays où les femmes étaient souvent traitées comme des bêtes de somme, était le propre d'une canaille. Frapper *nossa imperatriz*, Leopoldine adorée, était impardonnable. Son aura éclata en mille morceaux avec ce coup de pied. Si Leopoldine avait perdu le cœur de son mari, elle gagna à jamais celui du peuple, qui comprenait ce que cela signifiait d'être maltraité par quelqu'un de puissant. Le petit peuple s'identifiait à sa résignation de bonne chrétienne, si proche de la souffrance des humbles. La nouvelle traversa l'océan : « ... Écoute le cri d'une victime qui te réclame, non pas la vengeance, mais la pitié, le secours de l'affection fraternelle pour mes enfants qui seront bientôt orphelins et entre les mains de ceux qui sont responsables de mes malheurs», écrivit-elle à sa sœur.

Pedro était affecté et déconcerté. La longue passivité de son épouse avait disparu, c'était maintenant une autre femme qu'il ne connaissait pas. Il ignorait jusqu'où pouvait aller Leopoldine. «Les Allemands sont comme ça. Ils supportent beaucoup de choses, mais quand ils sont à bout, ils sont capables de tout», lui avait dit un jour Chalaza. Il commençait à comprendre le sens de ces paroles auxquelles il n'avait pas accordé d'importance. Le fait est que Pedro se débattait dans un océan de doutes, où tout se mélangeait : il était préoccupé par la santé de Leopoldine, et les réactions qu'elle pourrait avoir à l'avenir, mais il avait aussi un besoin urgent de se fuir lui-même. Il devait partir pour plusieurs raisons, la plus importante étant son obligation de prendre part à la campagne militaire de la province cisplatine. Il ne pouvait reculer, car la machine était déjà en marche. Il se dit que la guerre l'aiderait de surcroît à récupérer le prestige perdu.

Lorsque les médecins lui dirent que les maux de sa femme étaient probablement une conséquence de sa grossesse, il décida de s'en tenir à ses plans et de partir à la date prévue. Il voulut profiter de la cérémonie officielle du baisemain de départ pour offrir une apparence conciliatrice – il ressentait un besoin urgent de restaurer son image – et pria Leopoldine d'y assister. Dans un premier temps, elle accepta, mais quand elle apprit que la marquise de Santos serait présente, elle refusa. Pedro réagit avec une certaine irritation :

— Les médecins disent que tu vas bien.

— Je suis très faible, Pedro... Par ailleurs, je ne veux pas me montrer en public à ses côtés.

— Et pourquoi ? C'est précisément ce qu'il faut faire, pour démentir les rumeurs et tout ce que l'on raconte sur notre discorde...

Ce que cherchait Pedro, c'était à profiter de cette cérémonie officielle pour faire entériner tacitement le rôle de sa maîtresse par son épouse, qui ne pouvait feindre plus longtemps d'ignorer ses relations avec Domitila. L'Autrichienne s'y refusa catégoriquement.

— Je n'ai pas l'intention d'accepter publiquement un vice que je réprouve, lui répondit-elle avec une fermeté inhabituelle chez elle.

— Je vous ai nommée régente en mon absence, et vous devriez y assister. C'est une cérémonie protocolaire...

Leopoldine fit un signe de tête négatif, et Pedro quitta la pièce en claquant la porte. Il refusait d'admettre que sa femme avait changé et qu'elle ne se laissait plus manipuler.

Au matin du 24 novembre 1826, la flotte impériale, composée de dix navires de guerre, se trouvait dans la baie de Guanábara prête à appareiller, avec huit cents hommes à bord, officiers et mercenaires. Engoncé dans son superbe uniforme d'amiral, Pedro pénétra dans le palais pour prendre congé de Leopoldine. La pièce était dans la pénombre, seuls entraient les rayons de soleil qui passaient à travers les persiennes. Il la trouva très amaigrie, le teint gris et les yeux enfoncés sous les sourcils. Les lignes jadis si fines, légèrement imprimées sur son visage, le striaient maintenant entièrement. Elle avait les tempes bleutées, les cheveux lâches, tresses dénouées. Transpirait-elle d'abondance, où étaient-ce des larmes d'adieu ?

— Comment vous sentez-vous ?

— Bien, mentit-elle.

— Si vous le souhaitez, je peux retarder mon voyage de quelques jours.

— Non, Pedro, non... On m'a dit que la flotte était prête... Vous devez faire votre devoir, qui est de partir et régler les choses là-bas. Je me chargerai de celles d'ici.

— Je reviendrai vite, je serai de retour dans un mois.

Leopoldine fit un effort surhumain pour se redresser dans son lit.

— J'ai un cadeau pour vous...

D'une main tremblante et brûlante elle prit un petit paquet qui se trouvait sur la table de chevet et le tendit à Pedro, qui l'ouvrit délicatement. C'était un anneau avec deux petits diamants et une inscription à l'intérieur avec leurs noms respectifs et deux cœurs. Leopoldine se rallongea, épuisée.

— Je me meurs, Pedro... À votre retour du Sud, je ne serai plus là.

De grosses larmes coulaient sur ses joues déformées et brûlantes.

— Ne parlez pas ainsi...

Pedro fixait son regard sur une gravure accrochée au mur pour retenir son envie de pleurer.

— Mais je garde la foi, ceux que la vie a séparés se retrouveront dans la mort, poursuivit sa femme.

Pour la première fois, l'empereur avait l'air de se rendre compte de l'immensité des dégâts dont il avait été la cause. En cet instant, il aurait fait n'importe quoi pour la consoler. Il lui aurait dit que son âme lui appartenait, qu'il l'aimait, bien que son corps et les plaisirs de la passion soient destinés à sa maîtresse... mais il l'avait suffisamment fait souffrir avec ses mensonges. L'émotion lui nouait la gorge.

— Serre-moi dans tes bras, lui demanda-t-elle dans un murmure.

Il se pencha, la prit dans ses bras et la serra étroitement contre sa poitrine. À cet instant, il fondit en larmes comme un enfant. Leopoldine ferma les yeux. Quel prix élevé avait-elle dû payer pour cette étreinte... mais elle était là, la tête enfoncée dans la poitrine de l'homme qu'elle aimait par-dessus tout et que les sanglots faisaient trembler. C'était un éclair de bonheur au seuil de la mort.

— Je veux que tu saches que je te pardonne, lui dit-elle en lui passant la main dans les cheveux, comme elle le faisait avec ses enfants. J'espère que tout le monde le fera et que personne ne te gardera rancœur.

Elle maintint la main de Pedro entre les siennes comme pour montrer qu'ils étaient les seuls à connaître le secret de cet au revoir.

Pedro était si ému, et il la vit si mal en point, qu'il donna à la flotte le contrordre de rester au port deux jours supplémentaires, en attendant de voir évoluer l'état de son épouse. Le problème logistique consistant à maintenir les huit cents hommes dans le port de Rio était énorme, mais il devait bien ça à Leopoldine. Le lendemain, il retourna lui rendre visite. Léopoldine devisait avec le baron Mareschal et l'agréable surprise lui redonna le moral.

— Vous n'êtes pas encore parti ?

— J'attendrai que vous alliez mieux.

— Je vais mieux... cela ne se voit pas ?

Ce même soir, Mareschal expédia une missive à Vienne : « J'ai eu l'honneur d'être témoin de la façon dont l'empereur, qui semblait fortement ému, lui communiquait sa peine de l'abandonner dans cet état... mais son état ne présente aucun danger. »

76.

Mareschal se trompait, à l'instar des médecins qui finirent par dire à Pedro qu'il pouvait partir tranquille. La flottille mit le cap au sud, tandis que l'impératrice, avec ce sens du devoir qui la caractérisait, rassembla ses maigres forces et, en qualité de régente, soigna sa mise du mieux qu'elle put grâce à une épaisse couche de maquillage, s'habilla et descendit dans la salle de réunion pour s'entretenir avec les ministres. Sa lucidité et son bon sens habituel leur firent oublier son aspect spectral.

Cet effort lui coûta cher. Elle regagna son lit très fatiguée, la respiration saccadée et mesurant ses pas pour ne pas trébucher. Elle avait des sueurs froides, la fièvre monta, et elle fut prise de convulsions que les médecins décrivirent comme des « affections spasmodiques ». Elle se réveilla dans la nuit prise d'une douleur aiguë au ventre puis elle sentit une chaleur liquide se répandre dans le lit, une marée visqueuse qui s'écoulait entre ses jambes. Saisie de panique, elle se mit à crier, les servantes accoururent, puis les dames du palais et les médecins parvinrent à la calmer en lui appliquant des linges humides sur le front. Elle disait que sa vie s'en allait par le bas.

— Votre Majesté a expulsé un fœtus de sexe masculin, lui annoncèrent-ils sur un ton routinier.

Ils ajoutèrent qu'il n'y avait désormais plus rien à redouter. Les médecins étaient toujours persuadés que l'origine du mal se trouvait dans l'avortement et ils attendaient un rétablissement progressif de la patiente. Mais la fièvre ne fléchit pas et aux spasmes de plus en plus violents vinrent s'ajouter des symptômes d'égarement, d'insomnie, de toux et de vomissements. Rassemblés autour de son lit, ils prononcèrent un nouveau diagnostic : « fièvre bilieuse ». Ils admettaient maintenant que cette fièvre était la cause de l'avortement et non la conséquence. Cette fois, le pronostic de Mareschal était juste : « Il y a une affection morale qui provoque des spasmes et qui indique la véritable source de la maladie. D'après les médecins, le plus grand danger vient de là, car il s'agit d'un mal contre lequel ils n'ont pas remède. » Pedro était absent et Leopoldine se mourait.

L'aggravation subite de l'état de l'impératrice précipita la venue de l'évêque et d'un groupe de moines pour lui administrer les saints sacrements. Quand ils eurent terminé, elle demanda à la domesticité au grand complet de venir dans la chambre à coucher ; ils se placèrent autour du lit, l'air grave et les larmes aux yeux. Elle leur demanda, l'un après l'autre, si elle les avait offensés en paroles ou en actes.

— Je ne veux pas quitter ce monde en gardant l'impression que l'un de vous demande réparation pour ce que j'aurais pu faire...

Nul ne dit mot, des sanglots jaillirent pour toute réponse. La fièvre monta et l'impératrice fut à nouveau prise de convulsions. Elle prit congé de tous ceux qui avaient travaillé pour elle, même s'ils ne l'avaient pas toujours servie avec loyauté.

Après douze heures de délire, Leopoldine retrouva sa lucidité et, sentant l'imminence de la fin, elle demanda à prendre congé de ses enfants. Les domestiques les lui amenèrent ; vêtus de blanc immaculé, ils entrèrent timidement. L'aînée, Maria da Glória, âgée de huit ans, reine du Portugal, pleurait amèrement. Elle était la seule à réaliser l'ampleur de la tragédie. Les autres étaient trop petits : Januaria avait quatre ans, Paula trois, Francisca deux et Pedro un an. « Mes enfants adorés... Qu'allez-vous devenir après ma mort ? » se demanda Leopoldine une fois seule, atterrée à l'idée qu'ils puissent être confiés à la marquise de Santos.

L'impératrice avait toujours joui de la sympathie de la haute aristocratie, qui n'avait jamais accepté « l'intruse », et qui s'identifiait de surcroît à la haute lignée de l'Autrichienne. La marquise d'Aguiar, une femme d'un certain âge qui l'avait toujours beaucoup appréciée, quitta son domicile et vint s'installer dans les appartements de Leopoldine pendant toute la durée de sa maladie. Elle la rassura, lui promit de s'occuper des enfants... jusqu'au retour de leur père. Elle ressentait une immense compassion pour cette âme affligée, méprisée, désemparée dans un monde qui ne l'avait jamais comprise. Un matin, alors qu'elle la veillait, elle aperçut par la fenêtre Domitila qui passait sous le porche du palais accompagnée de sa fille. Décidée à empêcher cette visite, elle sortit de la chambre et avisa ceux qui attendaient sur le palier de l'autre côté de la porte, le marquis de Paranaguá, ministre de la Marine, et ancien tuteur de Pedro, l'ascétique et diaphane fray Antonio de Arrábida.

— Nous ne pouvons la laisser gâcher par sa présence les derniers instants de l'impératrice, c'est insultant.

— Vous avez raison, il faut lui interdire l'entrée, même si cela déplaît à l'empereur, dit le moine.

Domitila et sa fille traversèrent le salon bondé et gravirent l'escalier. À l'entrée de la chambre de l'impératrice, fray Arrabida s'interposa.

— On ne peut pas passer, madame, par ordre de l'impératrice.

— Je viens lui apporter un cadeau, et lui demander si elle a besoin de quelque chose...

— Je suis désolé, on ne peut pas passer. Madame est au plus mal.

— Justement, je suis sa dame d'honneur, insista Domitila.

À cet instant, la marquise d'Aguiar intervint :

— Je vous en prie, marquise. Laissez-la se reposer. Ne venez plus, votre présence la perturbe.

Domitila rougit en entendant le ton sec que l'aristocrate avait utilisé à son endroit. Elle se sentait de nouveau humiliée, réduite à sa condition d'étrangère dans un monde qui n'était pas le sien. Et Pedro n'était pas là pour l'imposer. De sorte qu'elle se retira la tête basse, tenant sa fille par la main, se frayant un passage à travers la foule silencieuse des courtisans qui occupaient le rez-de-chaussée et l'escalier, et qui murmuraient dans son dos des paroles cruelles :

— Ce qu'elle veut, c'est hériter du trône qui va rester vacant comme elle a déjà hérité de la couche impériale...

Les courtisans entraient et sortaient du palais à toute heure, mais il y venait aussi toutes sortes de gens, blancs, métis, esclaves libérés, riches et pauvres. Les uns venaient inscrire leur nom sur le registre des visites avec un mot de sympathie, d'autres prendre des nouvelles sur l'évolution de l'auguste malade ; tous avaient la mine abattue et les larmes aux yeux. Au-dehors de l'immense parc qui entourait le palais, une foule s'agglutinait contre la grille d'entrée, soucieuse d'entendre une nouvelle réconfortante. La ville entière était sous le choc. Le Théâtre impérial annonça qu'il suspendait les représentations jusqu'au rétablissement de l'impératrice. Sur les places, dans les rues, dans les églises, on ne parlait pas d'autre chose. Il y eut bientôt des processions organisées par les confréries de paroissiens, lesquelles effectuaient le long parcours jusqu'à la grille d'entrée du palais en suppliant le Tout-Puissant d'écouter leurs ferventes suppliques. « La consternation du peuple est indescriptible. Jamais depuis la mort de Louis XV, roi de France, on n'avait vu un tel sentiment d'unanimité. Le peuple est littéralement à genoux pour implorer Dieu de sauver l'impératrice », écrivait le représentant de la Prusse. Cette ferveur populaire alimentait d'innombrables rumeurs. La plus pernicieuse alléguait que Pedro, avant son départ, avait donné l'ordre d'empoisonner l'impératrice en son absence. Le peuple était si agité que les commerces fermèrent leurs portes. De violents pamphlets décrivant l'empereur comme un homme incapable d'affronter les affaires de l'État, exigeant de les écarter, « lui et sa maîtresse », et de reconnaître le prince héritier sous la tutelle de l'impératrice firent leur apparition. La police surveillait vingt-quatre heures sur vingt-quatre le quartier où vivait la marquise de Santos.

L'empereur ignorait tout de ces événements. Après cinq jours de traversée, il avait débarqué dans la province de Santa Catarina, d'où il envoya des missives quasi identiques : l'une à « sa chère fille et amie de cœur », l'autre à sa « chère épouse de mon cœur ». À la première, il racontait que l'éloignement le rendait nostalgique, à la seconde que son absence lui brisait le cœur. Mais la passion était réservée à Domitila : « Je t'appartiens au-delà de tout, au ciel ou en enfer, ou je ne sais où... » De là il s'en fut à cheval à Porto Alegre, ville distante de quatre cents kilomètres, qu'il parcourut en compagnie de Chalaza et d'un groupe de militaires. À son arrivée, il constata que les conditions dans lesquelles se trouvait son armée étaient bien pires que ce qu'on lui en avait dit. La troupe était démoralisée, se défendant sans trêve contre les attaques des Uruguayens venus du sud. Ces derniers craignaient de les voir envahir une partie de la province. Pedro réagit, prenant des décisions pour sortir les siens de leur torpeur. Il renvoya certains officiers qu'il considérait comme incompétents, en dégrada quelques-uns et en promut d'autres. Il harangua les soldats, sollicita des volontaires parmi la population locale et promit la victoire. En peu de temps, il parvint à remonter le moral des troupes, mais il avait maintenant des doutes sur la possibilité de gagner cette guerre.

Une nuit, un émissaire à cheval surgit dans le campement. Il arrivait de Santa Catarina avec le courrier de Rio de Janeiro. Pedro reconnut aussitôt la calligraphie de la première lettre qu'il ouvrit. Il l'aurait reconnue entre mille, c'était fray Arrabida, l'homme qui lui avait appris à écrire : « Ma plume peine à tracer ces quelques mots. La vertueuse impératrice Leopoldine n'est plus de ce monde. » Pedro ferma les yeux et fit un effort pour ne pas fondre en larmes devant ses officiers, en vain. Il continua sa lecture, l'œil humide : « Adoucissez grâce à la religion la douleur d'une si grande perte. » Le vieux tuteur qui s'était toujours montré indulgent envers son élève n'avait pas hésité à pointer la responsabilité du monarque dans la mort de son épouse. Pedro accusa le coup.

Le choc de la nouvelle, la lancinante vérité cachée entre les lignes de son tuteur provoquèrent chez lui tremblements et convulsions. Il s'était réveillé en sursaut la nuit précédente, suite à un cauchemar dont il n'avait aucun souvenir, à l'exception d'images superposées de Leopoldine malade. Il en avait pressenti l'issue, de la même façon que les animaux pressentent les grandes catastrophes naturelles. « Dom Pedro donna des preuves sans équivoque de sa grande douleur », selon Chalaza, qui l'aida à retrouver son calme. Il y avait beaucoup de courrier à dépouiller, lui dit-il, beaucoup de décisions à prendre. Le temps de la douleur et des larmes viendrait. Pour l'instant, il fallait garder son calme, se concentrer, réfléchir. Mais Pedro pouvait à peine lire les autres lettres, un torrent de larmes lui brouillait la vue. Son ami dut les lui lire, assis près de lui devant le feu du campement. Ainsi apprirent-ils que les beaux yeux de l'impératrice s'étaient fermés pour toujours à dix heures, au matin du 11 décembre 1826, après des jours et des nuits de fièvre et de délire, neuf ans après l'éblouissement de leur première rencontre avec le Brésil. La mort avait rendu la sérénité à son visage et elle « semblait dormir paisiblement », comme la décrivit Mareschal. Deux médecins avaient plongé son corps dans une solution d'alcool, de vin et de chaux afin de provoquer un durcissement des chairs et de l'embaumer. Elle fut exposée pour le dernier baise-main sur sa couche tendue d'un couvre-lit indien, reposant sur deux coussins de soie vert et or, et ses mains couvertes de fins gants de fil. Les gens, y compris ceux qui l'avaient dénigrée de son vivant, ou qui l'avaient négligée lorsqu'elle était seule et désespérée, fondaient en larmes en voyant ce corps encore jeune, si loin de sa famille et de son mari... La retenue de ses enfants fut en tous points impériale, digne des héritiers de la maison d'Autriche et de Bragance. En fin de compte l'impératrice avait obtenu ce qu'elle avait proposé, finir ses jours au couvent d'Ajuda, sous la protection des nonnes. La nuit venue, le cortège funèbre avait traversé la ville dans un silence bouleversant, suivi par une immense procession de gens, des cierges à la main, escortés par la garde allemande à cheval. La plus profonde affliction se lisait sur les visages – mulâtres, indigènes, Portugais, Espagnols, Italiens, Prussiens, tous pleuraient... particulièrement les pauvres. L'un d'eux, l'ancien esclave Sebastião, interrompit le silence pour crier d'une voix brisée : « Qui s'occupera de nous maintenant ? Qui prendra notre défense ? Qui nous donnera à manger ?... Notre mère est partie et ne reviendra plus ! » Il s'était jeté sur le cercueil et la police avait dû intervenir pour l'arrêter... Dans les écoles et les hospices, on n'entendait que lamentations. La nuit qui avait suivi les obsèques on avait craint une mutinerie du peuple. Les rumeurs qui avaient circulé durant la maladie de l'impératrice avaient exaspéré la nation entière, toutes les troupes étaient en état d'alerte, les patrouilles arpentaient les rues pour éviter les troubles, et tout le monde sentait « le vide dangereux sur le trône du Brésil ».

Puis il y eut des lettres qui blessèrent Pedro dans son amour propre et l'irritèrent, comme celle du marquis de Paranaguá, ministre de la Marine, qui, au nom du Conseil des ministres, lui faisait part de ses condoléances. Celui-là même qui avait empêché Domitila de pénétrer dans la chambre de l'impératrice agonisante et qui faisait clairement allusion à la culpabilité de Pedro : « Je ne peux cacher à Votre Majesté impériale que, pour notre plus grande inquiétude, les murmures vont bon train au sein du peuple quant à l'origine du mal, l'attribuant à des causes morales et non physiques. » Puis venait une lettre de Domitila qui racontait sa version des pénibles journées qu'ils étaient en train de vivre, que sa maison était surveillée par la police, que la peur et la solitude la minaient...

Trop de nouvelles, trop d'informations, trop de sentiments s'agglutinaient dans l'esprit encombré de l'empereur. Il voulait voir ses enfants, prendre sa maîtresse dans ses bras, renouer le contact avec son gouvernement et retrouver son pouvoir. Il avait besoin d'oublier ses aventures militaires et de retourner au plus vite à Rio. Mis à part la douleur de la mort de Leopoldine, l'indignation pour la façon dont Domitila avait été traitée, il éprouva un sentiment nouveau en lui, une peur diffuse de perdre le trône. De tout perdre, de cesser d'être lui-même.

De sorte qu'il revint au galop à Santa Catarina et, de là, embarqua sur le *Pedro Ier*, d'où il écrivit à Domitila pour lui annoncer son retour, une lettre qui révélait le labyrinthe complexe de son âme : «Le porteur de la présente te racontera les souffrances, les afflictions, les peines et par-dessus tout, le chagrin après la mort de ma femme. Ton absence et celle de tous les miens ont failli me rendre fou, au point de ne rien manger pendant trois jours et d'en perdre le sommeil. Pedro Ier, qui est ton véritable ami, saura te venger de tous les affronts dont tu as été l'objet, fût-ce au prix de sa vie. Je suis ton amant, ton fils et ton ami fidèle, constant, reconnaissant et vrai, et je le répète, ton amant fidèle. L'empereur.»

77.

Il arriva à Rio «les yeux humides et l'air déprimé», comme l'écrivit Mareschal. Il commença par prononcer un discours au Parlement et il eut à nouveau les larmes aux yeux en évoquant la terrible perte de son auguste épouse : «Je ne perds pas une épouse, mais un ange gardien», dit-il dans une parenthèse de lucidité, la voix brisée. Immédiatement, il envoya une missive à son beau-père, François II : «Ma tristesse est au-delà de toute expression, et je dirai à Votre Majesté qu'elle existe toujours dans mon cœur, et qu'elle existera à jamais, jusqu'à ce que la mort me retire de ce monde...» Pour François II, cette lettre n'était qu'hypocrisie, mais il lui répondit en jouant les naïfs, lui adressant ses condoléances et surtout lui conseillant de se remarier pour donner aux enfants une mère digne de l'éducation qu'ils méritaient. Il lui offrit même ses bons offices pour la réalisation d'une union aussi souhaitable. L'empereur d'Autriche était un homme pragmatique. Il n'avait pas bougé le petit doigt pour aider sa fille, convaincu par son puissant ministre Metternich que Leopoldine devait tout supporter pour le bien de la monarchie sur le continent américain. Et, s'il n'éprouvait aucune sympathie pour son gendre, il en avait pour ses petits-enfants; après tout, l'aînée régnerait sur le Portugal et les autres hériteraient de la couronne du Brésil. Pour eux, il était disposé à conserver des relations avec Pedro et même à lui trouver une nouvelle épouse. Ce qui prévalait pour François II, c'était la raison d'État. La mort d'une princesse, même s'il s'agissait de sa propre fille, ne pouvait être un obstacle à la bonne marche des affaires du monde.

De façon caractéristique, lors de la réunion qu'il eut le jour même avec ses ministres et fray Arrabida, Pedro sembla oublier complètement Leopoldine et laissa libre cours à ses humeurs vindicatives. En d'autres occasions, peut-être se seraient-ils soumis, mais là, ils ne se laissèrent pas faire :

— L'impératrice était trop épuisée pour recevoir qui que ce fût, et j'ai pensé que cette visite ne lui agréerait pas..., s'excusa le franciscain.

— La marquise de Santos venait faire son devoir de dame d'honneur et vous n'aviez pas à l'en empêcher.

— La raison de ce geste est votre relation avec la marquise de Santos, connue de tous. Permettez-moi de vous dire que c'est une grave erreur, Majesté, intervint le marquis de Paranaguá.

Avant que Pedro ait eu le temps de répondre, un autre ministre intervint :

— Vous avez élevé la marquise de Santos au-dessus de la souveraine, ce qui explique non seulement les attaques contre Votre Majesté, mais aussi les critiques de plus en plus virulentes contre l'institution monarchique.

— Pour le bien de la nation et de la monarchie, vous devez y mettre un terme, ajouta le marquis de Paranaguá. Cette histoire est devenue une affaire d'État.

— Il s'agit d'une affaire privée ! s'exclama Pedro.

— Vous êtes la plus haute représentation de la nation. Toutes vos actions ont une répercussion sur la vie du pays. Vous le savez.

— Je suis un homme libre !

— Il n'est pas de liberté sans responsabilité, intervint à nouveau fray Arrabida. Quel exemple donnez-vous à vos enfants, Majesté ?

— Je n'ai jamais failli à mes devoirs envers eux. Ne les mêlez pas à tout ça.

— L'empire craque de toutes parts, ajouta le ministre. Vous devez y être sensible et trouver un remède avant qu'il ne soit trop tard.

Pedro frappa du poing sur la table, et un silence total s'ensuivit. Comment osaient-ils le critiquer, lui l'empereur acclamé par le peuple ? Il ne voulait plus entendre dire qu'il devait se sacrifier pour le bien de l'institution monarchique. Cela lui rappelait les paroles de sa mère qui l'avait obligé à se séparer de la danseuse française. Maintenant, tout le monde lui disait qu'il était allé trop loin, mais lui ne voulait pas reconnaître que le poids de son amour adultère était devenu un fardeau dans l'exercice de ses fonctions. Sa liaison avec Domitila continuait à lui brouiller la raison. Cette relation était trop intense et passionnelle pour qu'il cédât aux injonctions de ses ministres, ces privilégiés à qui il avait donné des postes de premier plan. Il n'allait pas permettre à des fonctionnaires et à un curé de lui dicter sa conduite et de le sermonner. Il persistait à vouloir mener sa vie selon son bon vouloir, et en conséquence, ne suivit pas leurs conseils avisés. Pis, il destitua quatre de ses six ministres, et céda leurs portefeuilles au ministre de l'Empire et à celui de l'Armée, le seul qui aurait dû être limogé au regard du chaos engendré par sa campagne dans le sud. Il écartait des hommes qui lui avaient toujours manifesté affection et loyauté. Dans un mouvement de colère, il défendit à fray Arrabida, son ami de toujours, l'entrée du palais, avant d'annoncer qu'il se retirait huit jours en compagnie de ses enfants, en signe de deuil.

Sur les huit jours de deuil, il en passa deux avec Domitila. S'il cherchait la consolation dans ses bras après deux mois de séparation, la jeune femme avait besoin d'un soutien : elle était à nouveau enceinte. Les nuits ardentes qu'ils avaient passées, pendant que Leopoldine se débattait dans l'abandon et la solitude, ouvraient la porte à une nouvelle vie. Ce nouveau lien viendrait renforcer la prétention de la maîtresse, qui amorçait une phase inédite dans sa liaison avec l'empereur du Brésil. Dans le fond, avec la disparition de Leopoldine, disparaissait aussi le dernier obstacle à son ambition... Pourquoi ne pas rêver des sommets, devenir impératrice en épousant Pedro ? Une impératrice brésilienne, sachant garder le contact avec son peuple, attentive à ses besoins, à ses aspirations, à ses idéaux.

Tant les ministres que tous ceux qui voyaient, l'air préoccupé, la dérive sentimentale de l'empereur, envisageaient cette probabilité avec une certaine crainte. Si son délire amoureux venait coïncider avec les aspirations de sa maîtresse, cela pouvait déboucher sur un exemple d'immoralité, inédit dans une cour. Sans compter qu'il pourrait entraîner la chute de la monarchie au Brésil.

La rue pressentait elle aussi ce qui se tramait au palais. Après s'être débarrassée de l'épouse légitime... pourquoi la maîtresse aurait-elle dû s'en tenir là ? se demandaient les gens. Les diplomates résidant à Rio se firent l'écho des préoccupations générales.

Le baron Mareschal était très intrigué par le fait que Domitila utilisât un blason avec ses propres armes, qui figurait même sur l'en-tête de son papier à lettres. C'était le blason d'Inés de Castro, la noble galicienne qui, au XIVe siècle, avait été répudiée par la noblesse pour avoir été la maîtresse du roi du Portugal et qui finit par être nommée reine à titre posthume. Mareschal apprit que Domitila cherchait des preuves de cette improbable généalogie... Elle cherchait une légitimité dont elle manquait pour devenir l'épouse d'un empereur. Si elle trouvait un quelconque document sur ses origines nobles, une preuve qui la liât à Inés de Castro... nul ne pourrait alors nier ses nobles racines espagnoles ! Qui oserait la dénigrer ? Lui interdire l'entrée des palais royaux ? Même l'ambassadeur de France écrivit une lettre à son ministre en lui disant qu'il lui semblait déceler une attitude altière chez la maîtresse, comme si elle assumait son rôle en succédant à Leopoldine. Metternich était si préoccupé qu'il écrivit à Mareschal : « Il est inadmissible que l'empereur songe à épouser la marquise de Santos... Il serait inconcevable que l'empereur confiât ses enfants à la marquise de Santos et la nommât leur tutrice. »

Pedro sentait le rejet autour de lui. Le fait que ses ministres se soient montrés si fermes dans leur censure était un symptôme de perte d'autorité, et même de respect, pensait-il. Les paroles de fray Arrabida, homme modéré et franc dont il ne pouvait mettre en doute l'affection, résonnaient dans sa conscience. Mais il ne lâcha pas prise. Pour montrer sa détermination – d'autres évoquèrent le manque de bon sens –, il se rendit aux obsèques solennelles de Leopoldine en compagnie de Domitila, au ventre aussi proéminent qu'insolent. Ce furent deux journées de célébrations religieuses au cours desquelles Pedro se lassa d'entendre les clichés prononcés par les hommes depuis les temps immémoriaux pour exorciser la mort. Il préféra le sermon prononcé lors de la messe pontificale qui parlait d'immortalité et de gloire, belles paroles qui réconfortaient le cœur. Durant toutes ces cérémonies, qui culminèrent par un *requiem* et l'absolution au couvent d'Ajuda, Pedro, perspicace, nota les regards pesants de reproches, une froideur inhabituelle chez les courtisans, la désaffection du peuple qui ne criait plus de vivats et ne se rassemblait plus à la sortie de l'église pour voir Sa Majesté impériale. Inquiet, en proie à un sentiment d'isolement qu'il n'avait jamais éprouvé auparavant, il fit revenir fray Arrabida au palais.

Il voulait être rassuré par la seule présence de son vieux tuteur. L'homme revint de bonne grâce et Pedro l'accueillit comme s'il ne s'était rien passé. Ils parlèrent de l'époque révolue où ils s'étaient connus à Lisbonne, la veille du voyage qui les avait conduits au Brésil, lorsque Pedro était un enfant de neuf ans, de l'interminable traversée, de l'émotion en voyant un matin, après des jours de calme plat, un point à l'horizon : un brigantin rempli de montagnes de fruits de toutes les couleurs, des fruits tropicaux dont ils ne connaissaient ni le nom ni le goût, mais qui contenaient toute la saveur et le bonheur que ce nouveau monde promettait : ananas, papayes, mangues, goyaves et autres fruits aux noms exotiques comme le *caju*, la *pitanga* et le *açai*. Plus qu'un rapprochement entre deux navires, ce fut un rapprochement entre deux mondes. Fray Arrabida, qui connaissait bien son ancien élève, ses nombreux défauts mais aussi ses innombrables qualités, devait être la seule personne au monde à ressentir quelque compassion à son endroit. Il avait été témoin de la façon dont l'empereur avait été élevé seul, pratiquement abandonné par sa mère, sans affection familiale, raison pour laquelle il comprenait sa façon de s'accrocher à la tendresse d'une femme, même s'il n'approuvait pas son comportement. Il voyait que l'empereur n'était pas conscient de ses contradictions, il le voyait perdu et confus. Il espérait pouvoir le guider vers une issue, à condition que Pedro le voulût également.

Huitième partie

Il n'est guère facile de conseiller et de servir un prince aux idées extrêmement arbitraires, intelligent, mais sans discernement ni principes, très jaloux de son autorité, irritable, et d'une grande inconsistance dans ses amitiés...

Baron von Mareschal

78.

Avec le temps, les choses reprirent leur cours. Bien que Pedro n'eût jamais été amoureux de Leopoldine, au fil des années, il s'était habitué à elle, à sa présence apaisante, à ses conseils avisés dans les moments difficiles, à sa disponibilité. Elle avait toujours été prête à lui pardonner ses excès et ses indélicatesses, à supporter avec la patience d'une sainte ses penchants tyranniques. Les enfants la réclamaient, et Domitila avait beau être très proche d'eux, elle ne remplaçait pas leur mère. Ils voulaient savoir où elle était, pourquoi elle les avait quittés, où elle était allée, quand elle reviendrait... « Pauvre petit, tu es le prince le plus malheureux du monde », dit-il un jour à son jeune fils en le prenant dans ses bras. Confronté à cette situation, Pedro souffrait pour eux ce qu'il n'avait pas souffert pour lui-même. Il regrettait l'amour que leur prodiguait Leopoldine. C'était un bon père, il appréciait davantage son épouse désormais, et il comprenait quel mauvais mari il avait été.

Au début, il remarqua à peine le vide laissé par Leopoldine, occupé qu'il était à affirmer son autorité et à montrer sa dévotion pour Domitila. Cependant, au fil des semaines et des mois, un sentiment de nostalgie et de tristesse s'empara de lui. Personne ne refuse d'être aimé, même un empereur, encore moins des enfants orphelins. Ce sentiment était exacerbé par la mauvaise conscience qui le rongeait. Penser que sa femme était morte suite à quelque maladie de l'âme et non du corps, comme on le lui avait répété, que l'étalage de son adultère aurait précipité la fin de Leopoldine, était comme un fer rouge appliqué sur son cœur. Il portait le poids de sa culpabilité. Dans une tentative pour y échapper, il écrivait de pénibles vers qui traduisaient son désir de se débarrasser de sa mauvaise réputation. Certains le traitèrent d'hypocrite.

Lors de la deuxième session parlementaire de mai 1827, après les compte rendus sur les déroutes militaires dans la guerre cisplatine et la dénonciation des dérives de l'administration impériale, il évoqua en larmes sa défunte épouse. À cette occasion, il n'avait pas été acclamé à son arrivée au Parlement, malgré son uniforme impérial qui évoquait un mélange de monarque européen et de cacique américain, avec sa cape de plumes de toucan, son sceptre à tête de licorne, son sabre à poignée de diamants et son énorme couronne. Pleurait-il parce qu'il ne recueillait plus la faveur populaire ? Ou plutôt parce qu'il se rendait compte que tout avait changé depuis la mort de Leopoldine ? Autour de lui, il sentait le poids des intrigues politiques, les chuchotements des hauts fonctionnaires qui se taisaient dès qu'ils le voyaient, les conspirations qu'il les soupçonnait de tramer... De plus, le vent ne semblait pas lui être favorable. Il constatait que sa vie, tant sur le plan personnel que politique, était entrée dans une voie sans issue. Domitila ne lui avait pas dit ouvertement qu'elle voulait se marier, mais elle l'avait laissé entendre, et, loin de se réjouir, il en avait ressenti un profond malaise. À cela venaient s'ajouter les rumeurs qui circulaient en ville sur ses noces prochaines avec la « maîtresse », ce qui l'avait beaucoup irrité. Comment pourrait-il envisager des noces aussi disparates ? Une maîtresse était une maîtresse – à ne pas confondre avec une épouse. Leurs rôles étaient bien distincts, même si Domitila semblait l'ignorer.

— Je suis une descendante d'Inés de Castro, lui dit-elle un jour, se prévalant de sa prétendue légitimité.

Pedro haussa les épaules. Pour la première fois, il la trouvait pathétique dans ses prétentions. Domitila sentit le mépris et lui lança :

— Tu te targues d'être constitutionnel ? Libéral ? D'être un homme pour qui la condition de citoyen prime sur celle de prince ? En ce cas, mon lignage ne devrait pas t'importer.

Domitila ne pouvait comprendre que ce qui comptait par-dessus tout pour Pedro, c'était la fierté de sa dynastie, d'être fils et descendant de rois, d'être empereur, monarque, souverain. Il était amoureux, mais pas assez fou pour épouser une roturière, car il savait que son identité, son être intime et privé en seraient affectés. Il se rendait compte que la haute lignée de Leopoldine avait contribué à l'établir comme monarque aux yeux du monde et de la société locale. Il regrettait maintenant ce qui auparavant était pour lui sans valeur. Domitila ne pouvait comprendre, encore moins admettre, que son rôle se limitait à celui de maîtresse, d'éternelle seconde même si la voie était libre. Pedro ne lui avait-il pas dit mille fois qu'il lui appartenait corps et âme ? «Je t'ai donné mon cœur et je veux posséder le tien intégralement», lui avait-il écrit peu de temps auparavant. Elle avait des lettres qui le prouvaient, et même une touffe de poils pubiens enveloppée dans un papier et conservée dans un tiroir. Écartelé entre sa condition d'homme et celle de souverain, Pedro ne savait comment trancher. Domitila constatait que morte, Leopoldine occupait un espace entre elle et l'empereur bien plus important que de son vivant.

Dans les affaires politiques, la situation n'était pas meilleure. Une division argentine venait d'anéantir le détachement naval brésilien sur le fleuve Uruguay. Quelques jours plus tard, six mille soldats brésiliens tombaient dans une embuscade des forces argentines. Les Brésiliens récupérèrent une partie du terrain perdu, profitant que l'ennemi était divisé entre ceux qui préconisaient l'indépendance de l'Uruguay et ceux qui défendaient son intégration au sein d'une confédération de provinces argentines. En accord avec ses ministres, Pedro voulait profiter de ce moment de confusion et soudoyer le général uruguayen Lavalleja pour conserver ce territoire dans l'empire brésilien. Cependant, il n'obtint pas le soutien préalable du Parlement de Rio : cette guerre avait déjà coûté la modeste somme de trente millions de *contos de reis* et la perte de huit mille hommes. Les propriétaires terriens, alliés aux puissants intérêts esclavagistes, et qui étaient majoritaires à la Chambre des députés, ne voulaient pas consacrer de moyens supplémentaires à la lutte pour la bande cisplatine, une terre impropre à la culture de la canne à sucre ou du café, et sur laquelle il n'y avait pas d'esclaves.

— Notre sud ne doit pas être pour le Brésil ce qu'est le nord pour les États-Unis d'Amérique, un pouvoir opposé au commerce des Noirs, dit un député.

Au vu du succès de la culture du café, les propriétaires de plantations s'accrochaient plus que jamais au commerce des esclaves.

L'importation de main-d'œuvre avait augmenté proportionnellement aux exportations de café. Il n'était jamais arrivé autant d'Africains dans les ports brésiliens qu'au cours de ces années-là. Quelques mois auparavant, Pedro, profitant du fait qu'il gouvernait seul et n'avait de comptes à rendre ni au Parlement, ni à une quelconque Assemblée, avait signé avec les Anglais un traité qui permettrait, à l'issue d'une période de carence de quatre ans, à l'armée britannique d'intercepter tout navire négrier. Les membres de la majorité pro-esclavagiste du Parlement venaient de l'apprendre et ils étaient furieux. Ils avaient tellement besoin de main-d'œuvre esclave qu'ils en vinrent à envisager l'annexion de l'Angola et du Mozambique, pour eux beaucoup plus rentable que la bande cisplatine.

— Le traité que vous avez signé à titre personnel, profitant de ce que vous avez négligé de réunir le Parlement pendant une longue période, est préjudiciable pour la dignité, l'indépendance et la souveraineté de la nation brésilienne, lui lança Vasconcelos, député du Minas Gerais, un individu d'une trentaine d'années qui en paraissait le double en raison des ravages de la syphilis et qui, grâce à ses dons d'orateur, était devenu le porte-parole et le chef de file de la majorité conservatrice.

— Vous oubliez que nous avions besoin du soutien des Anglais pour obtenir la reconnaissance de notre indépendance, lui répliqua Pedro. Le traité était une contrepartie.

— Non, monsieur ! Vous aviez besoin du soutien des Anglais principalement pour poursuivre votre politique portugaise, il vous fallait un allié pour contrecarrer les absolutistes.

C'était un coup bas qui venait introduire, à la Chambre des députés du Brésil, un doute sur la loyauté de l'empereur envers « son pays d'adoption », comme on disait avec malice. Le vieux reproche d'être né au Portugal était à nouveau utilisé comme arme de combat.

— Nous n'avons pas à payer le prix de la préservation de vos intérêts au Portugal, poursuivit Vasconcelos.

— Vos seigneuries oublieraient-elles que j'ai donné la liberté au Brésil, que j'ai par ma présence contribué à consolider l'unité nationale, que j'ai donné à cette nation une Constitution que bien des pays européens nous envient ? Mes intérêts et ceux du Brésil sont liés ! se défendit Pedro avec véhémence.

— S'il en était ainsi, vous n'auriez pas signé ce traité avec les Anglais, extrêmement préjudiciable à notre commerce, qui ruine notre agriculture, réduit de façon draconienne les bénéfices de l'État... et surtout, qui enfreint le droit dévolu à cette Chambre de légiférer pour le Brésil. À ce jour, suite à votre initiative, les Brésiliens pourront être jugés par des juges britanniques et dans des tribunaux britanniques. Est-ce là un exemple de loyauté envers la patrie ?

Devant la dureté de l'attaque, Pedro tenta la voie de la conciliation.

— C'est entendu, je m'engage à tenter de négocier un délai quant aux termes du traité avec les Anglais, mais il faudra tôt ou tard affronter le problème de l'esclavage. Le monde va vers plus de liberté et nous ne pouvons lui tourner le dos.

— Monsieur, vous vous gargarisez de ce mot de liberté. Mais ce que vous voulez, c'est en finir avec notre liberté à nous, Brésiliens, de sauver les Africains de la mort ou d'un destin pire que la mort. Nous sauvons ces nègres de leurs tares, de la promiscuité, du cannibalisme, de l'idolâtrie, de... de... de l'homosexualité, et Votre Majesté s'y oppose.

Des applaudissements et un murmure d'approbation accueillirent les propos du député. Dans la confusion générale, la voix lasse de Pedro se fit entendre :

— Nous n'avons pas la même conception de la liberté individuelle, monsieur Vasconcelos. Ce que je dis, c'est que nous ne pouvons pas aller contre l'Histoire.

Pedro savait que s'ils l'attaquaient avec une telle hargne, c'était qu'ils avaient flairé sa faiblesse. Jamais au zénith de sa gloire ces griffons n'auraient eu cette audace. Ils profitaient de son discrédit, dû en grande partie à la mort de Leopoldine, pour le fouler aux pieds, parce qu'il était injuste, se disait Pedro, de l'accuser de favoriser les intérêts du Portugal au détriment du Brésil, et tout ça parce qu'il avait dû interférer dans la succession en favorisant son aînée. Il avait été déloyal envers son épouse, mais jamais envers la nation. Qu'ils mélangent les affaires privées et publiques pour l'attaquer l'exaspérait. Il voyait bien qu'il ne pourrait jamais séparer sa condition d'homme de celle de gouvernant. La mort de Leopoldine avait renversé le mur qu'il avait voulu élever entre ces deux catégories.

Et en tombant, ce mur avait mis en évidence son incurie, son amoralité, ses défauts.

Il éprouvait le besoin de réagir, de donner un coup de barre à sa vie pour récupérer prestige et pouvoir. Il était las de ces jeux politiques, de ces palabres et de cette fausseté. Il voyait le chaos, l'esprit borné et républicain s'emparer à nouveau du Parlement, alors qu'il devait prendre des décisions sur l'avenir de la dynastie familiale sur les deux rives de l'océan.

79.

Jeune, empereur et veuf, il était poursuivi par le remords. Il avoua à l'ambassadeur de France qu'il « menait une vie indigne d'un souverain » et que la pensée de l'impératrice ne le quittait pas. Parlait-il avec le cœur ? Domitila ne l'avait jamais vu aussi taciturne, ce qu'elle mettait sur le compte des problèmes débattus au Parlement. Pedro voyait qu'il ne pouvait rien obtenir d'important sans l'accord de la Chambre des députés, à majorité ultramontaine et esclavagiste. Il était réduit à l'impuissance à cause du système politique qu'il avait lui-même élaboré, et ulcéré de constater que son rêve d'édifier un empire libéral partait en fumée. Pour ce qui était de la question portugaise, il se trouvait immobilisé parce que Miguel, qui s'était engagé à venir à Rio pour faire la connaissance de sa nièce et discuter des affaires de l'État avec lui, ne venait toujours pas. Dans sa dernière lettre, il s'excusait et annonçait qu'il reportait sa venue au mois d'octobre. En réalité, Miguel était retenu à Vienne par Metternich qui ne voyait pas d'un bon œil que le futur régent du Portugal fût contaminé par les idées libérales de son frère. Metternich avait fait de la Sainte-Alliance un authentique syndicat de rois afin de freiner la progression des mouvements libéraux et il pensait que nul n'avait contribué autant que le gendre de Sa Majesté apostolique, Pedro de Bragance et Bourbon, à égratigner son projet. Il n'avait jamais pu comprendre l'obsession de Pedro à doter les peuples de « Constitutions libérales ». Que Napoléon, un aventurier arriviste, l'eût fait, passe encore, mais il lui semblait inconcevable qu'un prince comme Pedro, issu d'une vieille dynastie, imitât l'empereur français en se moquant des principes qui avaient, des siècles durant, régi les maisons royales.

Le jour anniversaire de la petite duchesse de Goias fut marqué par un incident qui ouvrit les yeux de Domitila sur la voie dangereuse qu'empruntait son amant. Au milieu du repas, servi en grande pompe dans la salle à manger du palais de Saint-Christophe, l'empereur se tut, devint livide, quitta la table et disparut. Domitila crut à une indisposition, mais comme son absence se prolongeait et que les invités s'interrogeaient, elle partit à sa recherche dans tout le palais. Elle le trouva dans les anciens appartements de l'impératrice, enlaçant un portrait de Leopoldine et sanglotant comme un enfant. Plus tard, Pedro raconta à Chalaza qu'il avait eu une vision, l'image fugace d'une Leopoldine triste qui s'évapora aussitôt. Était-ce parce que les agapes étaient célébrées dans la salle à manger qui avait servi de chapelle ardente où l'on avait veillé sa femme ?

Cette même nuit, il se rendit aux écuries où continuait à flotter l'ombre de l'impératrice. Il resta à admirer les magnifiques alezans de Poméranie puis se mit à brosser son cheval préféré. Après quoi, il poursuivit son inspection et donna l'ordre de nettoyer les écuries et de mettre du fourrage dans les râteliers. Il aimait l'odeur du crottin qui lui rappelait son enfance, ses premiers moments de liberté, quand il jouait à cache-cache dans les écuries du palais de Queluz avec Miguel et les enfants des palefreniers. Il regagna le palais à pied. La nuit embaumait le chèvrefeuille et le jasmin. Il congédia son aide de camp, il voulait rester seul. La silhouette du palais se découpait sur la pleine lune, au loin la mer était d'argent. Il s'assit sur l'herbe et demeura un instant à contempler le ballet des lucioles autour de lui. Il voulait réfléchir, mettre de l'ordre dans ses idées. Depuis plusieurs jours, la proposition de son beau-père dans sa dernière lettre lui tournait en tête. Pour restaurer la dignité impériale, que son comportement avait contribué à affaiblir, il fallait un coup d'éclat. La meilleure solution, il le voyait clairement, était de se remarier. Le vieux François II avait raison, un empereur ne peut rester seul. Il mesurait dans toute son ampleur la suggestion de son beau-père. Seul un nouveau mariage, un geste dynastique, pourrait contribuer à redorer son blason. Et si le prix exigeait de mettre de l'ordre dans sa vie, il était prêt à le payer. La promise devait être européenne, car l'Europe était le seul endroit au monde qui comptait des princesses disponibles. Il ne voulait pas songer à la réaction de Domitila, qui rêvait d'un mariage qu'elle voyait comme le prolongement naturel de leur relation amoureuse. C'était comme si, chez Pedro, le souverain avait définitivement triomphé de l'homme.

Avant toute chose, il lui fallait sonder le baron Von Mareschal. Il avait confiance en cet homme aimable et discret qui lui avait toujours prodigué de sages conseils de politique intérieure. Pour trouver une princesse européenne, il avait besoin de son aide, ainsi que de celle de la maison d'Autriche. Il voulait s'assurer la collaboration de son beau-père, qui s'était proposé pour lui trouver une candidate. Le baron comprit tout de suite l'importance de l'affaire de même que le danger potentiel qu'elle renfermait. Il commença par lui demander si la marquise de Santos était au courant de sa décision.

— Pas encore. Elle est grosse et ce n'est pas le moment de lui annoncer ce genre de nouvelle. Pour elle ce serait un coup dur.

Mareschal promena un doigt sur son menton, réfléchissant à la façon dont il allait amener ce qu'il avait à lui dire :

— Votre Majesté impériale ignore sans doute les répercussions en Europe de sa relation avec la marquise de Santos. Vous devez savoir qu'elle a été l'objet des conversations dans tous les palais et les cénacles, et que des articles et des commentaires ont même été publiés dans les journaux de divers pays.

— J'ai l'habitude des rumeurs. Un monarque vit entouré de ragots, de commérages... Cela ne doit pas nous affecter.

— En effet... rumeurs, commérages... vous avez raison, Majesté... murmura Mareschal, l'air songeur. Mais comment vous expliquer ? En Europe, les coutumes sont différentes et votre comportement a fait l'objet d'une condamnation générale.

Pedro, l'air faussement surpris, réagit :

— Sachez que je suis décidé à changer ma manière de vivre, baron. Non seulement je le désire, mais j'en sens le besoin.

— Je n'en doute pas, Majesté, et je veux vous y aider. Mais compte tenu de la délicatesse de l'affaire, il est important qu'une totale franchise s'installe entre nous. Avant de décider d'écrire à votre beau-père, vous devez savoir qu'il éprouve lui aussi de la rancune, en tant que monarque et que père.

Pedro ne répondit pas. Il demeura un instant silencieux avant de dire :

— Je vous conjure de me croire, je suis décidé à prendre le chemin de la droiture morale.

— Dans cet élan de franchise, qui est un gage pour le succès de l'entreprise, vous comprendrez que je suis en droit de demander ce qui nous garantit que vous donnerez suite à vos résolutions. Je ne mets pas en doute votre bonne foi mais je connais le cœur des hommes.

— Vous ne me croyez pas, baron ?

L'Autrichien toussa. Il semblait peser ses paroles :

— Il est difficile de vous croire, Majesté, je le reconnais, sachant que la personne qui a exercé une si longue influence sur votre cœur vit toujours aux portes du palais, que sa fille, reconnue et élevée à la catégorie de duchesse du vivant de l'impératrice Leopoldine, vit pratiquement sous votre toit, et que la marquise est enceinte... Qui peut nous affirmer qu'il n'y aura pas de rechute de Votre Majesté impériale pour son ancienne passion ?

— Moi-même, avec ma parole.

— Je connais bien la bonté de votre cœur, lui répondit l'habile diplomate, et je peux imaginer, dans l'éventualité de trouver une nouvelle épouse, à quel point les mesures qui doivent s'imposer peuvent être douloureuses. Des mesures qui ne peuvent attendre plus longtemps...

— Par exemple ?

— Il convient de confier la duchesse de Goias à une personne prête à l'éduquer en accord avec son rang et d'envoyer sa mère en Europe...

Pedro fronça les sourcils.

— C'est impossible, je vous ai dit qu'elle était enceinte.

— Alors il faudrait l'envoyer à Santos, dans sa ville. Comprenez-moi, libéré de la marquise, vous pourrez offrir à la future épouse l'assurance d'une bonne conduite. Et l'empire autrichien pourrait alors vous soutenir...

— Quel autre conseil me donnez-vous ?

— Commencez par l'empereur, votre beau-père, qui s'inquiète pour ses petits-enfants, ce qui est normal. Écrivez-lui une lettre, bien tournée et affectueuse, ainsi qu'à la reine-mère ; elle a des sœurs à marier, ne l'oubliez pas... Un autre geste qui me semble utile est d'envoyer à Vienne la jeune Maria da Glória afin de perfectionner son éducation aux côtés de son grand-père... Cela peut être d'une aide précieuse.

Pedro ne pensait pas suivre tous les conseils du diplomate. Il n'était pas habitué à se sentir contraint de la sorte, trop attaché à son indépendance, mais il l'écouta patiemment. Il sortit satisfait de l'entrevue durant laquelle ils avaient évoqué les potentielles candidates : c'était comme rêver à voix haute. Mareschal avait suggéré le nom de la princesse Ludovica Guillermine, sœur du roi de Bavière et de l'impératrice d'Autriche. « Elle est belle ? » s'enquit Pedro. « D'une beauté extraordinaire », lui répondit Mareschal.

80.

Ragaillardi par sa conversation avec le baron, il écrivit à chacun de ses beaux-parents une lettre dans laquelle il faisait acte de contrition. Il promettait de s'amender et de vivre, « dès aujourd'hui », en vrai chrétien. Il chargea le marquis de Barbacena, découragé par les revers subis lors de la guerre dans le sud, de négocier ces secondes noces, et le poussa à effectuer le voyage en Europe au plus vite afin de ramener la nouvelle impératrice au Brésil et, en passant, son frère Miguel, qui se faisait prier.

Cependant, le ton de ces lettres n'abusa pas l'empereur d'Autriche ni son épouse, lesquels firent savoir à Pedro, toujours à travers Mareschal, que de telles paroles, sous la plume de quelqu'un qui avait si souvent dépassé les bornes et avait fait souffrir leur fille Leopoldine outre mesure, manquaient totalement de crédibilité – à moins d'être suivies par des actes concrets qui prouveraient une nouvelle façon de vivre, un « comportement où l'hypocrisie n'aurait point sa place ».

S'il voulait progresser dans sa recherche d'une nouvelle épouse, Pedro se voyait donc dans l'obligation de rompre avec Domitila. La raison le lui conseillait, mais son cœur se révoltait. Ils avaient eu une discussion après l'incident de la fête d'anniversaire de la petite duchesse de Goias.

— Je ne veux pas que tu penses que je vais t'épouser. Cela ne se fera jamais, lui avait dit Pedro avec brusquerie.

De grosses larmes avaient roulé sur les joues de Domitila qui ne comprenait pas pourquoi, subitement, elle devenait la cible de cette agressivité.

— Laisse-moi au moins te démontrer que...

— ... Même si tu me démontrais que tu es l'héritière directe d'Inés de Castro, je ne pourrais t'épouser.

Comme toujours, il s'attendrit en la voyant pleurer et adoucit ses paroles. Il invoqua la raison d'État, les intérêts de la dynastie, la nécessité de retrouver son prestige et celui de la monarchie. À mesure qu'il énumérait les raisons pour lesquelles il ne pouvait pas l'épouser, sa détermination s'effritait. Avec elle, on ne pouvait que parler franchement, aussi douloureuses puissent en être les conséquences.

— Barbacena est chargé de me trouver une nouvelle épouse. Je l'ai envoyé en Europe.

— Nous sommes ensemble depuis six ans, et voilà que tu me jettes comme un vieux mouchoir. Maintenant que nous pourrions nous aimer sans...

Les sanglots l'empêchèrent de poursuivre. Elle ne pouvait admettre que Pedro eût fait le choix de l'empire à son détriment. Pedro recula, timidement :

— Nous continuerons à nous aimer comme nous l'avons toujours fait..., lui dit-il en s'approchant.

Elle releva la tête. Ses yeux noirs baignés de larmes brillaient comme des perles de jais.

— En cachette, tu veux dire ? Après t'avoir donné quatre enfants et un cinquième qui est en route ?

— Je te supplie de me comprendre, Titilia... Derrière moi, il y a une famille, une dynastie, un pays auquel je me dois. Mon remariage ne signifie pas que je vais cesser de t'aimer, je t'aimerai toujours.

Il comprit petit à petit combien il serait difficile de rompre. L'ancienne blessure qu'il croyait cicatrisée saignait à nouveau : savoir qu'il devrait sacrifier son cœur d'homme pour sauver son trône, était une chose ; s'exécuter en était une autre.

— Tu ne seras jamais un homme libre, lui dit Domitila.

— Tu as peut-être raison, mais je te demande de m'aider, ne me rends pas les choses plus difficiles encore...

— T'aider à quoi ? À me mettre à la porte ? Comment peux-tu me demander cela ?

— Je te demande de ne pas précipiter ma ruine, ni la tienne, ni celle du pays.

Domitila ressentait dans sa propre chair le même déchirement que Leopoldine au moment de tomber en disgrâce. Comment réagir devant un être aussi contradictoire que Pedro, mélange de brutalité et de tendresse, de passion généreuse et de calcul égoïste ? Le mieux était de couper court à la discussion. Son instinct lui conseillait de ne pas provoquer l'homme qui lui faisait face. Elle ne devait pas lui donner de raisons de rompre. Elle aurait voulu l'insulter, le frapper, le griffer, mais elle fit un effort pour se contenir. Elle comptait sur le besoin que Pedro avait de ses caresses, de son corps. C'était un atout qu'il ne fallait pas rejeter pour une question d'orgueil. La survie était plus importante que la dignité personnelle. Elle quitta la pièce et disparut dans les couloirs du palais, sous le regard perplexe des domestiques qui ne les avaient jamais vus se disputer. Pedro resta seul, la tête lourde, sans savoir où il allait puiser les forces pour l'extirper de son cœur.

Ils ne se virent pas pendant une longue période, la plus longue depuis l'arrivée de Domitila à Rio de Janeiro. « Ils ont cessé de se voir », affirma le représentant de la Prusse, toujours aussi optimiste. Mareschal était satisfait parce que Pedro semblait suivre ses conseils. Toutefois, la détermination de l'empereur chancela quand il apprit que Domitila avait donné naissance à une fille. Il lui parut insolite de devoir rester au palais, luttant contre son envie de faire la connaissance de sa dernière fille. Aucune force au monde ne pouvait l'en empêcher, ni Mareschal, ni l'empereur d'Autriche, ni la crainte des rumeurs. Sachant que sa réputation était en jeu, il gagna la demeure de Domitila et entra par une porte dérobée pour satisfaire son désir de voir dormir dans son berceau cette petite fille à côté de la femme dont le corps le rendait fou.

Le hasard voulut que le jour du baptême de l'enfant, que l'on nomma Maria Isabel, le marquis de Barbacena partît pour Vienne afin d'accélérer la recherche et la négociation d'une nouvelle épouse, comme l'avait fait le marquis de Marialva pour Leopoldine quelques années auparavant, sur ordre de João VI. L'histoire se répétait.

81.

Cependant, pour le marquis de Barbacena l'affaire était beaucoup plus délicate. La piètre réputation de Pedro en tant que mari avait traversé les mers et les princesses fuyaient, effrayées à l'idée de revivre le calvaire de Leopoldine. Devant la perspective de tomber dans les rets de ce « sultan sud-américain qui assassinait ses épouses tout en transformant la Cour en un bordel de luxe... », elles tremblaient de peur. Rien d'étonnant à ce que les deux princesses de Bavière, sœurs de l'impératrice d'Autriche, déclinent la proposition. Comme le refus de la main d'une princesse signifiait pour un monarque un coup porté à sa dignité, le marquis voulut dédramatiser et écrivit dans une lettre à Pedro : « À en juger par les autres sœurs mariées et qui n'ont pas eu d'enfants, il est probable que celles-ci soient pareillement stériles, ce qui laisse penser à une maladie de famille. » Maigre consolation pour Pedro, qui ne cherchait pas d'autres héritiers, mais une épouse digne de porter la couronne et de jouer le rôle de mère pour ses rejetons. Au début, il prit la chose avec humour et fausse modestie. Il envoya un portrait de lui au marquis afin que la prochaine candidate « ne s'effarouche pas en voyant pour la première fois ce visage revêche ».

Au fil des jours, Barbacena comprit la difficulté de « vendre » l'empereur du Brésil dans les cours européennes, malgré le soutien de François II, quand, l'une après l'autre, les princesses rejetèrent les propositions de mariage. Ce n'étaient qu'excuses, faux-fuyants ou refus catégoriques. Surgit alors une candidate éventuelle, la princesse Mariana Ricarda, fille du roi de Sardaigne, « âgée de vingt-quatre ans, fort affable, avec des manières exemplaires ».

Pedro donnait à nouveau libre cours à son enthousiasme, jusqu'à ce qu'un courrier l'informât que ladite princesse ne voulait pas s'en aller vivre si loin de sa famille... Nouvel échec, qui venait s'ajouter aux efforts d'abstinence sexuelle qu'il avait promis à Mareschal et qui l'emplissaient d'aigreur : «Dites à mon beau-père que je vis dans un pays chaud, que j'ai vingt-neuf ans et qu'il se rappelle ses jeunes années pour imaginer mes besoins...» François II, convaincu par Mareschal de la sincérité de Pedro, assura qu'il ne baisserait pas les bras avant d'avoir trouvé une épouse en tous points parfaite pour son gendre et une mère affectueuse pour ses petits-enfants. Il démontrait par là qu'il était meilleur grand-père que père. Il n'avait pas oublié la souffrance de Leopoldine, mais son éducation et l'avenir de ses petits-enfants passaient au-dessus de ses sentiments personnels, *noblesse oblige*. De sorte que l'idée de proposer ses nièces, les princesses de Wurtemberg, l'emballa, mais il se heurta à un nouvel écueil : elles étaient protestantes. Pedro répondit que la religion lui était indifférente, pourvu que les enfants soient éduqués dans la religion catholique et romaine. Mais rien à faire. L'une après l'autre, les princesses jugées aptes au mariage devenaient aussitôt inaccessibles. L'empereur d'un des plus vastes empires du monde n'éveillait-il donc la sympathie d'aucune d'entre elles ? se demandait Pedro lors de ses parties de dominos avec Mareschal. Aucune n'était-elle séduite par l'aventure d'un trône sur une terre aussi lointaine et exotique ?

Mareschal s'évertuait à lui répéter qu'il devait continuer à mener une vie vertueuse. Il avait pris ses distances avec Domitila et fait la promesse de vivre «chastement comme un saint pendant huit mois», délai qu'il s'était fixé pour trouver une épouse. Mais réprimer ses appétits sexuels, comme il le tenta sincèrement au début, revenait à demander des goyaves à un manguier. La première chose à faire, c'était d'oublier la femme qui l'obsédait, et il rechercha à cet effet la compagnie d'autres roturières, comme la Française Clémence Saisset, une modiste parisienne qui, sous le prétexte de présenter la dernière mode de France aux princesses, s'était introduite au palais. Ses traits et son vernis culturel lui rappelaient Noémie, son premier amour. Il ne put rester insensible aux avances subtiles de cette femme aux yeux verts et au regard espiègle, à la peau blanche et aux petits seins ronds et brillants de sueur qui semblaient vouloir exploser dans la dentelle du corset. Ils se voyaient à l'heure de la sieste, et aussi la nuit, grâce à la complicité du mari, qui acceptait la liaison de sa femme en échange de faveurs commerciales. Autorisé à accrocher le blason impérial sur la façade de son magasin de tissus dans la rua de Ouvidor, il devint un « fournisseur impérial ». Sa soudaine prospérité fut la cible de commentaires malicieux et une nuit où Clémence et son mari prenaient le frais dans leur jardin, un coup de feu les fit sursauter. Une balle rebondit contre le mur du porche où ils se tenaient. Toutes sortes de rumeurs circulèrent et Pedro craignit de se voir impliqué dans un scandale. Craignant la mauvaise publicité, il s'arrangea pour faire embarquer la modiste et son mari pour la France, non sans une avantageuse indemnisation pour prix à leur silence. Huit mois plus tard, à Paris, Mme Saisset donnait naissance à un garçon. Pour que nul ne doutât de son origine, elle le baptisa Pedro d'Alcantara Brasileiro.

Qui avait tiré sur le couple français ? La police n'arrêta pas le coupable, mais Pedro avait une idée de l'instigateur de l'attentat. Il en obtint confirmation quelques semaines plus tard, après avoir passé une longue période avec ses enfants dans la hacienda Santa Cruz, où il s'était réfugié pour fuir la tentation de revoir Domitila. Agité, impatient et frustré, il se retira des affaires publiques et se consacra à visiter les plantations impériales et à superviser la remise de parcelles de terre à ses employés, tous anciens esclaves qu'il avait lui-même libérés pour donner l'exemple – en attendant l'entrée en vigueur du traité contre l'esclavage signé avec les Anglais pour lequel il n'avait sollicité aucun moratoire.

Cependant, il abandonnait une tentation pour une autre. À Santa Cruz, il retomba dans les bras de la sœur de Domitila, la baronne de Sorocaba, dont il avait déjà un fils. « Une femme fort appétissante », selon les dires de Mareschal. Par ailleurs, rien ne procurait à Pedro autant de bonheur que de voir ses enfants jouer tous ensemble, même s'il devait gronder Maria da Glória qui refusait de se mêler à ses demi-frères. Le diplomate autrichien s'inquiétait de voir Pedro si désorienté, à la merci de ses instincts. Une nuit parvint à Santa Cruz la nouvelle que la baronne avait été victime d'un attentat sur le chemin de la propriété. Un coup de feu avait fait voler en éclats les vitres de sa voiture. Heureusement, elle en était sortie indemne. L'agresseur fut arrêté, un pistolet encore fumant à la main. Son identité ne laissait aucun doute sur le responsable du crime : c'était un domestique de Domitila.

Connaissant la jalousie de la marquise de Santos et la haine qu'elle éprouvait à l'encontre de sa sœur, Pedro réagit avec indignation. De toute évidence, Domitila se trouvait également derrière l'attentat contre le couple de modistes français. Fidèle à sa fureur impériale, Pedro destitua le chef de la police – ami intime de Domitila – puis il envoya à cette dernière une note lui intimant l'ordre d'embarquer pour l'Europe sur le *Trece de Mayo*, sous peine de se voir impliquée dans l'enquête sur l'attentat. Il lui donnait aussi l'ordre de confier à ses domestiques les deux filles qu'ils avaient eues ensemble pour qu'elles aillent vivre au palais de Saint-Christophe. Il se chargerait de leur éducation. Cette fois, il parlait en souverain, non en amant. L'idée de l'expulser vers l'Europe venait de Mareschal. Pedro l'avait d'abord écartée pour ne pas la faire souffrir lors de sa situation délicate après son dernier accouchement. Il n'y avait désormais plus aucune excuse.

Prise en flagrant délit, Domitila avoua sa participation aux deux attentats, mais elle le fit d'une façon si naturelle, si candide, si sûre d'elle qu'elle dissipa comme par enchantement la colère de Pedro. Elle ne tenta pas de se défendre. Elle l'avait fait par amour, lui dit-elle. Elle était prête à tout parce qu'elle l'aimait. La jalousie n'était-elle pas l'expression la plus sublime de ses sentiments ? Cela méritait-il le cruel châtiment de l'exiler à des milliers de milles, là où elle ne connaissait personne, où elle ne parlait pas la langue, où elle ne possédait rien ? Loin de ses enfants ?

— Pedro, épargne-moi ce supplice, je t'en conjure. Si je disparais maintenant, ce serait admettre ma culpabilité. Je te propose une chose, je partirai à Santos à la fin du mois prochain. Je ne te dérangerai plus, je te le jure. Je m'en irai avec les enfants, voilà.

— Tu t'en iras, mais sans les enfants. La duchesse de Goias et Maria Isabel restent à Saint-Christophe.

Domitila baissa la tête. Elle savait que rien ne le ferait changer d'avis. S'il lui semblait cruel de se séparer de ses filles, en les lui laissant elle maintenait un lien avec lui. Elle parvenait de la sorte à gagner un peu de temps, afin qu'il se rende compte qu'elle lui était aussi indispensable qu'une drogue, qu'elle était la femme de sa vie, la seule à lui donner du plaisir. La seule chose à faire était de prendre sur soi et prier que Barbacena ne lui trouvât pas une princesse à marier.

82.

Domitila avait vu juste. La glace fondit entièrement dans les semaines qui suivirent. Pedro réfléchit et comprit qu'il ne pouvait rompre tous les liens avec elle. Il ne pouvait pas, même s'il l'avait voulu, et Mareschal fut le témoin de ses tourments. «Il a beau être prince et empereur, en ce moment, il n'en est pas moins l'homme le plus malheureux de la terre», écrivit le diplomate qui, à l'instar de ses collègues résidant à Rio, informait ponctuellement son gouvernement des rechutes impériales. Un mois après avoir dit à la marquise qu'il voulait la chasser de la ville, l'empereur lui ouvrit son cœur : «Ma fille chérie et amie de mon cœur. Ce qui me tourmente et me tourmentera toujours, c'est de ne pas pouvoir être avec toi comme avant. Je ne t'offre plus mon cœur parce qu'il t'appartient», lui écrivit-il. Ses lettres présentaient un ton nouveau et désespéré, comme si elles insinuaient que la réconciliation serait brève et suivie d'une rupture définitive. «Je suis triste et mélancolique. Je souffre de ton absence», lui confia-t-il le jour de son anniversaire. La situation était particulièrement délicate pour elle, qui retournait dans l'ombre, quand ils dissimulaient leur relation. Elle attendait maintenant dans la douleur que l'on trouvât à son amant une fiancée en Europe. Pour une femme qui avait été si proche du sommet, cette disgrâce constituait une profonde blessure d'amour-propre. Sa sensation d'isolement se voyait renforcée par les courtisans qui, pressentant son déclin, avaient envers elle des comportements de plus en plus distants. Plus personne à Rio ne se targuait de connaître la marquise...

Pedro fit un effort pour entretenir avec elle une relation amicale. Il lui écrivait pour s'enquérir de sa santé, lui annoncer l'envoi d'un petit cadeau – un paon, un bouquet d'œillets, un cabiai qu'il avait chassé dans la forêt – et surtout pour lui donner des nouvelles des fillettes : « La duchesse a pris un purgatif d'huile de papaye, je suis passé la voir dans la nuit, elle allait beaucoup mieux et elle a très bien dormi. » Dans une autre lettre, il lui disait qu'il avait lui-même vacciné la petite Maria Isabel contre la variole. Cependant, il s'adressait à Domitila en l'appelant « Chère marquise » et signait « Ton ami qui t'estime fort ». Ce n'était plus son « démon », son « feu » ou simplement « Pedro ».

C'était égal. Domitila le sentait revenir, ils allaient se retrouver. Dans un billet, Pedro lui annonça qu'ils se verraient au théâtre le mercredi soir et qu'ensuite il irait chez elle : « Nous réglerons notre façon de vivre, et nous nous aimerons (avant le mariage), sans toujours avoir à nous exposer aux langues vipérines des charlatans. » Sa proposition ne pouvait la satisfaire car il continuait à la reléguer au second plan, mais elle lui offrait l'opportunité de le serrer dans ses bras. Qui sait s'il ne finirait pas par renoncer à l'idée insensée d'un remariage ? Peu après, elle recevait un second billet dont le ton était différent, plus en accord avec ce qu'avait été leur relation : «Je viendrai te voir au plus vite pour être dans tes bras, le seul endroit où ton fils, ton ami et amant, l'empereur, trouve un repos paisible et satisfait. »

Ils renouèrent. Ils avaient beau essayer de se dissimuler en public, des commérages sur leur liaison circulaient en ville, propagés par les domestiques qui étaient au fait des allées et venues entre le palais et la demeure d'en bas. Pour quelqu'un qui avait failli expulser sa maîtresse du pays, Pedro faisait montre d'une curieuse jalousie : « Qui as-tu vu cet après-midi ? Pourquoi la lumière était-elle allumée dans le salon à onze heures du soir ? » Une jalousie qui sonnait magnifiquement aux oreilles de Domitila car elle était le signe d'une dépendance de plus en plus grande de l'empereur. Sept années de vie commune, d'amour charnel intense, d'enfants partagés, de complicité et d'amitié, ne pouvaient être jetées aux orties d'un coup. Ils en revinrent à leur ancienne familiarité. Pour Pedro, c'était comme rentrer à la maison, vers l'intimité du foyer. Il pouvait à nouveau se plaindre librement d'un souci qu'il n'osait confier qu'à elle, comme ses démangeaisons à l'urètre, une maladie vénérienne qui l'obligea à l'abstinence sexuelle pendant quelques jours. « Ta chose a laissé couler un peu d'humidité », lui écrivit-il, ce à quoi elle répondit, irritée : « Cela vient de la hacienda Santa Cruz. » Non qu'elle pensât que sa sœur lui ait transmis la maladie, mais elle ne se faisait aucune illusion et soupçonnait Pedro de s'être adonné à d'anciennes pratiques avec de petites Noires, ce qui expliquait que « sa chose » suppurât. Pour se faire pardonner, il passait sans hésiter de la brûlure de son pénis au lyrisme le plus exubérant : « Ce soir, je me jette à vos pieds et ne me relèverai qu'avec votre pardon. » Il lui rendait à nouveau visite presque toutes les nuits, se glissant par la porte dérobée, montant dans sa chambre et se laissant tomber de tout son long sur le lit d'amour, la voix tremblante et le regard fébrile, obéissant aux ordres qu'elle lui donnait – ferme la fenêtre, on peut nous voir, enlève tes bottes, laisse-moi ouvrir ta braguette –, sous le regard sévère de l'aigle impérial au plafond qui semblait déployer ses ailes quand ils explosaient de plaisir.

Les heures de cet amour étaient comptées. L'arrivée du marquis de Barbacena d'Europe fut comme une vague qui engloutit cette fragile image de bonheur. L'empereur, impatient d'entendre de vive voix les nouvelles de l'autre côté de l'océan, le reçut à Saint-Christophe entouré de ses enfants. Il tenait dans ses bras l'unique garçon que lui avait donné Leopoldine : « Mon frère Miguel et moi serons les derniers mal-élevés de la famille. Celui-ci aura une bonne éducation ! » lui dit-il en lui présentant l'empereur Pedro II. Barbacena regarda l'enfant, à moitié endormi, et fut surpris de sa ressemblance avec l'archiduchesse autrichienne.

Le marquis revenait très favorablement impressionné par Miguel, dont la loyauté envers Pedro et la Constitution, à laquelle il avait prêté serment, lui semblait incontestable.

— Son crédo politique se limite à obéir aux ordres de Votre Majesté impériale, assura-t-il à Pedro. Je crois que vous devez suivre le conseil des Anglais en épargnant à votre frère un voyage au Brésil... Il est préférable qu'il se rende directement au Portugal afin d'assurer, sans le moindre délai, la fonction de régent constitutionnel.

— Et Maria da Glória ?

— Comme vous le savez, j'ai été reçu par l'empereur François à Vienne. Il insiste à nouveau pour que vous lui envoyiez la petite Maria. Il s'est proposé de s'occuper de son éducation et de sa formation comme il convient à son rang, jusqu'à ce qu'elle atteigne l'âge où le mariage puisse être consommé.

C'était ce que lui avait suggéré Mareschal. L'idée de se séparer de Maria da Glória ne lui plaisait guère, mais maintenant que Barbacena l'avait rassuré sur l'attitude de son frère, il comprenait que c'était l'étape suivante. Toutes les puissances européennes avaient déjà reconnu la jeune reine du Portugal. Si Miguel ne devait pas venir à Rio, il n'y avait aucune raison de garder indéfiniment la reine du Portugal au Brésil.

— D'accord, j'enverrai ma fille à Vienne pour la placer sous la protection de son grand-père. À la condition que vous veilliez sur elle durant la traversée.

Le marquis accepta, honoré, à la suite de quoi ils passèrent au sujet brûlant, celui des difficultés rencontrées dans la quête d'une nouvelle épouse. Pour se débarrasser de la responsabilité de l'échec, Barbacena accusa de façon voilée l'empereur François d'avoir choisi des candidates impossibles et surtout Metternich d'avoir agi en sous-main afin de saboter toute tentative auprès des cours européennes. Le puissant Metternich n'avait pas oublié que Pedro avait commis le péché de donner une Constitution au Portugal. Peut-être y avait-il un peu de vrai dans tout cela, mais Pedro ne le crut qu'à demi ; cette vengeance lui semblait trop puérile de la part de Metternich. Ce qu'il savait de source sûre, c'était que l'empereur François s'inquiétait pour ses petits-enfants et que Metternich n'osait pas lui mettre d'entraves. Le marquis finit par reconnaître le principal problème :

— Il peut se résumer par la présence de la marquise de Santos à la Cour et dans votre vie.

Il se fit un silence, comme si ces paroles avaient pesé plus lourd que toute autre. Le marquis craignait une réaction violente de l'empereur et voulut immédiatement détourner l'attention :

— Mais je suis raisonnablement optimiste, Majesté... J'arrive avec une suggestion pleine d'espoir : deux princesses suédoises, deux sœurs qui allient beauté et instruction. Et avec des cheveux dorés.

Cela suffit à enflammer l'imagination de Pedro. Il se voyait déjà aux côtés d'une princesse blonde dans un pays de Noires, de mulâtresses et de métis, un vrai coup d'éclat pour éblouir les Brésiliens et pour lui redonner réputation et considération. Il oublia l'allusion à sa maîtresse, toute son attention était concentrée sur la princesse suédoise qui le faisait déjà rêver.

— Comment s'appelle la plus belle des deux ?

— Cécile, la princesse Cécile de Suède.

Mareschal insista sur le problème évoqué par le marquis de Barbacena, de sorte que Pedro fut convaincu que sa relation scandaleuse avec Domitila était la raison principale des refus et vexations qu'il avait essuyés. Il comprit qu'il ne pouvait se permettre le luxe de perdre de nouvelles opportunités. Il n'y avait plus d'échappatoire, le moment était venu de prendre une décision. Il réinstaura donc une froide amitié avec la marquise de Santos. Du jour au lendemain, il mit fin à ses visites. Le ton des lettres se fit moins familier, plus distant, au point de devenir très vite glacial et autoritaire : « Il est indispensable que tu quittes la ville ce mois-ci, ou avant le quinze du mois prochain au plus tard. Ceci est ma décision finale que j'espère te voir appliquer et respecter comme il convient à l'une de mes sujets et principale vassale. » Ce n'étaient plus des paroles d'ami ni d'amant, c'était à nouveau l'ordre d'un souverain, d'un empereur.

Il ne reçut aucune réponse de Domitila au contenu de sa missive, mais en revanche une invitation à fêter son trentième anniversaire. En faisant la sourde oreille, elle pensait l'attendrir, mais cette fois il resta ferme : « Je t'aime, mais j'aime encore plus ma réputation, maintenant également établie dans l'Europe entière grâce à l'entreprise de rachat de ma conduite que j'ai mise en route. Dans le même temps que je te renouvelle mon amour, je réponds que je ne peux venir, je dois m'y résoudre pour ne pas te mortifier ni m'attrister. J'aurai toujours pour toi une amitié tendre et légitime. L'empereur. »

Domitila ne se trompa point sur la catastrophe annoncée dans cette lettre. Elle sentit le vide du précipice qui s'ouvrait sous ses pieds et réagit avec exaltation. Elle n'arrivait pas à comprendre que son homme, qui une semaine auparavant folâtrait au lit avec elle en lui avouant les choses les plus secrètes de son intimité, la traitât maintenant de manière brutale et impitoyable : « Monsieur, ma présence ne vous sera plus d'aucune gêne, que Votre Majesté se marie ou non, ce sera la seule consolation de mes ennemis. Votre Majesté doit savoir que je lui serai éternellement reconnaissante de tous les bénéfices dont je lui suis redevable. » Par retour du courrier, Pedro lui répondit : «Je n'en attendais pas moins de votre bon sens et vous sais gré du grand sacrifice que vous faites pour moi.» Il y eut toutefois des tiraillements car elle retarda à nouveau son départ et Pedro commença à douter qu'elle s'en aille jamais. Nerveux, il lui envoya des lettres menaçantes, mais la marquise se défendit, courageuse, ne se laissant pas écraser, défiant la colère de l'empereur : «Je ne cherche pas de prétextes frivoles pour retarder mon voyage. Je sais respecter mes promesses. Je partirai avant la fin du mois et je vous prie de ne plus m'importuner.» Avec une grande tristesse, sept ans après son arrivée, elle reprenait le chemin de São Paulo. Durant toutes ces années, elle avait été la maîtresse en titre de l'empereur, avait eu ministres et ambassadeurs à ses pieds, avait vécu dans sa chair tous les triomphes et toutes les humiliations des grandes courtisanes. Elle laissait deux filles derrière elle, et c'était l'espoir qu'elle gardait au plus profond de son cœur pour maintenir le lien avec Pedro.

Dorénavant, Pedro ne serait plus tenté d'aller la voir, il ne sentirait plus le parfum suave de son corps ni ne caresserait cette peau sereine et dorée ou sa toison crépue. Barbacena, Mareschal et les autres diplomates – tous espions de son intimité, pensait Pedro avec méfiance – auraient à rendre compte de la vérité, racontant à leurs cours ou ministères respectifs les faits tels qu'ils s'étaient déroulés.

83.

— Adieu, ma fille, que Dieu te protège...

Les larmes aux yeux, Pedro embrassa une dernière fois Maria da Glória à bord de la frégate qui s'apprêtait à gagner l'Europe. La tristesse lui serrait le cœur. En quelques jours, il avait perdu l'amour de sa vie et deux filles. Quelques jours après le départ de Domitila, leur petite Isabel Maria, la dernière qu'ils avaient eue ensemble et qu'il avait anoblie en lui donnant le titre de duchesse de Ceará, avait été victime d'une méningite foudroyante. L'horreur provoquée par la mort d'un enfant lui avait une fois encore déchiré les entrailles. Ses autres enfants étaient trop jeunes pour souffrir de cette perte, mais l'atmosphère du palais n'en devint pas moins lourde. Sans présence féminine, sans une mère pour s'occuper d'eux, Saint-Christophe était devenu un endroit lugubre. La tragédie intime de Pedro était exacerbée par ses efforts pour ne pas rappeler Domitila, pour ne pas s'effondrer dans ses bras, pour ne pas répondre à sa dernière lettre : «Je suis certaine que tu voudras me voir très vite, je suis dévorée d'impatience, languissante... »

Maintenant, sur le départ, la reine Marie II du Portugal lui renvoyait un regard empreint de mélancolie. Cette enfant allait vers un destin dont sa mère Leopoldine avait essayé de l'écarter. Elle partait vers un pays froid et lointain pour vivre auprès de son grand-père et d'une famille inconnue, et faire la connaissance de son oncle et mari, avec qui elle partagerait la régence d'un pays appauvri et décadent dans la plus pure tradition des Bragance... Comme sa grand-mère Carlota Joaquina, qui avait quitté le palais d'Aranjuez à l'âge de dix ans pour aller rejoindre à Lisbonne un mari qu'elle ne connaissait pas, c'était au tour de Maria da Glória d'entreprendre le voyage de sa vie. Elle le faisait avec la force morale propre aux princesses à qui l'on avait inculqué le sens du devoir et de la responsabilité. En cela, Maria da Glória était comme sa mère, consciente de son identité et de son rôle de reine, petite-fille de rois et fille d'empereur. Pedro était certain qu'elle accomplirait sa mission avec la grandeur qu'il pouvait attendre d'une de ses héritières.

Il prit congé du marquis de Barbacena avec effusion. Son avenir dépendait de l'habileté de ce diplomate qui s'était engagé à veiller sur sa fille et à poursuivre sa quête d'une épouse. Dans le cas où les négociations avec les princesses suédoises n'aboutiraient pas, Pedro avait donné des instructions claires sur le profil de la candidate suivante : noble de naissance, belle, aimable et de bonne éducation. Conscient, tout à coup, que c'était beaucoup demander, l'empereur ajouta :

— Je peux transiger sur la première et la quatrième condition, mais pas sur la seconde.

Le pedigree et la culture, ces deux qualités apportées par Leopoldine, n'avaient pas grande valeur pour lui.

— Ramenez-moi une femme belle et vertueuse, demanda-t-il au marquis.

Pedro quitta la frégate sur laquelle il avait passé la dernière nuit avec sa fille bien-aimée et monta dans une barque qui le ramena sur la côte. Assis sur un rocher, il regarda un long moment la frégate : on releva l'ancre, les voiles se gonflèrent puis elle s'éloigna, escortée par un navire de guerre britannique – courtoisie de la puissance qui avait été la première à reconnaître en Maria da Glória la nouvelle reine. Il pensa à Leopoldine, le jour où ils avaient assisté au départ de dom João. Alors, la perspective de rester seul aux commandes de la colonie l'avait empli d'un mélange de peur et d'espoir. Aujourd'hui, il se sentait vide, le cœur éteint. Domitila, Leopoldine, la petite Isabel Maria n'étaient plus là, et sa fille aînée s'éloignait sur ce bateau... Il voyait sa propre vie disparaître sur la ligne brumeuse de l'horizon. Le poids écrasant de la solitude lui donna la sensation d'être, à vingt-neuf ans, un homme déjà vieux.

Solitude dans sa vie privée, solitude dans la vie politique... Le monde s'était transformé en un désert pour l'empereur du Brésil.

La majorité du Parlement mettait systématiquement son veto sur les propositions visant à augmenter le budget militaire. Comment pourrait-il ainsi gagner la guerre dans le Sud ? se demandait-il. Les propriétaires terriens esclavagistes ne voulaient pas renforcer l'armée, refusant d'offrir au gouvernement les moyens nécessaires pour faire respecter le traité d'abolition de l'esclavage signé avec les Anglais. Ils ne voulaient pas de navires armés prenant en chasse leurs embarcations négrières. Peu leur importait de perdre la province cisplatine s'ils pouvaient conserver leur commerce d'esclaves. Pour contrer leur stratégie, Pedro ne cessait de recruter des mercenaires étrangers, ce qui entraînait des frictions avec la population locale. Un jour, le régiment allemand basé à Rio se mutina suite à un problème entre un soldat allemand et un officier brésilien. L'étincelle dégénéra en une vague de violence qui se propagea dans toute la ville. Des soldats irlandais s'unirent aux Allemands pour crier dans les rues : « Mort aux Brésiliens ! Mort aux Portugais ! », ce qui provoqua cette réponse des Brésiliens : « Pas de quartiers avec ces étrangers ! Tuez-les tous ! » Soudain, la population noire de Rio, épaulée par les créoles, partit à la chasse aux Blancs avec un enthousiasme féroce, laissant libre cours à des siècles de rancœur. Pour la première fois, ils pouvaient utiliser l'art martial de la capoeira avec la permission des autorités, et ils le firent sans retenue. Le lendemain à l'aube, quand Pedro arriva à cheval au camp de Santana, il fut abasourdi de voir tous ces cadavres de soldats blonds ou roux à qui il avait promis une vie meilleure et un avenir plus digne au Brésil. Passant outre les garanties constitutionnelles, il donna l'ordre de châtier de cent coups de fouet tout Noir surpris une arme à la main. Puis il s'en prit au ministre de l'Armée, lui reprochant de n'avoir pas su contrôler le conflit, et destitua tous les membres de son gouvernement afin de constituer un nouveau cabinet.

Mais le mal était fait. La mutinerie emporta les rêves de l'empereur de peupler le Brésil avec des immigrants européens pour créer une nation moderne de petits propriétaires et surtout de gagner la guerre dans le Sud, ses deux meilleures unités de l'armée ayant fini démantelées et démoralisées. Résigné à perdre cette guerre par manque de soutien de la part de ses députés – qu'il accusait d'être mesquins et dénués de vision –, l'empereur signa à contre-cœur un traité de paix avec la province de La Plata. Au nom de l'Empire brésilien, il reconnaissait la province si disputée comme la nouvelle nation indépendante de l'Uruguay. Il lui fallut dire adieu à son idée d'un grand Brésil, adieu à l'idée que dom João avait tant caressée. Ne pas être à la hauteur du rêve de son père le plongea dans la consternation. Il n'était pas habitué à l'échec, et le goût amer que lui laissa cette reddition le fit s'interroger sur son rôle d'empereur et sur le système politique qu'il avait lui-même élaboré pour le Brésil. « Nous avons perdu l'Uruguay... Qu'allons-nous perdre ensuite ? Quel sera le prochain territoire à vouloir prendre son indépendance ? » demandait-il à ses députés, qu'il accusait de mollesse. Il craignait que cette première perte ne fût que le début d'un long chemin vers la désintégration impériale. Il voyait juste. L'écho de la victoire des Uruguayens se répandit sur tout le territoire avec de vagues promesses de liberté et d'indépendance. Dans la lointaine province de Pernambouc éclatèrent des troubles, provoqués par des soldats mutinés et une poignée de civils révolutionnaires. Pedro, qui avait déjà écrasé sans pitié la Confédération de l'Équateur, s'inquiéta lorsqu'il lut les pamphlets subversifs qui envahissaient les rues de Recife.

— Une armée faible ne peut qu'encourager les mouvements sécessionnistes ! lança-t-il aux députés, réclamant davantage de forces, d'armes et un budget plus important.

Ils ne bougeaient pas, voyant tous les avantages qu'une armée épuisée et sans moyens pouvait présenter pour le maintien de leur commerce d'esclaves.

En ces moments de crise, comme il regrettait son père, et Leopoldine ! « L'unité, mon fils, souviens-toi que l'unité de l'empire est notre mission principale, voilà à quoi nous servons, nous les rois... » Comme il le comprenait, maintenant ! Pedro se rendait compte des décisions difficiles que son père avait dû prendre, à commencer par celle de transférer l'élite de la nation portugaise à Rio de Janeiro pour sauver l'empire... Quels conseils lui donnerait-il aujourd'hui ? Maintenant que l'unité du pays se voyait menacée, que dirait Leopoldine ? Fallait-il conserver un Parlement librement élu si ce même Parlement conspirait contre l'intégrité de l'empire ? Si ses membres pensaient davantage à leurs privilèges qu'à l'unité de la nation ? Il était déchiré par son éternel conflit : comme souverain, il se sentait obligé de rendre des comptes à la mémoire de son père, à sa lignée, à Dieu ; en tant qu'homme, amant et défenseur de la liberté, il ne se devait qu'à lui-même, aux valeurs qu'il avait toujours défendues. Il n'avait plus son père, mais il avait les membres du Conseil d'État, qu'il alla consulter.

— Nous recommandons la suspension des garanties constitutionnelles dans la province de Pernambouc, lui dirent-ils.

Pedro leur jeta un regard torve et ne répondit pas. Il avait subi des pressions de la part des sénateurs qui lui demandaient une décision encore plus autoritaire. L'un d'eux, un vieil admirateur, lui avait écrit une lettre dont les termes lui étaient allés droit au cœur : «... Voyant un bel empire fondé par le génie et l'amour de Sa Majesté impériale sur le point de faire naufrage à cause de la canaille.» La canaille, c'étaient les députés. Ces propos reflétaient bien son état d'esprit et ses opinions, et le poussaient à se lancer dans une action bien plus drastique que celle recommandée par le Conseil d'État... Ce que suggéraient les sénateurs, c'était de suspendre la Constitution dans le pays tout entier, un peu comme il l'avait fait avec l'Assemblée nationale. Il ruminait l'idée de requérir une aide militaire aux monarchies européennes amies pour mettre fin au régime parlementaire. C'était un coup d'État dans les règles : sacrifier la liberté pour préserver l'unité de l'empire.

Pedro pouvait facilement changer d'opinion, mais son esprit rebelle s'était montré inaltérable au fil des années. La décision qu'il avait en tête était dangereuse et risquée – il en était conscient –, et il sollicita au préalable l'avis des rares personnes en qui il avait une totale confiance. Son ancien tuteur, le franciscain fray Arrabida, qui avait été nommé évêque d'Anemuria, lui répondit avec franchise : «Mon empereur, mon seigneur, mon ami, je serais un vil traître, un ingrat, un lâche, si je dissimulais à Votre Majesté impériale l'horreur que m'inspire une telle éventualité.» Il poursuivait en disant qu'il existait effectivement un ferment révolutionnaire au Brésil, «inévitable dans une société confrontée aux changements, avec les coutumes rigoureuses, les habitudes cruelles d'un peuple de maîtres et d'esclaves», mais que faire venir des troupes d'Europe, pour priver le peuple de sa Constitution, était une action qui se terminerait dans un bain de sang. «Brûlez-le, monseigneur. Brûlez le papier qui évoque cette éventualité, car sa simple mention sera considérée comme un crime.» Le marquis de Paranaguá se montra aussi véhément que le franciscain, ce marquis que Pedro avait destitué pour avoir empêché l'entrée de Domitila dans la chambre de Leopoldine agonisante, mais dont il appréciait les conseils et la loyauté. L'aristocrate lui dit que « seul le génie du mal pourrait lui conseiller d'inviter des troupes étrangères au Brésil pour intimider ses sujets. Ce serait le signe du retour de l'absolutisme et de la violence ». Il lui recommandait de se limiter à gouverner, à observer les lois et à les faire respecter. Mais œuvrer avec un Parlement constamment opposé au gouvernement était plus difficile qu'il n'y paraissait.

L'empereur appréciait ces conseils car ils venaient de personnes intègres qui ne lui disaient pas ce qu'il voulait entendre, mais ce qu'elles pensaient sincèrement. Cela devint clair pour lui : que deviendrait sa réputation de « défenseur perpétuel », de prince libéral, de père des Constitutions qui lui permettrait un jour d'accéder à la gloire ? Nul ne comprendrait qu'il interdise les libertés qu'il avait contribué à instaurer, que demander de l'aide à des monarques étrangers pour intervenir au Brésil était une folie... Certain que Metternich serait le premier à lui envoyer des troupes... mais non, il ne lui donnerait pas ce plaisir. Il ne pouvait faire marche arrière. N'avait-il pas toujours cru à l'état de droit et à la liberté ? Et la liberté... cela ne veut-il pas dire aussi céder ? Céder du pouvoir, savoir perdre, en somme. Qu'il était difficile de perdre quand on était habitué à gagner ! Qu'il était difficile d'être un homme lorsqu'on était empereur ! Si son instinct le poussait à intervenir pour en finir avec l'état libéral qu'il avait lui-même mis en place, la raison, à la lumière des conseils du moine et du marquis, lui indiquait le contraire. S'il avait appris quelque chose dans la vie, c'était à dominer ses pulsions. Il fit donc marche arrière. Il ne serait ni un cacique, ni un dictateur, ni un usurpateur. Changer de cap était le privilège des personnes inconséquentes ou jeunes, et ce n'était plus son cas. À trente ans, il ne se sentait pas jeune. Il décida donc de rester fidèle à lui-même, au système représentatif dont il avait doté le Brésil. Il tenterait d'utiliser ce qui lui restait de pouvoir pour éviter la destruction de l'empire par des révolutionnaires ou de perdre le contrôle du pays en l'abandonnant aux esclavagistes conservateurs. Il ne pouvait en demander davantage.

84.

Les nouvelles du Portugal finiraient par lui éclaircir les idées et le pousseraient à lutter avec plus de fougue que jamais pour ses idéaux de liberté. Mais elles le pousseraient aussi vers l'abîme de sa propre fin.

Si Pedro avait envisagé la possibilité d'un coup d'État au Brésil, cela devint au Portugal une réalité pour son frère. Circonstance aggravante : il avait agi en traître avec préméditation et sournoiserie. Après la *Villafrancada* et l'*Abrilada*, la troisième tentative fut la bonne. Miguel avait dupé tout le monde, à commencer par Pedro et le marquis de Barbacena. « Comment ai-je pu tomber dans ce piège ? » se demandait l'empereur, furieux, devinant Carlota Joaquina derrière ce complot. Il éprouvait la pire forme de colère, celle contre soi-même, parce qu'il s'était laisser berner comme un imbécile. « Comment ai-je pu songer à marier ma fille à cet être perfide ! » se lamenta-t-il, pensant à Leopoldine qui avait vu juste. Depuis le début, il avait été dupé par sa propre mère, par ce frère qu'il avait toujours voulu protéger et mettre en avant. Le gout âcre de la trahison ne l'abandonnerait plus jamais. Il récapitulait... Les excuses continuelles pour ne pas venir au Brésil, les réponses évasives aux questions concrètes, tout indiquait une alliance entre mère et fils pour s'approprier la succession légitime au trône portugais. Un affront, un acte de déloyauté qui le faisait se réveiller en pleine nuit, baigné de sueur, hurlant que Miguel était un traître et qu'il n'aurait jamais dû envisager de lui donner sa fille en mariage.

Ce qu'il ignorait, c'est que Miguel, à sa façon, avait essayé de lui rester fidèle. Quand il était arrivé à Lisbonne pour assurer la régence, Carlota Joaquina avait déjà dépensé les cinquante millions de cruzeiros hérités de son mari pour soudoyer en partie la plèbe affamée, des régiments entiers de l'armée et leurs officiers, afin de ressusciter «l'esprit national et apostolique» et de placer sur le trône son fils chéri, le «messie sauveur», comme l'appelaient les absolutistes. La nuit de son arrivée à Queluz, après un long voyage pour traverser l'Europe, le «messie» fut accueilli par sa mère.

— Tu empestes le vin, lui dit Carlota en l'embrassant.

— Quand je suis saoul, le voyage me paraît moins long, répliqua Miguel.

Elle lui passa le bras autour de la taille et l'entraîna à travers les couloirs du palais pour échapper aux oreilles indiscrètes des domestiques.

— Laisse-moi t'expliquer, dit la reine-mère sans autre préambule. Le plan consiste à gagner le palais d'Ajuda, d'arrêter ta sœur la régente, ses ministres, et de te proclamer roi.

— Mère, je ne sais si...

— Fais-moi confiance... tu ne peux pas savoir comme j'ai attendu ton retour, mon fils, lui dit-elle en le serrant dans ses bras.

— Mère, vous savez que j'ai juré fidélité à Pedro et à la Constitution...

— Oui, nous le savons tous... Tu as dû le faire sous la pression de ton frère, mais il est au Brésil, trahissant les principes de la monarchie. Tu n'as pas l'intention de l'imiter, n'est-ce pas ? lui demanda-t-elle en le regardant fixement dans les yeux.

Miguel baissa la tête et réprima un hoquet. Carlota poursuivit avec son art de mère manipulatrice :

— Écoute, mon fils bien aimé. Je ne vais pas t'obliger à assurer la charge qui te correspond parce que tu es mon fils... Tu t'es engagé auprès de ton frère, je le comprends, mais dans ce cas, si tu ne veux pas être le porte-drapeau du parti absolutiste, tu seras remplacé, et on n'en parlera plus.

— Non, mère, non, ce n'est pas ça, c'est que...

Carlota ne le laissa pas poursuivre :

— Tu auras perdu la chance de ta vie, mais si c'est ce que tu veux, à toi de choisir. Penses-y, mon fils, je ne veux pas t'influencer. Je ne peux pas t'obliger à devenir roi malgré toi.

Miguel ne réfléchit pas longtemps. Trois jours plus tard, le 25 avril, anniversaire de sa mère, après avoir fait irruption dans le palais d'Ajuda avec ses troupes, il rompait publiquement les engagements constitutionnalistes qu'il avait pris devant son frère et accédait au trône comme roi absolu aux cris de « Vive Miguel, notre seigneur ! Vive la reine impératrice, sa mère ! ». Pendant ce temps, Carlota Joaquina, restée à Queluz à la tête de la rébellion, donnait l'ordre à son fidèle général Povoa de lancer la campagne de terreur qui allait ravager le pays.

— Coupez-moi des têtes, général ! La Révolution française en a coupé quarante mille et la population n'a pas diminué d'un pouce !

À Lisbonne, la résistance des constitutionnalistes fut écrasée en quelques jours, mais à Porto ils se battirent avec courage. Finalement, les libéraux qui n'étaient pas morts au combat ou qui n'avaient pas échoué au fond des prisons absolutistes, prirent le chemin de l'exil, pour la plupart en Angleterre, d'autres dans l'île de Terceira aux Açores, qui restait sous contrôle des constitutionnalistes. D'autres, enfin, au Brésil.

Carlota Joaquina, divinisée par ses fidèles, transformée en héroïne de la contre-révolution, étendit son influence au pays voisin. Le gouvernement de son frère, Ferdinand VII, serait le premier à reconnaître Miguel Ier comme roi unique et légitime du Portugal. Elle avait enfin obtenu la vengeance dont elle rêvait depuis toujours. Elle n'avait pu détrôner son mari de son vivant, mais elle s'était approprié sa succession.

Pedro se faisait du mauvais sang pour sa fille, seule en Europe. Il craignait de la voir tomber dans les rets de sa mère et de son frère, qui pourraient facilement en faire la reine consort, et réclamer ainsi la légitimité qu'ils avaient usurpée. Il fallait la faire revenir au plus vite à Rio, décision qu'il communiqua au marquis de Barbacena. Dès son arrivée à Gibraltar, et après avoir appris le coup d'État, ce dernier avait décidé de ne pas remettre la jeune reine constitutionnaliste à son grand-père absolutiste à Vienne, et de l'emmener à Londres où elle retrouverait des exilés portugais.

Pedro était profondément troublé. L'outrage était tel qu'il ne savait comment réagir. Il avait besoin de temps pour réfléchir et reprendre le contrôle des affaires de l'État. Il n'avait pas l'intention de laisser passer cette offense, il ferait payer cher cette trahison à Miguel et à sa mère. Pas seulement pour lui ou pour sa fille, ni pour cette violation de l'ordre dynastique, mais en mémoire de son père qui lui avait confié la succession. Se battre pour rétablir son droit, c'était faire justice à la seule personne de sa famille qui l'avait réellement aimé. En cet instant, il avait dans son cœur une certitude : il vengerait la mémoire de dom João, dût-il lui en coûter la vie.

85.

Laisser refroidir la rage qui bouillait en lui, se calmer, contrôler ses impulsions pour réfléchir avec lucidité, redorer son blason d'empereur, passer à l'action... Il fallait d'abord trouver cette épouse insaisissable qui continuait de l'obséder. Dans les consignes qu'il avait adressées à Barbacena, il le priait de poursuivre ses recherches. Les premières nouvelles furent décourageantes : la princesse Cécile de Suède avait décliné la proposition, sans même donner d'excuse. Sa chevelure dorée n'éblouirait pas les foules métisses du Brésil. Une nouvelle frustration, une nouvelle humiliation qui portait un coup à ses rêves. Barbacena était maintenant enthousiasmé par une pépinière de princesses qu'il disait avoir découverte à la cour du Danemark et il assura l'empereur qu'il ne tarderait pas à recevoir de bonnes nouvelles. Pedro, déjà en guerre contre le monde, fatigué par ce qu'il considérait comme une farce, se mit en colère : « Cela fait quatre refus ! Quatre refus reçus en silence sont bien suffisants pour que le monde entier constate que j'ai cherché à faire mon devoir en essayant de me marier. Un cinquième rejet impliquerait un déshonneur non seulement à mon encontre mais aussi vis-à-vis de l'Empire. Par conséquent, je suis résolu à renoncer à cette entreprise », répondit-il à Barbacena dans une lettre dictée à Chalaza.

— Vous êtes certain de vouloir l'envoyer ? lui demanda Chalaza.

— Bien sûr ! Écris ce que je te dis.

Pedro continua à dicter plusieurs lettres destinées à son beau-père ainsi qu'à divers aristocrates engagés dans la recherche.

Chalaza, qui connaissait bien le caractère de son maître, se soumit patiemment au rôle de secrétaire tandis que Pedro donnait libre cours à sa colère impériale.

— Tout ceci est allé trop loin !... Je veux que l'on arrête de me chercher une fiancée.

Un moment plus tard, il interrompait sa dictée pour énoncer sa dernière idée :

— J'ai l'intention d'aller personnellement en Europe afin de réussir là où ont échoué les intermédiaires.

Son ami trouvait l'idée tirée par les cheveux, mais il ne le contredit point. Il comprenait que Pedro fût blessé dans son amour-propre, les refus successifs étaient encore plus difficiles à supporter du fait du sacrifice qu'avait supposé la rupture avec la marquise, et il laissa passer du temps. Deux jours plus tard, le voyant plus serein, il désigna le paquet de lettres qu'il n'avait pas envoyées et il les lui relut, lentement.

— Ce sont des ordres un peu inhabituels, ne croyez-vous pas, Majesté ? Ne pensez-vous pas qu'il convienne d'attendre quelques jours avant de les envoyer ?

Peu à peu, il parvint à le raisonner, à le faire réfléchir à ce qu'il y avait à perdre s'il se laissait emporter par la colère.

— Très bien, ne les envoie pas, trancha Pedro.

Chalaza, empressé, écrivit au crayon de chaque côté des feuilles : « Ne pas envoyer » et conserva le paquet dans un tiroir. Il comprenait qu'une telle fureur était l'expression de l'acharnement de l'empereur à dominer une situation qui échappait à son contrôle. Avec son bon sens habituel, il lui suggéra d'utiliser d'autres voies que celle de Barbacena.

— Pourquoi ne pas essayer avec le vicomte de Pedra Branca ?

Le vicomte n'avait ni le niveau ni la classe de Barbacena, mais c'était un homme fin, de bon goût, un Bahianais cultivé chargé d'affaires à l'ambassade du Brésil à Paris. Il avait accès aux cénacles les plus fermés d'Europe et il s'était proposé comme entremetteur. Pedro haussa les épaules comme pour signifier qu'il n'y croyait plus.

— Laissez-moi lui parler, nous verrons ce qu'il peut faire, insista Chalaza.

— Si tu y tiens, vas-y..., répondit Pedro qui, au fond, ne voulait pas perdre cette bataille. Mais n'oublie pas que toute initiative doit s'accompagner de beaucoup de tact et de prudence.

Las de se voir privé d'une présence féminine aussi bien dans l'enceinte du palais que dans sa vie, excédé par une si longue attente à laquelle se mêlait aussi de l'espoir, ses pensées se tournèrent de nouveau vers Domitila : « Ah, ma fille, je ne peux t'expliquer la tristesse dont souffre mon cœur, une tristesse qui se fait chaque jour plus douloureuse lorsque je pense que c'est moi qui ai provoqué notre séparation. Mais peu importe, il n'y a pas de solution. L'amour que j'ai pour toi est inépuisable et souvent, lorsque je pense à ma solitude, les larmes me viennent aux yeux en évoquant la perte de ma chère Leopoldine et de toi », se risqua-t-il à lui écrire. La lettre généra un souffle d'espoir qui vint attiser les braises de la passion. Domitila, qui s'ennuyait à São Paulo, attendait l'occasion de retourner à Rio et reçut cette lettre comme une invitation. Elle avait confié à un ami courtisan sa difficulté à supporter cet exil forcé : « Les journées se passent dans l'ignorance de l'heureux jour où je pourrai de nouveau me rendre à la Cour, là où se trouve tout ce qui m'intéresse et peut me procurer de la joie. » Si bien qu'elle répondit à Pedro en lui annonçant qu'elle avait une surprise pour lui et qu'elle serait à Rio « le 20 de ce mois ».

Pedro n'apprécia pas qu'elle prît cette décision, qu'elle considérât comme acquis qu'il était d'accord pour qu'elle revînt à Rio. Il envoya donc deux lettres pour signifier sa désapprobation, l'une à Domitila, l'autre à sa mère, où il n'hésitait pas à montrer son mécontentement : « Une personne qui est sortie de rien grâce à moi devrait, en signe de reconnaissance, faire ce que je lui demande... J'ai suffisamment de preuves pour savoir que son objectif est de s'opposer à mon mariage. Si la marquise se présente à Rio sans ma permission, je suspends mes versements mensuels. » Sa mère lui répondit par quelques lignes des plus extravagantes : « Je regrette du plus profond de mon âme qu'un produit de mon misérable utérus soit venu au monde pour susciter une quelconque inquiétude chez Votre Majesté. » Le fait est que Domitila prit peur et resta à São Paulo. Elle attendrait le moment opportun. Selon elle, c'était une question de temps.

Des centaines de réfugiés portugais commencèrent à arriver au Brésil pour fuir le régime absolutiste de Miguel. Ils arrivaient les mains vides, en guenilles. Du jour au lendemain, ils avaient été chassés de leur maison, s'étaient vu confisquer leur commerce, avaient été expulsés de leur ville. Les plus chanceux étaient parvenus à s'exiler. D'autres pourrissaient dans les cellules immondes des prisons de Lisbonne et de Coimbra et nombre d'entre eux furent assassinés. Tous ces réfugiés suppliaient Pedro de rentrer au Portugal afin de prendre la tête de la lutte contre le despotisme de son frère. «Pedro est le seul à pouvoir arrêter Miguel!» affirmaient-ils. Benjamin Constant, l'intellectuel et écrivain suisse qu'admirait tant l'empereur, était du même avis. La confiance que lui témoignait son idole spirituelle en lui demandant publiquement de prendre le commandement de l'effort de guerre libérale l'impressionna profondément. Il ne l'oublierait pas. Constant considérait la lutte pour la libération du Portugal comme une première bataille dans une guerre livrée contre l'absolutisme en Europe.

Pour aider ses compatriotes, Pedro ouvrit une souscription populaire et envoya Chalaza lever des fonds chez les riches familles brésiliennes. Il s'engagea lui-même à verser dix-huit mille francs et depuis São Paulo, dans un acte de générosité non dépourvu d'intérêt, la marquise de Santos en versa plus de trente mille. En sa qualité de «tuteur et protecteur naturel» de la reine Marie II, l'empereur publia un décret par lequel il nommait une régence de trois hommes, avec à sa tête le duc de Palmela, ambassadeur du Portugal en Grande-Bretagne, celui-là même qui était venu à Rio dire à dom João et à son gouvernement que les temps avaient changé et qu'ils devaient s'adapter. Ces trois hommes furent chargés du gouvernement constitutionnel en exil. Il recevait des lettres de sa fille depuis sa maison de Laleham, près de Londres, où Barbacena, en attendant de la faire rentrer à Rio, l'avait installée avec le consentement du roi George IV. Pedro se régalait à la lecture des descriptions du *cottage* entouré de saules, des canards sur l'étang, de la bonté de la duchesse de Palmela et de la manière dont elle passait ses journées à broder les drapeaux à l'attention des soldats qui iraient se battre pour défendre leurs droits.

Les affaires portugaises commencèrent à prendre une telle importance et Pedro était si impliqué que l'opposition au sein du Parlement de Rio redoubla ses attaques. On l'accusa à nouveau d'être davantage portugais que brésilien, de n'avoir jamais coupé le cordon ombilical avec la Mère-patrie. C'était vrai, mais de là à être qualifié de renégat, il y avait un abîme. La lutte à venir et à laquelle Pedro était appelé à participer ne concernait pas seulement le Portugal. Il était aussi question de se battre pour la liberté en

Europe et dans le monde entier, ainsi que le disait Constant. Cette cause transcendait l'empire brésilien... Comment les députés locaux pouvaient-ils le comprendre quand ils ne pensaient qu'à leurs affaires, au trafic et à l'exploitation de la main-d'œuvre esclave ? C'était deux mondes aux antipodes l'un de l'autre. Pedro se sentait de plus en plus éloigné des intérêts de ses députés.

La rage qui bouillait dans ses veines le submergeait. La rage d'être un empereur sans réel pouvoir, un souverain sans épouse, un homme seul. Au rejet de la princesse Cécile de Suède s'ajoutait maintenant celui des Danoises que le marquis tenta d'atténuer, prétendant qu'elles étaient « trop laides ». Les princesses de Baden ne répondirent pas non plus. Le contact de Chalaza, le vicomte de Pedra Branca, évoquait chaleureusement la possibilité d'une princesse « mineure » par le rang mais d'une grande beauté, une nièce éloignée de Napoléon. À ce stade, Pedro ne croyait plus en rien. Il avait l'impression de s'être prêté à un spectacle humiliant pour le plus grand bonheur de ses adversaires, comme Metternich. Il se méfiait maintenant aussi de son beau-père qu'il accusait de saboter toute tentative.

Pour afficher son mépris à l'égard des cours européennes qui l'avaient tant déprécié et parce qu'il en avait assez d'être seul, il décida de retomber dans les bras de la marquise de Santos. En contradiction avec sa dernière missive, il lui en envoya une nouvelle qui réclamait sa présence. Domitila vit enfin le ciel s'ouvrir et lui répondit : « Je n'ai pas l'intention de gêner Votre Grâce. Je vous respecterai toujours comme mon souverain et mon maître et je vous jure que je ne me mêlerai pas de votre vie. » Elle pensa que sa stratégie fondée sur la patience et l'attente avait porté ses fruits et elle en remercia le Seigneur. « Si Madame la marquise arrive le samedi de l'*Alléluia*, ce sera un *Alléluia* complet », lui répondit Pedro. Le 29 avril 1829, après dix mois d'absence, Domitila revint à la cour de Rio de Janeiro, le visage radieux, triomphante. À son arrivée au palais qui lui avait tant manqué, elle vit un énorme bouquet de lys blancs assorti d'un billet de Pedro : « Ma fille, accepte ces fleurs et, avec elles, ce cœur qui a toujours été à toi. » Certains dirent qu'il s'agissait là de fleurs mortuaires, symbole d'un amour moribond.

Le jour suivant, Domitila fit son apparition à Saint-Christophe pour assister à une réception de bienvenue offerte par Sa Majesté impériale. Elle arriva à bord d'une belle voiture tirée par six chevaux et conduite par des hommes en livrée. Avec son manteau de velours brodé, orné de plumes de toucan, et son collier d'or auquel pendait un portrait de l'empereur serti de diamants, elle gravit les escaliers entre deux rangées de gardes impériaux qui levèrent leurs lances sur son passage pour former une haie d'honneur. Un chambellan la conduisit auprès de l'empereur qui l'attendait en tenue de gala, entouré de ses enfants. En voyant sa fille, la duchesse de Goias, elle hésita une seconde pour savoir qui elle devait saluer d'abord. Son instinct maternel prit le dessus et elle s'approcha de la petite fille, la serra fort dans ses bras et lui couvrit le visage de baisers. Puis elle s'inclina vers la main tendue de Pedro et la lui baisa. Il était éblouissant dans son uniforme brodé d'or et couvert de décorations. Domitila salua ensuite les autres princesses, vêtues d'un blanc immaculé, échangea les banalités de rigueur avec l'empereur. Elle lui remit une enveloppe que Pedro ouvrit avec solennité. Il s'agissait d'une invitation à venir prendre le thé dans sa résidence, le soir même. Pedro l'observa, lui sourit et déclara : «J'accepte.» Puis, au mépris du protocole, il l'accompagna au salon où se trouvaient les autres invités. La vie reprenait son cours.

Les diplomates étrangers certifièrent la rechute de l'empereur, sans réellement en comprendre les raisons. S'agissait-il d'une rechute amoureuse ? D'une crise de solitude ? Ou bien la crise d'amour-propre d'un souverain fatigué de jouer le rôle ridicule que lui avait imposé la recherche infructueuse d'une épouse et qui souhaitait se réaffirmer devant le monde ? D'après l'ambassadeur de Suède, l'influence de Domitila était plus manifeste que jamais. L'homme avait assisté à la fête somptueuse que la maîtresse impériale, pour renforcer le lien ancien avec Pedro, avait organisée dans son palais à l'occasion de l'anniversaire de la duchesse de Goias, leur fille que son père adorait. Les nombreux invités présents ce jour-là furent les témoins du renouveau de son prestige. Domitila était rayonnante. Au son de l'orchestre, elle et Pedro ouvrirent le bal dans le salon ovale qui avait accueilli tant d'autres réceptions et avait été le témoin de tant de splendeur passée. À ce moment précis, Domitila était convaincue que la séparation avait ravivé l'amour de son amant.

86.

Pourtant, les dés étaient jetés. L'Histoire, lorsqu'elle se répète, a tendance à devenir une parodie du passé. L'idylle fut brève, trois mois à peine, période qui s'écoula entre le retour de Domitila et l'arrivée par bateau de la valise diplomatique qui venait de l'ambassade à Paris. À l'intérieur, se trouvait un paquet enveloppé avec soin et assorti d'un billet du vicomte de Pedra Branca à l'attention de l'empereur. Assis dans son bureau de Saint-Christophe, Pedro défit l'emballage et découvrit un portrait. Il dévoilait le visage d'une princesse franco-allemande de dix-sept ans, apparentée à Napoléon... et prête à se marier. Elle lui sembla très belle. On lui avait déjà parlé de cette jeune fille, mais il n'y avait pas prêté attention parce que Barbacena l'avait toujours découragé, affirmant qu'elle était d'une petite lignée, indigne d'un empereur du Brésil. Il pensait que Pedro ne devait pas épouser une « bonapartiste » afin d'éviter d'offenser la Sainte-Alliance qui avait l'intention « d'exterminer cette race ». Ne devait-on pas aussi ce jugement hâtif au fait que le marquis n'était pas à l'origine de cette découverte, fait du vicomte et de ses contacts français ? se demandait maintenant Pedro.

Barbacena ignorait à quel point Pedro était las de la Sainte-Alliance et de ses humiliations. Par ailleurs, l'empereur n'accordait pas d'importance à l'empreinte napoléonienne ni au fait qu'elle ne descendît pas des grandes familles régnantes... Ces familles-là ne venaient-elles pas de lui témoigner tout leur mépris ? C'est ainsi que devant l'insistance du vicomte de Bahia, Pedro demanda à voir le portrait de la jeune fille. Maintenant qu'il avait devant lui ce visage ovale, aux traits parfaitement dessinés, encadré par des mèches blondes, ces yeux en forme d'amande, ce nez parfait, ces lèvres de corail, ce cou gracieux de cygne et enfin ce regard d'une douceur exquise, son cœur s'emballa. Oui, se dit-il, c'est elle. Ce doit être elle. Elle répondait au nom d'Amélie de Beauharnais de Leuchtenberg, était la fille cadette du prince Eugène de Beauharnais, fils adoptif de Napoléon, qui l'avait nommé vice-roi d'Italie. D'après la lettre du vicomte jointe à l'envoi, elle était « très raisonnable et mesurée ». Son enfance avait été marquée par les récits de la grandeur et du pouvoir de sa famille ainsi que par le déclin et l'appauvrissement qui avaient suivi la débâcle napoléonienne. Sa tante Hortense menait la vie d'une éternelle exilée et son frère Auguste qu'elle adorait s'était vu privé du droit de porter le titre de duc qui lui revenait par héritage paternel, bien que né prince de Venise. Amélie ne se mariait pas sur un élan romantique, comme Leopoldine. Elle vit dans la proposition de l'empereur du Brésil l'occasion de se venger du sort injuste et cruel qui avait frappé les siens. Elle informa sa mère de sa décision en lui adressant une lettre : « J'accepte, ma chère maman, mais remettre mon destin entre les mains d'un époux que je ne connais pas et à propos duquel j'ai eu vent d'informations peu rassurantes exige un grand sacrifice pour lequel je demande un prix. » Le prix était que l'empereur donnât le titre de duc à son frère. Elle se mariait pour élever le rang de sa famille. Elle allait devenir impératrice.

Si telle en était la condition, Pedro était tout à fait disposé à s'y soumettre. N'avait-il pas fait duchesse sa propre maîtresse ? Dans un empire qui connaissait une véritable inflation de titres de noblesse, cette attention envers son futur beau-frère ne lui coûtait guère. Il accepta donc bien volontiers. Le plus important était de préparer le terrain pour procéder à leur union le plus rapidement possible. Il ne restait plus qu'à rédiger un contrat de mariage que Barbacena pourrait signer en son nom et à organiser un mariage par procuration qui aurait lieu à Munich, en l'honneur de la mère d'Amélie, duchesse douairière de Leuchtenberg, appartenant à la famille royale bavaroise.

Dans la note que Chalaza envoya à Barbacena pour accompagner les documents nécessaires au mariage, il écrivit : « Vous ne pouvez imaginer la joie de notre maître. Il compte les minutes nécessaires pour que cet envoi arrive à destination. L'idée est que tout soit prêt pour la fin du mois de septembre, date à laquelle je vous attends avec l'impératrice et reine. » Mais Barbacena, connaissant le tempérament de l'empereur, craignait d'arriver à Rio avec la nouvelle épouse et de trouver la concubine au palais. Il lui écrivit donc pour l'informer qu'un journal de Londres annonçait comme certain son mariage imminent... avec la marquise de Santos. Et demandait de façon très diplomatique comment le cacher à doña Amélie. Il se montrait sincère avec Chalaza et il lui avouait être terrifié à l'idée de provoquer « le plus grand des scandales » et de perdre la face devant les cours européennes.

L'information du journal britannique fit chavirer l'opération. « Mon fils, car j'ose aujourd'hui vous donner ce doux nom, je vous prie de détourner de ma fille tout ce qui pourrait lui donner l'idée de fautes passées, de manière à ne pas effrayer son cœur qui est la pureté même », écrivit la mère d'Amélie à Pedro. Ce dernier, tout empereur qu'il était, se voyait maintenant dans l'obligation d'expulser de nouveau Domitila. Du palais, de Rio et de sa vie. Non seulement elle, mais aussi la duchesse de Goias, qu'il aimait passionnément. C'était là le prix à payer pour recevoir ce trésor de princesse en qualité d'épouse.

Pedro ne réfléchit pas longtemps. Il adressa une lettre à Domitila pour lui signifier qu'il avait trouvé une épouse : « Je regrette infiniment de me priver de ta compagnie mais il n'y a pas d'autre solution », concluait-il. Lorsque Domitila émit le souhait de le voir en personne pour lui demander des explications, les domestiques lui dirent que Sa Majesté venait d'être victime d'une nouvelle crise d'épilepsie et n'était pas en état de la recevoir. Elle vit le médecin sortir des appartements et il lui confirma que l'empereur se reposait après une attaque très violente.

— Sa Majesté a accumulé une grande tension ces derniers temps.

— Mais j'ai besoin de le voir, laissez-moi passer...

— L'empereur a dit qu'il ne voulait voir personne.

— Pas même moi ?

— Oui. Je suis désolé, Madame.

Domitila avait la sensation d'avoir déjà vécu ce moment. Elle se sentait envahie par le même sentiment que le jour où elle avait tenté de rendre visite à Leopoldine et où on ne l'avait pas autorisée à entrer. Le sentiment de non-appartenance, d'être une étrangère, était déconcertant et douloureux.

Elle regagna son palais en pleurant. Le pire châtiment que l'on pût lui infliger était de la séparer de Pedro, de l'écarter de l'homme qui avait fait d'elle ce qu'elle était. Sous le coup de la colère, elle fit enlever tous les bouquets de lys blanc qui décoraient la maison. Elle monta dans sa chambre, d'où elle pouvait voir le palais de Saint-Christophe. Il y avait de la lumière dans la chambre de Pedro. Est-ce qu'il souffrait ? Est-ce qu'elle lui manquait ? La lumière s'éteignit soudain et le palais fut plongé dans l'obscurité. Domitila sentit un pincement au cœur. Son unique espoir était que ce projet de mariage, comme tant d'autres auparavant, fût également annulé.

Au palais, le médecin consultait à nouveau les ouvrages médicaux pour trouver des solutions au mal dont souffrait l'empereur. En constatant les maigres recours qu'ils proposaient, il se mit à rédiger quelques recommandations où, en mélangeant conceptions philosophiques et poèmes en latin, il conseillait de la modération en tout : « Abuser des plaisirs vénériens conduit à une ruine certaine », ajoutait-il pour conclure.

Domitila n'allait pas se retirer sans livrer bataille. Elle écrivit à Pedro une lettre qui resta sans réponse. « Sans que rien soit encore certain, tu te fâches contre moi et tu te comportes d'une façon que je ne mérite pas... » Mais cette fois, les préparatifs du mariage étaient sérieux. Les négociations en vue du contrat avaient été faciles et Barbacena l'avait signé. La dernière page de ce roman d'amour était sur le point de se tourner.

Domitila se rendit à nouveau au palais où elle sollicita une audience avec Pedro. Cette fois, un aide de camp la guida jusqu'au bureau du rez-de-chaussée en face de la véranda et du jardin tropical avec ses flamboyants en fleur, ses aras et ses paons. Pedro avait le visage pâle, émacié et creusé de cernes. À son regard et au ton de sa voix, Domitila savait qu'elle allait perdre.

— Pourquoi ne m'as-tu pas laissée prendre soin de toi ? Je me suis fait beaucoup de souci.

— Ce n'est plus possible, ma fille, lui répondit-il, la voix rauque. Il n'est pas bon que l'on te voie ici. Si l'on t'a laissée entrer aujourd'hui, c'est parce que je veux te dire qu'il n'y a plus de place pour la conciliation.

— Tu appelles conciliation le souci que je me fais pour toi ?

Pedro la fixa et s'exprima lentement, comme s'il voulait s'assurer d'être compris :

— Tu dois rentrer à São Paulo le plus vite possible.

Le silence se prolongea. Domitila le connaissait trop bien pour savoir qu'elle ne le ferait pas revenir sur sa décision. Pourtant, elle ne pouvait pas abandonner comme cela.

— Si je suis ici aujourd'hui, si je suis revenue à la Cour alors que j'étais à São Paulo, c'est parce que tu m'as appelée, dit-elle.

— Je sais, mais il ne s'agit pas de notre vie privée. C'est une affaire d'État.

— Nos enfants aussi sont une affaire d'État ?

— Légitimes ou illégitimes, j'ai toujours fait preuve de bienveillance envers eux, tu le sais bien. Je voulais te parler de notre fille...

— Tu me laisseras l'emmener à São Paulo ?

— J'ai des projets plus ambitieux pour elle, c'est de cela que je voulais te parler... Je veux qu'elle aille à Paris, au couvent du Sacré-Cœur, l'une des meilleures écoles de France. Là-bas, elle perfectionnera son éducation.

— Ils t'obligent à te débarrasser d'elle comme ils l'ont fait avec moi ?

— Personne ne m'oblige à rien, je suis l'empereur.

— Alors pourquoi nous évinces-tu de ta vie ?

— Il est souhaitable que la petite et toi quittiez la Cour. Et pour elle, il vaut mieux être à Paris qu'à São Paulo.

Domitila se sentait perdue, prise dans un tumulte d'émotions qui allaient de la colère au ressentiment en passant par la peur.

— Pourquoi m'as-tu rappelée ? insista-t-elle.

— Je t'ai dit que tu pouvais revenir mais seulement jusqu'à mon mariage. Relis la lettre que je t'ai envoyée. Le mariage par procuration aura lieu à Munich la semaine prochaine. Tout est prêt, pas de retour en arrière possible.

Domitila s'appuya contre le dossier d'un fauteuil, comme si elle avait reçu un coup. Le cri d'un paon déchira l'air chaud chargé d'humidité. Il lui restait encore une carte à jouer. Le connaissant, elle pensa qu'il allait s'attendrir :

— Pedro, cela fait trois mois que je n'ai pas la visite...

« La visite » ou « l'assistance » s'utilisait indifféremment pour parler de la menstruation. En d'autres occasions, lorsqu'elle lui avait annoncé l'absence d'autres visites, Pedro avait manifesté sa joie. Pas cette fois. C'était comme si un voile s'était déposé sur son visage et avait éteint l'étincelle qui brillait au fond de ses yeux noirs. Il s'emporta.

— Il ne peut pas être de moi ! cria-t-il.

— Si, de trois mois.

Un nouvel enfant de sa maîtresse était un danger qui menaçait de ruiner tous ses plans. Pedro perdit son sang-froid, l'insulta et la menaça de l'exiler, non pas à São Paulo, mais au fin fond du Brésil.

— Et que veux-tu que je fasse ? Me l'arracher des entrailles ? demanda-t-elle en criant.

Un perroquet du jardin répétait : « trailles, trailles » avec une insistance sadique. Pedro tremblait. Pouvait-il haïr cette femme alors qu'au fond, il continuait à l'aimer ? Il ne désirait pas cet enfant, encore moins la faire avorter. Il refusait d'accepter ce nouveau descendant mais il voyait déjà son petit visage et il détestait devoir réprimer son instinct paternel. Tout était si compliqué, si contradictoire et douloureux. Domitila était devenue son tourment.

— Hors d'ici ! s'emporta-t-il. Hors de ma vie !

Défaite, elle souffrait l'agonie de cette longue histoire d'amour. Elle voulait y mettre un terme, mais en même temps, elle voulait la prolonger... pour une semaine, un jour ou une heure de plus. Elle voulait l'entendre lui dire « Je t'aime » ou lui répéter une des phrases magnifiques qu'il lui avait écrites dans ses lettres, afin de partir tranquille, une graine d'espoir plantée dans le cœur.

Tout se mélangeait dans sa tête : sentiments contradictoires, conflits d'intérêt, promesses, désirs et élans réciproques... Pedro la regarda longtemps. Domitila ne craignait pas l'homme qui s'était tant de fois prosterné à ses pieds. Elle était la seule au monde à l'affronter... Parce qu'elle savait se défendre avec ténacité, Pedro l'admirait. Il l'aimait mais il ne pouvait le lui dire.

— Tu dois quitter Rio d'ici sept jours à compter d'aujourd'hui, lui dit-il pour mettre fin à la discussion.

Fidèle à lui-même, quelques heures plus tard, Pedro regrettait de l'avoir traitée avec brusquerie. Il décida donc de l'indemniser généreusement pour rendre la rupture plus supportable. Il donna des instructions à Chalaza pour liquider les biens de la marquise à Rio qui lui seraient rachetés par les caisses impériales. Pedro fit l'acquisition de l'ensemble, jusqu'au palais d'en bas pour lequel il paya la somme de trois cents *contos*. Il laissait à sa maîtresse une véritable fortune.

Domitila de Castro voulut résister et envoya dire qu'elle abandonnerait le palais mais qu'elle ne quitterait la ville sous aucun prétexte. Qu'elle acceptait n'importe quelle maison, même modeste, à condition de rester à Rio de Janeiro. Pour rien au monde elle ne voulait s'éloigner de l'homme qu'elle savait pouvoir séduire de nouveau. Mais Pedro resta ferme. Exaspéré par le marchandage, il réduisit à trois jours le délai pour quitter les lieux.

— Et dis à la marquise que si elle ne le respecte pas, elle oublie ses mensualités, ordonna-t-il à Chalaza. Ses domestiques et ses dames d'honneur lui seront retirés et dis-leur qu'à partir d'aujourd'hui, ils ne la servent plus.

Pour souligner le message, Pedro envoya un paquet à Domitila. En l'ouvrant, elle fondit en larmes : il contenait les cadeaux qu'elle lui avait faits tout au long de ces années : des dessins avec des poèmes d'amour, un tableau, une bague, une cravache, des éperons sertis de diamants, quelques lettres contenant des fleurs séchées... Le soir venu, des domestiques du palais de Saint-Christophe se présentèrent afin d'emballer le mobilier et de l'envoyer au port.

— Je ne sortirai pas d'ici ! disait-elle, furieuse, en voyant disparaître ses meubles, ses peintures et ses lampes. La Constitution protège mes droits !

C'étaient les derniers gémissements d'une femme qui n'acceptait pas d'être rejetée. Si elle était revenue, c'était sur sa demande à lui. Elle avait commis l'erreur de prendre ses désirs pour des réalités, pensant qu'ils se marieraient, que son retour marquait l'évolution logique de leur amour.

— S'il te plaît, prends pitié d'une malheureuse..., finit-elle par murmurer dans un torrent de larmes, les cheveux hirsutes, les traits déformés par les pleurs en s'appuyant contre un mur, au milieu de son salon vide.

Personne ne l'écouta.

Le 28 août 1829, le journal de Rio à grand tirage, le *Diario Fluminense*, publiait un communiqué : « Son Excellence la marquise de Santos a quitté hier la Cour pour gagner la ville de São Paulo. Son mobilier est embarqué à bord du brigantin *União Feliz*, qui continue sur Santos le 29 du mois courant. » *L'Union heureuse*... Le destin ajoutait sa touche d'ironie.

Domitila de Castro ne repartait pas comme elle était arrivée mais comme une riche aristocrate. Elle partait le cœur brisé, enceinte, sans comprendre ce second et dernier exil. Elle avait pris congé de la duchesse de Goias et l'effort qu'elle avait dû fournir pour contenir son émotion l'avait laissée épuisée. Elle n'avait pas pu dire adieu à Pedro qui l'évita jusqu'au dernier moment.

87.

Amoureux, Pedro s'était entiché du portrait d'Amélie. Sa contemplation avait laissé libre cours à la rêverie. Les effusions dans ses lettres à Barbacena et à sa jeune fiancée reflétaient sa profonde reconnaissance. Le fait qu'une princesse osât traverser l'océan pour s'unir à un souverain que tous les ministres autrichiens en Europe désignaient comme le meurtrier de sa première femme lui rendait sa dignité, sa confiance en lui, et sa place parmi ses pairs. Le «oui» d'Amélie avait compensé tous les refus, et il se sentirait éternellement reconnaissant, qu'il s'agisse d'Amélie elle-même, du vicomte, de Barbacena et de tous ceux qui avaient collaboré à cette prouesse. «... Parlez-lui de moi, demandait-il au marquis, pour qu'elle connaisse la façon de penser de son époux, qu'elle voie qu'il est véritablement un homme bon et de caractère, qui sait et saura toujours démentir par ses actes les calomnies qui fondent sur lui...»

Son comportement changea radicalement. «Notre maître est un autre homme. Il ne dort plus jamais ailleurs qu'à la maison et se déplace toujours en compagnie de ses domestiques», écrivait Chalaza. Il était occupé par les préparatifs de l'arrivée de sa nouvelle épouse. Il ordonna le nettoyage de la ville, fit pavoiser les façades avec des drapeaux et ériger des arcs de triomphe grâce aux souscriptions des commerçants. Ayant appris que la couleur préférée de la nouvelle impératrice était le rose, il fit décorer les palais et les bâtiments officiels avec des auvents et des guirlandes de cette couleur et peindre également en rose les fenêtres et les colonnes qui imitaient le forum de Trajan à Rome. Tout cela sans ralentir le rythme de ses autres activités. Il continuait à régler des détails que son rang ne lui imposait pas. Il ne savait pas déléguer. Il voulait être à l'initiative de tout et se montrait infatigable.

Après le mariage qui fut célébré dans la chapelle familiale à Munich, Amélia et Barbacena s'en furent à Londres chercher Maria da Glória, et embarquèrent tous ensemble à Plymouth pour faire route sur Rio à bord de deux frégates, l'*Imperatriz* et la *Maria Isabel* que Pedro avait mises à leur disposition. Connaissant l'affection d'Amélie pour son frère Auguste, qui avait dix-neuf ans, il l'invita également à Rio. Ils firent la traversée en trois semaines et, pour tuer le temps à bord, ils apprenaient le portugais, jouaient aux charades, tricotaient, lisaient et répétaient des pas de danse sur le pont.

Le 16 octobre 1829, tandis que la frégate *Imperatriz* mouillait dans la baie de Rio, un vapeur venant du port, avec l'empereur à son bord, s'en approcha à toute vitesse. Dès qu'il l'eut abordé, Pedro gravit l'escalier et traversa la passerelle. Son impatience légendaire l'empêchait de respecter les délais imposés par le protocole. Il brûlait du désir de connaître sa femme et d'embrasser sa fille. Dès qu'elle le vit, « la petite » se précipita en courant vers lui. « Il était si ému en prenant la reine dans ses bras qu'il faillit en perdre connaissance », écrivit le marquis de Barbacena. Pedro avait tellement craint que sa fille ne soit victime d'intrigues ou qu'elle ne tombât dans une embuscade tendue par Miguel qu'il n'arrivait pas à croire qu'il la tenait dans ses bras... plus belle que jamais, une adolescente. Amélie assistait à ces retrouvailles sans oser ouvrir la bouche. Barbacena la décrivit comme timide mais, en réalité, elle était morte de peur. C'était une chose d'entendre parler de Pedro dans les salons parisiens, mais c'en était une autre de l'avoir devant soi, avec cette personnalité exubérante, sachant qu'ils étaient mari et femme. Toujours est-il que le fait d'assister à cette démonstration de tendresse filiale fut rassurant pour elle. Cet homme, qui serrait sa fille contre lui et qui avait des larmes dans les yeux, était-il le monstre qui alimentait les ragots des salons européens ? Elle ne pouvait le croire. Que Pedro se soit dirigé vers sa fille avant elle avec une telle affection l'émut et suffit à lui faire apparaître cet homme élégant, à la peau tannée et au teint hâlé sous un autre éclairage. Lorsque Pedro laissa la jeune fille et se retourna pour la saluer, souriant et tremblant, il se prit à penser que la réalité dépassait de loin le portrait. Amélie était plus grande qu'il ne l'avait imaginé, bien proportionnée, élégante, avec une abondante chevelure couleur miel et un sourire qui évoquait celui des femmes de la Renaissance. Au cours du dîner qu'ils partagèrent à bord, l'empereur constata que, non contente d'être jolie, la jeune femme était intelligente et faisait preuve d'une maturité surprenante pour son âge. Après les hauts et les bas tumultueux qu'avait connus son cœur récemment, après tant d'années de vie désordonnée, de désillusions politiques, de trahisons familiales, Pedro ressentait une béatitude telle qu'il n'en avait pas connu depuis très longtemps. Après Noémie, cette autre Française assise en face de lui était un cadeau du ciel. Ses gestes raffinés, sa voix douce, sa simplicité et surtout son sourire lui apportaient un plaisir serein et profond. L'expression de son visage changea : ce voile qui semblait éteindre l'éclat de son regard, ces rides et ce froncement de sourcils qui reflétaient les tensions passées, cet air grave et renfermé cédèrent la place à son ancien visage joyeux et espiègle. Ce fut comme si l'arrivée d'Amélie, à l'instar de la brise qui soufflait sur la baie de Rio de Janeiro, avait soudain balayé les nuages menaçants qui s'amoncelaient à l'horizon de sa vie.

Il aurait voulu la posséder la nuit même, mais les conditions du contrat, sur la demande expresse de la mère d'Amélie, stipulaient que seul Barbacena pourrait la remettre à Pedro lorsqu'ils auraient reçu la bénédiction de l'Église. De sorte qu'il dormit seul au palais en songeant avec joie que ce serait la dernière fois.

Le lendemain fut une journée de grande fête. Vêtu de son uniforme de généralissime, Pedro retourna à la frégate pour y chercher sa femme à bord du galion impérial propulsé à la rame. Une fois à terre et sur le chemin de la chapelle impériale, il souhaita s'asseoir à bord de la même voiture qui transportait Amélie, mais le marquis de Barbacena lui rappela la promesse faite à la mère... Il dut s'incliner.

Pendant le *Te Deum*, Pedro ne put retenir ses larmes en entendant les voix du chœur. Il ressemblait de plus en plus à son père, pleurant presque autant que le pauvre dom João. L'attente avait valu la peine.

Il semblait l'homme le plus heureux de la terre en sortant de la chapelle au bras d'Amélie. Tout le monde donna libre cours à sa joie et on se mit à danser dans les rues au son des orchestres qui jouaient les rythmes de cet immense pays, depuis le *forró* du nord-est au *lundu* angolais, pour la plus grande joie des cariocas. Pedro et Amélie se rendirent à l'église de Gloria, lieu de culte de la famille royale depuis l'époque de dom João. Tout en étant sous le charme de la beauté, de la jeunesse et de la grâce d'Amélie, Pedro eut une pensée furtive pour la femme qui l'avait si souvent accompagné ici pour prier et qu'il avait tant fait souffrir. Bien qu'elle fût enterrée dans le couvent d'Ajuda, Leopoldine continuait de vivre dans l'imaginaire populaire.

Lorsque les membres du corps diplomatique eurent terminé de leur adresser leurs félicitations, ils se dirigèrent vers l'ancien palais royal, là où il avait vécu ses premières journées à son arrivée à Rio. Ce fut là qu'il annonça devant la foule des fonctionnaires et des courtisans réunis qu'en hommage à la nouvelle impératrice, il avait créé l'Ordre de la Rose...

— ... dont la devise est : amour et fidélité, souligna l'empereur.

Amélie ne remarqua pas la grimace ironique qui apparut sur le visage de tous ceux qui connaissaient son mari, y compris Chalaza et Mareschal. Son attention était concentrée sur la cérémonie par laquelle Pedro attribuait le titre de duc de Santa Cruz à son beau-frère Auguste qui devenait ainsi Altesse royale. Pour l'empereur, son beau-frère méritait largement cet honneur car, en contribuant à son bonheur, il avait également contribué à celui du peuple tout entier. L'ambiance dans les rues témoignait de la dévotion populaire. Les feux d'artifice tirés depuis le Pain de Sucre par deux soldats du régiment allemand marquèrent l'apogée des nombreuses célébrations. Leurs reflets colorés inondèrent la baie de lumière.

88.

Le palais de Saint-Christophe avait été rénové sur ordre de l'empereur. Les plafonds et les fresques romantiques avaient été repeints et la fontaine dans l'entrée était désormais éclairée par des lampes à huile. Les nouveaux casques de la Garde d'honneur imitaient ceux des Bavarois, détail qui n'échappa point à Amélie. En gravissant l'escalier pour la conduire à ses appartements, le cœur de Pedro battait si fort qu'il craignit que son épouse ne l'entendît. Le séducteur par excellence qui ne savait profiter d'autres plaisirs que ceux du sexe, le don juan qui voyait dans la monogamie le résultat d'une baisse de libido, tremblait maintenant comme une feuille.

— Et ce petit palais, qui l'habite ? demanda la jeune femme en désignant l'ancienne maison de Domitila à travers les fentes des persiennes de sa chambre.

— C'est la maison de Maria da Glória. Elle sert également de résidence au gouvernement portugais en exil.

Pedro avait décidé d'attribuer cet usage au bâtiment qui regorgeait maintenant d'exilés intriguant pour reconquérir le pouvoir dans la lointaine patrie. Il ferma doucement les persiennes et serra Amélie contre lui. Puis il l'entraîna vers le lit et ils s'enroulèrent dans les draps en s'embrassant et en se caressant. Ses doigts experts défaisaient les boutons, déliaient les nœuds, faisaient glisser les bas, écartaient les jupons jusqu'au moment où il put la contempler nue, dans la lumière argentée de la lune. Il était stupéfait par ce corps blanc et lisse, doux et parsemé de gouttelettes de sueur, à demi couché sur le côté et qui dégageait une odeur de petit pain tout juste sorti du four. Il la caressa sur le côté puis sur le ventre, avant de s'attarder sur sa toison qui n'était pas frisée comme celle de Domitila mais lisse. Il eut une pensée fugitive pour Noémie, il n'avait pas ressenti depuis lors ce frisson, plus proche de l'extase que de l'urgence du désir. Elle eut l'audace de le toucher mais découvrit un homme impuissant. « Dieu du Ciel, pourquoi cela m'arrive-t-il maintenant, à moi ? » se demanda-t-il, humilié. Ce n'était pas la première fois, ces derniers temps, il avait remarqué une baisse de son désir sexuel, mais il n'avait jamais imaginé qu'il pût lui faire défaut entièrement. Que lui arrivait-il ? Se faisait-il vieux ? « Sa chose » avait-elle cessé de fonctionner pour en avoir trop usé ? N'allait-il pas pouvoir faire un enfant à son épouse légitime, la nouvelle impératrice ? Pour un nouveau marié qui avait épousé une femme aussi jeune et jolie, l'échec de sa virilité était affreusement démoralisant. S'agissait-il d'une punition divine pour toutes les femmes qu'il avait séduites et pénétrées sans le moindre égard ? En tous les cas, ce fut une leçon d'humilité qu'il finit par considérer avec humour : « ... Si ce n'est pas elle qui me féconde, le seul malheur que je n'aie pas encore subi », écrivait-il dans sa dernière lettre à son ami le marquis de Resende.

Chaque jour, pendant presque un mois, les nouveaux mariés furent honorés par toutes sortes de festivités. Ils assistèrent à des représentations théâtrales, des opéras de Rossini, des bals, des réceptions, des défilés militaires, un pique-nique sur l'île située de l'autre côté de la baie, arrosé de vin de Bordeaux. Comme avec Leopoldine, Pedro, prenant en main les rênes du cocher, montrait à son épouse et à son frère les environs de la ville : ils parcoururent la forêt de Tijuca, les rives du fleuve de Laranjeiras, où les lavandières créoles, en chantant, battaient le linge sur les pierres, les parcs fleuris de Botafogo, le jardin botanique... Le soir venu, le couple impérial se retirait à Saint-Christophe pour jouir, si la fatigue le lui permettait, des plaisirs de l'amour. L'impuissance n'était plus qu'un mauvais souvenir et Pedro avait retrouvé un peu de son énergie habituelle, mais jamais avec la fougue d'autrefois, lorsque Domitila le rendait fou d'amour. Il désirait ardemment faire un enfant à son épouse mais la « visite », à présent qu'elle n'était plus bienvenue, arrivait avec une régularité insolente.

De retour d'une promenade, accompagné de sa fille, de l'impératrice et de son frère, voyant le ciel se couvrir de gros nuages,

Pedro fit claquer son fouet et lança les chevaux au galop pour arriver au palais avant la pluie. L'un des chevaux glissa sur les pavés et, en tombant, un harnais se brisa dans un craquement énorme. L'empereur tenta de contrôler la situation en tirant de toutes ses forces sur les rênes mais les chevaux, en proie à la panique, partirent au galop. La voiture quitta la route et se renversa dans un virage. Pedro fut projeté à plusieurs mètres de là et demeura étendu par terre, inconscient. Auguste avait un bras cassé, Maria da Glória des contusions et quelques coupures. Amélie en sortit saine et sauve, mais elle tremblait comme une feuille. Elle se calma lorsque, au bout de cinq minutes, Pedro reprit conscience. Il était terriblement endolori. La jeune impératrice, faisant preuve d'une grande présence d'esprit, envoya chercher les médecins du palais et décida de faire transporter les blessés à la bâtisse la plus proche qui appartenait à un courtisan. Les médecins confirmèrent que Pedro avait deux côtes cassées et insistèrent pour l'opérer afin de lui enlever une « tumeur » consécutive à l'accident. Malgré le diagnostic bénin, Pedro requit la présence de son confesseur. Depuis quelque temps, il craignait la mort. Maintenant, c'était une idée récurrente qui surgissait à chaque incident ou indisposition.

L'impératrice demeura tout le temps aux côtés de son époux, l'encourageant et le soignant avec tendresse. « C'est l'infirmière la plus dévouée que j'aie pu trouver », disait l'empereur. Cet accident mit en lumière le véritable caractère d'Amélie, dont le comportement exemplaire et responsable fut salué de tous. Dès lors, selon Barbacena, « ils furent chacun tellement occupé par l'autre qu'ils semblaient amoureux depuis toujours ».

Trois semaines plus tard, il était suffisamment rétabli pour être transporté au palais de Saint-Christophe. À peine arrivé, il reçut une visite inattendue. Après six années d'un exil difficile, José Bonifacio était de retour. Depuis quelques mois, il s'était retiré sur l'île de Paquetá, portant le deuil de son épouse décédée. Il s'était décidé à traverser la baie et à faire cette visite après avoir appris un autre exil forcé, celui de la marquise de Santos. Il éprouvait une certaine appréhension, ignorant l'accueil que lui réservait Pedro.

Cependant, l'empereur le reçut à bras ouverts. Il s'était mille fois repenti d'avoir cédé à son impétuosité et de l'avoir contraint à l'exil. Comme Bonifacio lui avait manqué ! Ne plus l'avoir à ses côtés lui fit réaliser qu'il n'avait jamais rencontré un homme comparable dans le paysage politique. Il conservait une profonde affection pour lui, secrète jusqu'à ce jour :

— Amélie, je vous présente mon meilleur ami, lui dit-il depuis son lit.

José Bonifacio, surpris par tant d'effusion, se détendit et commença à discuter avec eux avec animation. Il prenait plaisir à parler français avec la nouvelle impératrice. Il apprécia qu'elle n'eût pas la passivité angélique ni la soumission de Leopoldine et il pensa qu'avec son caractère, elle pourrait exercer une influence plus profitable sur l'empereur. Comme toujours, il ne mâchait pas ses mots :

— Je ne viens pas semer le trouble, soyez tranquille, Votre Majesté, je ne veux pas mettre le trône en danger.

Pedro se souvenait avec nostalgie des temps héroïques de l'indépendance.

— Je vous offre le poste que vous voulez... Choisissez.

— Oh, non, Majesté, en aucune façon. Je ne veux aucun poste. Je veux simplement servir d'avocat du diable, sans rémunération ni obligations. Je veux être libre de parler de la façon la plus franche possible et, si vous me le permettez, vous montrer les erreurs et les fautes que vous commettez parce qu'il en va de l'intérêt de Votre Majesté, de vos enfants et de nous tous.

Ils rirent de bon cœur. Il arrivait ce qui se passe habituellement avec les amitiés forgées par une intense expérience commune. Si l'on parvient à oublier les torts des uns et des autres, elles reprennent là où on les a laissées.

Puis Bonifacio exposa son idée de la situation au Brésil. D'après lui, les tensions croissantes entre le gouvernement de Pedro et les chambres des députés menaçaient la survie du système monarchique. Il était urgent d'établir des règles de comportement, de bien définir les domaines respectifs du pouvoir et de faire respecter la Constitution à la lettre. Il recommanda à Pedro de remplacer l'actuel chef du gouvernement par Barbacena, diplomate expert et plus à même de satisfaire les chambres. Pedro l'écouta avec attention. Pour finir, Bonifacio se tourna vers l'impératrice :

— Aidez-moi à réconcilier l'empereur avec la nation, je vous en prie.

Amélie et Bonifacio furent favorablement impressionnés l'un par l'autre. Autant que le vieux savant l'avait été en son temps par Leopoldine.

89.

Après la convalescence de Pedro, la routine s'installa à Saint-Christophe. La nouvelle impératrice ne semblait pas disposée à s'adapter au laisser-aller brésilien, comme Leopoldine, et elle se montra aussi exigeante en matière d'affaires domestiques que de coutumes et de cérémonial de la Cour. Afin d'effacer toute trace de la présence de la marquise de Santos, symbole de la frénésie lubrique de son mari, elle décida de refaire entièrement la décoration du palais et congédia la clique formée par Plácido ainsi que les domestiques les plus anciens et les plus corrompus. La main d'Amélie ne tremblait pas, c'était une battante. Elle ne venait pas d'une cour puissante et riche, comme celle qui l'avait précédée, et son enfance avait été marquée par l'infortune de son père et les vicissitudes de la ruine familiale. De petite noblesse, elle était bourgeoise par ses goûts et ses attitudes. Ce n'était pas une intellectuelle disposée à rester en retrait, elle ne fondait pas d'amour pour son mari au point d'en perdre toute dignité. Sous ses ordres, la maison impériale devint conventionnelle, respectueuse des traditions et vertueuse.

Dans le même esprit, Pedro, suivant au pied de la lettre les conseils de son médecin, renonça à toute relation en dehors du mariage : «J'ai pris la ferme résolution de ne rien faire en dehors de la maison, non seulement pour des motifs religieux, mais également parce que je n'en ai plus la force, maintenant que nous allons les pieds devant pour nous retrouver tous à la fin dans la vallée de Josaphat, selon les Écritures», écrivit-il à son ami le marquis de Resende. Celui-ci lui répondit par retour du courrier : « Je prends la liberté de douter du peu de force que vous dites avoir. »

En apparence, Pedro avait tout pour être heureux et pourtant, un soupçon d'inquiétude l'empêchait de profiter de sa nouvelle situation. Il n'avait pas digéré la trahison de Miguel et, malgré le temps écoulé, son désir le plus cher était toujours de venger sa fille de cet affront. La blessure provoquée par cette épine fichée dans son cœur suppurait. Cette trahison l'avait rapproché du Portugal. Il ne parvenait pas à se désintéresser de ce qui se passait là-bas et sa position était contraire à celle de l'ensemble de son entourage, qui ne voulait pas voir le Brésil mêlé à ces questions. Mais plus les incidents se multipliaient, plus grande était l'adversité, plus il s'accrochait à la lutte. Occupé par ses fonctions impériales, poussé par l'opinion publique qui le surveillait d'un œil critique à travers la presse et le Parlement, il ne voyait pas comment rétablir les droits de sa fille et tout ceci l'exaspérait. Lorsqu'il apprit que son frère tentait de faire reconnaître son régime par la Grande-Bretagne, la France et l'Autriche, il écrivit de sa propre main un article virulent dans le *Diario Fluminense*. « Pour voir combien Miguel est vil et abominable, il suffit de dire que c'est un mauvais oncle, un frère détestable et un fils exécrable, qui a pourri la vie de son père et a fini par le faire mourir de chagrin, et, à ce qu'on raconte, en usant de poison... » Gênés par tant de véhémence, les hommes politiques brésiliens ne comprenaient pas pourquoi leur empereur n'oubliait pas ce monde éloigné pour se concentrer ici sur le moment présent.

De surcroît, avec une femme aussi jeune qui le comblait, il ressentait doublement le poids de ses trente années de vie intense. L'âge d'Amélie se rapprochait davantage de celui de sa fille Maria da Glória que du sien. Au cours du grand bal donné par la Cour au palais du Sénat, lorsqu'il la vit, légère et vive, danser une valse avec son frère Auguste, Pedro ne se sentit pas à sa place. Il était emprisonné dans son univers peuplé de souvenirs, de deuils, de querelles politiques et, surtout, de préoccupations dynastiques qui lui ôtaient le sommeil. Ses récents problèmes de santé exacerbaient son angoisse. Il avait remarqué que ses jambes avaient tendance à gonfler, ce qui lui rappelait son père et sa jambe douloureuse. Ne disait-on pas que l'un des premiers symptômes de la vieillesse était ce moment où l'on commence à ressembler à ses aînés ? De plus, son sentiment de virilité était affecté par les picotements qu'il ressentait au niveau de l'urètre, le fiasco de la nuit de noces et la baisse générale de sa libido. Tout ceci provoquait en lui des pensées mélancoliques et il prenait conscience que le temps dont il disposait pour rendre justice à sa fille et à son défunt père n'était pas illimité.

Dans cet état d'esprit, il eut la surprise d'apprendre le décès de sa mère. Il passait quelques jours dans une propriété qu'il venait d'acheter, sur les contreforts des montagnes, là où le climat était frais et permettait à la famille de se protéger des terribles chaleurs de l'été carioca. Une lettre de son frère, rédigée en des termes étonnamment affectueux, lui annonçait : « Mon cher frère que je tiens en la plus haute estime, notre mère a eu une mort véritablement chrétienne, elle n'a pas oublié son fils absent... » Il faisait allusion à un bijou légué par sa mère et à une part de l'héritage de dom João qui revenait à l'empereur.

— Il ne signe plus « Miguel », commenta Pedro, visiblement agacé. Il ne fait aucun doute que cette lettre a été rédigée par un secrétaire, il ne sait pas écrire comme ça...

La nouvelle le plongea dans une profonde détresse. Orphelin de père et de mère, il savait que la génération suivante à partir serait la sienne. Il ne conservait guère de souvenirs personnels de sa mère et il la tenait pour responsable de l'usurpation du trône de sa petite-fille. Mais il était sentimental et, après tout, il s'agissait de sa mère. Il tenait d'elle son énergie, son activité fébrile, sa volonté, son caractère turbulent. Et son amour des chevaux. Il la revoyait avec ses manières grossières, négligée, toujours un gros mot à la bouche. Toujours en train d'intriguer, rigide comme l'acier dans ses convictions et brûlante comme le feu dans son tempérament exubérant. Elle était pleine de contradictions : une femme à l'ancienne qui défendait bec et ongles le vieux monde qui disparaissait, et à la fois moderne parce qu'elle ne se résigna jamais à être ce pour quoi elle était née : une princesse consort. Une femme qui aurait voulu être roi. Pour ses partisans, elle était « l'âme de l'absolutisme », « la femme forte de l'Évangile ». Pour les libéraux et de nombreux Portugais, Carlota Joaquina était à l'origine du dicton populaire : « D'Espagne, ni vent ni mariage. » Pour Pedro, une femme qui n'avait pas su être une mère.

Le communiqué précisait qu'elle était morte à Queluz d'un cancer de l'utérus, mais heureuse de voir son cher fils sur le trône.

Des funérailles grandioses avaient été organisées à Lisbonne, Porto et à Coimbra, et elle fut enterrée dans l'église San Pedro à Sintra, près de la Quinta de Ramalhão qu'elle aimait tant.

Bouleversé par tout ce que cette mort remuait en lui, Pedro décida de rentrer à la hâte à Rio. En signe de deuil, il s'enferma huit jours au palais de Saint-Christophe. La première nuit, il se réveilla à l'aube avec un sentiment de bonheur béat qui dura jusqu'à ce qu'il se rendît compte qu'il s'agissait d'un rêve : sa mère lui faisait des câlins et lui chantait une berceuse en espagnol, en le regardant avec des yeux doux. Il ne se souvenait pas que cela se fût jamais produit. Ne dit-on pas que les rêves sont l'expression des désirs les plus intimes de l'homme ?

90.

Suivant le conseil de Bonifacio, Pedro nomma Barbacena ministre de l'Empire. Le marquis avait l'intention louable d'instaurer un véritable gouvernement représentatif. Pedro pensa que, étant originaire du Brésil, il avait la voie libre, mais la situation était trop dégradée. Les députés reprochaient à l'empereur d'abuser de son autorité et de subir l'influence de ce qu'ils appelaient «la clique» : le cabinet privé dirigé par Chalaza, le centre de ce noyau d'activité. L'écuyer de Pedro, conscient de l'affection que l'empereur avait pour lui, ne se privait pas de donner son point de vue sur les questions politiques. Aux yeux de tous, il semblait être l'expression d'un authentique contre-pouvoir dans l'ombre, ce qui semait la confusion chez les ministres, députés et courtisans. Dans les provinces éloignées, où l'information arrivait tronquée, la clique possédait une aura de mystère et de despotisme. Des rumeurs couraient, qui suggéraient qu'on y élaborait des plans néfastes pour la nation – détournement de fonds publics, répression de la liberté d'expression –, et qu'en définitive, l'empereur attendait son moment pour imposer un gouvernement absolutiste.

En réalité, le «cabinet secret» permettait à Pedro d'exercer comme roi du Portugal et père de la reine. Il l'utilisait pour faire tout ce que à quoi ne l'autorisait pas l'administration locale. Pedro ne semblait pas comprendre que ce qui contribuait à la perte de son prestige venait de ce que les membres de cette «clique», de même que la majorité des domestiques du palais, étaient portugais de naissance, comme lui. Cela le rendait automatiquement suspect aux yeux d'une opinion publique de plus en plus influencée par la presse nationaliste.

Le problème devint si épineux que les ministres de Barbacena campèrent sur leur position, refusant de rester à leur poste tant que cet autre cabinet secret existerait et qu'ils craindraient de le voir interférer dans la gouvernance de la nation. Pedro se sentit contraint dans son pouvoir et sa liberté. Il n'était pas agréable d'être obligé de choisir entre le gouvernement qu'il venait de nommer et l'expulsion de son ami et ses adjoints.

Amélie lui conseilla de prendre une décision radicale afin de neutraliser les critiques qui lui reprochaient de s'occuper davantage du Portugal que du Brésil.

— Si le prix à payer est de se passer de Chalaza, tu devras l'assumer, *chéri*, même si ce n'est que temporaire.

Dans le fond, elle craignait l'ascendant de Chalaza sur son mari. Pedro, à moitié convaincu, posa la question à ses ministres et à José Bonifacio. Tous s'accordaient à dire qu'il devait se passer de sa clique pour le bien de la nation... L'essentiel était de donner du prestige à la monarchie et de la stabilité au gouvernement.

— Tu ne convaincras pas les nationalistes que tu t'immisces au Portugal en tant que père d'une reine sans défense et parce que ton orgueil a été froissé, lui déclara Bonifacio. Ils croiront toujours qu'il y a d'autres raisons.

Pedro désirait tellement restaurer son image devant ses sujets qu'il céda à ses conseils, malgré ses réticences. Parmi le flot continu de réfugiés, il trouverait bien quelqu'un pour relever Chalaza de ses tâches de secrétaire mais il lui en coûtait tout de même de se séparer de «sa bonne étoile», son bouffon, son compagnon, son Sancho Panza. Il lui proposa de l'envoyer en Europe comme secrétaire particulier, avec la vague mission de s'occuper de ses affaires personnelles sur le vieux continent pourvu d'une rente conséquente qu'il tirerait de sa poche et non du budget officiel. Jusqu'à ce que les soupçons disparaissent. Chalaza accepta – il aurait accepté d'aller jusqu'au Pôle nord si Pedro le lui avait demandé – mais à contre-cœur.

Affligé par le départ de son ami, Pedro l'accompagna tandis qu'on lui préparait ses bagages, cherchant à travers le palais les objets qui pourraient lui être utiles pendant la traversée. Il finit par revenir avec deux bouteilles de rhum :

— Je veux être certain que tu auras de quoi boire pendant le voyage, lui dit-il en les lui donnant.

Chalaza ne tarda pas à se venger de Barbacena. Dans les lettres qu'il envoya à Pedro depuis la France, il disait disposer d'indices prouvant que le marquis aurait mis à profit ses ambassades sur le vieux continent pour augmenter sa fortune personnelle. Le secrétaire connaissait bien son maître. Il le savait capable d'agir avec un désintéressement total, attaché à une idée romantique de la gloire, à un culte de l'honneur, mais il connaissait aussi son talon d'Achille : il était pingre. Ce que Chalaza ignorait, c'est qu'en lançant cette accusation, il allait compromettre non seulement la stabilité du gouvernement mais aussi la position de l'empereur.

Au lieu d'ordonner une enquête discrète, Pedro laissa libre cours à son impatience et s'enferma seul dans son bureau pour vérifier les comptes de son second mariage, dont les frais lui semblaient très élevés et le conduisirent à penser que les accusations de son ami étaient fondées. Il examina à la loupe les factures des bijoutiers et des carrossiers, celles des hôtels et des voyages en bateau, se perdit dans des calculs sans fin pour convertir les livres en florins et les francs en *contos de reis*. Indigné, il se présenta dans les bureaux du Trésor pour exiger les registres de comptabilité officiels, sans cacher qu'il venait d'apprendre les « magouilles du marquis de Barbacena ». Il était si véhément et ses manières si grossières qu'il perdit le peu de sympathie dont il jouissait parmi les membres du gouvernement et du Parlement. Dans la rue, l'opinion générale penchait en faveur du marquis, Brésilien de naissance. « Je regrette fort d'employer un ton un peu rude, mais ainsi le veut mon tempérament, qui, dans ces cas, ne cède pas devant la raison », lui disait-il dans une lettre par laquelle il le harcelait en exigeant davantage d'informations. Dans ces moments-là, Pedro était son pire ennemi.

Se sentant menacé, Barbacena ne perdit pas son sang-froid. Il connaissait l'impétuosité de l'empereur, aussi réagit-il prudemment, tentant de rester sur la frontière fragile qui séparait son honneur de la volonté de ne pas aggraver la colère de l'empereur. Il parvint à justifier toutes les dépenses de manière satisfaisante et en conclusion, il s'avéra que le Trésor reconnaissait lui devoir de l'argent qui ne lui avait pas encore été réglé. Pedro se rendit compte qu'il était allé trop loin et que son tempérament lui avait joué un mauvais tour. Il était trop tard pour faire marche arrière, son honneur était en jeu.

Le marquis démissionna. La lettre qu'il adressa à Pedro fut honnête et prophétique : « Un grand-père de Votre Majesté a fini ses jours dans une prison à Sintra. Votre Majesté impériale pourrait terminer les siens dans une quelconque prison du Minas Gerais accusé de folie parce qu'en vérité, seul un fou sacrifie les intérêts d'une nation, de sa famille et de la royauté aux caprices ou aux séductions de domestiques et de voyageurs portugais. Avant de me retirer dans ma plantation de sucre, je ne peux que prier Votre Majesté impériale de mesurer l'abîme dans lequel elle se jette. Il est encore temps de rester sur le trône comme le souhaite la majorité des Brésiliens. Mais si Votre Majesté demeure indécise et continue de parler de brésilianisme et de Constitution alors qu'elle est portugaise et absolutiste de cœur, son malheur sera inévitable... »

Peu de temps après la démission de Barbacena, les relations de Pedro avec le Parlement s'envenimèrent encore. Soutenus par l'opinion publique, les députés ne se laissaient pas intimider. Ils votèrent des lois qui diminuaient considérablement le budget du gouvernement, c'est-à-dire le pouvoir de Pedro. Les coupes dans les armées furent massives et une disposition spéciale fit exclure des rangs tous les officiers étrangers, à l'exception de ceux qui avaient participé à l'indépendance. Les mercenaires qui avaient assuré la sécurité et garanti de bons services à l'empereur disparurent d'un coup. Les députés n'hésitèrent pas non plus à voter une résolution fixant les limites de la propriété de Santa Cruz aux terrains où dom João s'était installé au départ, rendant les terres annexées à leurs anciens propriétaires. Cette mesure était une attaque personnelle contre Pedro. Il ne saisissait pas combien son pays d'adoption avait changé. Si au moment de l'indépendance il existait à peine un journal, aujourd'hui le pays en comptait cinquante. Si la presse se limitait auparavant à donner des nouvelles des princes européens, elle émettait aujourd'hui des critiques sévères à l'encontre des monarques, parfois fondées, d'autres frisant la calomnie, faisant passer des rumeurs pour des faits et déformant la réalité par des omissions et des mensonges. On y lisait des insultes contre sa personne, tel cet article qui le traitait de « voleur couronné ». Lui qui, auparavant, serait allé gifler ou frapper d'un coup de sabre l'auteur de l'article, devait dorénavant se retenir. En réalité, il était dépassé par les événements et par le cours changeant de l'Histoire. Son caractère exalté et fantasque était en contradiction avec le mécanisme rigoureux exigé par un régime constitutionnel. Il ne pouvait s'empêcher d'intervenir dans les décisions de ses ministres, d'imposer son jugement. En théorie, il était constitutionnel, mais dans la pratique, il se comportait comme un despote. Il avait gagné l'indépendance, mais se montrait incapable de consolider le système de monarchie constitutionnelle. Fiable dans l'adversité et dans la bataille, il n'était pas fait pour construire la paix. Il avait besoin du frisson des grandes actions, du danger qui le faisait se sentir vivant. La vie monotone d'un cabinet ministériel au sein d'un régime constitutionnel l'ennuyait au plus haut point.

Si le mouvement qu'il avait lui-même inspiré et qui avait conduit à l'indépendance était sur le point de l'engloutir, si on le répudiait comme un renégat pour n'être pas tombé dans les excès des libéraux et des patriotes, pour les Européens d'avant-garde et libres-penseurs, il restait le « chevalier de l'espoir », le « bienfaiteur des peuples ». Une délégation de quatre libéraux espagnols qui avaient fait le voyage jusqu'à Rio vint le lui dire :

— Majesté, nous sommes venus vous demander de l'aide, en tant qu'Espagnol que vous êtes aussi. Comme vous le savez sans doute, l'Espagne vit depuis dix ans sous le règne de la terreur avec votre oncle Ferdinand VII. Les universités sont fermées, les académies vides et les prisons pleines... Le pays est au bord de l'anarchie.

— Que puis-je faire d'ici ? demanda Pedro. Je ne suis même pas parvenu à imposer le régime constitutionnel au Portugal.

— Aidez-nous dans notre combat et vous serez aussi roi d'Espagne.

Il y eut un silence, puis un autre Espagnol prit la parole :

— Et empereur de la péninsule. Empereur d'Ibérie.

Pedro sourit. Cela sonnait bien.

— Majesté, vous deviendrez ainsi l'un des monarques les plus puissants d'Europe, ajouta le troisième.

— ... dans le bastion du libéralisme, fit remarquer un autre. Vous serez le chef de la Sainte-Alliance des hommes libres, par opposition à la Sainte-Alliance des rois.

— Vous êtes notre dernier espoir, Majesté. Nous vous prions d'accepter cette triple couronne du Brésil, de l'Espagne et du Portugal dont vous vous êtes montré si digne.

— Je ne peux pas aller en Europe pour l'instant. Je suis occupé ici à consolider cet empire américain et c'est une tâche dont je dois m'acquitter étape par étape. Lorsque j'aurai terminé ma mission, j'irai peut-être alors transformer la péninsule en une grande nation, puissante, libre et heureuse.

Il n'avait pas beaucoup changé depuis sa jeunesse, raison pour laquelle la demande des Espagnols le séduisait tant. Dans le fond, il restait un Don Quichotte, un héros capable de changer le monde, de lutter contre les injustices, d'en finir avec l'esclavage, de porter la Constitution jusque d'autres continents. La demande des Espagnols réveillait son ambition la plus profonde et son goût de l'aventure. Le Brésil dans toute son immensité devenait trop petit pour lui.

91.

Obsédé par l'idée de retrouver son aura, il décida de partir au Minas Gerais, réitérant la prouesse de son premier voyage officiel dans la région en tant que régent, lorsqu'il était arrivé sous les acclamations de la foule. Il y avait une autre raison à ce voyage : il voulait que son épouse prît des eaux recommandées pour la fécondité.

Il se mit en route avec Amélie et une suite de seize personnes. En chemin, il passa en revue des chantiers et des postes administratifs et rendit justice, à son habitude. À Paraibuna, il fit un don important au vicaire de la paroisse afin de restaurer l'église. Dans le bureau de l'administration fiscale du même village, il obligea le haut fonctionnaire à remplacer ses cinq esclaves par cinq hommes libres. Au lieu d'être félicité, dans un journal de Rio, il fut accusé par un homme politique d'avoir violé les droits du propriétaire des esclaves... Que pouvait-il faire face à cette mentalité ? À Congonhas, on le pria d'intervenir pour aider une jeune femme enceinte. D'après le journal de l'époque, *República*, « Un célèbre Luis Coelho a eu un rapport sexuel illicite avec une jeune fille et il refuse de l'épouser. Une action aussi indigne ne pouvait manquer de peiner le cœur de l'empereur ». Si bien que Pedro fit venir le pécheur et lui donna l'ordre de se marier immédiatement s'il ne voulait pas avoir la tête tranchée. Le plus grand fornicateur de l'empire obligé de punir un pauvre diable qui voulait se défiler... ! Ainsi le voulait la politique.

Partout, on rendit hommage à la suite impériale par d'innombrables cérémonies civiles et religieuses, des allocutions de bienvenue agrémentées de sonnets, d'odes et d'hymnes. Pedro constata à quel point le sentiment national brésilien était profondément enraciné, marqué cependant par une haine du Portugais que les hommes politiques les plus nationalistes, ou « nativistes », se chargeaient d'attiser. Nulle part, on ne lui manqua de respect, mais il se rendit compte que le courant de sympathie entre le monarque et son peuple ne vibrait plus avec l'intensité d'antan. Les rapports avec les autorités locales restaient corrects mais manquaient d'enthousiasme, de chaleur. Il apprit que les façades de certaines maisons où il avait séjourné avaient essuyé des jets de pierre après son départ. Il comprit que Rio avait donné le mauvais exemple au reste du pays :

— Ne pas être né au Brésil est mon péché originel et je n'y peux rien, se disait-il dans ses moments de lucidité.

Ce fut alors qu'il envisagea sérieusement d'abdiquer en faveur de son fils Pedro. C'était une façon de trancher le problème de son « péché originel » et de maintenir la monarchie. Le prix à payer était si élevé qu'il s'abstint d'en faire part à Amélie. Mais il valait mieux placer son fils sur le trône qu'ouvrir la porte au républicanisme. Pour le moment, il fallait tenir quelques années, jusqu'à ce que le garçon fût en âge de gouverner.

Lorsque, au bout de plusieurs semaines de voyage, il reçut des lettres anonymes le prévenant qu'un complot se tramait contre lui, il décida d'avancer son retour. Il rentrait avec un sentiment d'abandon, déçu et découragé, et s'enferma dans son palais de Saint-Christophe, comme s'il avait pu ainsi arrêter le cours des événements.

Il ignorait qu'en ville, les membres de la colonie portugaise de Rio avaient décidé de célébrer son retour au cri de : « Vive l'empereur des Portugais ! », allumant des feux de joie dans les rues et lançant le mot d'ordre d'illuminer les façades des maisons en signe de bienvenue. Il n'en fallut pas davantage pour provoquer une réaction hostile des « nativistes » brésiliens qui défilèrent en répliquant avec des acclamations en faveur de la Constitution et de la souveraineté de la nation. Les cris dégénérèrent en émeutes, alimentés par les carafes d'alcool que les aubergistes portugais offraient aux leurs. De leurs fenêtres, les voisins, réveillés par le vacarme, voyaient les deux camps se battre avec rage dans les rues. Les Brésiliens les plus exaltés portaient les bracelets vert et or des premières heures de l'indépendance et envahissaient les rues en proférant des cris contre le gouvernement. Les Portugais – commerçants, aubergistes, dockers, marins... – ripostèrent en leur lançant des pierres et des bouteilles vides. Pendant des heures, ils défilèrent dans les rues aux cris de «Longue vie à l'empereur!» et de slogans contre les républicains et les fédéralistes. Le tout se solda par des coups de feu et quelques blessés.

Pedro était pris au piège. S'il intervenait pour protéger la minorité portugaise, il cesserait d'être brésilien aux yeux des autres. La situation exigeait une action ferme et, pour la première fois de sa vie, Pedro hésitait... Il commençait à ressembler à son père. Où étaient sa ruse et son audace? Sa première réaction fut de saisir le taureau par les cornes, pacifier les deux groupes de belligérants, mais il pensa qu'un souverain devait se placer au-dessus des factions en guerre. Il sollicita finalement l'intervention de la police qui imposa la paix à grand-peine, une paix affaiblie par la haine qui s'intensifiait entre les deux communautés.

Lorsque les rues de Rio retrouvèrent un semblant d'ordre, le couple impérial décida de sortir célébrer un *Te Deum* d'action de grâce à la Chapelle impériale, puis d'organiser un baise-main dans l'ancien palais. Ils entrèrent dans la ville entourés de hordes de Portugais exaltés, avec une cinquantaine de cavaliers qui escortaient leur voiture en criant des vivats. Une déception les attendait dans cette église baroque ruisselante d'or. La nef était à moitié vide, uniquement occupée par des commerçants et de riches colons portugais et de rares Brésiliens «nativistes». Le nombre d'officiers militaires était encore plus restreint. Même chose pour le baise-main. Pedro revint au palais ce soir-là de méchante humeur. Il avait définitivement perdu son aura. Il avait du mal à accepter que Leopoldine eût emporté sa bonne étoile en mourant.

Le lendemain, il reçut une demande signée par vingt-deux députés exigeant la punition des «étrangers» qui avaient provoqué ce que l'on appela «les nuits des carafes». «Si les Portugais ne sont pas punis, il y aura une révolution», décrétait la lettre. Pedro, qui détestait paraître faible, réagit en faisant la sourde oreille à la demande des parlementaires, procéda à un remaniement ministériel et constitua un gouvernement composé uniquement de ministres nés au Brésil.

Il pensait la crise enrayée, mais la lame de fond persistait. Cinq jours plus tard, les Brésiliens décidèrent de fêter par un défilé militaire le septième anniversaire de la promulgation de la Constitution. L'empereur ne fut pas invité au *Te Deum*.

— C'est inconcevable ! Un affront ignoble ! protesta Pedro.

Il était toujours surpris par la manière dont lui, prince révolutionnaire, défenseur des idées nouvelles, était manipulé par ses adversaires. S'il ne pouvait pas mettre un terme à cette interprétation tendancieuse par un coup d'État, quelle solution lui restait-il ?

Lorsque le défilé militaire prit fin au Campo de Santana, le ministre de l'Armée lui demanda :

— Votre Altesse, je vais de ce pas au *Te Deum*. Venez-vous aussi ?

— Non, je n'y ai pas été convié.

— Si vous me permettez, je vous conseille d'y aller. C'est une occasion de démontrer que vous êtes un homme du peuple.

L'impératrice, qui écoutait la conversation, poussa son mari du coude, comme pour l'encourager :

— Je crois que le général a raison, *chéri*...

Pedro se sentait perdu. La situation était si nouvelle qu'il ignorait comment faire face à cette offense. Se rendre à la cérémonie sans y avoir été invité ne convenait pas à son rang, ni même à sa fierté.

— Ne vois-tu pas qu'il s'agit d'une provocation ? Si tu te plantes au milieu de l'église, tu les laisseras tous sans voix. Ils ne s'y attendent pas.

Amélie parvint à secouer sa torpeur et à lui ouvrir les yeux devant cette situation. Pedro fixa une branche de caféier sur son plastron, sella son cheval et se dirigea vers l'église pour montrer qu'il n'avait pas peur et qu'il était plus constitutionnel que personne. Son entrée, comme l'avait prévu Amélie, provoqua une forte impression. Un homme s'approcha pour lui baiser la main : « Vive l'empereur, qu'il soit longtemps constitutionnel ! »

— Je l'ai toujours été, et en voici la preuve, je suis ici sans y avoir été invité, répondit-il, hautain.

Un autre le reprit :

— En tant que premier citoyen, il est de votre devoir de venir sans avoir été appelé...

Pedro pénétra dans la nef. En sortant, après la messe, il reçut la pire offense possible : il y eut des acclamations en faveur de la souveraineté, de l'indépendance, de la république, mais aucune pour lui. Jamais il n'avait connu cela jusqu'à ce jour. Puis, tout à coup, il entendit :

— Vive dom Pedro II !

Pedro se retourna pour voir qui avait crié mais il y avait trop de monde, trop de regards hostiles. Il haussa les épaules, pâlit et on l'entendit murmurer :

— Mais c'est encore un enfant...

Lorsqu'il revint au campo de Santana, Amélie, qui l'attendait avec impatience, fut surprise en le découvrant si pâle, le visage tendu et avec dans les yeux une expression de terreur qu'elle ne lui avait jamais vue.

92.

Décidé à s'opposer à cette flambée de haine, défiant ceux qui le menaçaient, dans un accès de déraison, il refusa d'annuler la fête prévue pour l'anniversaire de sa fille Maria da Glória qui eut lieu au petit palais du bas. C'était le baisemain de la reine du Portugal à ses sujets, lesquels étaient nombreux à avoir attisé l'atmosphère de haine que l'on respirait dans la capitale. Il y eut ensuite un concert puis un dîner offert aux sujets de la jeune reine. Au beau milieu de la fête, un messager se présenta avec un communiqué annonçant que les émeutes avaient repris, avec cette fois des morts et des blessés. Pedro fit arrêter la musique et lut le document à voix haute devant une foule qui garda un silence absolu. Avec fougue, il s'adressa aux ministres de la Justice et de l'Armée, les sermonna et leur ordonna de sortir afin de prendre les mesures nécessaires pour rétablir le calme.

— Nous ne pouvons pas réprimer les troubles, répondit le ministre de l'Armée. Je ne crois pas que nous devions employer la force contre les manifestants, Majesté.

— Nous ne savons pas de quel côté se situe l'armée, ajouta l'autre.

Cet acte de désobéissance publique ajoutait encore de la confusion à la gravité du moment. Si ses ministres ne lui obéissaient pas, quel monarque était-il devenu ?

— Votre refus d'obéir à mes ordres est une trahison des intérêts de l'empire, leur lança-t-il sur un ton plus pathétique qu'autoritaire.

Puis il se tourna de nouveau vers les invités et demanda :

— Comment peut-on gouverner avec des ministres incompétents ou, pire, de connivence avec les exaltés ?

Sur ce, arriva une nouvelle dépêche qui venait confirmer l'état d'insécurité dans les rues de la ville. Parmi les invités d'honneur, un vent de panique commençait à souffler. Un ancien ministre de l'Armée exhorta Pedro à affronter les fauteurs de troubles sans plus tarder. Les membres du corps diplomatique l'appuyèrent.

— Le plus important est de protéger les voies d'accès afin d'éviter une attaque du palais, déclara un ministre. Nous allons placer la Garde impériale à l'entrée de Saint-Christophe.

Pedro était embarrassé, il ignorait s'il devait punir ses ministres ou se présenter devant l'armée. Son instinct de survie lui disait qu'il manquait l'ingrédient essentiel pour réussir : l'appui populaire. La rue n'était plus son alliée. Tout à coup, le déluge éclata, une averse providentielle avec des éclairs et du tonnerre. Peu après arriva une autre dépêche disant que la situation dans les rues s'était un peu calmée grâce à la pluie.

Pour éteindre ce nouvel incendie, Pedro pouvait céder et nommer un Conseil de ministres originaires du Brésil, libéraux et nationalistes extrémistes. Mais à ce stade, il avait besoin d'hommes en qui placer une confiance absolue et non de ministres qui feraient le jeu de ses adversaires. Le jour suivant, il révoqua les membres de son gouvernement et nomma un nouveau cabinet d'hommes qu'il considérait comme fidèles avec à leur tête le marquis de Paranaguá. La majorité d'entre eux étaient des aristocrates aux titres pompeux et présentaient l'inconvénient d'être tous portugais de naissance, manquant donc de la popularité nécessaire pour s'imposer devant le peuple.

Comme il fallait s'y attendre, ses adversaires l'interprétèrent comme une déclaration de guerre. Ils virent dans ce « gouvernement de marquis » la preuve des intentions absolutistes de l'empereur. Des groupes de milices populaires, conduits par des députés du Parlement, sortirent dans les rues et se postèrent devant les casernes pour inciter l'armée à se révolter. Le Campo de Santana vit arriver une foule immense qui hurlait : « Mort au tyran ! » Des orateurs improvisés haranguaient la foule et les chefs de file proposaient de marcher sur le palais. On entendit quelques acclamations à l'impératrice Leopoldine. Les plus résolus demandaient à l'armée d'attaquer Saint-Christophe, d'arrêter l'empereur et que soit proclamée la République fédérale. La révolution était en marche.

Une commission formée de trois magistrats se présenta au palais et demanda, au nom des révoltés, à parler à Pedro. Celui-ci les reçut dans son bureau pour s'entendre demander de destituer ce gouvernement, alléguant qu'il s'agissait de la volonté du peuple.

— Dites au peuple que j'ai bien reçu sa demande et que je compte faire ce qui me semble le plus opportun pour les intérêts de la nation. Rappelez-lui également que j'agis toujours en accord avec la Constitution qui m'attribue la capacité de nommer les ministres. Je défendrai donc les droits que me garantit la Constitution.

La gravité de son plaidoyer imposa le silence à ses interlocuteurs.

— Je suis prêt à tout faire pour le peuple mais rien qui ne soit exigé par lui, conclut Pedro.

Il ne se rendait pas compte que le peuple l'obligeait à céder le pouvoir. Depuis ce palais éloigné de la ville, on n'entendait pas le bruit des sabres qui montait du Campo de Santana. L'armée accourait à l'appel des insurgés. Peu à peu, presque toutes les unités armées s'unirent au coup d'État, y compris une partie de la garde impériale. Pedro était seul.

Retiré dans son bureau, il méditait sur le chemin à suivre. Son épouse avait les yeux rougis de larmes, car elle pressentait une débâcle semblable à celles qu'elle avait connues enfant. Il était entouré de ses ministres, nerveux, et des ambassadeurs de France et de Grande-Bretagne convoqués pour être témoins des événements. Il était trop tard pour affronter la foule comme il l'aurait fait quelques années plus tôt. Trop tard aussi pour réunir les chefs de l'opposition et prendre des mesures d'ordre militaire. Il comprit qu'il était vaincu.

Épuisé, il se laissa tomber dans un fauteuil. Depuis plusieurs jours, il ne se rasait plus et les rides traçaient de profonds sillons sur ses joues. Il savait qu'il allait connaître l'humiliation d'accepter les exigences du peuple, c'est-à-dire céder les droits que la Constitution lui reconnaissait pour finir comme une marionnette entre les mains d'un Parlement ou bien... abdiquer et partir. Tenir tête au destin et conserver sa fierté. Cette solution cadrait mieux au tempérament hérité de sa mère. Il y pensait depuis qu'il avait senti la virulence de la haine envers ce qui était portugais. La veille, un paroissien la lui avait rappelée en criant « Vive Pedro II ! » Il était certain que son petit garçon de cinq ans, né à Rio, serait bien accepté par le peuple qui continuait de vouer un amour inconditionnel à sa mère, l'archiduchesse autrichienne. S'il renonçait au trône du Brésil en sa faveur, il rétablirait un peu de l'honneur de Leopoldine. Il le lui devait à elle, pas seulement au peuple.

Il deviendrait alors un roi doublement détrôné. Et alors ? se dit-il. Pedro n'aspirait plus au pouvoir comme avant, lorsqu'il était dominé par l'ambition. Il s'était lassé de plaire à certains, de conclure des accords avec d'autres, de temporiser... S'il avait réellement voulu le pouvoir, il aurait réalisé ce coup d'État dont l'idée lui avait traversé l'esprit. Il serait devenu un chef de file, un satrape, un tyran. Non pas que son ambition eût diminué, mais il avait acquis de la cohérence. Aujourd'hui, il voulait plus que le pouvoir. Il avait envie de gloire et il savait qu'il ne l'aurait pas au Brésil.

Le soleil se coucha derrière les montagnes et en un instant, la nuit tomba sur Saint-Christophe, sur la baie, la ville et les montagnes. Les domestiques vinrent allumer les lampes et les chandelles mais au palais environné de ténèbres, l'atmosphère était lourde. Pedro demanda à ses ministres quelles seraient les conséquences d'une abdication. Il était clair qu'il devrait partir avec son épouse et Maria da Glória, reine du Portugal. L'idée de se séparer du reste de ses enfants, probablement pour toujours, était insupportable.

— Vos trois filles et votre fils devront demeurer à Rio jusqu'à la majorité de votre héritier, dont les fonctions seront assumées par un Conseil de régence, lui confirmèrent-ils gravement.

— J'admets que mon fils doive rester, mais pourquoi ne puis-je emmener mes filles ?

— Je comprends votre affliction, Majesté, mais vous devez satisfaire la raison politique. Vous ne pouvez pas les emmener, ce sont les sœurs de l'empereur du Brésil et, comme telles, concernées par la succession au trône.

Tout à coup, il était rongé par le doute. Peut-être devait-il céder aux exigences du peuple et remettre en poste ses anciens ministres. Il se mit à arpenter son bureau. Il s'imagina cédant aux exigences des ministres radicaux, écoutant en silence les insultes des parlementaires et de la presse, sentant le mépris du peuple... Non, cela n'était pas la solution. Il était pris au piège, il devrait payer le prix fort et se séparer de ses enfants pour préserver l'honneur.

Il se tourna alors vers l'ambassadeur britannique :

— Pourriez-vous m'aider à quitter Rio ? lui demanda-t-il.

— Oui, Majesté. Nous mettrions à votre disposition le *HMS Warspite*. Nous pourrions embarquer à l'aube.

« À l'aube... », murmura l'empereur en fermant les yeux devant l'imminence du dénouement. Il restait à régler un problème délicat, celui de l'éducation de ses enfants. Il réfléchit, passant mentalement en revue tous les hommes de valeur qui l'entouraient... Fray Arrábida était trop âgé et très occupé par les missions de l'évêché. Il pensa à José Bonifacio. En dépit de leurs divergences passées, il le reconnaissait comme le plus droit, le plus instruit et le plus sincère de tous. C'était le seul auquel il pût confier la garde et la tutelle de ce qu'il avait de plus précieux au monde, ses enfants. Il savait que cette décision éveillerait la méfiance de nombreux courtisans mais le bien-être de ses enfants n'était pas négociable. Avant de publier un décret sur sa nomination, il souhaita adresser une lettre personnelle à Bonifacio pour s'assurer que le vieil homme accepterait la proposition. Il termina sa missive par ses mots : « ... J'espère que vous me ferez cet honneur car sinon, je serai désespéré à jamais. »

Il fut interrompu par un officier, un homme qui lui était dévoué, qui l'informa que trois unités de sa garde demeuraient à Saint-Christophe et se disaient prêtes à mourir pour lui.

— Transmets-leur mes remerciements pour leur loyauté, répondit Pedro, ému, mais je ne veux pas les sacrifier. Laisse-les aller au Campo de Santana retrouver leurs compagnons.

— Si Votre Majesté souhaite en finir avec la rébellion, il suffirait d'aller à la propriété de Santa Cruz pour organiser une milice. Vous pouvez compter sur moi pour vous y aider.

— Merci, mais je ne peux accepter ce plan. Je ne veux pas qu'une seule goutte de sang brésilien soit versée pour moi.

Plus tard, au petit matin, un autre militaire se présenta, un commandant de bataillon d'artillerie de la Marine qui vint expliquer à l'empereur quelle était la situation au Campo de Santana. Il lui demanda d'adhérer à la proposition du peuple et de la troupe. Sinon, dit-il, avant le jour, les insurgés formeraient un nouveau gouvernement.

Pedro allait et venait dans son bureau tel un lion en cage. Il se laissa ensuite tomber dans son fauteuil :

— Tu vas reprendre tes ministres ? demanda timidement l'impératrice, en pensant qu'il opterait pour ce choix.

Il ne répondit pas. Il fixait le portrait de son père accroché au mur. Dom João aurait transigé, repris les ministres, bien que convaincu de leur incompétence. Il aurait accepté un pouvoir sous la contrainte de la foule. N'avait-il pas dû supporter les humiliations du Parlement de Lisbonne pendant ses dernières années ? Pedro non. Cette idée le rendait malade. S'il se ravisait, il donnerait un signe de faiblesse dont ses adversaires profiteraient plus tard pour se montrer encore plus intransigeants et l'entraîner dans un cercle vicieux où il aurait tout à perdre.

— Ça, jamais. J'abdiquerai avant.

L'irritation se peignit sur son visage et il conclut :

— Avant... qu'on ne me tue.

Les sanglots contenus d'Amélie traduisaient le conflit qui déchirait son époux. Il devait choisir entre l'empire qu'il avait fondé et l'honneur, entre le compromis et la Constitution, entre une gloire improbable et le bonheur de ses enfants.

Le commandant toussa. Il attendait une réponse. Pedro s'approcha de son bureau, trempa la plume dans le flacon d'encre et rédigea une note qu'il lui remit en disant :

— Voici mon acte d'abdication. Je me retire en Europe... Notez que je quitte un pays que j'ai beaucoup aimé et que j'aime toujours.

Personne ne dit mot. Seul le bourdonnement des moustiques se faisait entendre. Pedro soupira :

— Ceux qui sont nés au Brésil ne m'aiment pas parce que je suis portugais. Mon fils adoré Pedro d'Alcantara n'aura pas de problème pour gouverner et la Constitution lui garantira ses droits. Je renonce à la couronne en me glorifiant d'achever comme j'ai commencé : de manière constitutionnelle.

Il s'approcha d'Amélie et ils s'étreignirent. Maintenant, c'était lui qui luttait pour contenir ses larmes. Elle était désespérée, elle n'était plus l'impératrice. Elle ne tenait plus sa revanche contre les échecs auxquels le destin de sa famille l'avait condamnée. Tel est mon destin, se dit-elle.

« L'empereur a mieux su abdiquer que régner. Il a su se montrer à la hauteur en faisant preuve d'une fermeté et d'une dignité remarquables », écrivit l'ambassadeur de France dans son rapport. Son règne était terminé. Pedro Ier avait été emporté par les forces qu'il avait contribué à libérer. Artisan de l'indépendance du plus grand pays d'Amérique du Sud, il avait coupé les liens avec le Portugal en versant très peu de sang. Il avait suivi les conseils de son père en maintenant l'unité de l'ancienne colonie. Il avait procédé à des réformes du système juridique et de l'enseignement ; il avait été à l'origine de la fondation de l'Observatoire, de la Société de médecine ; les journaux s'étaient multipliés et le pays était reconnu au niveau international. En dépit de toutes ses erreurs et de ses défauts, il laissait un héritage précieux. À la pensée de tout ce qu'il avait accompli et de l'injustice de la situation, il éclata en pleurs. S'accrochant au bras de l'ambassadeur français, il sortit sous la véranda d'où l'on voyait les lumières de la ville :

— Je voudrais me recouvrir le visage d'un voile et ne plus voir Rio de Janeiro.

La décision prise, il voulait partir, abandonner cette partie de sa vie. Tandis que, en toute hâte, les domestiques préparaient les bagages sous le regard baigné de larmes de l'impératrice, Pedro entra discrètement dans la chambre des petites. Pendant un long moment, il contempla les princesses qui dormaient. Son regard se posa sur un portrait de Leopoldine qui semblait l'observer avec un sourire figé. À ce moment, il songea qu'elle n'avait jamais abandonné cette maison, que son âme habitait toujours entre ces murs. Il écarta de son esprit cette pensée et se pencha sur les lits de ses filles, embrassant le front de chacune d'elles. Puis il entra dans la chambre de Pedro dont il caressa longuement les cheveux blonds. Il s'approcha de l'oreille de l'enfant et lui murmura d'une voix rauque : « C'est à toi qu'appartient l'empire, mon garçon... » Les yeux remplis de larmes, il déposa un baiser sur sa main, comme l'aurait fait un sujet. Cet enfant était maintenant son empereur, dom Pedro II.

Neuvième partie

Je me sens proche de la mort : je voudrais qu'elle permît de comprendre que ma vie n'a pas été mauvaise au point de laisser la réputation d'un fou.

Don Quichotte

93.

L'océan. La vaste mer qui séparait et unissait les deux mondes. En regardant s'éloigner ce pays qu'il portait dans son cœur, il ne pouvait s'empêcher de songer à l'autre grand voyage de sa vie, celui de ses neuf ans, quand il était arrivé au Brésil avec ses parents à bord d'un brigantin à voiles. À l'époque, les bateaux à vapeur n'existaient pas et la traversée lui avait paru interminable. Il y avait tant de monde sur le bateau qu'hommes et femmes, jusqu'alors parfaitement courtois, se battaient comme des chiffonniers pour avoir sur le pont un espace où s'allonger et dormir à la belle étoile. En revanche, lui, était un enfant heureux de vivre cette aventure car le navire, avec ses auvents, ses dunettes, son gaillard d'avant, ses ponts d'artillerie et ses cales offrait des possibilités illimitées d'exploration et de jeux. À cette époque-là comme aujourd'hui, il était trop agité pour trouver le sommeil, mais pour des raisons différentes.

De son vivant, son père avait pris peu de décisions, mais celle de déplacer sur ces navires tout l'appareil administratif du pays, y compris la bibliothèque d'Ajuda comptant soixante mille volumes, avait marqué une étape dans l'histoire du monde. Pedro se souvenait de leur angoisse avant d'appareiller lorsque, après deux jours de pluie diluvienne, le vent du sud-ouest les avait empêchés de lever l'ancre et de sortir du port de Lisbonne. La terreur qu'inspiraient les forces de Napoléon était telle que personne n'osait même envisager de les affronter. Seule exception : sa mère, Carlota Joaquina, qui rêvait du dénouement inverse. Pour elle, ce vent était son allié et elle priait, pressant les perles de son chapelet entre ses doigts, pour qu'il durât encore un jour. Rien qu'un jour, et le général français Andoche Junot, déjà aux portes de la ville, parviendrait à faire échouer l'aventure, pour elle excentrique et stupide, de partir au Brésil.

Pedro se souvenait de la joie à bord, le matin suivant, lorsque le vent tourna au nord-est, «le vent espagnol», comme on l'appelait, car il soufflait depuis la péninsule au dessus de la vallée du Tage et vers l'océan. «Hissez les voiles!» Des milliers de passagers soupirèrent de soulagement lorsqu'ils sentirent les navires avancer, voiles gonflées. À l'exception de sa mère qui perdait son dernier espoir, enfermée dans un lieu exigu, sans aucune possibilité de s'enfuir. «Hissez la grand-voile! Hissez le foc et la voile de misaine!...» À bord du vétuste *Príncipe Real*, Pedro et son père voyaient tout depuis le pont supérieur, près du gaillard arrière. Ils étaient entourés de nobles, de militaires et de courtisans mais on comptait aussi des médecins, des charpentiers, des apothicaires, des calfateurs, des cuisiniers, des artisans, des juges, des pages... qui n'avaient pour la plupart jamais navigué ou quitté Lisbonne. Le général Junot arriva juste à temps pour apercevoir au loin les bateaux faisant route, toutes voiles dehors, vers l'Atlantique. Furieux, il fit feu lui-même contre celui qui était le plus près : le gréement et le mât furent soufflés et les voiles s'effondrèrent sur le pont. Trophée dérisoire : ce bateau ne transportait personne d'important. Les autres navires naviguaient déjà sous escorte britannique. Pour Junot, ce qu'il voyait était difficile à croire : la disparition à l'horizon du centre névralgique d'un empire, flottant sur les eaux de l'Atlantique.

Deux décennies plus tard, Pedro n'avait pu maintenir l'unité de la famille, tout comme son père à l'époque. En dépit de circonstances différentes, il s'en voulait. Ses enfants lui manquaient même si la réponse favorable de Bonifacio à sa demande apaisait son inquiétude. Le patriarche de l'indépendance s'était senti très honoré d'accepter cette haute responsabilité. Comment aurait-il pu en être autrement, puisqu'il s'agissait des enfants de Leopoldine, son amie, sa confidente, son impératrice? Il mènerait sa mission à bien, avec dévouement, et deviendrait le plus ardent défenseur de l'ex-empereur, le plus fidèle de ses partisans.

Ce voyage était très différent de celui d'autrefois. Le 7 avril 1831 au matin, l'ex-empereur, désormais duc de Bragance, sortit en larmes du palais de Saint-Christophe. Des douzaines d'employés et de domestiques, la plupart d'anciens esclaves libérés par le couple royal, coururent jusqu'au port derrière la voiture, le suppliant de les emmener. Il dut leur dire qu'il n'y avait de la place que pour six personnes. Les autres devaient rester pour servir son fils, leur nouveau maître. Mais ils ne voulurent rien entendre, et il fallut que les marins anglais emploient la force pour repousser les domestiques qui se battaient pour grimper à bord. Pedro, vêtu d'une redingote marron et d'un chapeau haut de forme, ressemblait davantage à un voyageur ordinaire qu'à un ex-empereur. Amélie était en larmes. Tout le monde plaignait l'ex-impératrice qui, voyant ses rêves s'effondrer, se montrait beaucoup plus affectée que son époux. Pedro avait beau lui dire qu'elle allait bientôt revoir sa mère, elle était inconsolable. Ils demeurèrent trois jours ancrés dans la baie de Rio à bord du *Warspite*, trois jours épuisants à organiser les détails de leur départ, et l'inventaire du patrimoine : liste des biens meubles et immeubles, les tableaux des palais, les livres et les cartes, les collections de minéraux, les chevaux de ses écuries, les voitures – anglaises, allemandes, françaises, portugaises, certaines somptueuses, d'autres plus simples –, l'argenterie, la vaisselle. Soucieux d'assurer son indépendance matérielle devant l'avenir incertain qui se profilait, il parvint à négocier la vente d'une partie de ses biens avec le nouveau gouvernement. Il traitait le reste avec les courtiers et les négociants qui cherchaient à faire des affaires. Du palais, il fit apporter toute sa bibliothèque, la literie, vingt-quatre serviettes de toilette fines, dix-huit mouchoirs de fil, douze oreillers de plume; deux urinoirs impériaux furent également installés à bord. Ce qu'il ne vendait pas, il le donnait : par exemple, le linge de table neuf à son fils, l'usagé aux nécessiteux. Dans un élan magnanime, il renonça à des créances de maisons et de terres en faveur des amis, domestiques et protégés. Il accordait une grande importance aux affaires d'argent mais il n'était pas avare au sens strict du terme. «Je ne parlerais pas d'argent en ce moment, si j'avais de quoi paraître décemment en Europe», écrivit-il au nouveau gouvernement. Il n'évoquait pas ses plans pour reconquérir la Couronne du Portugal et peut-être devenir empereur d'Ibérie. Les dernières lettres de Chalaza évoquaient l'enthousiasme avec lequel les membres du Club central hispano-lusitanien de Londres voulaient le proclamer empereur constitutionnel de la

Péninsule. Il savait qu'il s'agissait d'un mirage mais malgré tout, il s'y accrochait.

Finalement, sur indication de l'amiral britannique qui craignait une attaque des nativistes à l'encontre du *Warspite*, Pedro et sa famille durent s'installer sur la frégate *HMS Volage*, qui appareilla le 13 avril à six heures du matin. Rio de Janeiro disparut peu à peu dans la brume, estompant la silhouette du palais de Saint-Christophe, le dôme doré de la chapelle de Gloria, les forteresses de Santa Cruz et de San João, les collines couronnées de palmiers, le Pain de Sucre et le Corcovado, tout le décor dans lequel venaient de s'écouler les dernières vingt-trois années de sa vie. Ce jour-là, la presse locale publia la lettre que Pedro avait adressée à ses amis : «Abandonner quelque chose d'aussi cher que ma patrie, mes fils ou mes amis est douloureux, même pour le cœur le plus endurci.. Adieu ma patrie, adieu mes amis, adieu pour toujours.»

94.

À mesure qu'il s'éloignait de la côte du Brésil, il sentait le mal du pays l'envahir, surtout après le passage de l'équateur, au moment où le climat change et se rafraîchit. Ils connurent six semaines de navigation tranquille jusqu'à l'arrivée d'une tempête. Amélie fut terrorisée et Pedro fasciné comme il l'avait été enfant, lors de son voyage aller. Il raconta tout en détail à son fils dans l'une des nombreuses lettres qu'il lui enverrait au cours des mois suivants. Il se disait que plus tard, son fils les lirait et apprendrait à le connaître. Il lui raconta comment le navire se dressait, s'arrêtait sur la crête de la vague puis glissait en descendant et plantait la figure de proue comme une estocade dans la mer. Il lui parla de l'eau qui s'infiltrait à travers les écoutilles et les fenêtres du gaillard arrière, des cris d'un marin qui demandait de l'aide pour écoper les fonds de cale, du gazouillis des treuils et des poulies, du craquement du gréement. Il lui racontait que ces épreuves n'étaient rien en comparaison de la joie de revoir sous peu sa sœur la duchesse de Goias, interne au Sacré-Cœur à Paris.

La lettre fut expédiée de Faial, aux Açores, où, après deux jours interminables de tempête, ils débarquèrent pour dix heures afin de se réapprovisionner. Onze jours plus tard, Pedro était reçu à Cherbourg par les autorités locales ainsi que par Chalaza, un groupe de réfugiés portugais et cinq mille hommes de la garde française nationale qui lui rendirent hommage. Il fut salué comme le champion de la liberté, le porteur des Constitutions, un homme qui avait su se sacrifier et abandonner le trône plutôt que de violer la Constitution. Ici, il n'était pas considéré comme un despote mais comme un monarque libéral. Il se sentit à nouveau respecté, compris et même aimé... Cela faisait tant de bien, un peu de chaleur humaine pour lutter contre le froid de l'exil. C'était un nouveau départ.

Dans la demeure que le gouvernement avait mis à sa disposition, Pedro reçut de nombreux émigrants portugais qui avaient sollicité une audience avec le père de leur reine. Il entendit des histoires terribles sur la répression au Portugal, des plans extravagants pour reconquérir le pays. Il accepta les propositions d'hommes prêts à s'engager immédiatement pour se battre – et promit de rétablir sa fille sur le trône le plus tôt possible. Il apprit que Benjamin Constant, peu de temps avant de mourir, avait écrit que son arrivée donnerait à l'Europe un visage nouveau, qu'il serait l'homme de la liberté constitutionnelle européenne contre les cabinets autocrates, qu'il était appelé à jouer un rôle immense, « le plus beau qui eût jamais été offert à un prince de mémoire d'homme ». Belles paroles qui vinrent confirmer le sentiment intime d'accomplir son destin. Benjamin Constant l'avait placé dans la situation du héros : il devait triompher... ou mourir. Il n'avait pas l'intention de laisser sa peau dans cette tentative, tout commençait donc par l'argent : où allait-il trouver les fonds pour lever une armée et envahir le Portugal ?

Le général portugais Saldanha, un homme engagé dans la cause libérale et à la réputation irréprochable, le mit sur la voie :

— Un Espagnol peut nous aider. Il s'appelle Mendizábal et c'est un de mes bons amis. Un idéaliste avec les pieds sur terre, un libéral. Il est banquier, un génie de la finance. Ruiné deux fois, il a refait fortune deux fois. C'est le plus grand exportateur de vins espagnols vers la Grande-Bretagne. Comme moi, il est convaincu que libérer le Portugal est le premier pas vers la libération du reste de la Péninsule.

— Vous pouvez me mettre en contact avec lui ?

— Il vit à Londres... Vous savez, Majesté, aujourd'hui plus que jamais, le souhait des libéraux espagnols reste de faire de vous le roi d'Espagne.

Pedro ne répondit pas, mais ce discours lui était doux à l'oreille. Il décida d'aller à Londres. Il se lia d'amitié avec l'exilé espagnol Juan Álvarez y Mendizábal. Originaire de Cadix, Mendizábal était grand, distingué et mince, avec un nez aquilin qui lui donnait un air de vieil hidalgo. Il avait changé son nom d'origine juive, Méndez, arguant que dans les milieux financiers espagnols, il lui fallait le prestige d'un nom basque. Libéral rusé, il avait donné sa fortune à la cause de la révolution libérale de Cadix à l'âge de trente ans, en 1820. Après l'intervention française en Espagne des Cent Mille Enfants de Saint Louis, il dut s'exiler à Londres où il refit fortune et continua de proposer ses talents financiers à la cause de la liberté dans la péninsule. Pour Mendizábal, il était urgent de renverser Miguel : ce roi passéiste ressuscitait un fanatisme sauvage, le même dont s'était nourrie l'Inquisition et qui avait conduit à la persécution des Juifs et à la paralysie du progrès au Portugal et en Espagne. Pedro et l'Espagnol avaient besoin l'un de l'autre : le résultat de cette première rencontre se matérialisa quelques jours plus tard lorsqu'ils signèrent un accord par lequel Mendizábal s'engageait à obtenir un crédit de deux millions de livres au nom de la reine Marie II. Puis, profitant de l'offre du roi de France, Louis-Philippe, qui proposait de le loger gratuitement au château de Meudon, Pedro décida de se rendre à Paris où il s'emploierait à lever des fonds, à obtenir des appuis, des bateaux, des armes et des soldats. «Je m'en vais, car Londres est très cher», annonça-t-il à Mendizábal.

Mais la véritable raison était qu'à Paris vivait la prunelle de ses yeux, la Duchesse de Goias – de plus, il parlait bien mieux le français que l'anglais et, tant qu'à s'exiler, il se sentait plus à l'aise dans un pays latin. Son humeur oscillait entre l'angoisse de se retrouver loin de sa terre et de ses enfants et la satisfaction que lui procurait le fait de vivre pour la première fois comme un bourgeois. «Je vais vendre mon argenterie et mes bijoux pour me constituer un fonds et vivre sans rien devoir à personne», écrivit-il à son fils. Il s'évadait parfois dans ses souvenirs du Brésil. Ses chevaux lui manquaient, tout comme l'odeur de la terre après l'averse tropicale, les couchers de soleil rougeoyants, les sourires des gens, et surtout ses enfants. Ne pas avoir reconnu la dernière fille qu'il avait eue avec Domitila, née quelques mois après son départ pour São Paulo, lui pesait sur la conscience. Il ne l'avait pas fait par respect pour Amélie, mais il n'en oubliait pas pour autant la petite fille. Avant de quitter Londres, il demanda à son ami le marquis de Resende d'écrire à Domitila, en son nom, pour lui dire que son départ précipité de Rio ne lui avait pas permis de lui communiquer ses intentions à l'égard de la petite Maria Isabel mais il lui annonçait qu'il l'avait faite comtesse d'Iguazú et qu'il voulait qu'elle vienne en Europe, tout comme sa sœur, la duchesse de Goias, pour être instruite «avec tous les soins de la bienséance que requiert son rang». Domitila répondit cinq mois plus tard par ces mots : «Avant de recevoir cette preuve d'amour paternel, j'avais déjà le projet d'accompagner ma fille à Paris afin de lui donner l'éducation qu'elle mérite.»

95.

« L'empereur dom Pedro est arrivé aujourd'hui à Paris, il a dîné avec le roi et a assisté au concert qui s'est déroulé au Palais royal. » Ainsi commençait la chronique du *Moniteur* le 27 juillet 1831. Ce que ne racontait pas le journal, c'est qu'avant le dîner avec le roi, la première chose que fit Pedro en arrivant à Paris fut de se présenter au 41, rue de Varenne, siège de l'école du Sacré-Cœur, pour embrasser sa petite bâtarde. Comme elle avait changé en deux ans, la duchesse de Goias ! Elle ressemblait à sa mère : les mêmes traits, la même grâce, le même charme. Il ne se lassait pas de la regarder. La petite avait acquis d'autres gestes, de nouvelles manières – la transformation était prodigieuse. À tel point qu'elle avait oublié le portugais ! Ils parlèrent donc en français en se promenant sur le boulevard des Invalides sous une pluie fine qui trempait les tilleuls et les châtaigniers. Pedro lui raconta du mieux qu'il put les événements qui l'avaient conduit à abdiquer et il lui parla de sa sœur, la comtesse d'Iguazú, qui allait bientôt la rejoindre. Il lui annonça également l'arrivée d'un nouveau petit frère. Amélie était enfin enceinte. « Nous le devons aux eaux du Minas Gerais », lui dit-il sur un ton très convaincu. Maintenant, une vie nouvelle commençait pour tous, ils se verraient plus souvent. Les fins de semaine et les vacances, la petite viendrait au château de Meudon pour y jouer avec sa sœur, la reine María : « Tu verras, elle te plaira beaucoup. »

Avec ses balcons et ses balustrades de fer forgé, ses hautes fenêtres et son imposant perron, le château de Meudon était aussi spectaculaire que la vue offerte de ses terrasses sur la ville, avec les toits d'ardoise de Paris, le dôme des Invalides et les tours de Notre-Dame. Pedro prit possession de sa nouvelle demeure en distribuant lui-même leurs chambres à la vingtaine de membres de sa suite. Il visita la bibliothèque, la salle de billard, les salons décorés de toiles immenses et de tapisseries médiévales... Sans aucun doute un endroit approprié pour une monarchie en exil. Mais onéreux. Même s'il ne payait pas de loyer, Pedro avait déclaré qu'il ne voulait pas être une charge pour la France et qu'il assurerait les frais d'entretien, y compris les écuries pourvues de vingt-cinq chevaux et six voitures. Il se demandait maintenant pendant combien de temps il pourrait assumer ce coût...

Les mois qu'ils passèrent à Meudon furent une parenthèse heureuse au milieu de cet exil. Amélie était ravie de cette maternité qui lui avait tant coûté et, connaissant l'immense affection de son époux pour la duchesse de Goias, elle accueillit la petite sans la moindre rancune et avec toute la tendresse dont était capable une future mère. Elle oublia également la méfiance que le marquis de Barbacena lui avait inspiré et se réconcilia avec Chalaza qui assistait son époux avec dévouement et se montrait très prévenant avec elle. La joie qu'Amélie trouvait dans son nouvel état et sa nouvelle vie se propagea autour d'elle. Tout était nouveau à Paris, tout les intéressait dans ce monde débordant d'innovations techniques, en pleine révolution industrielle. Le choix des spectacles était si varié qu'ils ne pouvaient pas tout voir. Pour un passionné de musique comme Pedro, le théâtre italien était le temple de sa dévotion. Lorsqu'il fit la connaissance de Rossini, il fut pris d'une vive émotion. Depuis sa jeunesse, il était un fervent amateur des œuvres du compositeur. Celui-ci se sentit si honoré de connaître l'ex-empereur qu'il lui proposa d'étudier ses compositions et de jouer l'une d'elles au théâtre. Cela aurait été une grande soirée pour Pedro si une partie du public n'avait quitté la salle avant la fin du concert... Un critique publia le lendemain : « Monsieur l'empereur devrait s'attacher à expulser son frère sanguinaire du Portugal plutôt qu'à jeter hors des théâtres les amants de la musique. »

Expulser son frère sanguinaire n'avait rien de facile. L'expédition nécessitait une préparation coûteuse et minutieuse. Pedro avait l'avantage de disposer des meilleurs officiers militaires, pour la plupart des libéraux qui détestaient la tyrannie capricieuse de Miguel. Au mois d'août, une bonne nouvelle arriva : le comte de Vila Flor, à la tête de la troupe constitutionnaliste cantonnée sur l'île de Terceira, avait vaincu la résistance sur les autres îles des Açores. Maintenant, tout l'archipel était aux mains de Pedro et de ses partisans. Avec les prisonniers, l'armée des libéraux comptait environ huit mille hommes. C'était dix fois moins que ce dont disposait son frère sur la Péninsule. Il avait là-bas quatre-vingts mille recrues, dans leur majorité des paysans analphabètes et des dévots prêts à mourir pour leur roi catholique. La seule façon de remédier à ce déséquilibre était d'employer des mercenaires... mais pour ce faire, il fallait de l'argent. Et disposer d'une flotte pour le transport des troupes sur la Péninsule.

Le château de Meudon devint le centre névralgique de cette campagne de guerre qui allait transformer le Portugal en un champ de bataille où deux frères s'affronteraient jusqu'à la mort. La lutte entre Pedro et Miguel commençait à éveiller l'intérêt de l'Europe entière. Meudon était le théâtre d'un défilé continu de personnalités de toutes les nationalités, de ministres et de sénateurs français, de réfugiés portugais et espagnols, d'ambassadeurs, de militaires, d'aventuriers de toutes sortes qui proposaient leurs services. Des libéraux originaires d'autres pays que le Portugal s'enrôlaient. Chalaza et le marquis de Resende travaillaient d'arrache-pied pour s'occuper de la correspondance et organiser l'emploi du temps chargé de Pedro. Ce dernier frappait à toutes les portes, faisait appel à la solidarité des grandes fortunes, les Poulain, Lafitte, Rougemont. Il expliquait à tous l'urgence de l'intervention mais recevait peu de réponses concrètes. Il obtint une ligne de crédit de douze mille livres auprès de la banque Rothschild au nom du Conseil de la régence aux Açores, mais la banque refusa finalement de la payer. Il allait d'humiliation en humiliation et son humeur s'assombrissait. Seul Mendizábal semblait à l'abri du découragement et assurait que bientôt, il trouverait les fonds.

Pedro était pris entre le marteau et l'enclume, récoltant d'un côté des réponses négatives et, de l'autre, pressé par les Portugais en exil d'accélérer le rythme des préparatifs. La coordination d'une telle opération était compliquée. Le duc de Palmela, maintenant à la tête du Conseil de régence, arriva des Açores pour le convaincre de la nécessité d'avancer l'invasion avant l'arrivée de l'hiver. Pedro, qui ressemblait davantage à un monarque en exercice qu'à un empereur détrôné, lui répondit que d'autres officiers n'estimaient pas possible d'être prêts avant le printemps suivant. Non seulement il ne pouvait avancer l'attaque mais il faudrait la retarder d'au moins six mois.

— Les réfugiés vont être très déçus... Plus nous attendons pour intervenir, plus leurs proches restés au Portugal seront exposés aux représailles.

— Je sais qu'ils sont impatients de récupérer leur patrie mais nous ne pouvons pas agir dans la précipitation.

Il restait de nombreux détails à régler.

— Le problème est de savoir à quel moment ils seront réellement prêts, lui dit Palmela.

Ils ne pouvaient compter lever une armée de quatre-vingt mille hommes pour égaler celle de Miguel. Ils allaient devoir accepter une lutte inégale, et seraient contraints à attaquer avec les moyens dont ils disposaient.

— Le mieux est l'ennemi du bien, lui dit-il pour étayer son argumentation.

Pedro préférait écouter les conseils de ceux qui optaient pour différer l'attaque. Hormis des raisons de stratégie militaire, il avait une autre raison : il ne voulait pas partir avant l'accouchement d'Amélie. Il se souvenait du jour où Leopoldine avait accouché, debout dans un couloir du palais de Saint-Christophe pendant qu'il la serrait dans ses bras. Non, ni l'impatience de l'armée ni la hâte des Portugais à livrer bataille ne lui feraient abandonner son épouse dans un moment pareil. Mais cela, il ne pouvait le dire à Palmela.

96.

« Vive Dom Pedro ! » criaient les Parisiens lorsqu'il éperonnait son cheval, à la fin de manœuvres militaires à Vincennes en présence du roi de France ; il s'approchait alors de la foule afin d'expliquer sa lutte pour la liberté du Portugal. Sensible à l'opinion publique si favorable à son hôte du Brésil, le roi Louis-Philippe mit à sa disposition les ports de Quiberon, de l'île de Ré et de Belle-Isle pour centraliser l'armement et l'équipement de la flotte, puis embarquer les troupes. Cependant, il ne pouvait offrir d'aide financière ou militaire directe. La France, comme la Grande-Bretagne, souhaitait conserver une apparente neutralité dans le conflit portugais. Même s'ils étaient amis, même s'ils jouaient au billard ensemble, la raison d'État prévalait.

Comme l'avait prédit Palmela, le retard de l'expédition irrita les Portugais en exil qui blâmèrent l'attitude de Pedro, jugée hésitante : pour eux, il n'était plus portugais mais un Brésilien dépourvu du courage nécessaire au combat pour sa patrie d'origine. Des pamphlets commencèrent à circuler contre l'ex-empereur. Il était pour le moins ironique de se faire traiter de Portugais au Brésil, et maintenant, de Brésilien au Portugal. Mais le fait de ne pas obtenir l'appui des gouvernements britannique et français avait certainement constitué un écueil important dans l'organisation de l'expédition. S'ajoutaient à cela les difficultés financières de Pedro. Il ne pouvait plus faire face aux dépenses du château de Meudon, et choisit de déménager dans un appartement loué au centre de Paris, au numéro 10 de la rue de Courcelles. Vivre dans le centre présentait l'avantage pour la petite duchesse de Goias de ne plus devoir être interne au collège et de vivre avec eux. Pedro ressentait le besoin d'être en contact avec les siens de manière plus étroite et proche qu'auparavant.

À mesure que les mois passaient sous le ciel plombé de Paris et que la route vers l'invasion se précisait – Mendizábal avait enfin obtenu de l'argent pour acheter des bateaux et des armes –, Pedro succomba à une grande mélancolie. Il faisait de longues promenades et entrait dans les boutiques tel un simple citoyen, pour acheter un jouet pour ses filles, dans l'espoir fou de rencontrer un Brésilien de passage en ville. Il rencontra ainsi divers aristocrates de sa connaissance, tel le baron de Santo Angelo venu à Paris pour étudier la peinture avec Debret.

Le Brésil lui manquait. En novembre, il vit la neige pour la première fois. Ses filles jouaient, toutes excitées par cette nouveauté et il ressentit avec plus de force que jamais le déchirement de la nostalgie. Il ne s'était pas fait brésilien par ambition politique mais à cause de tout ce qui l'unissait à cette terre. Il avait vécu là-bas pendant plus de vingt ans : l'enfance, l'adolescence et la jeunesse ; il avait tenu le premier rôle de la grande aventure de l'indépendance, ses enfants étaient nés là-bas, l'un d'eux hériterait du trône... Abdiquer ne signifiait pas qu'il pouvait effacer de manière automatique tous les souvenirs qu'il conservait dans sa mémoire. Le Brésil était présent dans son esprit à chaque seconde, comme une obsession. Pourquoi vivre loin de tout ce que son cœur désirait ? C'était comme vivre loin de son âme. Au cours de ces journées sombres, il demanda une petite faveur à Chalaza :

— Tu te souviens de Noémie Thierry ?

— Bien sûr !

— Elle n'était pas originaire de Paris ?

— Si.

— Avec tous tes contacts... pourrais-tu essayer de la retrouver ?

Chalaza le fixa comme si cette requête constituait une pure folie. Pourquoi donc voulait-il revoir cette fille qui devait être une femme usée par les années ? N'était-il pas amoureux d'Amélie ? Comment pouvait-il perdre son temps de façon aussi triviale quand il devait se concentrer sur la bataille de sa vie ? Mais Chalaza était un bon ami, un fidèle écuyer qui obéissait à tous les désirs de son seigneur et maître.

Le Brésil était si présent dans l'esprit de Pedro que sitôt qu'Amélie fut prise des douleurs de l'enfantement, il convoqua chez lui l'ambassadeur du Brésil pour être témoin de la section du cordon ombilical. La jeune femme donna naissance à une fille qu'ils décidèrent d'appeler Marie-Amélie. « Elle est née à Paris mais elle est Brésilienne, car elle a été conçue avant mon abdication », insista Pedro. Il voulait que l'ambassadeur certifiât qu'elle était une citoyenne brésilienne, membre de la famille impériale. Celui-ci s'exécuta.

La joie de la naissance ne dura que jusqu'au lendemain, jour du sixième anniversaire du petit Pedro II, l'enfant empereur, événement que son père fêta en organisant un banquet. À l'heure du toast porté en l'honneur de la santé de l'empereur et de toutes les princesses qui étaient restées à Rio, Pedro se sentit mal, se leva et se retira dans sa chambre. Il crut à une crise d'épilepsie provoquée par le souvenir de ses enfants et la fatigue des derniers temps. Mais cette fois, c'était différent. Il resta deux jours à se tordre dans son lit sous le regard effrayé de son épouse et de ses filles qui ne savaient comment le soulager. Le médecin diagnostiqua des calculs rénaux et lui recommanda la patience. Allongé dans son lit, il reçut la visite de Louis-Philippe et de sa famille, mais il eut besoin de plusieurs jours avant de récupérer et de se lever.

Il était encore convalescent lorsqu'un matin, assis à son bureau, il entendit Chalaza annoncer : « Vous avez de la visite, dom Pedro. » La porte s'ouvrit et il vit entrer une femme jeune, bien vêtue, avec une touche bohème, d'une beauté qui le toucha au cœur. C'était Noémie Thierry. Pedro resta immobile, bouche bée, comme s'il avait eu devant lui une apparition de la Vierge, et non son ancien amour. Mais était-ce vraiment elle ? Oui, il reconnaissait les yeux, la forme du visage et la voix suave qui lui disait : « Bonjour, Monsieur l'empereur », en serrant son petit sac de velours grenat. Pedro pensa être devenu fou. Il battit des paupières à plusieurs reprises.

— Noémie ?

— Oui, c'est moi.

— Noémie Thierry ?

— Oui, enfin... c'est le nom de ma mère. Je suis Noémie Breton.

Il se trouvait en présence de sa fille.

— Mon Dieu, tu es le portrait vivant de ta mère.

— Oui, c'est ce que disent ceux qui l'ont connue.

Elle avait non seulement hérité de la beauté de sa mère, mais aussi de son talent. Chalaza l'avait retrouvée facilement car la jeune femme jouait une pièce d'Alexandre Dumas dans un petit théâtre. Ce fut ainsi que Pedro apprit que Noémie, *sa Noémie*, était morte de la tuberculose quelques années plus tôt. La famille qui l'avait accueillie à Pernambouc et qui s'était occupée d'elle à la demande du roi jusqu'à son accouchement l'avait ensuite mariée à un officier portugais, mais cette union avait été un échec. Après plusieurs mois d'une vie difficile à Recife, elle avait séduit un marin français qui l'avait embarquée sur un cargo en partance pour la France. Sitôt arrivée à Nantes, elle avait quitté le marin et s'en était retournée à Paris où elle avait retrouvé le monde du théâtre, la famille des comédiens. Quelques mois plus tard, elle avait connu le père de la jeune fille qu'il avait maintenant devant lui, mais ne l'avait pas épousé.

— Votre mère vous a parlé de moi ?

— Oui, bien sûr. Je sais tout. Les promenades au Corcovar... c'est ainsi que s'appelle cette montagne ?

Pedro la corrigea :

— Corcovado.

— Ah, oui c'est cela. Et le Pain de Sucre, quel nom amusant !

Pedro sourit. La jeune fille continua :

— Elle m'a parlé de ce général hollandais qui vivait seul dans la montagne, des représentations au Théâtre royal où l'on mourait de chaleur, de votre mère qui s'est opposée au mariage... Regardez, je vous ai apporté ceci.

La jeune fille sortit de son sac un mouchoir de lin avec l'anagramme des Bragance brodé de fil d'or.

— C'est votre mère, la reine, qui l'a donné à la mienne...

Effectivement, c'était le mouchoir que Carlota Joaquina avait donné à Noémie pour sécher ses larmes le jour où elle était allée la voir à la cabane du Corcovado pour lui demander d'oublier son fils. Pedro le prit dans ses mains. Quelle douleur, dans ce morceau de tissu... En le touchant, il avait l'impression de caresser Noémie. Il avait toujours été sentimental, et avec l'âge, cela ne s'arrangeait pas. La jeune fille interrompit ses pensées :

— ... je ne me lassais pas de lui demander de me raconter les histoires de sa vie là-bas, cela me semblait tellement exotique, dit-elle avec un rire cristallin.

Pedro était émerveillé par l'audace de cette jeune fille, par cette réplique de son premier amour. Les Françaises avaient quelque chose qui les rendait irrésistibles. À une autre époque, il aurait tenté de la séduire, ne fût-ce que pour ressentir encore le feu qui l'envahissait lorsqu'il était jeune, respirer cette peau douce, toucher ces seins... Mais non. Il n'avait pas le courage d'essayer. Qui plus est, il savait qu'il pourrait à nouveau tomber amoureux. Ne dit-on pas que l'homme est le seul animal qui trébuche deux fois sur la même pierre ?

— Vous devez vous demandez pour quelle raison je vous ai fait venir..., déclara Pedro d'une voix neutre essayant de contenir son émotion – ou, plutôt, pourquoi j'ai tenté de reprendre contact avec votre mère...

— Oui, c'est vrai. J'imagine que c'est à cause du souvenir.

— Oui, bien sûr. Le meilleur des souvenirs...

Pedro cherchait ses mots.

— ... Mais je voulais lui dire... enfin, te dire...

Il hésitait à poursuivre.

— Oui ? Insista-t-elle.

— J'ignore si tu sais que ta mère a eu un enfant de moi qui est mort-né.

La jeune fille changea d'expression et devint sérieuse. Le mélange d'élégance et de rudesse de son interlocuteur la désorientait.

— Elle ne m'en avait pas parlé, dit-elle avec une gravité qui la rendit plus belle encore.

— Oui et j'ai fait porter son corps embaumé dans mon palais, à Rio.

Il y eut un long silence.

— Ton demi-frère, continua Pedro.

La jeune fille le regardait, les yeux grands ouverts. Elle accusait le choc.

— Je l'ai conservé dans mon bureau pendant toutes ces années. Dans la précipitation de mon départ, il est resté là-bas. Je viens de recevoir une note de l'Assemblée nationale... Ils veulent savoir ce qu'ils doivent en faire. C'est pour cela que je voulais voir ta mère, pour lui donner une sépulture ici à Paris, après tant d'années... si elle avait été vivante, bien sûr.

Il regarda la jeune fille avec tendresse, avant d'ajouter, pour conclure :

— Je leur dirai de l'enterrer au couvent d'Ajuda.

Était-ce l'imminence de la grande bataille qu'il allait livrer, qui le faisait se réfugier dans le passé ? Était-ce le désir de payer ses dettes auprès de ceux qui avaient souffert par sa faute ? Ou simplement la peur ? Avant de terminer l'entretien, Pedro demanda s'il pouvait conserver le mouchoir. Noémie haussa les épaules comme pour dire qu'il pouvait le garder.

— Attends-moi un instant, la pria-t-il.

Il la laissa seule. Elle serrait nerveusement son sac entre ses doigts longs et fins, le regard vers la fenêtre. Les flocons de neige, denses et irréels, tombaient sur les platanes de la cour et les toits d'ardoise. Pedro revint quelques minutes plus tard avec une bourse de velours noir qu'il était allé prendre dans son coffre-fort. Il le lui donna. La jeune fille l'ouvrit avec précaution et vit briller un diamant à l'intérieur.

Elle entendit la voix de Pedro :

— C'est un souvenir de mon pays. Je n'ai pas pu le donner à ta mère, alors il est pour toi.

— Non... je ne peux accepter, balbutia la jeune fille en lui rendant la bourse.

Pedro lui fit signe de le garder.

— C'est un échange, je conserve le mouchoir et toi, la pierre.

Il lui indiqua la porte et, au moment de se lever, elle lui dit :

— Mais... elle a beaucoup de valeur, je ne peux pas...

Pedro la raccompagna et déposa un baiser sur sa main :

— Nous devons garder ce secret, que l'on n'aille pas penser que j'ai détourné les fonds de la campagne... Tu me le promets ?

Noémie, inquiète, fit un signe de tête, ébaucha un sourire de remerciement et disparut dans l'escalier.

97.

De retour de la messe juste en face de chez lui à l'église Saint-Philippe-du-Roule, Pedro croisa l'amiral Sartorius qui l'attendait. C'était un vétéran britannique qui avait été choisi pour diriger les forces navales de sa fille. Il arrivait de Belle-Isle où mouillait sa flotte. La contribution de Mendizábal avait été déterminante pour accélérer les préparatifs, lui expliqua-t-il. L'argent avait facilité les choses.

— L'expédition contre dom Miguel a cessé d'être un projet, c'est maintenant une réalité. Il ne vous manque plus qu'à fixer la date.

Pedro demanda quelques jours supplémentaires avant de répondre. Il ne partageait guère l'enthousiasme de Sartorius, pas plus que celui des exilés portugais qui l'encourageaient et croyaient que sa simple apparition à la tête d'une armée libérale bien disciplinée suffirait à faire déposer les armes aux forces de Miguel. Pour Pedro, ce n'était pas sûr ; il connaissait son frère et il savait les absolutistes coriaces. Cette campagne ne serait pas une promenade.

Cette grande bataille qui se rapprochait, ajoutée à la rigueur de l'hiver parisien, contribuait à accroître sa mélancolie, au détriment de sa santé. La fatigue accumulée le conduisait à oublier le reste du monde, les difficultés de la campagne en préparation, l'appel de la gloire et l'aventure... Dans les jours qui précédaient le dernier grand voyage de sa vie, il ne désirait qu'une seule chose : passer son temps à regarder son nouveau-né. Il demeurait des heures penché sur le berceau, guettant l'ombre d'un sourire, déchiffrant sur le petit visage une quelconque ressemblance avec lui, avec sa mère, avec le grand-père João ou la grand-mère Carlota... Puis il la prenait dans ses bras et la couvrait de baisers.

Ce fut Amélie qui le sortit de cet état de langueur.

— Tu ne peux te laisser porter par tes émotions, lui dit-elle. Tes enfants vont bien, nous aussi... Tes hommes vont penser que tu préfères la tranquillité de la vie de famille aux risques d'une campagne politique.

— Si c'est ce qu'ils pensent, ils doivent avoir raison, lui dit-il en ébauchant un sourire las. Je me demande parfois si j'ai eu raison de me laisser prendre dans cet engrenage... Tu sais comment ce caricaturiste m'appelle dans ce journal miguéliste qui circule parmi les émigrés? «Don Perdu»...

— Ne te laisse pas affecter par tout cela, tu as essuyé des attaques plus virulentes. L'important est que les peuples d'Europe attendent beaucoup de toi... Tu ne peux les décevoir.

Ce fut elle qui le sortit de cet engourdissement mental. Elle ne pouvait laisser son époux s'effondrer à la veille d'une telle épreuve. Même si elle le comprenait... Qui a envie d'aller se battre contre son propre frère? Partager la vie de la troupe, se battre pour un pays qu'il ne ressentait plus comme le sien? Elle comprenait le manque d'élan de son époux. Elle se résignait aussi à ne pas l'avoir à ses côtés pendant de longs mois, peut-être même à le perdre pour toujours... Mais il n'y avait pas d'autre solution. Cela n'avait aucun sens de se battre contre les forces puissantes que Pedro avait lui-même contribué à déchaîner.

— Oui, Amélie, il n'y a pas d'autre issue, tu as raison.

Au fond, Pedro avait du mal à croire en la victoire du fait de l'énorme déséquilibre entre les forces en présence. Il ne se laissait pas duper par le chant des sirènes de ses officiers et des réfugiés portugais. Pourtant, les dés en étaient jetés. S'imaginait-il revenir en arrière? Qu'en serait-il de son honneur? Il était trop tard pour rester en dehors et attendre les communiqués de l'armée en guerre contre son frère, depuis son appartement parisien. Il aurait pu déléguer au nom de sa fille et continuer à profiter de cet exil qu'il imaginait doré – mais il ne l'avait pas fait car ce comportement ne lui correspondait pas. Il se rendait compte que, davantage que la gloire, ce qu'il désirait c'était se racheter de ses erreurs, de ses faiblesses. Ce n'était possible qu'en se détachant de la vie et en faisant le don total de sa personne. Son épouse avait raison, il n'y avait pas d'alternative.

À partir du moment où tout fut clair, ses douleurs et ses courbatures disparurent. Pour se préparer à cette nouvelle étape de sa vie, il se mit à lire des manuels tactiques de guerre, à étudier des cartes militaires, à s'exercer au tir et à participer à des manœuvres militaires avec le roi de France. Jusqu'à l'arrivée de Mendizábal qui annonça que tout était prêt.

Avant de partir, il rédigea un testament. Il n'oublia aucun de ses enfants, légitimes ou non, y compris celui qu'il avait eu avec la couturière Clémence Saisset ou le petit Rodrigo avec la sœur de Domitila. Il avait trente-trois ans et le portrait pour lequel il posa alors le représentait en uniforme de général portugais portant la Grande Croix de la Légion d'Honneur, le cheveu ondulé, avec ses éternels favoris et une barbiche. Mais, il avait épaissi et perdu cet air juvénile qui, jadis, lui était propre.

Au matin du 25 janvier 1832, un groupe de fidèles accompagnés de quelques ministres et de députés français se présenta rue de Courcelles pour un petit déjeuner d'adieux. Plus de deux cents personnes se réunirent, que Pedro dut quitter à 7 heures 45 lorsqu'on lui confirma que sa voiture était avancée. Il embrassa son épouse puis sa fille aînée. La petite Maria da Glória tressaillit en voyant son père, vêtu de cet uniforme étincelant, s'incliner devant elle et lui prendre la main :

— Madame, voici un général portugais qui s'en va pour défendre vos droits afin de vous rendre votre couronne.

La petite se rua dans ses bras, et il la tint longuement serrée contre lui.

98.

De Paris à Nantes où l'attendait Mendizábal. De Nantes à Belle-Isle, point de rencontre des volontaires qui s'étaient enrôlés. De Belle-Isle aux Açores, où attendait le gros des troupes et la flotte. Sous un ciel bleu azur, Pedro découvrit un paysage familier de champs verts plantés d'oliviers, d'orangers et de maisons blanches. Le Portugal au milieu de l'Atlantique. Les montagnes abruptes de cette île, avec des sentiers étroits qu'on n'empruntait qu'à dos d'âne, s'élançaient vers le ciel. Tandis que le bateau était ancré dans la baie de Ponta Delgada et que les soldats, bruyants et excités, se battaient pour une place sur le pont, Pedro ne perdait pas de temps : il vérifiait l'état des fusils et des épées. Il ne restait plus grand-chose du bourgeois parisien : il s'était transformé en chef militaire, prêt à partager les dangers de la guerre avec ses hommes. Fidèle à lui-même, il voulait tout contrôler, minimiser les risques, ne rien laisser à l'improvisation. La foule massée sur le quai faisait partie du campement militaire : elle se composait d'un mélange hétéroclite de libéraux fanatiques, d'étudiants idéalistes frais émoulus de l'université de Coimbra, d'écrivains et de poètes, de vétérans des campagnes contre Napoléon, de volontaires venus de tous les coins d'Europe – des *clochards* parisiens aux ferblantiers au chômage, bateleurs ou encore vétérinaires, rêveurs, aventuriers recrutés dans les rues de Londres et de Paris – et aussi d'authentiques épaves humaines qui s'étaient enrôlées uniquement pour pouvoir manger.

Déterminé à ne négliger aucun détail de l'expédition, il s'occupait de tout : il aidait les mécaniciens de l'arsenal, supervisait le calfatage des navires, observait le montage des pièces d'artillerie, écrivait des notes et des rapports, la feuille de papier posée sur le genou. L'amiral anglais avoua n'avoir jamais rencontré un homme aussi actif. La nuit, il trouvait le temps d'écrire à son fils, ce qui lui était utile pour mettre de l'ordre dans ses idées : «... Tu dois te rendre digne de la nation sur laquelle tu règnes, parce que l'époque où l'on respectait les princes uniquement parce qu'ils étaient des princes est révolue ; dans le siècle où nous vivons, les peuples connaissent leurs droits, il faut que les princes sachent qu'ils sont des hommes et non des divinités. »

La majorité des mercenaires que Pedro se chargea de former étaient anglais mais il y avait aussi un petit contingent de Français, d'Espagnols, de Hollandais et de Polonais. Comme il fallait s'y attendre, la présence des Anglais sur les îles provoqua divers scandales d'ordre public car ils s'adonnaient à la boisson. Comme les Irlandais à Rio, se souvenait Pedro. Ivres, ils frappaient aux portes des couvents. « Nous nous amusions beaucoup avec les religieuses », écrivit le capitaine Charles Shaw, second dans la hiérarchie du bataillon britannique. Il racontait qu'il avait accompagné un orchestre parti jouer dans un couvent. « Nous dansions dans le parloir, ce qui ne s'était jamais vu auparavant », ajouta-t-il. D'après l'Anglais, les religieuses étaient laides, sales et négligées « et crachaient d'une manière abominable ». Mais c'étaient les seules femmes qui avaient vraiment envie de s'amuser sur ces îles. Leur réputation à cet égard venait de loin car au XVIIIe siècle déjà, le comte de Ségur, en voyage pour l'Amérique, avait parlé de la légèreté des religieuses des Açores, les femmes les plus isolées du monde. Pedro s'occupa de leur émancipation et signa un décret pour que les couvents ouvrent leurs portes et leur permettent de retrouver leurs familles. Il prit tellement au sérieux le sort de ces religieuses qu'il ne put résister aux charmes de la plus belle d'entre elles, sœur Ana Augusta Peregrino, une jeune clarisse de vingt-trois ans, sacristine du couvent de la Esperanza, qui l'attendait toutes les nuits le cœur battant. Pedro arrivait à l'aube vêtu d'une grande cape et le visage dissimulé sous un chapeau à larges bords. Seul, loin de Paris et d'Amélie, avec la perspective d'une guerre où il laisserait peut-être sa vie, le monarque retombait dans ses anciennes habitudes.

Au début du mois de juin de l'année 1832, la flotte d'invasion était prête : une cinquantaine de navires dont deux frégates, deux brigantins, trois vapeurs, une corvette, trois goélettes ainsi que bon nombre de petites embarcations fort utiles pour reconnaître la côte. Mais pas de chevaux. Les bateaux étaient numérotés de un à cent ; ils espéraient que cette ruse naïve tromperait l'ennemi. Cependant, le mauvais temps obligea à reporter le départ à la fin du mois. Enfin, le 27, parmi les acclamations de la foule qui agitait des mouchoirs et chantait des hymnes martiaux, la flotte s'embarqua sous un soleil radieux : elle comptait sept mille cinq cents hommes. À bord de la galère baptisée *Amélie* qui arborait le drapeau bleu et blanc du mouvement libéral, se trouvait Pedro en compagnie de ses généraux. Ses espions l'avaient informé que Miguel avait concentré l'essentiel de ses forces autour de Lisbonne, soit environ vingt-cinq mille hommes auxquels il espérait en ajouter quarante mille, plus deux mille cavaliers ; ils décidèrent donc de se diriger vers le nord et d'entrer par Porto qui leur semblait être l'endroit le plus vulnérable de la côte. De surcroît, la ville était un bastion traditionnellement libéral depuis qu'un roi médiéval en avait expulsé les nobles n'exerçant pas une activité lucrative ; l'influence de la classe moyenne des commerçants avait ainsi prédominé tout au long des siècles. Porto recélait davantage de boutiques que Lisbonne et ses bibliothèques étaient plus riches. Pedro était certain que nombre de ses habitants rejoindraient ses troupes et qu'ils pourraient faire de la ville leur centre d'opérations.

Ils débarquèrent sur la plage de Pampelido, à douze kilomètres au nord, sans qu'on leur opposât la moindre résistance, ce qui leur parut surprenant étant donné la disparité des forces. Les colonnes de soldats et l'artillerie avancèrent lentement jusqu'à la ville, juchée sur le flanc d'une montagne sur le Duero, se laissant guider par la silhouette des tours massives de sa cathédrale. Les soldats ne comprenaient pas ce silence qui leur semblait hostile et les officiers échangeaient des regards consternés. Cela tenait davantage de la promenade que de l'intervention militaire. Ils cueillaient sur le bord des chemins des hortensias bleus et blancs qu'ils accrochaient aux canons de leurs fusils et de leurs baïonnettes. Des enfants déguenillés couraient pieds nus entre les soldats et quelques pêcheurs et colporteurs rejoignirent le cortège. Monté sur un canasson, Pedro, portant une bannière, fit son entrée par la rue Cedofeita qui, bordée de manoirs de granit fermés à double tour, menait directement au centre. Les riches et les nobles avaient peur ; ceux qui n'avaient pas fui s'étaient enfermés chez eux. Les paysans, en grande partie miguélistes, étaient partis vers le nord. Certains étaient si ignorants qu'ils parlaient de doña Constitution, convaincus qu'il s'agissait d'une femme de chair et d'os. Fanatisés par le clergé, ils refusaient de célébrer l'arrivée de cette armée qui n'était pour eux rien de plus qu'une poignée de francs-maçons, d'hérétiques, de Juifs et d'étrangers.

Progressivement, devant la tournure festive que prenait cette invasion, des gens sortirent dans la rue, des partisans libéraux, réprimés depuis longtemps, qui reçurent leurs alliés avec effusion. C'était pour la plupart des employés, caissiers, étudiants, intellectuels, travailleurs des entrepôts, toujours prêts à acclamer le vainqueur, quel qu'il fut. La Plaza Nueva se remplissait peu à peu d'une foule en délire qui acclamait le roi Pedro IV du Portugal, titre qu'il avait reçu huit jours à peine après la mort de son père. Des femmes vêtues de bleu et de blanc se pressaient sur les terrasses et les balcons tandis que les hommes, en bas, recevaient Pedro en applaudissant. « Portugais ! cria-t-il. Le moment est venu de secouer le joug tyrannique qui vous opprime... Aidez-moi à sauver la patrie qui m'a vue naître ! À compter d'aujourd'hui, je vous offre la paix, la réconciliation et la liberté... » Ses partisans se précipitèrent pour occuper les bâtiments publics. Ils ouvrirent les prisons, libérèrent les prisonniers politiques – commerçants, employés, prêtres libéraux et aristocrates dissidents – et, en signe de représailles contre le régime absolutiste, ils pendirent sur la place publique le seul bourreau de la ville. Les monastères furent transformés en casernes pour y accueillir les constitutionnalistes, en dépit de l'indignation des prêtres. Palmela pensa que les généraux miguélistes avaient perdu la tête en abandonnant ainsi la ville. Pourtant, Pedro avait du mal à croire que l'ennemi se fût retiré la nuit précédente sans avoir tiré un seul coup de feu.

Il avait raison. L'ennemi exécutait un plan : encercler Porto, l'assiéger et attaquer de manière à ce que personne ne pût en réchapper. Ils transformaient la ville en piège. Pedro reçut des communiqués l'informant qu'un contingent important composé de soldats absolutistes était en train de se déployer à vingt kilomètres de la ville et prenait position dans un large cercle sur les collines environnantes. Il comprit alors qu'ils étaient tombés dans une souricière.

99.

Que faire ? Ils n'étaient pas venus jusqu'ici pour rester sur la défensive. Pour une troupe qui se croyait libératrice, le manque d'action était démoralisant. Impossible de faire route vers le sud car ils ne disposaient pas de cavalerie et leur artillerie était réservée aux distances courtes. Pedro et son état-major décidèrent donc d'aller à la rencontre de l'ennemi. Ils envoyèrent une force de quatre cents soldats à Braga, vers le nord, pour proclamer en route la cause de la reine. Et une colonne de reconnaissance d'un millier d'hommes à l'est, jusqu'à Peñafiel. À l'entrée du village, ils se heurtèrent à une résistance acharnée : les absolutistes luttèrent pour repousser l'attaque avec le soutien de leurs voisins, solides paysans armés de bâtons, de pics et de pioches. La première bataille que se livrèrent les deux camps fut un massacre qui coûta la vie à deux cents absolutistes et à une centaine de libéraux. Par ailleurs, ceux qui étaient allés à Braga revinrent à Porto après s'être confrontés au même type de résistance populaire. Les deux expéditions confirmaient que le Portugal profond n'avait que faire de l'arrivée de la petite reine et de ses partisans.

Pedro était outré. Où était cet enthousiasme du peuple envers sa reine constitutionnelle dont parlaient tant les exilés portugais à Paris ? se demandait-il. Le Portugal était un pays appauvri, brutalisé par la toute-puissance du clergé, traumatisé d'avoir perdu la grande colonie dont il avait vécu pendant tant de siècles et aigri contre le responsable de ce désastre, ce prince libéral et franc-maçon qui avait trahi la Mère-Patrie en se faisant brésilien. Comment allait-il l'acclamer en héros alors qu'ils ne le considéraient pas comme le chef de la famille des Bragance mais comme un aventurier à la tête d'une bande de pillards? Accablé, Pedro découvrait que la majorité de la population n'aspirait pas à la liberté ; que, loin d'embrasser sa cause, ils étaient disposés à la combattre avec acharnement. Ils ne s'intéressaient qu'à la poursuite de la tradition nationale, du sentier balisé par sa mère, sûrs de leur foi sans se poser de questions. Cette déception était le prix à payer pour avoir idéalisé le Portugal pendant tant d'années. Il avait même du mal à les comprendre en raison de leur accent prononcé. Il y avait des similitudes avec le Brésil, mais Pedro ne voyait que les énormes différences qui séparaient les deux pays, deux cultures, deux mondes.

De son côté, Miguel déléguait les tâches du gouvernement au vieux comte de Bastos tout en continuant à mener la grande vie. Le séjour de son frère aux Açores ne lui avait pas ôté le sommeil. Le connaissant, il pensait que cette aventure était une nouvelle lubie de Pedro, une stupidité qu'il regretterait. Il était sûr de son pouvoir, de sa popularité auprès d'une grande partie de la population rurale, de l'écrasante différence de forces en sa faveur. Le débarquement de cette armée de pacotille ne l'empêcha guère de continuer à profiter de ses plaisirs habituels : naviguer le long de la côte à bord de sa goélette rouge, se reposer à Queluz, chasser le sanglier à Samora, marquer les bouvillons sur les exploitations agricoles de l'Alentejo et même descendre dans l'arène. Il vivait dans sa bulle de privilèges, loin de la misère des rues. Dans toutes les églises, on trouvait une urne portant l'inscription suivante : « Pour les dépenses publiques. » Les officiers de l'armée remettaient une partie de leur salaire au gouvernement pour éviter la ruine de l'économie.

La différence de caractère entre les deux frères joua un rôle essentiel dans l'issue de cette guerre. Pedro n'était pas homme à se laisser abattre facilement. Au contraire, il prenait toute son ampleur dans l'adversité où il donnait le meilleur de lui-même. Au cœur de la tragédie, il s'oubliait totalement et réaffirmait sa volonté presque puérile d'être un héros. Pedro avait envie de gloire, Miguel de continuer à profiter des plaisirs de la vie et d'être roi.

Pour Pedro et ses hommes, il était crucial de briser l'encerclement de l'ennemi. Ils décidèrent d'attaquer simultanément sur trois fronts. Ils laissèrent à Porto un détachement symbolique de deux cents soldats et le reste partit. Ils savaient qu'ils jouaient le tout pour le tout. Face à eux, douze mille soldats avec de bons chevaux mais une artillerie faible. C'était une armée mal organisée, mal entraînée, mal commandée par des officiers en conflit entre eux et qui, en dépit de la supériorité numérique, ne pouvaient être comparés aux cadres expérimentés anglais, français et portugais de l'armée libérale. Le combat qui allait décider de la survie de la révolution constitutionnelle au Portugal, était imminent.

La bataille dura la journée entière avec de multiples avancées et retraites. Ignorant le danger, Pedro se laissa emporter par l'ardeur guerrière, éperonna son cheval et atteignit un monticule pour suivre de près, à la longue-vue, le cours du combat. En temps de paix comme en temps de guerre, il avait besoin d'être aux commandes. C'était la première grande bataille à laquelle il assistait et il se souvint du général Hogendorp qui lui avait tant de fois raconté les secrets stratégiques des batailles napoléoniennes. Il se souvint aussi de son frère : les bagarres d'enfants au cours desquelles ils utilisaient des esclaves comme soldats s'étaient transformées en combats avec de vrais morts. Mais à l'époque, il ne ressentait pas les nausées d'aujourd'hui. L'odeur du sang mélangé à celui de la poudre des balles lui provoquait des haut-le-cœur. Il était si absorbé qu'il n'entendit pas ses généraux lui enjoindre de reculer de quelques mètres. Il demeura au même endroit jusqu'à la tombée du jour, lorsque les absolutistes, las de l'enlisement de la bataille, lancèrent une attaque concentrée sur un régiment. Pedro observa à travers son télescope la manière dont l'un de ses tireurs lançait deux rafales très précises qui firent exploser la colonne ennemie, et vit les miguélistes battre en retraite, en proie à la panique. Lorsqu'il voulu répondre aux cris de joie de ses soldats, Pedro sentit sa gorge se serrer, à la fois fasciné et paralysé de voir autant de morts autour de lui.

Maître du champ de bataille, il traversa à cheval, au pas, le pré de fougères piétinées, jonché de cadavres. Entre les blessés et les morts, il avait perdu quatre cent-soixante hommes. L'ennemi peut-être le double. La guerre ne faisait que commencer. Un soldat portugais, enrôlé volontaire à Paris, lui raconta que dans le fracas du combat, il avait reconnu un parent dans les rangs ennemis. Il le cherchait maintenant parmi les cadavres. La guerre entre frères était aussi une guerre entre familles, entre voisins, entre vieux amis. Cette victoire, en lui montrant la détermination dans la lutte des troupes de son frère, lui laissa un arrière-goût amer. Sans cavalerie, il ne pouvait pas les rattraper, ni même conquérir de nouvelles positions : ils seraient toujours désavantagés. Cela valait-il la peine de continuer ? Ne valait-il pas mieux solliciter l'arbitrage des grandes puissances pour trouver une solution au conflit ? Ce moment de faiblesse se dissipa aussitôt rentré à Porto lorsqu'il sentit la chaleur du peuple, lequel lui offrit un second accueil triomphal.

Lors du conseil de guerre qu'il tint avec ses généraux et ministres, tous s'accordèrent sur un point : ils ne pourraient gagner la guerre sans cavalerie. Pedro décida donc d'envoyer Palmela à Londres pour y acheter des chevaux, recruter davantage de mercenaires et éventuellement, obtenir une aide matérielle du gouvernement britannique. Il écrivit également à Amélie pour lui demander de vendre les diamants et les tableaux afin de se procurer des fonds. « Seul un miracle peut nous sauver », lui disait-il, révélant ainsi le fond de sa pensée. Tandis qu'ils attendaient le résultat de toutes ces démarches, Pedro et son état-major s'employèrent à fortifier la ville.

L'ex-empereur se joignit sans hésiter aux soldats qui, dès l'aube, creusaient des tranchées, empilaient des pierres et des sacs de sable pour se protéger et clouaient des piquets. Si Pedro voyait un homme s'y prendre mal, il lui ôtait la houe des mains et terminait lui-même le travail. Il n'était pas rare de le voir pousser les canons aux côtés des soldats, sous la pluie ou le soleil brûlant d'août. Il avait l'habitude de traverser le Duero pour superviser les travaux de fortification d'un ancien couvent de carmélites transformé en bastion avancé de ses troupes.

Il songea que, à défaut de cavalerie, il pourrait utiliser la force navale dont il disposait. Il envoya une frégate au nord avec un détachement de trois cents hommes pour tenter de trouver un arsenal d'absolutistes, mais ils rentrèrent tête basse à Porto. Avec le général Vila Flor, ils imaginèrent alors une autre incursion, cette fois plus ambitieuse. Il s'agissait de traverser le Duero avec quatre mille hommes et huit pièces d'artillerie pour attaquer à Souto Redondo. Au départ, voyant les sentinelles de Miguel s'enfuir, ils crurent la victoire acquise. Mais leur joie fut de courte durée. Les troupes absolutistes contre-attaquèrent et, cette fois, elles décimèrent les libéraux. Depuis la terrasse du palais de Carrancas où il résidait, et grâce à sa lunette télescopique, Pedro fut témoin de la défaite et de la déroute de ses troupes.

Tandis que Vila Flor regroupait le bataillon pour éviter un massacre total, un autre général suggéra que la seule solution était d'embarquer à nouveau jusqu'aux Açores. Entre les morts, les blessés et les disparus, ils avaient perdu la moitié de l'infanterie et les huit pièces d'artillerie. Une catastrophe.

Il avait beau croire la guerre perdue, Pedro ne laissa rien paraître de son inquiétude. Au contraire, il tenta d'encourager ses subordonnés, dissimulant sous les gestes et les mots le profond malaise qu'il ressentait. Pourtant, l'espoir de gagner cette guerre de façon rapide et décisive s'était évanoui à jamais. Le soir venu, il écrivit à son épouse de chercher un grand général français, de ceux qui avaient combattu avec Napoléon, pour inspirer confiance à ses officiers. Il voulait se passer de Vila Flor auquel il attribuait la responsabilité de cette défaite. Il adressa également un courrier urgent à Palmela, dans lequel il lui faisait part de la situation désespérée de ses forces et lui demandait de vérifier si la marine anglaise protégerait le retrait de ses troupes jusqu'aux Açores. La réponse lui parvint quelques jours plus tard, positive. Mais Pedro avait changé d'avis. Passé le premier instant de consternation, il pensa que si les Anglais l'évacuaient, ils finiraient par reconnaître le gouvernement de son frère et considéreraient le problème portugais comme réglé. C'était révoltant. S'il devait perdre la guerre, ce serait en y laissant sa peau sur le champ de bataille. Toute autre solution qui ne restaurerait pas sa fille sur le trône serait une insulte à la mémoire de son père, à son honneur, au peuple, à l'Histoire. Sans compter que c'était une rebuffade pour son ami Mendizábal qui perdrait tout l'argent que ses investisseurs lui avaient confié. Et s'il y avait un espoir de gagner cette guerre, il se trouvait précisément chez Mendizábal, qui engageait trois mille mercenaires et achetait cinq cents chevaux supplémentaires pour compenser les pertes de Souto Redondo. Regrettant d'avoir parlé d'évacuation, Pedro écrivit de nouveau à Palmela, lui demandant de tout oublier, de ne pas mentionner cette idée absurde, surgie dans un moment de découragement. Ils poursuivraient le travail de fortification de la ville, à Porto, pour se préparer à une attaque imminente, l'esprit préoccupé par ses démarches à Londres.

100.

Les miguélistes ne se décidaient pas à lancer l'assaut final. Pour des raisons de rivalités personnelles, leurs généraux laissèrent passer de bonnes occasions dans les heures qui suivirent la débâcle de Souto Redondo. Les troupes s'habituèrent à vivre repliées, sans se battre, pensant que les bombardements affaibliraient l'ennemi pour le contraindre finalement à la reddition. Hormis le fait qu'elle était erronée, cette stratégie coûtait cher : chaque cartouche de munitions utilisée coûtait dix escudos, une somme considérable pour le Trésor public exsangue. Par ailleurs, Miguel n'était pas sur la brèche comme son frère, et l'absence d'un chef de file se fit sentir dans les rangs. Il n'allait plus sur son bateau car les événements exigeaient son attention mais, au fond, il sous-estimait toute cette folie. Il regardait l'avenir sans crainte. Jusqu'au jour où il reçut une notification du cardinal et d'un groupe de ses courtisans aristocrates réclamant sa présence pour passer l'armée en revue. Miguel n'avait pas daigné rendre visite aux soldats prêts à donner leur vie pour lui, pas plus qu'aux hôpitaux qui recevaient les blessés. Lorsqu'il se vit obligé de parler à ses troupes, il leur annonça sur un ton prophétique :

— L'expulsion des armées hérétiques et infâmes de Porto est imminente. La nation est sur le point d'être purifiée, libérée des ennemis de Dieu et de la religion. Le moment est venu de punir les hérétiques !

Il tenait son aplomb d'un plan conçu avec ses généraux qui consistait à lancer un assaut définitif, le jour de sa fête. L'approche de cette date sur le calendrier ne pouvait être qu'un signe de la divine Providence, la confirmation secrète de son triomphe imminent, de sorte que personne au Portugal ne doutait de la victoire du roi. Des *Te Deum* furent célébrés dans toutes les églises de la nation, certains anticipant la victoire : « Nous entrons dans Porto ! *Tedeum laudamus !* », lança le père Fortunato dans l'église des Anges de Lisbonne, face aux fidèles qui partageaient sa ferveur fanatique.

Le jour dit, pourtant, Dieu devait être ailleurs. Les miguélistes lancèrent l'assaut avec un régiment de cinq mille hommes, par l'est. Un groupe parvint à pénétrer dans la ville et à s'emparer de plusieurs pièces d'artillerie mais après onze heures de contre-attaques furieuses, ils furent expulsés. Ils finirent par reculer et laissèrent dans les rues plus de quatre mille soldats des rangs absolutistes morts, blessés ou prisonniers. Du côté des pédristes, on releva cent morts et trois cents blessés graves. Dans l'imaginaire populaire, Porto était invincible. Le camp des assaillants en fut démoralisé.

Le grand vainqueur de la San Miguel fut Pedro. Il était déjà très populaire, aimé et respecté parmi la population de la ville. Les soldats l'aimaient comme un frère, capable de partager leurs souffrances quotidiennes. Cependant son comportement ce jour-là le fit entrer dans la légende, non seulement parce qu'il accourut à l'appel d'un soldat blessé – risquant sa vie à travers la ligne de feu, arrachant sa propre botte pour lui appliquer un bandage de fortune –, mais aussi en raison de son énergie, de son courage et de sa présence dévouée. Les officiers tombaient à côté de lui mais il restait debout, indifférent au feu nourri de l'artillerie et aux mousquets. « Don Pedro a eu un comportement remarquable, il s'est exposé plus d'une fois à la mort », écrivit le duc de Palmela, revenu à temps de Londres pour participer à la bataille de San Miguel. Un officier britannique le décrivit comme « brave, doté d'une grande présence d'esprit, frugal et travailleur ».

Les miguélistes réagirent en resserrant les mailles du filet, renforçant l'artillerie et asphyxiant la ville. En geste de représailles après la San Miguel, Pedro reçut un curieux cadeau d'anniversaire le 12 octobre 1832 : un coup de canon qui souffla sa chambre du palais de Carrancas. Heureusement, il était absent, occupé à installer dans les tranchées ce qu'ils appelaient des « ballons de compression », des mines remplies de poudre, susceptibles d'exploser lorsque l'ennemi tombait dessus. Pedro dut déménager et s'installa au premier étage d'une modeste demeure, au 395 de la rue Cedofeita.

Porto subissait maintenant des bombardements incessants, de nuit comme de jour. Les projectiles transperçaient les toits, tombaient dans les jardins et les cours et, la nuit, dessinaient dans le ciel des feux d'artifice macabres. Certaines bombes renfermaient des couvertures trempées d'acide sulfurique qui, en explosant, libéraient une dense fumée de gaz asphyxiants dont les vapeurs brûlaient les poumons. Pedro était ému par le courage des citoyens qui réagissaient aux bombes avec indifférence ; si intense qu'ait pu être le bombardement, hommes et femmes s'efforçaient de vaquer à leurs occupations habituelles. Il y avait toujours un voisin pour observer les attaques, fût-ce au péril de sa vie. Au bout de plusieurs mois, les gamins des rues pouvaient deviner au sifflement et au grondement de la détonation le calibre de la balle ou le type d'artillerie. Les enfants couraient en recueillir les fragments, lesquels devenaient des objets de troc.

À l'instar de la population, Pedro ne modifia pas sa routine. Il vivait avec et pour ses hommes. Pour lui, chacun d'eux était un rouage de l'énorme machine dont il constituait l'axe principal. Tous les matins, il rendait visite aux blessés à l'hôpital, s'arrêtant pour dire un mot à chacun et distribuant les rations de soupe avec les infirmiers. Puis il sortait à cheval pour inspecter les fortifications. Par une journée de brouillard, il manqua de peu de se heurter à un détachement ennemi. Alors qu'il trottait le long des berges, il entendait les conversations échangées d'une rive à l'autre par les soldats désœuvrés des deux camps. Les miguélistes appelaient leurs ennemis « franc-maçons » et « Noirs » par allusion au passé brésilien de leur chef. Les autres répondaient par des insultes telles que « esclaves », « absolutistes », « domestiques » et « curetons » parce qu'il y avait plus de mille religieux dans leurs rangs.

— Quel roi vous avez ! Lorsqu'il s'assied sur une chaise, il peut voir tout son royaume..., les entendait-il ricaner.

Pour Pedro, qui avait été empereur d'un pays gigantesque, ces propos ironiques lui arrachaient un grand sourire.

La tension de l'attente, le fait d'être exposé aux balles et aux bombes, l'humidité et l'arrivée du froid ébranlèrent sa santé. Ses jambes gonflaient et une toux sèche et persistante l'empêchait de dormir. «Je suis très fatigué moralement et physiquement. Mais le triomphe de la liberté dépend du combat que je suis en train de livrer ; si nous gagnons, l'Europe sera libre. Sinon, le despotisme écrasera les peuples», écrivait-il à son fils. Penser à sa mission, l'ennoblir, l'aidait à tenir bon. Une vendeuse de poterie de la rue da Assunção l'aida aussi pendant un temps, une femme «bien en chair et peu farouche» selon les dires d'un observateur local, avec laquelle Pedro eut une aventure. Fût-ce à cause de l'insalubrité d'une ville en état de siège, il souffrit d'une rechute de sa maladie vénérienne qui le laissa très abattu et lui demanda un certain temps de récupération. Alité, grelottant de fièvre et s'essuyant le front avec le petit mouchoir brodé que lui avait donné la fille de Noémie, il se réfugiait dans ses souvenirs du Brésil. Comment expliquer le mal du pays à la «potière» qui s'occupait de lui avec dévotion, le voyant maigrir de jour en jour ? Il choisit de s'en ouvrir à son fils. Dans une lettre, il lui disait que les hallucinations de la fièvre l'aidaient à dérouler mentalement le paysage de Saint-Christophe et alors, les lointaines explosions de l'autre côté du Duero devenaient les cris des paons et des aras du jardin, les tirs des miguélistes le croassement des corbeaux, les arbres de la rue Cedofeita des flamboyants et des hibiscus du Campo de Santana, les canassons faméliques du Portugal les pur-sang fougueux de Leopoldine... S'il fermait les yeux, la désolation et la mort se transformaient en vie et en espoir.

101.

Les miguélistes changèrent de stratégie. Un nouvel assaut sur Porto était exclu, et ils pensèrent que la faim était l'arme la plus efficace pour venir à bout de la résistance ennemie. Imposer le blocus à la ville revenait à barrer l'accès des assiégés à la mer. Ils y parvinrent lorsque, après plusieurs tentatives infructueuses, ils montèrent un poste d'artillerie sur l'embouchure du Douro. Dès lors, l'approvisionnement de Porto ne pouvait plus se faire que par une route étroite, difficile, souvent inondée et à la merci des coups de feu des miguélistes.

Effectivement, la famine ne tarda pas à sévir. Pedro déclara qu'il mangerait la même ration que ses soldats et il s'y conforma scrupuleusement. En quelques semaines, la troupe et les enfants se disputaient les escargots, les chiens, les chats et les souris. Ils chassaient les animaux en les surnommant les « miguélistes ». On n'entendit plus d'aboiements, les chiens des rues disparurent avant ceux des officiers – lesquels, furieux, menacèrent de punir ceux qu'on prendrait en train de manger leurs animaux de compagnie. Les soldats français se ruaient sur les ânes et les chevaux malades ou morts qu'ils dépeçaient pour découper des steaks et les cuire sur des grils de fortune. L'odeur de viande grillée qui envahissait alors les rues rappelait des temps meilleurs.

Les mois passèrent et il n'y eut plus de bois pour allumer de brasier ou pour se chauffer. Tous les arbres de Porto furent abattus et les maisons, à moitié détruites par les bombardements, vidées pour y prendre les poutres de bois. Lorsqu'il ne resta plus de ruines à cannibaliser, les plus courageux se risquèrent à sortir pour ramasser des branches.

En novembre 1832, Mendizábal parvint à éviter le blocus des miguélistes et envoya de Londres des hommes, des chevaux et de l'armement, ce qui insuffla une bonne dose d'optimisme à la population. Il n'y avait toujours rien à manger mais le vin coulait à flots. Les caves de la compagnie des vins du Haut Douro contenaient dix huit mille fûts de grands crus et cinq cent trente-trois d'eau de vie, une véritable manne pour le nouveau contingent de six cents soldats britanniques, mal nourris et gelés, que Mendizábal put envoyer. Les habitants de Porto, stoïques devant les bombes, sentaient monter la panique face à ces ivrognes, capables de tout. Il fallut déplacer une partie du contingent à l'extérieur de la ville où durant des mois, ces Anglais à la peau blanche et au nez rouge se battirent avec courage pour repousser ceux qui prétendaient les expulser de leur poste d'artilleurs.

De violentes tempêtes de vent et de pluie alternaient avec des journées de brouillard épais. Le froid, particulièrement rigoureux cet hiver-là, et la faim, provoquèrent l'apparition de maladies. Une épidémie de choléra suivie d'une autre de typhus emportèrent en quelques mois quatre mille personnes, bien qu'il fût impossible de différencier les morts de maladie de ceux qui tombaient victimes de malnutrition. Début janvier, la situation devint critique : il restait de la nourriture pour dix jours seulement et chaque soldat ne disposait plus que de quatre-vingts cartouches. Si le commandement ennemi avait eu la présence d'esprit de lancer une offensive alors, ses troupes, renforcées sur un rayon de vingt-deux kilomètres, avec cent cinquante pièces d'artillerie, auraient balayé la ville. Or le manque de vision, l'apathie et la confiance aveugle que la victoire leur était acquise, les empêchèrent de profiter des circonstances favorables.

Pendant ce temps, la vie quotidienne à Porto se transformait en enfer. Afin d'éviter la panique de la population face à la pénurie de munitions, Pedro utilisa une ruse : il donna aux soldats l'ordre de transporter jusqu'aux positions d'artillerie les fûts des arsenaux, remplis de sable, en essayant de faire croire qu'il s'agissait de poudre.

Le 9 janvier, protégé par plusieurs couches de vêtements et se remettant d'une colique néphrétique, Pedro écrivit de nouveau à son fils : « Aujourd'hui, cela fait onze ans que les Brésiliens m'ont demandé de rester au Brésil. Qui m'aurait dit, à moi, que cette année, je serais si loin... » Et en si mauvais état, mais il s'abstint de le préciser. Il terminait sa lettre sur des mots qui laissaient entrevoir l'intensité de sa nostalgie : « Le Brésil est aussi mon enfant, tu n'es pas le seul... », lui disait-il. Lorsqu'il n'était pas malade ou qu'il n'inspectait pas la ligne de défense, Pedro passait des heures à écrire. Il le faisait sans s'arrêter : à son épouse pour la rassurer et aussi pour savoir où en étaient les négociations pour recruter un régiment de Polonais, à lord Cochrane pour savoir s'il serait disposé à lui venir en aide, à Palmela et à Mendizábal pour accélérer les négociations avec un autre célèbre amiral écossais, Charles Napier.

Un matin, alerté par le vacarme de l'autre côté de la rivière où campaient les troupes ennemies, Pedro monta à la batterie de La Victoria en haut de la ville. Il déplia sa longue-vue et vit son frère, entouré de nobles et de moines, en train d'encourager ses soldats revêtus d'uniformes impeccables, contents de recevoir leur chef suprême, le seigneur de leur royaume. Oui, c'était Miguel, enveloppé dans une épaisse houppelande de laine bleue, une bande rouge autour de la taille, coiffé d'un tricorne, le nez plus fin que le sien, fier comme lorsqu'il chassait le jaguar dans les forêts du Brésil. C'était son petit frère, son ancien compagnon de jeux, son complice... Il se souvint alors qu'enfant, Miguel était cruel avec les animaux, puis plus tard, impitoyable avec les chevaux et avec les gens eux-mêmes... N'avait-il pas chassé les producteurs de thé chinois comme des animaux ? Il était logique qu'il soit aujourd'hui un usurpateur, un parricide, se dit Pedro. Pourtant, en l'observant maintenant, à la fois si près et si loin, il ressentait un pincement au cœur. Tant de souvenirs. Tant de bagarres enfantines... et maintenant ça. Miguel était le prolongement de sa mère, comme lui de son père. Jusqu'à quand cet affrontement durerait-il ? Combien de générations de haine seraient-elles encore nécessaires avant de pouvoir se parler comme des frères ? Pour l'instant, c'était impossible, car le lien de l'amitié fraternelle s'était rompu. Au début du blocus, le consul britannique s'était proposé pour servir d'intermédiaire et négocier, si possible, un accord de paix. « Jamais », avait répondu Pedro, catégorique. Maintenant qu'il était au fond du gouffre, dans une situation intenable, il aurait peut-être fourni une autre réponse au consul.

— Je les ai en ligne de mire, mon général... je tire ? demanda l'artilleur qui avait dirigé la pointe de son canon vers le terrain rocailleux où se trouvaient Miguel et ses officiers.

Pedro l'arrêta :

— Non, lui dit-il, effrayé, avant d'ajouter ces mots qui lui venaient du cœur : tu pourrais toucher mon frère.

102.

Le printemps arriva et le changement de température rendit moins pénible le manque de combustible. La campagne se couvrit d'hortensias, de roses, de camélias et de géraniums ; la nature était étrangère à la folie des hommes. Porto avait résisté au premier hiver… Pourrait-elle résister à un autre ? Personne ne le croyait.

Début juin, Pedro reçut une visite qui allait modifier définitivement le cours de la guerre. Comme toujours, Mendizábal apparaissait in extremis pour le sauver et, avec lui, la cause libérale. À Londres, l'Espagnol et le duc de Palmela, lassés de leurs démarches infructueuses et cherchant désespérément à se procurer davantage d'argent, firent un appel urgent auprès de personnalités et d'organisations civiles et privées. Sensibilisés à la cause libérale, l'opinion publique et le peuple britannique répondirent avec enthousiasme et générosité. En quatre jours, ils réunirent quatre-vingts mille livres de dons. Palmela et Mendizábal savaient que cette somme, bien employée, pouvait donner un tour définitif à la situation.

Déguisés en muletiers, ils arrivèrent à dos d'âne depuis la côte, par des sentiers escarpés, après un détour pour éviter les soldats de Miguel. Palmela, Mendizábal et Napier se présentèrent directement rue Cedofeita. Le Britannique ressemblait davantage à un vagabond qu'à un militaire victorieux. Coiffé d'un chapeau de feutre à larges bords, il était vêtu d'un uniforme râpé de marin et portait autour de la tête une écharpe de flanelle grise nouée sous le menton comme s'il avait mal aux dents. Était-ce là le grand amiral qui allait tous les sauver de la défaite ? Déçu, Pedro le reçut peu aimablement.

Il ne tarda pas à changer d'attitude. L'Anglais lui rappelait Cochrane, autre excentrique qui l'avait tiré d'affaire au Brésil. Celui-là était plus humble et possédait un sens aigu de l'ironie qui le faisait rire. De plus, ses explications étaient claires et dénotaient une longue expérience. Napier et son escorte étaient arrivés aux commandes d'une flotte de cinq vapeurs avec cent soixante marins et deux bataillons de mercenaires qui attendaient au niveau de Foz, dans l'embouchure du Douro. Le soulagement de Pedro à l'arrivée de ces renforts fut éphémère : ces mercenaires n'étaient pas destinés à Porto mais à la conquête de l'Algarve, au sud, pour lancer de là-bas une offensive terrestre contre Lisbonne. Non seulement ils ne débarqueraient pas, mais Napier lui demanda six mille hommes supplémentaires pour mener son plan à bien.

— Il faut détourner l'attention et les ressources de l'ennemi loin de Porto, ajouta-t-il en achevant son exposé.

Soit il est fou, soit c'est un génie, se dit Pedro.

— Ce que je vous propose, c'est de mener l'offensive, insista Napier. Mais j'ai besoin d'une réponse sur-le-champ.

Pedro n'avait pas l'habitude d'être soumis à des pressions, encore moins de la part d'inconnus.

— Nous ne pouvons laisser Porto sans surveillance... Ne vaut-il pas mieux attaquer plus au nord? Et libérer la ville après? proposa-t-il.

L'Anglais le fixa de ses petits yeux bleus et lui dit :

— Nous ne voulons pas seulement Porto mais le Portugal tout entier. La majeure partie de la flotte de votre frère se trouve sur le Tage et protège Lisbonne. Il faut la sortir de là. Nous pouvons laisser un contingent minimum pour défendre la ville. Il faut que nous en discutions...

Impressionné par la détermination de l'Anglais et devant le manque d'intérêt que sa proposition avait suscité, Pedro demanda l'opinion de Palmela, du général Vila Flor et des officiers qui l'assistaient. N'étaient-ils pas portugais? Alors qu'ils décident entre compatriotes du meilleur moyen de libérer la patrie... Pedro confirma qu'il respecterait la décision des militaires qui s'empêtrèrent dans une discussion interminable. Le risque d'abandonner Porto était grave. Tout dépendait de la rapidité de l'opération et du laisser-aller de l'ennemi. Comme ils ne parvenaient pas à se mettre d'accord, Napier finit par s'impatienter, se leva et dit :

— Messieurs, je rentre en Angleterre.

Pedro était stupéfait par le courage de ce personnage qui, marin et mercenaire, était également inventeur à ses heures perdues. Restait à savoir s'il serait aussi efficace que Cochrane. « Nous allons enfin pouvoir entreprendre quelque chose contre l'armée ennemie... Cinq bateaux à vapeur sont arrivés d'Angleterre ainsi que quelques hommes, tout cela grâce à Mendizábal », écrivit Pedro à un ami cette nuit-là. Le 20 juin 1833, six mille soldats qui avaient résisté de manière héroïque au siège de Porto abandonnèrent la ville en profitant de la nuit, en file indienne et à pied par les chemins qui menaient à la côte afin d'embarquer sur les vapeurs de Napier. Porto était abandonnée, mais le temps de la résistance passive était passé. Pedro avait compris que seule l'audace pouvait les mener à la victoire. Il avait confiance en Napier.

— Tant qu'il y aura de la poudre, des balles et de quoi manger, l'ennemi n'entrera pas, leur dit-il en prenant congé.

L'instinct de Pedro ne lui faisait jamais défaut. En effet, le plan de Napier fonctionna à merveille. Les bateaux passèrent discrètement devant Lisbonne et continuèrent à se diriger vers le sud jusqu'au cap San Vicente. Les troupes débarquèrent et marchèrent jusqu'à Faro, que Vila Flor occupa sans rencontrer la moindre résistance. Au contraire, ses troupes furent reçues par la population avec des fleurs et au son des cloches. À la tête d'un détachement de quatre mille soldats, il se dirigea ensuite vers Lisbonne. Les soldats de Miguel, ankylosés, devinrent nerveux et, comme l'avait prévu Napier, l'escadron du Tage sortit pour les chasser. L'amiral les attendait avec ses bateaux à vapeur à la hauteur du cap San Vicente. Trois cent soixante-douze canons du côté des miguélistes face à cent soixante-seize constitutionnels. Malgré la différence, après un combat à l'ancienne, avec une mêlée sanglante sur le pont d'un des navires des absolutistes qui se termina par la mort héroïque du commandant, les hommes de Napier sortirent victorieux. Ils parvinrent également à capturer un autre navire de ligne, deux frégates et une corvette, à savoir presque toute la flotte de Miguel, à l'exception de deux corvettes et d'un brigantin qui parvinrent à s'enfuir. S'il était parvenu à vaincre toute une flotte, pourquoi ne pas renouveler l'exploit ? Intrépide et déterminé, l'Anglais se dirigea vers Lisbonne dans l'intention de mettre le blocus sur la capitale. Ce même jour, à Porto, Pedro et les siens repoussèrent avec succès plusieurs attaques des absolutistes qui cherchaient à profiter du retrait de la majeure partie des troupes. Ce furent deux petites victoires, une en mer et l'autre sur terre, qui changèrent le cours de la guerre.

La panique gagna le commandement militaire des miguélistes. Si Pedro avait Napier auprès de lui, ils engagèrent un nouveau chef pour leur armée, un survivant des campagnes napoléoniennes, Louis Auguste de Ghaisse, comte de Bourmont, maréchal de France, vainqueur de l'Algérie, absolutiste patenté à la réputation d'habile stratège. Soumis à la pression, sommé de remporter une victoire rapide et sachant Porto sans protection, il envoya douze mille hommes à l'assaut de la ville. Pourtant, la précipitation fut mauvaise conseillère. Grâce à sa popularité et à son sens du commandement, Pedro était parvenu à galvaniser la population. Sa propre vie lui importait peu ; il faisait bloc avec ses hommes, petits commerçants, négociants, femmes au foyer et même étudiants... avec des armes improvisées et la rage accumulée au cours des longs mois de siège. Toute la ville de Porto sortit dans la rue pour rejoindre les soldats et tous livrèrent une résistance épique pendant neuf heures.

Depuis l'autre rive du fleuve, Miguel fut témoin de l'hécatombe que le maréchal français avait causée : lorsque les cornets sonnèrent le retrait, quatre mille cadavres du clan absolutiste jonchaient les rues et les places de la ville. Miguel était terrorisé. Pedro avait rempli sa partie du plan, il avait résisté. Si Napier remplissait la sienne, la victoire totale n'était qu'une question de temps.

103.

Miguel était déjà moins sûr de lui. Le désastre provoqué par le Français et l'intervention surprise de Napier le déconcertèrent. Il envisagea alors une solution pour en terminer avec cette guerre civile. Il envoya un émissaire solliciter une entrevue avec son frère. Il lui confirmerait qu'il acceptait sa proposition initiale d'épouser Maria da Glória. S'il ne pouvait être roi de son propre droit, il serait roi consort, mais il conserverait presque l'intégralité de son pouvoir.

« Qu'il aille au diable ! » fut la réponse de Pedro.

L'échec du maréchal français n'était qu'une partie d'une autre défaite plus lourde. De retour à son quartier général, Miguel apprit que Lisbonne était tombée. Le gouverneur avait cédé devant l'avance des forces de Pedro qui, sous le commandement du général Vila Flor, étaient montées triomphalement de l'Algarve. Avec les troupes aux portes de la capitale et la flotte de Napier qui bloquait la sortie vers la mer, les libéraux, longtemps réprimés, avaient déclenché une insurrection dans Lisbonne. Ils ouvrirent les prisons, libérèrent des milliers de prisonniers et prirent d'assaut l'arsenal pour le dévaliser ; puis ils distribuèrent les armes parmi la population. Le gouverneur, suivi d'une cohorte de prêtres, nobles et fonctionnaires, s'était vu obligé d'abandonner la ville. Miguel sentit un frisson lui parcourir le dos – c'était une sensation ancienne, de frustration et de rage, qui remontait à l'enfance. N'était-ce pas Pedro qui gagnait toujours les batailles dans les jardins de Queluz ou dans les banlieues de Rio ? Toutes les courses de char ? N'était-ce pas son tour de perdre ? Sans défense et en voyant avec appréhension le danger dans lequel se trouvait son règne, il pensa à sa mère. Il était convaincu que si Carlota avait été vivante, avec ses qualités de commandement et ses discours électrisants, ils auraient depuis longtemps expulsé les troupes libérales.

Lorsqu'il apprit que le drapeau bleu et blanc des constitutionnalistes flottait en haut du château de San Jorge à Lisbonne, Pedro prit sa tête entre ses mains et étouffa les sanglots que faisaient surgir en lui l'émotion d'une telle nouvelle. En peu de temps, il était passé du rôle de soldat prêt de mourir de faim à celui de vainqueur d'une juste cause. De condamné à mort à champion de la liberté. Dieu punissait l'usurpateur. Pedro eut un moment d'extase, d'intense communion avec le monde, avec ses soldats, avec le peuple de Porto, avec son père et avec lui-même. Un instant de bonheur pur, la satisfaction profonde d'avoir rempli son devoir de bon fils et de bon père. Il était tombé du trône mais il se relevait comme un héros. Sa vie prenait un sens.

104.

De nouveau, la liberté. Pour un homme habitué aux longues promenades à cheval et aux immenses paysages, se voir reclus dans une ville assiégée avait été particulièrement difficile. Pourtant, son séjour à Porto était arrivé à son terme. «Je vous laisse un moment et pars avec les regrets les plus poignants de vous et de mes compagnons d'armes», leur dit-il lors de son discours d'adieu. Une nouvelle nostalgie l'envahissait.

Il rentrait à Lisbonne, la ville où il était né et qui lui réserva un accueil chaleureux aux cris de «Vive Pedro IV!». La foule était si dense sur le Terreiro do Paço, la place qui avait été témoin du départ des grands explorateurs du passé, que les officiers sortirent leurs épées pour frayer un passage entre les gens et permettre à Pedro d'avancer.

— Rengainez vos épées..., leur ordonna-t-il tout en brandissant la sienne et, dans un de ses gestes théâtraux qu'il affectionnait, il la lança à l'eau. Plus d'épées contre le peuple!

La liesse de ce jour-là était bien différente de la triste agitation du jour de son départ, vingt-six ans plus tôt, par une froide nuit de novembre. La nuit où il avait eu le cœur brisé en voyant son père, sur la passerelle du bateau qui le conduirait au Brésil, en pleurs parce qu'il abandonnait son royaume et son peuple à l'ennemi. On l'acclamait maintenant avec des cris de joie, même si Pedro ne se faisait pas d'illusions : nombre de ceux qui poussaient ces cris auraient acclamé son frère Miguel s'il en était sorti vainqueur. Cependant, il ne pouvait s'empêcher d'être ému par l'agitation, les acclamations, la joie amplifiée par le bruit des salves des canons qui le saluaient depuis les forteresses et les navires à l'ancre, arborant tous sur leurs mâts le drapeau bleu et blanc de la reine. « Ce fut un spectacle éblouissant. On brûla davantage de poudre que pendant une vraie bataille », écrivit Napier.

La première chose que fit Pedro fut de monter à Alfama, en haut de la ville, pour se rendre au monastère de San Vicente de Fora, mausolée des souverains portugais, où étaient enterrés ses aïeux. Il resta agenouillé un long moment devant la tombe de dom João. « Me voici, père, pour tenir ma promesse et exaucer vos vœux. » Avant de sortir, il griffonna une feuille de papier qu'il plaça sur le marbre : « Un fils t'a assassiné, un autre te vengera », disait la note.

Cela présageait une chasse aux sorcières, un règlement de comptes aussi cruel que cette guerre. Mais il n'en fut rien, car la tendresse que Pedro ressentait pour son frère allait au-delà du désir de vengeance.

Les miguélistes, sans le courage et la bravoure que l'on trouvait dans le camp adverse, durent quitter Porto. Ce faisant, ils incendièrent les caves de la Compagnie pour empêcher de financer par la vente du vin la reconstruction nationale prévue par les libéraux. Les habitants blessés à Porto virent des boules de feu descendre en cascades jusqu'au fleuve rouge de sang. Rouge comme le sang de ceux qui étaient morts en résistant à un siège de dix-neuf mois.

Miguel fit une tentative désespérée pour obtenir une aide extérieure sous forme de mercenaires et de généraux grâce au patrimoine de Carlota Joaquina. Cependant, il ne sut pas attirer le talent nécessaire pour vaincre. Au lieu de l'audacieux général anglais McDonnell qui lui proposa un plan pour reprendre la main, il choisit finalement de confier le commandement au vieux général Póvoa, grand pourfendeur de libéraux, un homme fatigué et excessivement prudent, qui décida de se réfugier à Santarém et de retrancher la ville. Mais Santarém n'était pas Porto et Miguel n'était pas Pedro. Les troupes libérales, enhardies d'avoir conquis les deux villes les plus importantes du pays et un chapelet d'autres, les délogèrent lors d'une bataille qui coûta au camp de Miguel mille quatre cents hommes et quatre-vingt-seize officiers. Il resta avec ses soldats jusqu'au dernier moment mais dut se résoudre à abandonner une partie de son équipage ainsi que son chien préféré, un bouledogue espagnol dont le collier de velours noir portait l'inscription brodée en fil d'or : « J'appartiens au roi Miguel Ier », symbole pathétique de l'ambition d'un homme qui avait voulu être roi sans en avoir le droit. En silence et la tête basse, les absolutistes traversèrent le Tage et l'exode commença, des larmes aux yeux. Miguel partagea la défaite, chevaucha avec ses hommes, les aidant à traverser les cours d'eau, transporta les blessés et leur insuffla le courage qui lui manquait. Si son frère grandissait dans l'adversité, lui le fit dans la défaite. Il devint plus humain, peut-être parce que cet échec lui permit de se rendre compte de l'absurdité de tout ceci. C'était comme s'il essayait de rattraper le temps qu'il avait perdu à être loin de ses troupes, comme s'il voulait prouver qu'il était capable de rivaliser avec son frère, de se comporter en héros. Mais il était trop tard. Tout se liguait pour accélérer sa chute.

Comme s'il n'y avait pas suffisamment d'intrigues et de complications dans cette famille divisée, la mort de Ferdinand VII en Espagne porta préjudice à Miguel en raison d'un changement radical des alliances. La désignation de sa fille Isabel, âgée de deux ans, comme successeur au trône d'Espagne, fut contestée par Carlos, le frère de Fernando, qui utilisait le Portugal pour lancer des attaques contre la régence espagnole. Pour mettre fin au harcèlement, la reine Maria Cristina, régente par intérim, offrit une aide militaire à Pedro et reconnut sa fille Maria II comme reine du Portugal. Ce changement subit de la position espagnole, auquel s'ajoutait le vent nouveau de liberté qui soufflait sur la Péninsule, rendit possible la signature d'un accord de paix à Évora-Monte, soutenu par la France, la Grande-Bretagne et l'Espagne.

Pedro sut se montrer magnanime et généreux dans la victoire : « N'allez pas croire que j'aspire à la vengeance à votre encontre. Je sais oublier les offenses que l'on me fait », déclara-t-il aux soldats de Miguel réunis dans une caserne. Du haut de sa conquête, il imposa des conditions bienveillantes. « Il ne remportait la victoire que pour pardonner », dirait de lui un historien. Même s'il ne pardonnait pas à son frère, il l'autorisa à abandonner la ville de Évora avec ses biens, lui assurant une pension annuelle de soixante *conto*[1] à condition de ne jamais remettre les pieds au Portugal et de ne se livrer à aucune activité susceptible de perturber la tranquillité du royaume. Il retira à son oncle Carlos le droit d'entrer ou de demeurer au Portugal. L'accord envisageait également une amnistie générale

1. L'équivalent actuel serait de cent mille euros. (*N. d. A.*)

pour l'armée de Miguel, sans jugements martiaux ni représailles pour les soldats qui pouvaient librement rentrer chez eux. Les officiers ne perdraient pas non plus leurs postes. Il s'agissait d'un acte qui visait à la réconciliation, mais qui éveilla des ressentiments dans les rangs libéraux. Pour ceux qui avaient été torturés par les absolutistes, qui avaient croupi dans les prisons pendant des années ou perdu des proches dans cette guerre, ces conditions n'étaient pas satisfaisantes. Se sentant lésés et insultés, ils déversèrent leur colère et leur ressentiment sur Pedro.

Miguel embarqua au port de Sines à destination de l'Italie à bord de la frégate *Stag* entre les cris, les insultes et les quolibets de la foule qui exigeait son exécution immédiate ou son emprisonnement à vie. Il aurait juré que ces gens qui s'époumonaient étaient les mêmes que ceux qui, quelques mois plus tôt, s'inclinaient sur son passage et le bénissaient. La politique était ainsi faite, de hauts et de bas et de la volonté changeante du peuple. En quittant son pays, il eut un geste de grand seigneur qui surprit ses adversaires. Il remit non seulement tous les joyaux de la Couronne mais aussi les siens propres. Comme s'il avait voulu panser la blessure de haine, de parjure et de sang qu'il laissait en partant. Comme si, tout comme son frère, il voulait se racheter. Il ne revint jamais au Portugal.

105.

Le plus grand bonheur de Pedro à l'époque fut de recevoir son épouse, sa fille Maria da Glória et Chalaza qui arrivèrent à Lisbonne à bord du vapeur *Soho* escorté par une frégate britannique. Pedro partit à leur rencontre sur une galère peinte en bleu et blanc propulsée par quarante-huit rameurs vêtus des mêmes couleurs. Il était accompagné par Napier et un Mendizábal radieux, qui profitait de sa victoire bien méritée et rêvait d'un retour en Espagne. La rumeur courait que la régente Maria Cristina était sur le point de lui proposer un poste à haute responsabilité au sein du nouveau gouvernement libéral.

Pedro trouva sa fille, la jeune reine qui allait occuper le trône, bien grandie, et son épouse très belle, blonde et élégante, vêtue de rose pâle. Des larmes de joie mais aussi de tristesse coulaient sur ses joues. Amélie ne reconnaissait pas son époux. Non seulement à cause de la barbe qu'il s'était laissé pousser à la mode des libéraux, mais surtout de ses traits tendus, de la couleur terne de sa peau, de ses cheveux gris et de ses yeux creusés. Elle retrouvait un vieillard de trente-six ans, maigre et émacié. Mais aussi un homme heureux : « La joie de vous avoir ici constitue le début de ma récompense pour tous mes sacrifices », disait-il, en ajoutant que, pour un bonheur total, il lui manquait ses enfants du Brésil. Il avait près de lui sa fille aînée, pour laquelle il avait entrepris toute cette aventure, et tous ceux qu'il aimait le plus, ceux qui l'avaient aidé, soutenu et encouragé. Le vieux Napier déclara que jamais de sa vie il n'avait vu une réunion de gens aussi heureux. Conformément au protocole, Amélie et la reine débarquèrent le lendemain avec le cérémonial habituel.

Deux semaines plus tard, pour célébrer l'amnistie et la fin de la guerre, Pedro décida qu'il assisterait à une représentation au théâtre. Comme à Rio, comme au bon vieux temps. Au *São Carlos*, le théâtre construit en hommage à Carlota Joaquina à la naissance du premier héritier qu'elle avait donné à dom João, on jouait justement une pièce dont le titre tombait à point nommé : *L'Usurpateur puni* de Valter Montani, une tragédie en cinq actes. Pedro avait fait imprimer plusieurs exemplaires de l'accord de paix pour les distribuer aux spectateurs.

Pourtant, cette paix continuait de susciter des cris d'indignation. La voiture qui emmena ce soir-là la famille royale au théâtre fut la cible de jets de pierres pendant le trajet. À leur arrivée, une foule tumultueuse les attendait et une immense affiche présentait des caricatures de Miguel et de Pedro. Dans l'espoir de trouver une ambiance plus calme à l'intérieur, Pedro et sa famille se glissèrent parmi les spectateurs sous la protection de leurs escortes et se rendirent directement à la loge royale. De là, Pedro lança quelques copies de l'accord de paix vers l'orchestre mais son geste, au lieu d'apaiser la colère, fut accueilli par des cris, une empoignade généralisée et des huées. Il dut se protéger le visage avec le bras contre les pièces que certains spectateurs lui lancèrent d'en bas.

— Canailles ! leur cria-t-il.

Il s'agissait d'une véritable émeute qui lui rappela les réunions houleuses de l'Assemblée nationale de Rio et qui confirmait que la paix était pire que la guerre. Ses escortes demandèrent à la police d'intervenir et d'évacuer les meneurs mais les gardes s'y refusèrent pour montrer leur solidarité avec les manifestants. « Mort à dom Miguel ! Vive la liberté ! » criaient-ils depuis le parterre. Sans perdre son sang-froid, Pedro se plaça au bord de la loge et se tourna vers le public en forçant la voix pour lui demander de se calmer. Aucune force au monde ne pouvait l'obliger à tuer son frère. Fatigué par l'effort, tremblant, la respiration rauque, il fut pris d'une quinte de toux, une toux caverneuse qui se répercuta dans le théâtre. Il fouilla dans ses poches pour trouver le mouchoir brodé de Noémie qu'il avait toujours sur lui, l'approcha de sa bouche et vit qu'il était taché de sang. Lentement, il le déplia puis le montra au public, pour que tous le voient bien. Il se fit alors un silence absolu qui dura quelques secondes jusqu'à ce que Pedro revienne vers l'orchestre, s'incline légèrement et, d'une voix un peu enrouée, dise : « Maestro... musique. » Et le spectacle commença.

Sa condamnation à mort était écrite sur la tache du mouchoir. À compter de ce jour, son corps devint un esclave qui avait du mal à obéir. À la fièvre et à la difficulté de respirer venaient s'ajouter des douleurs à la poitrine. Le diagnostic ne laissait aucune place au doute : il s'agissait de la tuberculose, probablement aggravée par les conditions de vie difficiles à Porto. Les médecins lui recommandèrent des saignées et de prendre les eaux. Amélie et Chalaza l'accompagnèrent à Caldas da Rainha, où il suivit un traitement d'hydrothérapie avec prise d'eau sulfureuse et bains dans les thermes. Soulagé, il se persuada qu'il commençait à récupérer. Optimiste et désireux de vivre, il se révoltait contre l'idée que la maladie s'emparait de lui. Pendant un temps, il apprit à utiliser des astuces pour tromper son corps, pour lui imposer sa volonté. C'était une guerre intime, faite de rechutes, d'améliorations subites et d'attaques surprises.

Dans l'un de ces moments de rémission, il reçut la visite d'Antonio Carlos de Andrada, le frère de José Bonifacio, celui à qui il s'était tellement heurté, et qui lui avait demandé d'abandonner le pouvoir car il était « portugais ». Pedro le reçut avec la plus grande sympathie, comme il l'aurait fait pour toute personne lui apportant des nouvelles de sa famille et du monde. Son ancien adversaire politique arrivait du Brésil et représentait un parti nouveau qui entérinait la restauration de l'empire. La maigreur et la longue barbe grise de prophète de l'ex-empereur l'impressionnèrent vivement. Pedro IV du Portugal ne ressemblait pas au Pedro Ier qu'il avait connu. Il avait gardé l'image d'un homme actif, capable de parcourir cent lieues sans s'arrêter pour tenir un discours devant une foule. De l'ancien dresseur de chevaux, il ne reconnut que l'éclat au fond de son regard.

— Nous voulons que vous reveniez au Brésil pour éviter la désintégration du pays, lui dit Andrada, parlant aussi au nom de ses frères.

— Maintenant, vous voulez que je revienne, alors qu'il n'y a pas si longtemps, vous me jetiez dehors.

— La situation a changé... Et je vous présente mes excuses les plus sincères pour ce qui s'est passé.

— Acceptées, Andrada. Le passé est le passé ; dis-moi ce que je peux faire pour notre Brésil.

Tout comme José, son frère était un formidable orateur qui lui fit une description dramatique de la situation, le priant de sauver le trône de son fils, l'empire qu'il avait fondé, l'unité de la patrie. Les gouvernements qui s'étaient succédé depuis son départ, lui dit-il, n'avaient pas été capables de contenir le désordre social. Il lui dressa la liste de toutes les rébellions qui avaient ébranlé le Brésil depuis Pará au nord jusqu'à Rio Grande au sud. Maintenant, le pays tout entier le réclamait. Ce discours sonnait aux oreilles de Pedro comme une musique divine, la réalisation d'un rêve si improbable qu'il ne l'avait même pas imaginé. Une victoire... presque posthume. Il ferma les yeux et pendant un bref instant, il vit son fils et ses filles à Saint-Christophe, les imaginant plus âgés de trois ans grâce aux descriptions de son visiteur. Il se souvint de la chaleur à l'heure de la sieste, du roucoulement des colombes, des cris de perroquets dans le jardin et du hennissement lointain de ses chevaux dans les écuries... Il crut sentir le parfum des tubéreuses que Leopoldine cultivait dans son petit verger. Pendant quelques instants, il se laissa bercer par l'idée du retour, un remède pour ses blessures de l'âme. Il se laissa porter par cette pensée délicieuse car elle atténuait l'amertume constante, insidieuse et répétitive, de la nostalgie, cette *saudade* qui le rongeait : « Quel jour de deuil et de tristesse c'est pour moi. Ce même jour, j'ai été obligé de me séparer de vous. Et du Brésil, ce beau pays où j'ai été élevé, où j'ai vécu vingt-trois ans, un mois et sept jours et que j'ai adopté comme ma patrie », avait-il écrit à son fils lors de l'anniversaire récent du jour de son départ. En réalité, il n'avait pas écrit lui-même cette lettre ; il l'avait dictée à Chalaza car sa main tremblait trop. Mais il ne le dit pas à Antonio Carlos.

Quand il rouvrit les yeux, la rêverie prit fin :

— Mon abdication est irrévocable, lui répondit-il.

Devant la déception qu'il lut sur le visage de son interlocuteur, il ajouta une exigence qu'il savait impossible à satisfaire :

— ... Je ne rentrerais au Brésil que dans le cas où l'Assemblée nationale ferait le serment solennel de me laisser exercer la régence tant que mon fils est mineur.

Ils savaient tous les deux que ce n'était pas possible, le Parlement restant dominé par la vieille aristocratie esclavagiste, adversaire de

Pedro et de ses idées. Bien que le parti de la restauration se fût considérablement développé, il était encore loin d'obtenir la majorité à l'Assemblée. Pedro exigea cette condition par respect pour cet homme qui avait sillonné les mers pour lui faire une demande extraordinaire. Andrada n'insista pas. Il se rendait compte que sa démarche avait échoué. L'époque de Pedro Ier au Brésil était bel et bien finie.

Bientôt, Pedro ne fut plus en mesure de monter à cheval et dut renoncer à ses promenades, à ses visites surprises dans les ministères et à la chasse. Seule sa volonté lui permettait de poursuivre des activités, de plus en plus réduites. Il recevait moins de ministres et pour des entretiens moins longs ; il dictait moins de lettres, réduisit ses sorties au théâtre, et prit l'habitude de partir avant la fin de la représentation. Sa plus grande joie était de recevoir des lettres du Brésil, surtout lorsqu'elles étaient accompagnées d'une note de son fils, à l'écriture enfantine et parfois illisible : « Mon cher père et mon seigneur : je ressens beaucoup de nostalgie à l'égard de votre majesté impériale. En fils obéissant et respectueux, je demande à votre majesté une mèche de vos cheveux... », lui disait-il au début de l'été 1834.

Comme les grands fauves qui sentent venir la mort, il souhaita quitter le palais d'Ajuda à Lisbonne et demanda à Amélie d'être transporté à Queluz, l'endroit qui l'avait vu naître. Depuis la voiture qui l'emportait vers le palais de sa petite enfance, construit avec l'or et les diamants du Brésil, il saluait de la main les paysans qui laissaient leurs outils et s'approchaient de la route pour le voir passer. Aujourd'hui, ils souriaient : trente ans plus tôt, le jour de son départ, ils pleuraient de rage et de tristesse en voyant sa grand-mère, la reine María, et son entourage, obligés de quitter le pays. Le palais ne ressemblait plus à cet endroit abandonné de Dieu. Ses murs avaient retrouvé leur couleur chaude et dorée, les buissons étaient de nouveau taillés, les fontaines et les statues avaient retrouvé leur splendeur. En entrant dans l'enceinte, il ne put éviter de penser à la dernière nuit qu'il y avait passée avant de l'abandonner, celle de la grande évacuation, lorsque les domestiques noires du palais avaient emballé à toute vitesse les vêtements, les jouets, la vaisselle, les couverts, les tableaux et les antiquités tandis qu'avec Miguel, tous deux désorientés et excités par cette ambiance délétère, ils jouaient entre les caisses. Il se souvenait de sa grand-mère, la reine María, qui criait tandis qu'on la poussait de force dans un carrosse. Elle ne voulait pas quitter Queluz. Qui aurait voulu abandonner un tel paradis, avec sa volière, ses jardins odorants, sa sérénité et son opulence ? « Vite, nous n'avons plus le temps », disaient les contremaîtres et maintenant, de retour à la maison vingt-sept ans plus tard, cette même phrase qui lui revenait en mémoire acquérait une autre signification pour l'ex-empereur du Brésil. Une signification implacable.

En traversant les jardins, il passa devant les canaux extravagants et les piscines, sans eau mais toujours revêtues de magnifiques azulejos vieillis ; puis il entra dans le palais, traversa en s'appuyant sur son épouse la salle du trône avec ses moulures dorées, les couloirs vides aux plafonds peints et s'installa dans la chambre du fond, là où sa mère était morte et où ses frères et lui étaient nés. Il s'allongea sur le lit de cette chambre ronde, près de l'oratoire, en regardant sur les fresques au plafond les exploits du chevalier à la Triste-Figure qui avaient bercé ses plus beaux rêves d'enfant. Il n'avait plus la force de quitter ce lit. La boucle se refermait.

Le lendemain, il fit venir son ami le marquis de Resende et Chalaza pour ratifier le testament qu'il avait rédigé à Paris et y apporter quelques modifications. Il demanda qu'à sa mort, son cœur fût envoyé à Porto en remerciement pour ses habitants héroïques. Ensuite, il nomma son épouse Amélie tutrice de tous ses enfants et il offrit son épée à son beau-frère, Auguste, qui venait de demander la main de sa fille. Il n'assisterait pas à cette noce mais l'idée lui plaisait et le remplissait de paix. Surtout, il voulut s'assurer qu'ils recevraient tous un traitement juste et équitable. Aussi passa-t-il en revue tous les enfants qu'il avait en mémoire, un par un, y compris le plus jeune dont il avait appris l'existence par une lettre de l'abbesse du couvent de la Esperanza de l'île de Terceira aux Açores. De sa brève relation avec sœur Ana Augusta Peregrino était né un fils qu'il ne voulait pas oublier. Il stipulait clairement qu'il était le père de tous ces enfants. Il reconnaissait avoir été un mauvais mari mais en se souciant de ses enfants, il espérait compenser ses vices de coureur de jupons. Il ajouta également qu'il ne voulait pas des funérailles pompeuses exigées par le protocole. Que même s'il avait été roi et empereur, sa fierté lui commandait de finir ses jours en soldat et qu'il lui suffisait d'être enterré dans un simple cercueil de bois, comme n'importe quel chef militaire. Il se sentait si faible et tremblait tellement qu'il ne put signer. Il dut attendre le lendemain, après avoir reçu les saints sacrements. Son épouse se souviendrait de sa sérénité, Pedro n'avait pas peur dans les moments difficiles. Il parlait de la mort avec détachement et lucidité. Peu lui importaient maintenant l'ingratitude, les injustices qui lui gâchèrent ses plus beaux triomphes. Peu importaient l'hypocrisie de la politique, les humiliations, les trahisons, les aléas de la fortune... À l'approche de la mort, les choses vaines de la vie avaient peu d'importance.

Il tint à recevoir son ami Mendizábal qui, à la tête d'une commission de libéraux espagnols, poursuivait son idée de le faire empereur d'Ibérie... Quelle importance ce nouveau sceptre avait-il maintenant ? Ce qui comptait, c'était de serrer dans ses bras Mendizábal, le dernier des hidalgos, l'artisan de sa victoire, et de le remercier du fond du cœur. Ce qui comptait, c'était de savoir que sa fille régnait et que le pays était gouverné selon la Constitution rédigée par lui. Ce qui comptait, c'était qu'il avait apporté son grain de sable à la longue lutte de l'homme pour la liberté. Il sentait la chaleur de la main d'Amélie sur la sienne, les baisers de ses filles, la présence toujours réconfortante de son vieil ami Chalaza, l'amitié de tous ceux qui, dans un défilé incessant, venaient lui dire adieu : aides de camp, ministres, courtisans, militaires... À ces derniers, il demanda de lui amener un vétéran de l'un des bataillons qui avaient lutté si héroïquement dans Porto. Lorsque l'homme entra dans la chambre, Pedro se leva de son lit, lui fit signe de s'approcher et lui donna une accolade fraternelle en lui demandant de transmettre à ses compagnons sa reconnaissance pour leur bravoure. Le vétéran sortit en pleurant comme un enfant, déclarant qu'il aurait préféré mourir sur le champ de bataille plutôt que de voir son chef dans cet état.

Dans le silence de cette chambre traversé par les chuchotements des médecins, des domestiques et des religieux, impuissante, Amélie voyait s'éteindre la petite flamme de vie chez son époux. Elle était témoin d'une agonie paisible, sans sursauts ni grandes souffrances. Personne ne soupçonnait à quel point les choses du monde avaient cessé de l'intéresser. Peu à peu, il cessa de lutter : les améliorations lui semblaient être des pièges, il ne voulait plus vivre en dépendant de la crise suivante, sans forces, toujours à la merci de nouvelles douleurs. Les médicaments ne faisaient plus effet et ses jambes enflèrent encore. Dans ses moments d'éveil, il demandait à Amélie d'écrire à ses enfants à Rio ou bien de s'assurer que son cœur serait envoyé à Porto, ou encore qu'elle approche le mouchoir brodé d'or qu'il portait toujours pour essuyer la sueur ou le sentir dans ses mains... Face à l'effondrement de ses rêves, elle se sentait dépérir avec lui. Elle avait perdu la couronne du Brésil, maintenant, elle perdait son époux. Elle serait veuve à vingt-deux ans.

À deux heures de l'après-midi, le 22 septembre 1834, tandis que le soleil illuminait les champs dorés autour de Queluz, Pedro de Bragance et Bourbon rendit son dernier soupir dans le lit qui l'avait vu naître. «Il est mort dans mes bras et jamais il n'y eut mort plus sereine», écrivit Amélie à ses beaux-enfants au Brésil.

Au son des tambours recouverts de crêpe noir, son cercueil fut accompagné par une foule immense et silencieuse depuis Queluz jusqu'à la magnifique église de San Vicente de Fora qui dominait Lisbonne. Conformément à ses derniers souhaits, il fut enterré dans le caveau familial sans son cœur, prélevé au moment de l'autopsie. Et tous furent autorisés, indépendamment de leur rang ou condition, à suivre le cortège funèbre et à assister aux funérailles. «Le père du peuple est mort», disait-on. Un prince de la démesure était parti, un miracle de la nature, un être paradoxal et explosif qui marqua de sa vie l'histoire de deux continents.

Quelques jours plus tard, à Porto, une femme vêtue de noir, la tête recouverte d'une mantille de dentelle vit s'approcher, depuis la boutique de porcelaine et de faïence qu'elle tenait dans la rua da Assunção, une procession précédée par une foule de voisins. Elle se signa sur le passage de la voiture tirée par des chevaux noirs et escortée par des lanciers à cheval. À l'intérieur une urne était posée sur un coussin de velours rouge et protégée par une boîte de verre surmontée d'un dais. Dans cette urne reposait le cœur de l'homme qui était passé tel un éclair dans sa vie et qu'elle avait aimé de toute son âme. Son grand chagrin était de ne pas avoir pu l'arracher des griffes de la maladie. La femme rejoignit le cortège qui continuait d'avancer sous la pluie jusqu'à l'église de Lapa où, entre les chants, les prières et les larmes, la relique fut déposée par l'évêque dans la sacristie. Tous les jours de sa vie, cette femme se rendit là afin de prier pour le repos éternel de Pedro dont le cœur d'empereur, aimait-elle à penser, avait battu pour elle, une humble marchande.

Épilogue

La lettre d'Amélie mit un mois avant d'arriver à Rio de Janeiro. José Bonifacio la remit à un enfant blond au regard mélancolique, l'empereur Pedro II du Brésil. Dans la missive, il trouva la mèche de cheveux qu'il avait demandée à son père quelque temps plus tôt. Puis l'enfant lut la lettre qui donnait les détails de l'autopsie. À la fin, il était si ému que Bonifacio l'embrassa pour le consoler : « Dom Pedro n'est pas mort. Seuls meurent les hommes ordinaires, pas les héros... Son âme immortelle vit au ciel », lui dit le vieux savant à voix basse.

La nécrologie la plus curieuse fut sans doute celle rédigée par Evaristo da Veiga, le plus acharné de ses adversaires politiques à Rio, qui, en recevant la nouvelle, eut la noblesse de reconnaître : « La Providence a fait du prince un puissant instrument de libération. Si nous existons en tant que nation libre, si notre terre n'a pas été pas découpée en morceaux de petites républiques ennemies, dominées par l'anarchie et l'esprit guerrier, c'est en grande partie grâce à la décision qu'il a prise de rester parmi nous, de pousser le premier cri de notre indépendance. »

Pedro II renforcerait l'héritage de son père. Il hérita de ses parents une immense popularité qui, alliée à sa précocité, à son caractère mesuré et à l'excellente instruction qu'il reçut de José Bonifacio, incita le Parlement à le déclarer majeur à l'âge de quatorze ans et à abolir la régence. Les députés espéraient que sa popularité serait en mesure de réprimer les émeutes qui avaient ébranlé le Brésil au cours de la décennie de 1830 et menacé de disloquer le pays. La situation était devenue si grave qu'en 1832, le

Conseil d'État fut consulté à propos des mesures à prendre pour sauver le jeune empereur au cas où la ville ne pourrait endiguer la vague de soulèvements ou que les provinces du nord ne déclarent leur indépendance. Il se révéla un politicien tellement exceptionnel que son règne dura cinquante ans. Pendant cette période, *O rei filósofo* comme on l'appelait, posa les fondements de l'industrialisation de l'empire, développa le réseau routier implanté par son grand-père, dom João, et construisit le premier chemin de fer à vapeur. Ouvert aux innovations de la science, il finança le projet d'un câble sous-marin de télégraphe et introduisit le téléphone. Il lutta contre la pauvreté et l'illettrisme en ouvrant des écoles primaires et secondaires spécialisées, ainsi que des universités dans tout le pays. Polyglotte, il se spécialisa dans les langues rares : l'hébreu, le sanscrit, l'arabe et le guarani, la langue autochtone la plus parlée au Brésil au XIXe siècle. Monogame, père de famille exemplaire, il épousa la princesse Thérèse-Christine de Bourbon-Siciles qui lui donna quatre enfants. Sur bien des points, il fut le contraire de son père, mais le Brésil avait besoin des deux hommes pour se consolider et ils furent complémentaires. Leopoldine aurait été très fière de son fils, souvent considéré comme l'architecte du Brésil moderne. Si l'on se souvint de lui sous l'appellation de Pedro le Magnanime, ce fut pour avoir pris les mesures nécessaires afin de mettre un terme à l'esclavage, que son père tout autant que son tuteur, José Bonifacio, qui mourut en 1838 sans voir son rêve réalisé, avaient rejeté avec ardeur. Il ne les déçut pas et l'abolition eut lieu en 1888 avec la libération de sept cent mille esclaves sans aucune compensation pour leurs maîtres. Avec Cuba, le Brésil fut le dernier pays à abolir le commerce des esclaves grâce à un monarque tolérant, au savoir encyclopédique, soumis à la Constitution. Durant toute son existence, il s'efforça de construire un État centralisé susceptible de résister aux pressions sécessionnistes, fidèle à la maxime de son grand-père que lui avait transmise son père dans ses lettres : « ... l'unité de l'empire, mon fils, l'unité. » Ironie de l'Histoire : s'il y parvint, ce fut en grande partie grâce à l'esclavage. Les différentes provinces avaient tellement intérêt à maintenir le commerce des êtres humains qu'elles écartèrent l'idée d'abandonner l'empire, car elles se seraient alors retrouvées trop affaiblies pour lutter contre les mouvements abolitionnistes initiés par la Grande-Bretagne.

Autre paradoxe de l'Histoire : la fin de l'esclavage supposa aussi la fin de la monarchie. Les riches, irrités par l'abolition, orchestrèrent un coup d'État militaire qui renversa l'empereur. Tout comme son père, il déclara qu'il ne voulait pas qu'une seule goutte de sang brésilien fût versée, il choisit de s'exiler en France avec sa famille et le Brésil devint une république. Pedro II mourut le 5 décembre 1891 à Paris où il reçu les hommages de la foule lors de funérailles d'État grandioses. Les restes de sa dépouille furent transportés au Brésil en 1920 et déposés dans une chapelle de la cathédrale de Petrópolis, la ville qu'il avait fondée sur les terrains achetés par son père sur les hauteurs de Rio de Janeiro, là où le climat était plus frais.

Au Portugal, sa sœur la reine María II eut une vie plus difficile et moins glorieuse. Elle fut la seule monarque européenne née à l'extérieur du continent et laissa le souvenir d'avoir un grand cœur, comme sa mère, Leopoldine. Un an après la mort de son père, elle épousa Auguste, duc de Leuchtenberg, le frère de sa belle-mère Amélie. Elle avait quinze ans et était follement éprise de lui. Pourtant, son bonheur fut de courte durée. Deux mois après le mariage, son mari mourut de diphtérie. Elle se remaria le 1er janvier 1836 avec le prince Fernando de Saxe-Cobourg et Gotha, qui fut nommé roi consort. Suivant la trace de Pedro, qui avant de mourir avait ordonné l'expulsion des curés ayant soutenu la cause absolutiste mais aussi l'abolition de la dîme qui finançait les couvents, ils poursuivirent la modernisation des lois et des coutumes mais se heurtèrent à la résistance du peuple, quelle que fût la réforme. L'interdiction d'enterrer les morts dans les églises et la pauvreté de l'après-guerre provoquèrent un soulèvement en mai 1846. Marie dut destituer son gouvernement et en nomma un autre à la tête duquel elle plaça le duc de Palmela. Il sut restaurer le calme dans le pays et poursuivit les réformes en matière d'éducation et de santé, difficiles à mettre en place car le peuple était fanatisé par un clergé ultra-conservateur. Maria da Glória, tout comme sa mère, enchaînait les grossesses, bien que les médecins l'aient avertie du danger que supposait un accouchement chaque année. « Si je meurs, je mourrai à mon poste », leur répondit-t-elle. En 1853, elle succomba comme sa mère, en accouchant de son onzième enfant.

L'année de la mort de Pedro, Mendizábal eut la chance de marquer de son empreinte l'Histoire de l'Espagne. Grâce à sa réputation d'excellent financier et à son engagement envers les idées libérales, la régente Maria Cristina l'appela pour le nommer ministre des Finances puis Premier ministre. La première chose qu'il fit pour organiser les finances du pays, tout comme Pedro au Portugal, fut de décréter la fin de la traditionnelle dîme ecclésiastique. Puis il promulgua la mesure la plus importante de celles qui se succédèrent pendant la première moitié du XIXe siècle en Espagne, connue comme le désamortissement de 1836. Inspirée par la Révolution française, son objectif était de stimuler l'économie agricole du pays en s'emparant de l'énorme patrimoine immobilier accumulé par les communautés religieuses pour le vendre. De cette façon, il réduisit l'écrasante dette publique et il fournit à l'État des moyens avec lesquels il pouvait financer la guerre civile contre les partisans absolutistes de Carlos le frère de Ferdinand VII, lequel revendiquait son droit au trône. Député jusqu'à la fin de ses jours, il mourut à Madrid en 1853.

Fidèle à son ami Pedro après sa mort, Chalaza continua de travailler au service de la maison de Bragance comme secrétaire particulier d'Amélie et de sa fille, la princesse Marie-Amélie. Il mourut à Lisbonne le 30 septembre 1852.

Domitila de Castro n'accompagna jamais à Paris sa fille, la comtesse d'Iguazú, comme elle l'avait annoncé à Pedro dans une lettre. Elle demeura à São Paulo, résolue à ne pas se laisser abattre, à ne pas voir sa vie s'achever en même temps que sa relation avec Pedro. Cinq ans plus tard, elle se remaria avec un officier de l'armée brésilienne, Rafael Tobias de Aguiar, un des grands chefs de file libéraux de l'époque, avec lequel elle eut cinq autres enfants. L'épouse du consul anglais, Richard Burton, qui fut reçue par Domitila dans la cuisine de sa maison de la rua do Carmo, la trouva assise par terre et fumant le cigare et se souviendrait d'elle comme d'un « personnage fascinant, absolument charmante, connaissant une infinité de choses sur la vie à la cour et la famille impériale, faisant preuve d'intelligence et de connaissance du monde ».

Comme si la marquise de Santos avait voulu se racheter de ses « péchés de chair », elle devint, au fil des années, une grande dame, active et généreuse, aimée et respectée de tous. Son caractère se polit pour laisser place à la joie de vivre qui l'avait toujours caractérisée. Peu à peu, elle se détacha de sa fortune, offrit des terrains à l'armée, à la municipalité, à un orphelinat, à une association de mères célibataires, à un groupe d'anciennes prostituées... Elle passa les dernières années de sa vie à promouvoir des événements culturels tels que des cercles littéraires et des organismes de bienfaisance. À la fin de sa vie, deux fois veuve, c'était une splendide vieille dame qui ne voulait pas être seule car, disait-elle, elle avait peur des fantômes du passé. Entourée de ses enfants, de ses belles-filles et de ses petits-enfants, elle mourut le 13 novembre 1867, non sans avoir libéré tous ses débiteurs de leurs dettes et distribué de l'argent à tous les pauvres de la ville. Elle fut enterrée au cimetière de la Consolación, sur des terrains qu'elle avait donnés à la ville de São Paulo. Sa maison, enfouie entre les gratte-ciel de la ville la plus peuplée d'Amérique du Sud, se visite encore aujourd'hui.

Des recherches récentes semblent confirmer la théorie de l'empoisonnement de João VI. À la faveur des travaux de restauration de l'église San Vicente de Fora, où se trouve le panthéon des rois du Portugal, les analyses de la dépouille de dom João ont révélé une concentration élevée d'arsenic, suffisante pour le tuer en quelques heures[1].

Presque un siècle et demi après avoir été enterré dans le mausolée des Bragance à Lisbonne, la dépouille de Pedro de Bragance et Bourbon est retournée dans son pays d'adoption pour être déposée dans la crypte de pierre noire d'un monument grandiose construit en hommage à l'indépendance. Les dépouilles de Leopoldine et d'Amélie y furent également transportées. Ils reposent là tous les trois pour l'éternité, dans le monument d'Ipiranga, élevé à l'endroit précis où Pedro avait crié « l'indépendance ou la mort » et qui se trouve aujourd'hui à l'extérieur de São Paulo, une des villes les plus grandes et prospères du monde, capitale économique d'une puissance unie et libre, telle qu'elle fut rêvée par ses créateurs.

---

1. Voir *Dom João VI, un príncipe entre dos continentes,* de Jorge Pedreira et Fernando Dores, Companhia das letras. (*N. d. A.*)

NOTE

Les événements racontés ici ont réellement eu lieu. Les personnages, les situations et le contexte historique sont véridiques et ont fait l'objet d'une recherche exhaustive et d'une étude approfondie de la correspondance complète de Leopoldine. J'ai imaginé certaines scènes et reconstitué certains dialogues sur la base de ma propre interprétation afin de raconter de l'intérieur ce que les historiens ont raconté de l'extérieur.

Remerciements

Je tiens avant tout à exprimer ma reconnaissance à Ramón Menéndez, réalisateur et scénariste, un vieil ami, pour m'avoir mis sur la piste de cette histoire fabuleuse. Et à mon éditrice également, Elena Ramírez, pour ses encouragements, son enthousiasme, et pour m'avoir toujours facilité les choses.

Je n'aurais pas connu aussi bien le Brésil sans l'amitié du photographe Claus Meyer, avec qui j'ai parcouru le pays plusieurs fois dans les années 1990. Claus n'est plus parmi nous mais ce livre est un hommage à son amitié et un remerciement à sa famille, à Helena, à Christiana et Ingo qui sont en partie responsable, de mon coup de foudre pour le Brésil. Sans oublier Ciro, bien sûr.

À São Paulo, je tiens à remercier Pedro Correa do Lago pour ses encouragements à me lancer dans ce projet et aussi pour sa collaboration, ses précieuses archives et ses contacts. Je souhaite exprimer ma reconnaissance à Julio Bandeira pour m'avoir guidé dans le vieux Rio et pour m'avoir mis en contact avec les librairies d'occasion, authentiques trésors cachés dans ce qui reste du centre historique et pour le cadeau qu'il m'a fait, l'album de Neukomm, dont la musique m'a accompagné pendant mes longues journées d'écriture.

Ma plus grande reconnaissance va à mon ami l'historien Manuel Lucena, spécialiste de l'histoire de l'Amérique au XIXe siècle, pour avoir revu le manuscrit aussi consciencieusement et avoir apporté tant de corrections précises et subtiles. Et aussi à Manuela Andréota pour ses corrections pertinentes et les heures passées à relire la version française. Merci aussi à Francisco Gómez Bellard et à Christian et Patricia Boyer.

Merci à Gonzalo Ortiz pour ses contacts, à Zeca Seabra pour son amitié, à Margarete de la librairie Rio Antigo, à mes amis de Planeta do Brasil, en particulier Cesar González et Rogerio Alves pour leur collaboration à la documentation. Et à Laura Garrido, amie fidèle.

Bibliographie

Je me sens particulièrement redevable envers quatre ouvrages :

Macaulay Neil, *Dom Pedro,* Duke University Press, 1973. Une vision historique de l'époque et de l'entourage de dom Pedro.

Oberacker Carlos, *A Imperatriz Leopoldine,* Conselho Federal de Cultura, 1973. Un livre passionnant, richement documenté.

Sousa Tarquinio de, *A vida de Dom Pedro I,* 3 vols., Livraria Jose Olympio, Rio de Janeiro, 1952. L'ouvrage le plus complet et le plus intéressant sur dom Pedro.

Gomes Laurentino, *1808,* Planeta do Brasil, 2008. Très intéressant, bien écrit et documenté.

J'ai également consulté d'autres sources :

1808-1834 As maluquices do Imperador, Geração ed., São Paulo, Paris, 2008.

Allende Isabel, *La Fille du destin*, Grasset et Fasquelle, Paris, 2000.

—, *Inés de mon âme*, Grasset, Paris, 2008.

Amado Jorge, *Tereza Batista,* Stock, Paris, 2011.

Barra Sergio, *Entre a Corte e a cidade,* Jose Olympo ed.

Beckford William, *Le Voyage de Beckford, tomes 1 et 2,* José Corti, Paris, 1988.

Bivar Rafael de, *Feitores do corpo, missionarios da mente,* Companhia das letras, São Paulo, 2004.

Buarque de Holanda, Sergio, *Racines du Brésil,* Gallimard, Paris, 1998.

Bushnell David y Neil Macaulay, *El nacimiento de los países latinoamericanos,* Editorial Nerea, Guipúzcoa, 1989.

Castro Ruy, *Era no tempo do Rei,* Alfaguara, Río de Janeiro, 2007.

Cervantes Miguel de, *L'Ingénieux Hidalgo Don Quichotte de la Manche,* Le Seuil, Paris 1997.

Cintra Assis, *D. Pedro I e o grito da independencia,* Companhia melhoramentos de São Paulo, 1921.

Correa da Costa Sergio, *Every inch a King,* Robert Hale, Londres, 1950.

Correa do Lago Pedro, *Taunay e o Brasil,* Capivara, Río de Janeiro, 2008.

— et Julio Bandeira, *Debret e o Brasil,* Capivara, Río de Janeiro, 2010.

Dalbyan Denise, *Dom Pedro,* Plon, Paris, 1959.

D. João VI e se tempo, Commissão nacional para a comemoração dos descobrimentos portugueses.

Fausto Boris, *A Concise History of Brazil,* Cambridge University Press, 1959.

Fernández Dominique, *L'Or des tropiques,* Grasset, Paris, 1993.

Ferro, Maria Inés, *Queluz,* Scala Books, Lisboa 1997.

Garay de Monglave Eugène, *Correspondance de don Pédre Premier, empereur constitutionnel du Brésil, avec le roi du Portugal don Juan VI, son père, durant les troubles du Brésil,* Paris, 1827.

Gomes Laurentino, *1822,* Nova Fronteira, 2011.

Graham Maria, *Journal of a voyage to Brazil,* Bibliobazaar, Londres, 2007.

Guerrero, Ana, y otros, *Historia política,* 1808-1874, Itsmo, Madrid, 2004.

Honrado Alexander, *D. Carlota Joaquina,* Guerra y Paz, 2006.

Lima Oliveira, *Dom João VI no Brasil,* Topbooks, Río de Janeiro, 2006. *Lisboa, un olhar diferente,* Consenso, 1989.

Luccock John, *Notas sobre Río de Janeiro,* Livraria Martins, São Paulo.

Lustosa Isabel, *D. Pedro I,* Companhia das Letras, São Paulo, 2006.

Malerba Jurandir, *A corte no exilio,* Companhia das letras, São Paulo, 2006.

Marquesa de Santos, *Ficção em doze contos,* Bom Texto, Rio de Janeiro, 2003.
Martins Oliveira, *Historia de Portugal,* Francisco Alves, Lisboa, 1927.
Moll, Vera, *Meu adorado Pedro,* Bom Texto, Rio de Janeiro, 2002.
Monteiro Tobias, *A historia do Imperio,* Briguiet ed., Rio de Janeiro, 1926.
Nizza da Silva Maria Beatriz, *Vida privada e quotidiano no Brasil,* Estampa, Lisboa, 1993.
Norton Luis, *A corte de Portugal no Brasil,* Companhia Editora Nacional, São Paulo, 2008.
Pérez Galdós Benito, *La Cour de Charles IV,* Gallimard, Paris, 2008.
Pérez Reverte, Arturo, *Cabo Trafalgar,* Alfaguara, Madrid, 2004.
—, *El asedio,* Alfaguara, Madrid, 2010.
Presas José, *Memorias secretas de Carlota Joaquina,* Irmaos Pongetti, Rio de Janeiro, 1940.
Rangel Alberto, *D. Pedro I e a marquesa de Santos,* Arrault, Tours, 1928.
Rezzutti Pailo, *Titilia e o demoniao,* Geração, São Paulo, 2011.
St. Louis, Regis, *Río de Janeiro,* Lonely Planet.
Rubio Julián María, *La Infanta Carlota Joaquina y la política de España en América,* Biblioteca de Historia Hispano Americana, Madrid, 1921.
Russell-Wood A. J. R., *The Portuguese Empire, a World on the Move,* Johns Hopkins U. Press, Baltimore, 1998.
Salles Iza, *O coração do Rei,* Planeta do Brasil, 2008.
Schlichthorst, *O Rio de Janeiro como e,* Getulio Costa, 1937.
Schmidt Maria Junqueira, *A Segunda Imperatriz do Brasil,* Comp. Melhoramentos de São Paulo, 1927.
Schultz Kirtsen, *Tropical Versailles,* Routledge, New York, 2001.
Setubal Paulo, *1808-1834. As maluquices do Imperador,* Clube do Livro, 1946, *1813-1829. A Marquesa de Santos,* Geração ed., São Paulo, 2009.
Wilken, Patrick, *Empire Adrift,* Bloomsbury, Londres, 2004.
Yourcenar Marguerite, *Mémoires d'Hadrien,* Gallimard, Paris, 1974.

La photocomposition de cet ouvrage
a été réalisée par
GRAPHIC HAINAUT
59163 Condé-sur-l'Escaut

Achevé d'imprimer en mai 2014
dans les ateliers de Normandie Roto Impression s.a.s.
61250 Lonrai (Orne)
N° d'édition : 53841/01 - N° d'impression : 1401667
Dépôt légal : mai 2014

Imprimé en France